Junker
Beweisantragsrecht im Strafprozess

Beweisantragsrecht im Strafprozess

3. Auflage 2019

von
Rechtsanwalt und Fachanwalt für Strafrecht
Dr. Thorsten Junker,
Augsburg

Zitiervorschlag:
Junker, Beweisantragsrecht im Strafprozess, Rn 1

Hinweis
Die Ausführungen in diesem Werk wurden mit Sorgfalt und nach bestem Wissen erstellt. Sie stellen jedoch lediglich Arbeitshilfen und Anregungen für die Lösung typischer Fallgestaltungen dar. Die Eigenverantwortung für die Formulierung von Verträgen, Verfügungen und Schriftsätzen trägt der Benutzer. Herausgeber, Autoren und Verlag übernehmen keinerlei Haftung für die Richtigkeit und Vollständigkeit der in diesem Buch enthaltenen Ausführungen.

Anregungen und Kritik zu diesem Werk senden Sie bitte an
kontakt@zap-verlag.de
Autor und Verlag freuen sich auf Ihre Rückmeldung.

www.zap-verlag.de
Alle Rechte vorbehalten.
© 2019 ZAP Verlag GmbH, Rochusstraße 2–4, 53123 Bonn

Satz: Reemers Publishing Services, Krefeld
Druck: Hans Soldan GmbH, Essen
Umschlaggestaltung: gentura, Holger Neumann, Bochum
ISBN 978-3-89655-930-2

Bibliografische Information der Deutschen Nationalbibliothek
Die Deutsche Nationalbibliothek verzeichnet diese Publikation in der Deutschen Nationalbibliografie; detaillierte bibliografische Daten sind im Internet abrufbar über http://dnb.d-nb.de.

Geleitwort

2007 haben wird mit dem „Beweisantragsrecht" von RA und FA Strafrecht Dr. Thorsten Junker der damals den ersten Band der neu aufgelegten StRR-Schriftenreihe vorgelegt. Ich freue mich heute, Ihnen nun die 3. Auflage dieses Werkes vorstellen zu können. In der StRR-Schriftenreihe will der ZAP-Verlag besondere Problembereiche des Strafverfahrens aufbereiten. Praktiker sollen für Praktiker schreiben und ihnen für die tägliche Arbeit Hilfestellung geben. Die Reihe wendet sich naturgemäß vornehmlich an den als Verteidiger tätigen Rechtsanwalt, aber auch Richter werden hier für die tägliche Arbeit Nutzen ziehen können.

Mit dem Band „Beweisantragsrecht" aus dieser Reihe wird ein einen wichtiger Bereich des Strafverfahrens aufgegriffen. Bei dem Ringen um die Wahrheitsermittlung im prozessualen Geschehen nimmt nämlich im Hauptverfahren der Beweisantrag die bei weitem wichtigste Stellung ein. Seine Bedeutung resultiert vor allem daraus, dass er das Korrelat der Verfahrensbeteiligten, insbesondere des Angeklagten, zu der Verfahrensmacht des Gerichts im Prozessablauf und bei der Stoffsammlung sowie dessen Bewertung, die im Urteil zum Ausdruck kommt, darstellt. Denn entscheidende Maxime aus gerichtlicher Sicht sind im Strafprozess der Amtsermittlungsgrundsatz, das Recht der freien richterlichen Beweiswürdigung und die Konzentrationsmaxime. Diese Maximen können vornehmlich den Interessen des Angeklagten zuwiderlaufen. Mit dem Instrument des Beweisantrags (§ 244 StPO) ist ihm aber ein Instrument in die Hand gegeben, mit dem er steuernd und lenkend auf die Beweisaufnahme einwirken kann. Der Beweisantrag ist für den Angeklagten eines der effektivsten Verteidigungsmittel. Es gibt ihm und seinem Verteidiger, der ein eigenes Antragsrecht hat, eine starke formale Position, auf den Umfang der Beweisaufnahme Einfluss zu nehmen. Nur mithilfe des Beweisantrags kann der Verteidiger das Gericht zwingen, sich mit Tatsachen auseinanderzusetzen, die zugunsten des Mandaten sprechen.

Formulierung des Beweisantrags und Taktik der Antragstellung gehören daher zu den wichtigsten, aber auch zu den kompliziertesten Verteidigungskünsten. Wenn der Verteidiger sie beherrscht, kann das für den Angeklagten erheblich entlastend sein. Der richtige Umgang mit dem Beweisantrag entscheidet nicht selten den Ausgang des Erkenntnisverfahrens. Aber auch ein möglicher Erfolg im Revisionsverfahren hängt von der richtigen Vorbereitung im Erkenntnisverfahren ab. Nur, wenn der Verteidiger in der Hauptverhandlung den "richtigen" Beweisantrag stellt, kann der Angeklagte überhaupt in der Revision Erfolg haben. Das erfordert präzise Arbeit und Vorbereitung der Anträge, für die zahlreiche verschiedene Aspekte zu beachten sind.

An dieser Stelle setzt das hier vorgestellte Werk von RA und FA Strafrecht Dr. Thorsten Junker an. Es gibt nicht nur einen umfassenden Überblick über das gesamte Beweisantragsrecht im Strafprozess, sondern stellt neben den Grundlagen der Beweisaufnahme und der gerichtlichen Beweiserhebungs- und Aufklärungspflicht auch den Umgang mit der Ablehnung des Beweisantrags durch das Gericht anschaulich dar. Besondere Bedeutung haben die zahlreichen Formulierungsbeispiele und Praxishinweise. Sie ermöglichen eine konsequente Umsetzung der Ausführungen in der täglichen Praxis des Strafverteidigers.

RA und FA Strafrecht Dr. Thorsten Junker ist seit einigen Jahren als Verteidiger in Augsburg tätig, nachdem er zuvor angestellter Rechtsanwalt in der Sozietät Prof. Dr. Widmaier und Rosenthal in Karlsruhe war. Er ist heute nicht nur als Verteidiger in der Hauptverhandlung tätig, sondern auch im Revisionsverfahren. Das stellt sicher, dass er die beweisantragsrechtlichen Fragestellungen immer auch mit dem erforderlichen Blick auf die Revision sieht, und sichert somit die "richtige Antragstellung". Ich bin davon überzeugt, dass auch die 3. Auflage seiner Schrift sicher bald ebenso viel Anerkennung und Zuspruch finden wird wie sie die 1. und die 2. Auflage in den vergangenen Jahren gefunden habe und weiterhin mit zu den wichtigsten Vorbereitungsmitteln auf die Hauptverhandlung gehören wird.

Münster, im September 2018   Detlef Burhoff

Vorwort

Das Beweisantragsrecht ist das wichtigste Recht des Verteidigers, um auf die Art und den Umfang der Beweisaufnahme im Strafprozess Einfluss zu nehmen. Richtig eingesetzt, kann der Beweisantrag seine Wirkung in mehrere Richtungen entfalten: Er erweitert die Aufklärungspflichten des Gerichts in der Hauptverhandlung, ermöglicht die Festschreibung des in der Beweisaufnahme ermittelten Sachverhalts und ist nicht selten Anknüpfungspunkt für eine erfolgreiche Revision. Obwohl das Beweisproblem – wie Max Alsberg zutreffend formulierte – das Zentralproblem des Strafprozesses darstellt, sind die Entwicklungen zur Beschränkung des Beweisantragsrechts in der Gesetzgebung sowie der höchstrichterlichen Rechtsprechung der letzten Jahre unübersehbar. Die kontinuierliche Verschärfung des Konnexitätserfordernisses oder die Fristsetzung zur Stellung von Beweisanträgen sind solche Rechtsschöpfungen, die den Wirkungskreis des Beweisantragsrechts einengen. Es stellt sich deshalb in der Hauptverhandlung immer wieder aufs Neue die Frage, welcher Beweisantrag in welcher Situation der richtige ist und wie er formuliert werden muss, um in der Tatsachen- oder ggf. auch in der Revisionsinstanz Erfolg zu haben. Eine schematische Antwort hierauf gibt es nicht. Das Beweisantragsrecht bietet – trotz aller Einschränkungstendenzen – eine Fülle von Möglichkeiten, angemessen auf die sich jeweils stellende Prozesssituation zu reagieren. Entscheidend sind hierbei umfassende Kenntnisse der Beweisantragsmöglichkeiten und die sorgfältige sprachliche Fassung von Beweisanträgen. Das vorliegende Buch enthält deshalb zu jedem Themengebiet eine Vielzahl von Beispielen und Mustern, anhand derer die Systematik des Beweisantragsrechts erläutert und die praxisgerechte Formulierung von Beweisanträgen aufgezeigt wird. Durch gezielte Praxishinweise wird der praktische Ansatz des Buches zusätzlich betont. Im Hinblick auf die optische und inhaltliche Darstellung des äußerst komplizierten Stoffes ist das Buch so konzipiert, dass es einen schnellen Zugang zu den einzelnen Themengebieten ermöglicht und auch als Begleiter für die Hauptverhandlung taugt. Die höchstrichterliche Rechtsprechung, die das Beweisantragsrecht in den letzten Jahren stark geformt hat, wird in ihren praktischen Auswirkungen erläutert und es werden Reaktionsmuster aufgezeigt, wie der Verteidiger seinen Beweisbegehren zum Erfolg verhelfen kann.

Augsburg, im September 2018   Thorsten Junker

Inhaltsverzeichnis

11

Abkürzungsverzeichnis

a.A.	anderer Ansicht
abl.	ablehnend(er)
Abs.	Absatz
a.E.	am Ende
a.F.	alte Fassung
Alt.	Alternative
Anh.	Anhang
Anm.	Anmerkung
AnwBl.	Anwaltsblatt (Zs.)
Aufl.	Auflage
ausf.	ausführlich
[B]	Rechtsprechungsübersicht zum Jugendstrafrecht von Böhm in NStZ bzw. NStZ-RR
BAK	Blutalkoholkonzentration
BAnz.	Bundesanzeiger
BayObLG	Bayerisches Oberstes Landesgericht
BayObLGSt	Sammlung von Entscheidungen des Bayerischen Obersten Landesgerichts in Strafsachen (alte Folge Band und Seite, neue Folge Jahr und Seite)
[Be]	Rechtsprechungsübersicht von Becker in NStZ-RR
Beschl.	Beschluss
BGBl.	Bundesgesetzblatt
BGH	Bundesgerichtshof
BGHR	BGH-Rechtsprechung in Strafsachen (Paragraf und Stichwort)
BGHSt	Bundesgerichtshof, Entscheidungen in Strafsachen (Band und Seite)

Buchst.	Buchstabe
BVerfG	Bundesverfassungsgericht
BVerfGE	Entscheidungen des Bundesverfassungsgerichts (Band und Seite)
bzgl.	bezüglich
bzw.	beziehungsweise
[D]	Rechtsprechungsübersicht von Dallinger in MDR
DAR	Deutsches Autorecht (Zs.)
d.h.	das heißt
diff.	differenzierend
DRiG	Deutsches Richtergesetz
DRiZ	Deutsche Richterzeitung
EuRHÜbk.	Europäisches Rechtshilfeübereinkommen
f.	folgende
ff.	fort folgende
Fn.	Fußnote
GA	Goldammers Archiv für Strafrecht (Zs.) (bis 1933 nach Band und Seite, ab 1953 nach Jahr und Seite)
gem.	gemäß
GG	Grundgesetz
ggf.	gegebenenfalls
GKG	Gerichtskostengesetz
grds.	grundsätzlich
GVG	Gerichtsverfassungsgesetz
[H]	Rechtsprechungsübersicht von Holtz in MDR

Halbs.	Halbsatz
Hinw.	Hinweis
h.M.	herrschende Meinung
HRR	Höchstrichterliche Rechtsprechung (Jahr und Nummer)
HRRS	Höchstrichterliche Rechtsprechung Strafrecht (Internetzeitschrift auf www.hrr-strafrecht.de; Jahr und Nummer)
i.d.F.	in der Fassung
i.d.R.	in der Regel
i.(e.)S.	im (engeren) Sinne
i.H.d.	in Höhe der
i.H.e.	in Höhe eines
i.H.v.	in Höhe von
insbes.	insbesondere
i.S.d.	im Sinne des
i.S.v.	im Sinne von
i.Ü.	im Übrigen
i.V.m.	in Verbindung mit
JA	Juristische Arbeitsblätter für Ausbildung und Examen (Zs.)
JGG	Jugendgerichtsgesetz
JMBl.	Justizministerialblatt
JR	Juristische Rundschau (Zs.)
JuMoG	Justizmodernisierungsgesetz
Jura	Juristische Ausbildung (Zs.)
JuS	Juristische Schulung (Zs.)
Justiz	Die Justiz, Amtsblatt des Justizministeriums Baden-Württemberg
JW	Juristische Wochenschrift (Zs.)
JZ	Juristenzeitung (Zs.)

[K]	Rechtsprechungsübersicht von Kusch in NStZ bzw. NStZ-RR
KG	Kammergericht
krit.	kritisch(er)
Lit.	Literatur
Lit.-Hin.	Literaturhinweise
LM	Entscheidungen des BGH im Nachschlagewerk des BGH von Lindenmaier/Möhring (Nummer und Paragraf)
Ls	Leitsatz
[M]	Rechtsprechungsübersicht von Miebach in NStZ bzw. NStZ-RR
MDR	Monatsschrift für Deutsches Recht (Zs.)
m.E.	meines Erachtens
[M/K]	Rechtsprechungsübersicht von Miebach/Kusch in NStZ bzw. NStZ-RR
MRK	Konvention zum Schutz der Menschenrechte und Grundfreiheiten (abgedruckt bei Kleinknecht, Anh. 4)
m.w.N.	mit weiteren Nachweisen
n.F.	neue Fassung
NJ	Neue Justiz (Zs.)
NJW	Neue Juristische Wochenschrift
Nr.	Nummer
NStE	Neue Entscheidungssammlung für Strafrecht (Zs.) (Vorschrift und laufende Nummer)
NStZ	Neue Zeitschrift für Strafrecht
NStZ-RR	Neue Zeitschrift für Strafrecht Rechtsprechungs-Report

o.	oben/obigen
o.a.	oben angeführt(e)
o.ä.	oder ähnlichem(s)
OLG	Oberlandesgericht
OLGSt	Entscheidungen der Oberlandesgerichte zum Straf- und Strafverfahrensrecht
OWi	Ordnungswidrigkeit
OWiG	Gesetz über Ordnungswidrigkeiten
[Pf]	Rechtsprechungsübersicht von Pfeiffer in NStZ
[Pf/M]	Rechtsprechungsübersicht von Pfeiffer/Miebach in NStZ
RG	Reichsgericht
RGSt	Entscheidungen des Reichsgerichts in Strafsachen (Band und Seite)
RiStBV	Richtlinien für das Strafverfahren und das Bußgeldverfahren (abgedruckt bei Kleinknecht/Meyer-Goßner, Anh. 14)
Rn/Rdn	Randnummer
RPflEntlG	Rechtspflegeentlastungsgesetz
Rspr	Rechtsprechung
s.	siehe
S.	Satz oder Seite
s.a.	siehe auch/siehe aber
SDÜ	Schengener Durchführungsübereinkommen
s.o.	siehe oben
sog.	sogenannte(r)
StA	Staatsanwalt(schaft)
StGB	Strafgesetzbuch
StPO	Strafprozessordnung
str.	streitig

StraFo	StrafverteidigerForum (Zs.)
StrEG	Gesetz über die Entschädigung für Strafverfolgungsmaßnahmen
StrVollstrO	Strafvollstreckungsordnung
St.Rspr.	ständige(r) Rechtsprechung
StV	Strafverteidiger (Zs.)
s.u.	siehe unten
[T]	Rechtsprechungsübersicht von Tolksdorf zur Rechtsprechung des BGH in DAR
u.	unten
u.a.	unter anderem/und andere
u.Ä.	und Ähnlichem
unstr.	unstrittig
Urt.	Urteil
u.U.	unter Umständen
v.	vom
vgl.	vergleiche
Vorbem.	Vorbemerkung
VRR	VerkehrsRechtsReport (Zs.)
VRS	Verkehrsrechtssammlung (Zs.)
wistra	Zeitschrift für Wirtschaft, Steuer und Strafrecht
ZAP	Zeitschrift für die Anwaltspraxis
z.B.	zum Beispiel
ZRP	Zeitschrift für Rechtspolitik
Zs.	Zeitschrift
ZStW	Zeitschrift für die gesamte Strafrechtswissenschaft
z.T.	zum Teil

zust.	zustimmend(er)
zutr.	zutreffend
zw.	zweifelhaft

Literaturverzeichnis

Alternativkommentar zur Strafprozessordnung, herausgegeben von *Wassermann*, 1988

Alsberg, Der Beweisantrag im Strafprozess, 6. Aufl. 2013

Alsberg/Nüse/Meyer, Der Beweisantrag im Strafprozess, 5. Aufl. 1983

Beck'sches Formularbuch für den Strafverteidiger, herausgegeben von *Hamm/Leipold*, 6. Aufl. 2018

Burhoff, Handbuch für die strafrechtliche Hauptverhandlung, 7. Aufl. 2013

Dahs, Die Revision im Strafprozess, 9. Aufl. 2017

Deckers, Der strafprozessuale Beweisantrag, 3. Aufl. 2013

Eisenberg, Beweisrecht der StPO, 10. Aufl. 2017

Fahl, Rechtsmissbrauch im Strafprozess, 2004

Fezer, Die „Herabstufung" eines Beweisantrags in der Revisionsinstanz – Zugleich eine Kritik am sog. Konnexitätsprinzip, in: Festschrift für Lutz Meyer-Goßner, 2001, S. 629 ff.

Geppert, Der Grundsatz der Unmittelbarkeit im deutschen Strafverfahren, 1979

Graf, Strafprozessordnung, 2. Aufl. 2012

Grünwald, Das Beweisrecht der Strafprozessordnung, Schriftenreihe Deutsche Strafverteidiger e.V., Bd. 2, 1993

Hamm, Die Revision in Strafsachen, 7. Aufl. 2010

Hamm/Hassemer/Pauly, Beweisantragsrecht, 2. Aufl. 2007

Jansen, Zeuge und Aussagepsychologie, 2. Aufl. 2012

Karlsruher Kommentar zur Strafprozessordnung und zum Gerichtsverfassungsgesetz, herausgegeben von *Hannich*, 7. Aufl. 2013

Kempf, Möglichkeiten der Festschreibung des Sachverhalts in der Hauptverhandlung, Schriftenreihe der Arbeitsgemeinschaft Strafrecht des DAV, Bd. 3, 1986, 63 ff.

KMR-Kommentar zur Strafprozessordnung, begründet von Kleinknecht/Müller/Reitberger, neu bearbeitet von *Fezer/Paulus*, herausgegeben von Heintschel-Heinegg/ Stöckel, Stand: November 2017

Löwe/Rosenberg, Strafprozessordnung, Großkommentar, 26. Aufl. 2006–2014

Meyer-Goßner/Schmitt, Strafprozessordnung, 61. Aufl. 2018

Münchener Anwaltshandbuch Strafverteidigung, herausgegeben von *Widmaier*, 2. Aufl. 2014

Münchener Kommentar zur Strafprozessordnung, Band 2, §§ 151–332 StPO, herausgegeben von *Prof. Dr. Hartmut Schneider*, 1. Aufl. 2016

Perron, Das Beweisantragsrecht des Beschuldigten im deutschen Strafprozess, 1995

Pfeiffer, Strafprozessordnung und Gerichtsverfassungsgesetz, 5. Aufl. 2005

Pfordte/Degenhard, Der Anwalt im Strafrecht, 2005

Sarstedt/Hamm, Die Revision in Strafsachen, 6. Aufl. 1998

Satzger/Schluckebier/Widmaier, StPO, 3. Aufl. 2018

Schlothauer/Weider, Verteidigung im Revisionsverfahren, 3. Aufl. 2017

Schulenburg, Das Verbot der vorweggenommenen Beweiswürdigung im Strafprozess, 2002

Systematischer Kommentar zur Strafprozessordnung, herausgegeben von *Jürgen Wolter*, 5. Aufl. 2015

§ 1 Grundlagen der Beweisaufnahme im Strafprozess

A. Gerichtliche Beweiserhebungs- und Aufklärungspflicht

Das Gericht erhebt die **Grundlagen seiner Entscheidung** in der Beweisaufnahme.[1] **1**
Diese findet gem. § 244 Abs. 1 StPO i.R.d. Hauptverhandlung nach der Vernehmung
des Angeklagten statt. Daraus folgt, dass die Vernehmung des Angeklagten nicht zur
Beweisaufnahme gehört. Gleichwohl ist der Angeklagte ein Beweismittel im weiteren
Sinn, wenn er vor Gericht aussagt[2] oder mittels Gegenüberstellung in Augenschein ge-
nommen wird.[3]

Im Mittelpunkt der Beweisaufnahme steht die **Ermittlung des wahren Sachverhalts,**[4]
denn ohne Ermittlung des wahren Sachverhalts lässt sich das materielle Schuldprinzip
als wesentliches Element des Rechtsstaatsprinzips nicht verwirklichen.[5] Hierbei gilt –
ebenso wie für das Ermittlungs- und das Zwischenverfahren – der **Amtsermittlungsgrundsatz.** Das Gericht ist also verpflichtet, zur Erforschung der Wahrheit die Beweisaufnahme von Amts wegen auf alle be- und entlastenden Tatsachen und Beweismittel
zu erstrecken, die für die Entscheidung von Bedeutung sind (§ 244 Abs. 2 StPO). Der
Amtsermittlungsgrundsatz wirkt somit als **Stoffsammlungsmaxime,**[6] durch die eine
ausreichende tatsächliche Grundlage für die richterliche Überzeugungsbildung (§ 261
StPO) sichergestellt werden soll.[7] Hierbei gilt: Die zur Überzeugungsbildung des Tatrichters notwendige persönliche Gewissheit bedarf einer objektiven Grundlage, die aus
rational nachvollziehbaren Gründen die Schlussfolgerung zulässt, dass das festgestellte
Geschehen mit hoher Wahrscheinlichkeit mit der Wirklichkeit übereinstimmt.[8] Das Gericht hat deshalb seiner Aufklärungspflicht soweit nachzukommen, wie die Tatsachen,
die ihm bekannt sind oder bekannt sein müssen, **zur Beweiserhebung drängen** oder
eine solche zumindest nahelegen.[9]

---

1 KK-StPO/*Krehl*, § 244 Rn 1.
2 BGHSt 2, 269; 28, 196, 198; *Meyer-Goßner/Schmitt*, § 244 Rn 2 m.w.N.
3 KG NJW 1979, 1668.
4 BVerfGE 33, 383; 57, 275; 63, 61; NStZ 1987, 419; BGHSt 1, 96; 10, 118; 23, 187.
5 BVerfG NJW 2013, 1058, 1059 f.
6 KK-StPO/*Krehl*, § 244 Rn 28.
7 SSW-StPO/*Sättele*, § 244 Rn 24.
8 St. Rspr., vgl. BGH NStZ 2017, 486 f. m.w.N.
9 St. Rspr., s. z.B. BGHSt 3, 169, 175; 10, 116, 119; 23, 176, 188; vgl. auch *Meyer-Goßner/Schmitt*, § 244 Rn 12;
   Herdegen, NStZ 1998, 444, 445 f.

I. Gegenstand der Beweisaufnahme

2   Gegenstand des Beweises sind insbes. solche Sachverhalte oder Sachverhaltsmomente, die in der Vergangenheit vorgelegen haben oder in der Gegenwart vorliegen[10] und dem Beweis zugänglich sind.[11] Sie werden als **Tatsachen** bezeichnet[12] und können sich darstellen als

- Geschehen,
- Erlebnis,
- Beobachtung,
- Ding,
- Zustand,
- Umstand,
- Beschaffenheit,
- Zusammenhang,
- Vorgang oder
- Eigentümlichkeit des Seelenlebens, wie z.B. Pläne, Ansichten, Motive, Gedanken.[13]

Auch das **Nichtbestehen eines Sachverhalts** (also der Umstand, dass etwas sich nicht ereignet bzw. nicht vorgelegen hat) kann – als sogenannte **negative Tatsache** – Gegenstand des Beweises sein.[14] Die dem Beweis zugänglichen Tatsachen sind abzugrenzen von bloßen Wertungen, Ansichten, Einschätzungen oder Prognosen und Prophetien, deren Prämissen einer Klärung nicht zugänglich sind.[15] Während der **Inhalt** bloßer Wertungen, Ansichten, Einschätzungen, Prognosen und Propetien nicht zum Gegenstand der Beweiserhebung gemacht werden kann, ist allerdings der **objektive Umstand**, dass Wertungen o.ä. vorgelegen haben bzw. geäußert wurden, als solches eine Tatsache, die dem Beweis zugänglich ist.

In der Beweisaufnahme hat das Gericht alle **äußeren** und **inneren Tatsachen** festzustellen, die verfahrensrechtlich oder für die Schuldfrage bzw. die Rechtsfolgenentscheidung erheblich sind.[16] Unter äußeren Tatsachen sind insbes. die Umstände und Geschehnisse zu verstehen, die von Dritten unmittelbar wahrnehmbar sind. Innere Tatsachen sind Vorstel-

---

10 Erfasst werden auch gegenwärtige, dem Tatgeschehen zeitlich nachfolgende Tatsachen, vgl. BGH NStZ 2006, 585, 586; MüKo-StPO/*Trüg/Habetha*, § 244 Rn 21; *Meyer-Goßner/Schmitt*, § 244 Rn 2.
11 Alsberg/*Güntge*, Rn 1089; KK/*Krehl*, § 244 Rn 3; MüKo-StPO/*Trüg/Habetha*, § 244 Rn 21 m.w.N.
12 Siehe § 244 Abs. 2 und Abs. 3 S. 2 StPO.
13 Siehe KK-StPO/*Krehl*, § 244 Rn 3.
14 Löwe/Rosenberg/*Becker*, § 244 Rn 5; KK-StPO/*Krehl*, § 244 Rn 3; SSW-StPO/*Sättele*, § 244 Rn 9.
15 Vgl. BGHSt 6, 357, 359.
16 Vgl. *Eisenberg*, Beweisrecht der StPO, Rn 6; KK-StPO/*Krehl*, § 244 Rn 4).

lungsinhalte, wie z.B. Vorsatz oder Bereicherungsabsicht aber auch psychische Fähigkeiten, wie z.B. die Einsichts- oder Steuerungsfähigkeit.[17] Zum Gegenstand der Beweisaufnahme können auch **Äußerungen** gemacht werden. Dem Beweis zu unterwerfen ist insoweit immer der gesamte situative Kontext, wenn er für die Deutung des Sinnes einer Äußerung bedeutsam sein kann.[18] Aufzuklären sind deshalb insoweit auch Neben- und Begleitumstände, sowie Anlässe und Zusammenhänge.

Im Rahmen der Beweisaufnahme sind auch solche Umstände aufzuklären, die für die **Beurteilung der Person des Angeklagten** von Bedeutung sind, wie z.B. Einträge im Bundeszentralregister.

Schließlich kommen auch **Erfahrungssätze** als Gegenstand des Beweises in Betracht. Erfahrungssätze sind empirische Allgemeinurteile zur Feststellung und Bewertung von Tatsachen,[19] wie z.B. der Schluss i.S.e. Ursache-Wirkungs-Zusammenhangs oder der Erfahrungssatz, dass ein Fingerabdruck immer nur einer bestimmten Person zugeordnet werden kann.[20]

Die beweisbedürftigen Tatsachen werden unterschieden in **Haupttatsachen, Indizien** **3** **und Hilfstatsachen.**[21] Im Einzelnen gilt Folgendes:

- **Haupttatsachen** sind die unmittelbar beweiserheblichen Tatsachen. Hierzu gehören alle Umstände, die aus sich selbst heraus die Subsumtion unter einen Rechtssatz ermöglichen, wie z.B. Merkmale des gesetzlichen Tatbestandes, Rechtfertigungs-, Schuldausschließungs-, Strafausschließungs- oder Strafaufhebungsgründe oder Strafzumessungsgesichtspunkte i.S.d. § 46 StGB.[22] Eine Haupttatsache wäre also z.B. die Bekundung eines Zeugen über ein Verhalten des Beschuldigten, das ein Tatbestandsmerkmal erfüllt.

- **Indizien** sind dagegen nur mittelbar beweiserhebliche Tatsachen, die allein oder i.V.m. weiteren Zwischengliedern einen positiven oder negativen Schluss auf eine unmittelbar beweiserhebliche Tatsache ermöglichen.[23] Indizien sind z.B. das Auffinden der Tatwaffe in den Räumen des Beschuldigten oder das Vorhandensein von Fingerabdrücken des Beschuldigten am Tatort.

---

17 Vgl. zu den inneren und äußeren Tatsachen *Eisenberg*, Beweisrecht der StPO, Rn 6.

18 Vgl. BGHSt 7, 110, 111.

19 Alsberg/*Güntge*, Der Beweisantrag im Strafprozess, Rn 1089; KMR-StPO/*Paulus*, § 244 Rn 169 und 171 ff. (mit Beispielen); *Eisenberg*, Beweisrecht der StPO, Rn 7.

20 Vgl. *Eisenberg*, Beweisrecht der StPO, Rn 7.

21 Siehe KK-StPO/*Krehl*, § 244 Rn 4; *Eisenberg*, Beweisrecht der StPO, Rn 8.

22 *Eisenberg*, Beweisrecht der StPO, Rn 8; Alsberg/*Güntge*, Der Beweisantrag im Strafprozess, Rn 1122 f. m.w.N.; SK-StPO/*Frister*, § 244 Rn 12.

23 KK-StPO/*Krehl*, § 244 Rn 5; *Eisenberg*, Beweisrecht der StPO, Rn 9; Alsberg/*Güntge*, Der Beweisantrag im Strafprozess, Rn 1125 f.

■ **Hilfstatsachen** stellen eine Untergruppe der Indizien dar.[24] Dazu zählen solche Tatsachen, die einen Schluss auf die Qualität eines Beweismittels ermöglichen, wie z.b. die allgemeine Glaubwürdigkeit eines Zeugen oder die Echtheit einer Urkunde. Auch wenn in einem Beweisantrag lediglich Hilfstatsachen unter Beweis gestellt werden, gelten die Regelungen des § 244 Abs. 2 bis Abs. 6 StPO.

II. Umfang der Aufklärungspflicht

4 Der **Umfang der gerichtlichen Aufklärungspflicht** in der Beweisaufnahme erstreckt sich gem. § 155 Abs. 2 StPO i.V.m. § 264 Abs. 1 StPO auf die in der Anklage bezeichnete Tat und die durch die Anklage beschuldigten Personen. Die Aufklärungspflicht unterliegt, wie oben ausgeführt,[25] dem **Amtsermittlungsgrundsatz**, sodass das Gericht verpflichtet ist, zur Erforschung der Wahrheit die Beweisaufnahme von Amts wegen auf **alle be- und entlastenden Tatsachen und Beweismittel** zu erstrecken, die für die Entscheidung von Bedeutung sind (§ 244 Abs. 2 StPO). An die Anträge oder Erklärungen der Verfahrensbeteiligten ist das Gericht im Rahmen seiner Aufklärungspflicht nicht gebunden.[26] Auch **ohne einen entsprechenden Antrag** eines Verfahrensbeteiligten hat das Gericht grds. alle be- und entlastenden Beweismöglichkeiten auszuschöpfen, die ihm bekannt sind oder bekannt sein müssen.[27] Es muss sich hierbei stets um den **bestmöglichen Beweis** bemühen.[28] Das bedeutet, dass das Gericht zwar grds. den **sachnäheren Beweis** erheben muss, heißt aber umgekehrt nicht, dass es sich nicht auch mittelbarer Beweise bedienen darf.[29] Die Pflicht zur Erhebung des bestmöglichen Beweises hat jedoch zur Folge, dass **Originalbeweise** – soweit verfügbar – **Beweissurrogaten** vorzuziehen sind und eine höherwertige Beweisstufe Vorrang gegenüber einer geringerwertigen hat.[30] So ist z.B. die persönliche Vernehmung eines Zeugen höherwertig als die Verlesung eines früheren Vernehmungsprotokolls.[31] Das Gleiche gilt für eine Originalurkunde im Vergleich zu einer Kopie usw. Ist das sachnähere bzw. das höherwertige Beweismittel nicht verfügbar und wird deshalb auf das sachfernere bzw. das geringwertigere Beweismittel zurückgegriffen, muss der Tatrichter in den Urteilsgründen

---

24 *Eisenberg*, Beweisrecht der StPO, Rn 9; KK-StPO/*Krehl*, § 244 Rn 6; Alsberg/*Güntge*, Der Beweisantrag im Strafprozess, Rn 1127.
25 Siehe Rdn 1.
26 BGH NJW 1966, 1524; 1967, 299; StV 1983, 495; KK-StPO/*Krehl*, § 244 Rn 34; *Meyer-Goßner/Schmitt*, StPO, § 244 Rn 11.
27 Vgl. BGH StV 1983, 495; NStZ 1984, 210; MDR 1985, 629.
28 BVerfG NJW 2003, 2444; *Meyer-Goßner/Schmitt*, StPO, § 244 Rn 12; KK-StPO/*Krehl*, § 244 Rn 36 m.w.N.
29 BVerfGE 57, 250, 277 = NJW 1981, 1719, 1722; BGH NJW 1993, 804 (Urkundenbeweis nach § 253 bei Erinnerungsverlust des Zeugen); *Meyer-Goßner/Schmitt*, StPO, § 244 Rn 12.
30 BVerfG StV 2013, 574; BGHSt 46, 73, 79; BGH NStZ 2004, 50; SSW-StPO/*Sättele*, § 244 Rn 42.
31 Dies ergibt sich z.B. aus §§ 250, 251 StPO.

darlegen, dass er die darin für die Wahrheitsfindung liegende Gefahr erkannt und bei seiner Überzeugungsbildung mit abgewogen hat.[32]

> *Hinweis:*
>
> Beschränkt sich der Tatrichter allerdings auf die Heranziehung eines mittelbaren, d.h. sachferneren oder geringwertigeren Beweismittels, obwohl ein unmittelbares, d.h. sachnäheres oder höherwertigeres Beweismittel zur Verfügung gestanden hätte, stellt dies einen Verstoß gegen die Aufklärungspflicht dar.[33] So darf sich das Gericht z.B. nicht mit der Vernehmung eines Zeugen vom Hörensagen begnügen, nur weil der unmittelbare Zeuge schwer zu erreichen ist.[34]

Die Pflicht des Gerichts zu möglichst umfassender Sachverhaltsaufklärung bedeutet auch, dass die **herangezogenen Beweismittel erschöpfend auszuwerten** sind.[35] Daraus folgt, dass z.B. Urkunden umfassend verwertet und Zeugen mit dem Ziel vollständiger Wissensoffenbarung vernommen werden müssen.[36]

Die Pflicht zur weiteren Sachverhaltserforschung entfällt nur für solche **Tatsachen**, die   5 nicht beweisbedürftig sind, z.B. weil sie bereits erwiesen oder **offenkundig** sind.[37] Hat der Angeklagte ein **glaubhaftes Geständnis** abgelegt, kann eine Beweisaufnahme über die von dem Geständnis umfassten Tatsachen entbehrlich sein.[38] Im Einzelfall kann ein Geständnis sogar die ausschließliche Grundlage einer Verurteilung sein.[39] Die Aufklärungspflicht gebietet allerdings im Hinblick auf die Möglichkeit von **Falschgeständnissen** eine kritische Würdigung des Beweiswertes.[40]

Zu beachten ist, dass die aus dem Amtsaufklärungsgrundsatz resultierenden **Verpflich-**   6 **tungen des Gerichts** zur Sachverhaltsaufklärung nicht einheitlich definiert werden:[41]

■ Nach gewichtiger **Rechtsprechung** muss das Gericht den (wahren) Sachverhalt i.R.d. angeklagten Tat unter Ausschöpfung aller bekannten oder sich aufdrängenden

---

32 Löwe/Rosenberg/*Becker*, § 244 Rn 66; SSW-StPO/*Sättele*, § 244 Rn 42.

33 BGH NStZ 2004, 50.

34 BGHSt 1, 373, 376; BGH StV 1993, 114. Vgl. zur persönlichen Vernehmung eines Informanten, V-Manns oder Verdeckten Ermittlers anstelle des V-Mann-Führers bzw. des Vernehmungsbeamten auch BGHSt 33, 178, 180; 34, 85; 36, 159, 162; 42, 175; BGH NStZ 2001, 656.

35 BGHSt 29, 109.

36 *Eisenberg*, Beweisrecht der StPO, Rn 12; Löwe/Rosenberg/*Becker*, StPO, § 244 Rn 50 f.; SK-StPO/*Frister*, § 244 Rn 15.

37 *Eisenberg*, Beweisrecht der StPO, Rn 15;.

38 *Eisenberg*, Beweisrecht der StPO, Rn 15.

39 BGHSt 39, 310.

40 BGH StraFo 2004, 138; *Eisenberg*, Beweisrecht der StPO, Rn 15; G. *Schäfer*, StV 1995, 150.

41 Vgl. hierzu auch Löwe/Rosenberg/*Becker*, § 244 Rn 47; Alsberg/*Dallmeyer,* Der Beweisantrag im Strafprozess, Rn 42.

Erkenntnisquellen so lange erforschen, wie auch nur die entfernte Möglichkeit einer Änderung der Vorstellung von dem zu beurteilenden Sachverhalt besteht.[42]

- Nach der überwiegenden **Literatur**, der sich die Rechtsprechung zunehmend anzuschließen scheint, ist – etwas einschränkend – das Gericht nur so lange zur Aufklärung verpflichtet, wie ihm noch Umstände oder Möglichkeiten bekannt oder erkennbar sind, „die bei verständiger Würdigung der Sachlage begründete Zweifel an der Richtigkeit der erkannten Überzeugung wecken müssen, falls ein noch nicht ausgeschöpftes Beweismittel zur Verfügung steht."[43]

Aus der **Sicht des Verteidigers** sind die ursprünglich von der Rechtsprechung formulierten Anforderungen an die Amtsaufklärungspflicht vorzugswürdig, da sie eine gegenüber der Literaturmeinung weiter reichende Sachverhaltsaufklärung vorschreiben. Die Literaturmeinung hat zudem den Nachteil, dass sie das Gericht nur so lange zur Aufklärung verpflichten will, bis es sich von einem Sachverhalt überzeugt hat und keine Tatsachen mehr erkennbar sind, die es von seiner Überzeugung abbringen können. Die Problematik besteht also darin, dass das Gericht nach der Literaturmeinung die von den Verfahrensbeteiligten vorgebrachten Tatsachen bewerten darf, ohne sie überhaupt erhoben zu haben. Demgegenüber verpflichtet die ursprüngliche Rechtsprechungsmeinung das Gericht dazu, grds. alle Tatsachen aufzuklären, die im Zusammenhang mit der abzuurteilenden Tat stehen. Erst nach der vollständigen Tatsachenerhebung soll dann die Überzeugungsbildung des Gerichts erfolgen.

Hinweis:

In der **Praxis** werden die – ohnehin wenig bestimmten[44] – **Grenzen der Rechtsprechungs- und der Literaturmeinung** in den meisten Fällen noch weiter **verschwimmen**. Der Verteidiger sollte deshalb bei der Stellung seiner Beweisanträge konkret darlegen, warum es sich bei den unter Beweis gestellten Tatsachen um solche handelt, an deren Erhebung das Gericht schlechterdings nicht vorbeikommt. Hierbei gilt zudem: Je weniger gesichert ein Beweisergebnis erscheint, je gewichtiger die Unsicherheitsfaktoren sind, je mehr Widersprüche bei der Beweiserhebung zu Tage getreten sind, desto größer ist der Anlass für das Gericht, trotz der erlangten Überzeugung weitere erkennbare Beweismöglichkeiten zu benutzen.[45]

---

42 Vgl. z.B. BGHSt 1, 94, 96; 23, 176, 188; 30, 131, 143; BGHSt 38, 369; BGH NStZ 2013, 725; siehe aber auch BGHSt 40, 3 (keine Pflicht, voraussichtlich nutzlose Beweiserhebungen anzustellen); ähnlich BGH NStZ 2005, 44 (Unerreichbarkeit eines Zeugen); zu den verfassungsgerichtlichen Anforderungen an die Aufklärungspflicht siehe BVerfG NJW 2003, 2444.

43 Vgl. KK-StPO/*Krehl*, § 244 Rn 33; *Herdegen*, NStZ 1984, 98; *Meyer-Goßner/Schmitt*, StPO, § 244 Rn 12; *Widmaier*, NStZ 1994, 248 in der Anm. zu BGHSt 40, 3. Sich dieser Auffassung anschließend BGH, NStZ-RR 1996, 299; NStZ 2009, 468 f.; 2015, 36; 2017, 96; StV 2017, 801.

44 Siehe Alsberg/*Dallmeyer*, Der Beweisantrag im Strafprozess, Rn 42.

45 BGH StV 1996, 249; NStZ 2013, 725; 2015, 36; 2017, 96.

Zur Verdeutlichung des im Einzelfall notwendigen **Umfangs der Aufklärungspflicht**   7
einige Beispiele aus der Rspr:[46]

■ Auch eine **Alibibehauptung im letzten Wort** des Angeklagten verpflichtet das Gericht zur weiteren Aufklärung bzw. zur Darlegung im Urteil, warum es sich zu weiterer Aufklärung nicht gedrängt sehen musste.[47]

■ Die Aufklärungspflicht ist regelmäßig verletzt, wenn sich das Gericht mit der **kommissarischen Vernehmung** eines erreichbaren Zeugen zufrieden gibt, statt diesen in der Hauptverhandlung zu vernehmen.[48]

■ Beim **Urkundenbeweis** kann in Bezug auf den Beweiswert der verlesenen Urkunde eine ergänzende Zeugenvernehmung erforderlich sein.[49]

■ Im Einzelfall kann es notwendig sein, das **Zustandekommen einer Zeugenaussage** aufzuklären, wenn diese, z.b. wegen Entzugserscheinungen des Zeugen, zweifelhaft ist.[50]

■ Einem **Zeugen, der in der Hauptverhandlung anders aussagt** als in einer früheren Vernehmung, ist zur Sachverhaltsaufklärung seine frühere Aussage vorzuhalten oder es ist die Verhörsperson (zusätzlich) zu vernehmen.[51]

■ Bei **ungenügender eigener Sachkunde** kann die Zuziehung eines Sachverständigen erforderlich sein[52]

■ Die Aufklärungspflicht ist verletzt, wenn ein für den Angeklagten **ggf. günstig aussagender Zeuge** nicht vernommen wird.[53]

Unabhängig davon, wie weit man die gerichtliche Aufklärungspflicht in der Praxis ausdehnen möchte, ist eines in jedem Fall von zentraler Bedeutung: Dem Gericht müssen die **entscheidungserheblichen Anknüpfungstatsachen bekannt oder erkennbar** sein bzw. sie müssen sich aufdrängen. Der Verteidiger darf sich deshalb keinesfalls darauf verlassen, dass das Gericht auch ohne sein Zutun alle entscheidungserheblichen Tatsachen aufklären kann und wird. Nicht selten kann das Gericht ohne ein entsprechendes Beweisbegehren seitens der Verteidigung die potenziell bedeutsamen entlastenden Umstände gar nicht erkennen. Der Verteidiger hat deshalb die **aufklärende Tätigkeit des Gerichts** im Interesse seines Mandanten zu **überwachen** und zu **beanstanden**, sowie durch geeignete Beweisanträge zu **erweitern**.[54] Er sollte sich hierbei stets vor Augen hal-   8

---

46 Siehe hierzu insbes. auch *Burhoff*, HV, Rn 339 mit weiteren zahlreichen Beispielen.
47 BGH NStZ 2001, 160.
48 Vgl. KK-StPO/*Krehl*, § 244 Rn 36 (Vorrang des höherwertigen Beweisverfahrens)..
49 BGHSt 27, 135, 139.
50 OLG Hamm StraFo 1999, 92.
51 BayObLG NStZ-RR 2003, 150.
52 Siehe eingehend hierzu KK-StPO/*Krehl*, § 244, Rn 42.
53 BGH StraFo 2009, 385.
54 Vgl. auch Widmaier/*Krause*, MAH Strafverteidigung, § 7 Rn 139.

ten, dass die prägende Wirkung des Ermittlungsverfahrens sowie die Zulassung der Anklage und Eröffnung des Hauptverfahrens im Ergebnis grds. zu einer hohen Verurteilungswahrscheinlichkeit führen. Der Verteidiger muss deshalb zum einen die **Erweiterung der Sachaufklärung** durch neue Beweismittel anstrengen und zum anderen das Gericht von alternativen, dem Angeklagten günstigen Sachverhaltsgestaltungen überzeugen. Beides kann insbes. durch den effizienten Einsatz von Beweisanträgen erreicht werden.[55]

B. Absprachen im Strafprozess

9   Die gerichtliche Beweiserhebungs- und Aufklärungspflicht kann im Einzelfall an persönliche, sachliche und zeitliche Grenzen stoßen. Besonders in umfangreichen Verfahren, wie z.b. Wirtschaftsstrafverfahren, sind deshalb **vorprozessuale Absprachen** zwischen den Verfahrensbeteiligten heute üblich und in vielen Fällen sinnvoll, sowie aus der Sicht der Verteidigung und des Beschuldigten im Einzelfall durchaus wünschenswert. Dabei ist zu **unterscheiden** zwischen Absprachen, die sich allein auf die **Verfahrensgestaltung**, also den Ablauf des Verfahrens und eventuelle Verfahrensbeschränkungen beziehen, und den Absprachen über konkrete **Verfahrensergebnisse**, den sog. Urteilsabsprachen.

I. Absprachen zur Verfahrensgestaltung

10   Relativ unproblematisch sind Gespräche über den **technischen** und **organisatorischen Ablauf** der Hauptverhandlung. So können insbes. Fragen der Terminierung und der Reihenfolge der Beweiserhebungen, z.B. der Reihenfolge der Zeugenvernehmungen, Gegenstand der vorprozessualen Gespräche sein. Nicht selten wird das Gericht darum bitten, dass der Verteidiger die aus seiner Sicht notwendigen Beweismittel benennt, damit diese für den Verfahrensablauf mit eingeplant werden können. Der Verteidiger muss dann im Einzelfall entscheiden, welche Beweis- und Verfahrensanträge er bereits in diesem frühen Stadium preisgeben kann und will.

In Umfangsverfahren besonders verbreitet sind Absprachen über **Verfahrenseinstellungen** bzw. **Verfahrensbeschränkungen** gem. §§ 154, 154a StPO. Der Prozessstoff wird häufig mit diesen Instrumenten auf ein für die Hauptverhandlung vertretbares Maß „zurückgeschnitten". Auch mit Unklarheiten und Beweisproblemen behaftete Sachverhalte werden oftmals durch Einstellung oder Beschränkung aus dem Verfahren herausgelöst.

---

55 Umfangreiche weitere Ausführungen zur gerichtlichen Beweiserhebungs- und Aufklärungspflicht finden sich bei KK-StPO/*Krehl*, § 244 Rn 32 ff., Alsberg/*Dallmeyer*, Der Beweisantrag im Strafprozess, Rn 40 ff.; *Dahs*, Die Revision im Strafprozeß, Rn 326 ff., *Hamm*, Die Revision in Strafsachen, Rn 549 ff. und *Fezer*, StV 1995, 263 ff.

Hinweis:
Der Verteidiger kann sich hierbei aktiv einbringen und auch selbst die Ausklammerung bestimmter Sachverhalte anregen. Insbes. kann die **Beschränkung** des angeklagten Verfahrensstoffes in geeigneten Fällen auch **mit der Absprache** über ein konkretes Verfahrensergebnis **verknüpft** und dadurch ein für den Mandanten stimmiges Gesamtergebnis erreicht werden. Zu beachten ist aber, dass sogenannte „**Gesamtlösungen**", bei denen sich die Absprache auch auf andere, parallel anhängige Verfahren beziehen soll, **unzulässig** sind (BGH wistra 2011, 28). Im Rahmen einer Absprache darf nur über den Gegenstand der Anklage verhandelt werden.

II. Absprachen über Verfahrensergebnisse

Lange Zeit heftig umstritten war die Praxis der **Urteilsabsprachen**, da die StPO einen   **11**
konsensualen Strafprozess mit einer vergleichsweisen Erledigung nicht vorgesehen hat. Gleichwohl waren – und sind – Absprachen unter den Verfahrensbeteiligten über konkrete Verfahrensergebnisse jedenfalls in umfangreichen Verfahren nicht gerade selten. Das **BVerfG** hatte schon vor vielen Jahren derartige **Urteilsabsprachen nicht grundsätzlich für unzulässig** gehalten.[56] Regeln allerdings hatte es nicht aufgestellt. Gewisse Mindestanforderungen an die Zulässigkeit von Urteilsabsprachen wurden erstmals durch die Rechtsprechung des 4. Senats des Bundesgerichtshofs im Jahr 1997 aufgestellt.[57] Im Jahr 2005 hat der Große Senat für Strafsachen diese Mindeststandards präzisiert und ergänzt.[58] **Seit dem Jahr 2009** sind Absprachen über Verfahrensergebnisse insbesondere in den §§ 257b, 257c, 267 Abs. 3, 273 Abs. 1a und 302 Abs. 1 StPO **gesetzlich geregelt**.

Die gesetzliche Regelung der Urteilsabsprachen war notwendig, weil eine aus Gründen der **Prozessökonomie** getroffene Absprache, durch die eine ansonsten notwendige umfangreiche Beweisaufnahme vermieden werden soll, mit der gerichtlichen **Aufklärungspflicht kollidiert**.[59] Ein durch das Gericht initiiertes Geständnis im Rahmen einer Absprache tangiert zudem die Unschuldsvermutung, da hierdurch die Schuld des Angeklagten impliziert wird.[60]

---

56 BVerfG NJW 87, 2662.
57 BGHSt 43, 195.
58 BGH GSSt NJW 2005, 1440.
59 Vgl. hierzu auch *Eisenberg*, Beweisrecht der StPO, Rn 42.
60 Vgl. *Nestler-Tremel*, DRiZ 1988, 294; *Fischer*, JZ 1998, 819. Zu den Besonderheiten der Beweiswürdigung eines auf einer Absprache beruhenden Geständnisses eines Mitangeklagten vgl. BGH NStZ 2003, 383 m. Anm. *Kargl/Rüdiger*, NStZ 2003, 672.

12 Diesen Friktionen wird im Gesetz dadurch begegnet, dass § 257c Abs. 1 S. 1 StPO zwar Verständigungen „über den **weiteren Fortgang** [...] des Verfahrens" gestattet, wozu z.b. auch der Verzicht der Verfahrensbeteiligten auf das Stellen weiterer Beweisanträge gehören kann,[61] aber die Aufklärungspflicht des § 244 Abs. 2 StPO hiervon ausdrücklich unberührt bleibt (§ 257c Abs. 1 S. 2 StPO).[62]

Der Ausgangspunkt für die heute geltende **gesetzliche Regelung** war die Rechtsprechung des Großen Senats für Strafsachen beim BGH.[63] Diese Rechtsprechung und die darauf basierenden Regelungen der §§ 257b, 257c, 267 Abs. 3, 273 Abs. 1a und 302 Abs. 1 StPO haben u.a. folgende Grundsätze etabliert:

■ **Urteilsabsprachen** sind grundsätzlich **zulässig** und vereinbar mit der geltenden Strafprozessordnung.

■ Das bei einer Urteilsabsprache i.d.R. abgelegte **Geständnis muss auf seine Zuverlässigkeit überprüft werden** und das Gericht muss von seiner Richtigkeit überzeugt sein. Das selbstbelastende Geständnis muss deshalb wenigstens so konkret und detailliert sein, dass seitens des Gerichts geprüft werden kann, ob es derart mit der Aktenlage in Einklang steht, dass sich keine weitere Sachaufklärung aufdrängt (**qualifiziertes Geständnis**).[64] Ein **inhaltsleeres Formalgeständnis reicht grds. nicht** aus.[65] Ebenfalls nicht ausreichend ist ein bloßes Nicht-Bestreiten der Anklage[66] oder die Formulierung, dass der Anklage „nicht entgegengetreten" werde.[67] Allerdings soll im Einzelfall, z.B. bei einfach gelagerten, zeitlich nicht lange zurückliegenden Sachverhalten, ein sog. **„schlankes" Geständnis**, das sich in der Bestätigung des konkreten Anklagesatzes erschöpft, ausreichend sein können.[68] Der BGH hat unter Zugrundelegung der vom Großen Strafsenat aufgestellten Maßstäbe ausdrücklich betont,

---

61 *Meyer-Goßner/Schmitt*, § 244 Rn 14; *Alsberg/Dallmeyer*, Der Beweisantrag im Strafprozess, Rn 44; vgl. auch BVerfG NStZ 2016, 422 = StV 2016, 409.

62 Insoweit wird allerdings in der Literatur eingewandt, dass dieser normative Anspruch angesichts der Zielrichtung jeder Verständigung, die insbesondere in der konsensualen Beschleunigung des Hauptverfahrens durch eine Reduktion der Beweisaufnahme liegen wird, an der Verfahrenswirklichkeit vorbeigehe, vgl. MüKo-StPO/*Jahn/Kudlich*, § 257c Rn 23 m.w.N; *Knauer*, NStZ 2013, 433.

63 BGH GSSt NJW 2005, 1440.

64 BGHSt 50, 40, 49; *Meyer-Goßner/Schmitt*, § 257c Rn 17. Zur Überprüfung der Glaubhaftigkeit des Geständnisses ist der Abgleich mit der Aktenlage regelmäßig ausreichend, vgl. BGH NStZ 2012, 584; 2013, 727. Es bedarf insoweit grds. keiner weiteren Beweisaufnahme, vgl. BGH NJW 2014, 2132, 2133; StraFo 2014, 335, 336; NStZ-RR 2016, 378. Allerdings ist es unzulässig, dem Urteil einen Sachverhalt zugrunde zu legen, der nicht auf einer vollständigen Ausschöpfung des Beweismaterials beruht, vgl. BGHSt 59, 21, 28.

65 Vgl. auch BGHR StPO § 302 Abs. 1 S. 1 Rechtsmittelverzicht 25; BGHSt 59, 21, 28..

66 OLG Hamm StraFo 2011, 515.

67 BGH StraFo 2013, 250.

68 BGH NStZ-RR 2016, 378; vgl. aber demgegenüber für Sachverhalte von hoher Komplexität und mit zahlreichen Details BGH NJW 2014, 2132, 2133; StV 199, 214, 215; NStZ-RR 2012, 256 f.; NStZ 2014, 53; wistra 2016, 277.

dass ein aufgrund einer Absprache abgelegtes Geständnis das Tatgericht nicht von seiner Aufklärungspflicht entbindet. Es muss deshalb stets prüfen, ob das Geständnis mit dem Ermittlungsergebnis zu vereinbaren ist, ob es in sich stimmig ist und welches strafrechtlich relevante Verhalten eingeräumt wird.[69] Daraus folgt insbesondere auch, dass bei mehreren Mitangeklagten eine ordnungsgemäße Sachaufklärung hinsichtlich der **nicht geständigen Mitangeklagten** nicht unterbleiben darf, selbst wenn einzelne Mitangeklagte im Rahmen einer Verfahrensabsprache ein Geständnis ablegen.[70]

■ Alle Verfahrensbeteiligten sind in die Gespräche mit einzubeziehen und das **Ergebnis** und der Inhalt der Absprache ist in der Hauptverhandlung **offenzulegen** und zu **protokollieren**.[71]

■ Der **Schuldspruch** kann – abgesehen von den Möglichkeiten der Verfahrensbeschränkung nach §§ 154, 154a StPO innerhalb des von der Anklage umfassten Verfahrensstoffes – **nicht Gegenstand einer Urteilsabsprache** sein.[72]

■ Die **Strafe** muss **schuldangemessen** sein. Die Differenz zwischen der absprachegemäßen und der bei einem streitigen Verfahren zu erwartenden Strafe darf also nicht so groß sein, dass sie unvertretbar und mit einer Strafmilderung wegen eines Geständnisses nicht mehr erklärbar erscheint. Dieses Verbot der sog. „Sanktionenschere" gilt in zwei Richtungen: Weder darf die ohne Absprache angekündigte Strafe so hoch sein, dass sie das vertretbare Maß überschreitet und den Angeklagten unter Druck setzt, noch darf durch den Strafnachlass für ein Geständnis die Strafe unangemessen niedrig ausfallen. Es darf zudem i.R.d. Absprache nur eine Strafunter- und Strafobergrenze, nicht jedoch die genaue Strafhöhe zugesagt werden.

■ Das Gericht darf nach entsprechendem **Hinweis** – über BGHSt 43, 195 hinaus – nicht nur wegen neuer Erkenntnisse von seiner Zusage abweichen, sondern auch dann, wenn tatsächliche oder rechtliche Aspekte übersehen worden sind, die schon bei der Urteilsabsprache vorhanden waren.

■ Im Rahmen einer Urteilsabsprache darf das Gericht weder an der Erörterung eines **Rechtsmittelverzichts** mitwirken, noch auf einen solchen Verzicht hinwirken. Der Angeklagte ist auch nach einem Urteil, dem eine Urteilsabsprache zugrunde liegt, in jedem Fall darüber zu belehren, dass es ihm ungeachtet der Absprache freisteht, Rechtsmittel einzulegen (**qualifizierte Belehrung**). Der nach einer Urteilsabsprache erklärte Rechtsmittelverzicht ist unwirksam, wenn der Angeklagte nicht qualifiziert belehrt worden ist. Die Erklärung eines Rechtsmittelverzichts ist ausgeschlossen.

---

69 BGH NStZ-RR 2007, 307 = StV 2007, 579 = StraFo 2007, 414.
70 BGH NStZ-RR 2007, 307 = StV 2007, 579 = StraFo 2007, 414.
71 Vgl. hierzu ausführlich BGH StV 2018, 6 m.w.N.
72 Vgl. BVerfG NStZ 2016, 422 = StV 2016, 409.

13 Für die Praxis der Beweisaufname besonders bedeutsam ist v.a. die ausdrückliche Klarstellung im Gesetz, dass die Aufklärungspflicht nach § 244 Abs. 2 StPO unberührt bleibt (§ 257c Abs. 1 Satz 2 StPO). Daraus folgt, dass ein Geständnis im Rahmen einer Absprache wenigstens so konkret sein muss, dass sich im Hinblick auf die Aktenlage keine Notwendigkeit zu weiterer Sachverhaltsaufklärung ergibt. Das Tatgericht kommt grds. nicht umhin, das Geständnis eines Angeklagten anhand zusätzlicher verfügbarer Beweismittel zu verifizieren, um sich von dessen Richtigkeit zu überzeugen.[73] Auch die Umstände, die geeignet sind, **Zweifel an der Richtigkeit des Geständnisses** zu begründen, muss das Gericht prüfen und erörtern.[74] Die gerichtlichen Prüfungspflichten sind umso umfangreicher, je weniger konkret die Anklage und das Geständnis sind.

> *Hinweis:*
>
> Der Verteidiger sollte im Rahmen von Urteilsabsprachen den nunmehr im Gesetz verankerten Grundsätzen des Verbots der Sanktionenschere, des Verbots des inhaltsleeren Formalgeständnisses und des Verbots der Erörterung eines Rechtsmittelverzichts unbedingt Geltung verschaffen. Diese **Regelungen** wurden ersichtlich **zum Schutz des Angeklagten** und zur Herstellung eines gewissen Kräftegleichgewichts der Verhandlungspartner geschaffen.

Von großer praktischer Bedeutung ist zudem, dass gemäß § 273 Abs. 1a StPO **neben dem Ergebnis** der Urteilsabsprache auch der wesentliche **Ablauf und Inhalt der Verständigungsgespräche** im **Protokoll** festzuhalten sind. Dazu gehört insbesondere die Darlegung, von welcher Seite die Frage einer Verständigung aufgeworfen wurde, welche Standpunkte von den Verfahrensbeteiligten vertreten wurden und diese auf Ablehnung oder Zustimmung gestoßen sind.[75] Zudem muss das Gericht bereits zu Beginn der Hauptverhandlung nach Verlesung des Anklagesatzes und vor Vernehmung des Angeklagten mitteilen, ob Erörterungen nach den §§ 202a, 212 StPO stattgefunden haben, wenn deren Gegenstand die Möglichkeit einer Verständigung gemäß § 257c StPO gewesen ist.[76] Hierdurch soll umfassende Transparenz hergestellt werden.[77] Wird der zu protokollierende Inhalt einer Absprache vom Gericht **unzutreffend oder unvollständig** wiedergegeben, sollte der Verteidiger hiergegen umgehend **Widerspruch** erheben und diesen Widerspruch protokollieren lassen, um sich eine spätere Rügemöglichkeit in der Revision zu erhalten.[78]

---

73 BGHSt 59, 21, 28 m.w.N.

74 Vgl. auch BGH, NJW 1999, 370 = NStZ 1999, 92 = StV 1999, 410.

75 BGH StV 2018, 6 m.w.N.

76 Auf eine Verständigung zielt ein Vorgespräch immer dann ab, wenn Fragen des prozessualen Verhaltens in einen Konnex zum Verfahrensergebnis gebracht werden, sodass die Frage nach oder die Äußerung zu einer Strafewartung naheliegt; vgl. BVerfG NJW 2013, 1058, 1065 und BGH, NStZ 2014, 217.

77 Was letztlich auch zur Disziplinierung der Gesprächspartner führt.

78 BGH NStZ 2010, 293.

Wenngleich zwischenzeitlich gesetzlich geregelt, bleiben Urteilsabsprachen aber auch weiterhin problematisch. Das **BVerfG** hat in seiner **Grundsatzentscheidung** zur Verständigung im Strafverfahren deutlich gemacht, dass die neu in die StPO eingefügten Normen **gerade noch verfassungsgemäß** sind.[79] Es hat ausdrücklich festgestellt, dass es bei der praktischen Umsetzung der Regelungen erhebliche Vollzugsdefizite gibt und **informelle Absprachen** gänzlich **unzulässig** sind.[80] Bei verfassungskonformer Auslegung ergeben sich nach der Rechtsprechung des BVerfG folgende grundlegende Aspekte, die von sämtlichen Verfahrensbeteiligten zu beachten sind:[81]

■ Wird eine Absprache unter **Verstoß gegen die gesetzlichen Regelungen** vorgenommen oder unvollständig dokumentiert, soll **das Urteil regelmäßig auf diesem Verfahrensfehler beruhen,**[82] mit der Folge, dass es nur in absoluten Ausnahmefällen, in denen das Beruhen sicher ausgeschlossen werden kann, noch Bestand haben kann.[83] Dieser Ansatz ist in der Rechtsprechung des **BGH** auf **Ablehnung** gestoßen. Dort wird argumentiert, der Verstoß gegen die Regeln zur Durchführung einer Verständigung und deren Dokumentation sei vom Gesetzgeber nicht als absoluter Revisionsgrund ausgestaltet worden und § 337 StPO könne von Seiten der Rechtsprechung nicht um normative Elemente erweitert werden. Deshalb verbleibe es auch bei Verstößen gegen die Regelungen zur Durchführung und Dokumentation von Verfahrensabsprachen bei der „normalen" einzelfallbezogenen Beuhensprüfung gemäß § 337 StPO und das Beruhen könne nicht als regelmäßig vorliegend unterstellt werden.[84]

■ Erörterungen im Vorfeld der Hauptverhandlung gemäß §§ 202a, 212 StPO hat der Vorsitzende aufgrund der Regelung des § 243 Abs. 4 S. 1 StPO an alle Verfahrensbeteiligten mitzuteilen. Er muss darüber Bericht erstatten, ob und gegebenenfalls mit welchen Mitangeklagten Gespräche geführt wurden. Die Verfahrensbeteiligten sind von sämtlichen – auch erfolglosen – Bemühungen um eine Verständigung in Kenntnis zu setzen. Es ist mitzuteilen, wer an den Gesprächen teilgenommen hat, welche Standpunkte von den einzelnen Teilnehmern vertreten wurden, auf wessen Initiative die Verständigungsgespräche geführt wurden und ob sie auf Zustimmung oder Ablehnung gestoßen sind.[85]

■ **Unzulässig** sind sog. **„Gesamtlösungen",** bei denen z.b. abgetrennte Verfahren einbezogen und dann nach § 154 StPO eingestellt oder entsprechende Zusagen für den

---

79 BVerfG NJW 2013, 1058 = NStZ 2013, 295.
80 BVerfG NJW 2013, 1058 = NStZ 2013, 295, bestätigt durch BVerfG NStZ 2016, 422 = StV 2016, 409.
81 BVerfG NJW 2013, 1058 = NStZ 2013, 295.
82 Vgl. hierzu auch BGH, Urt. v. 13.2.2014 – 1 StR 423/13.
83 Ausführlich zu solchen Ausnahmefällen z.B. BGH, Urt. v. 7.8.2013 – 5 StR 253/13 (am Beispiel der fehlenden Belehrung nach § 257c Abs. 5 StPO) und BGH, Urt. v. 10.7.2013 – 2 StR 195/12 [am Beispiel der fehlenden Mitteilung des Inhalts der Absprache].
84 BGH NJW 2016, 513, 514 ff = NStZ 2016, 221; StV 2016, 81.
85 BGH NStZ 2016, 228 = StV 2016, 94.

Fall eines Geständnisses gemacht werden. Im Rahmen der Absprache darf nur über den Gegenstand der Anklage verhandelt werden.

■ Die **Überzeugung** des Gerichts von der Schuld des Angeklagten muss **feststehen**, sodass sämtliche notwendigen Beweiserhebungen durchzuführen sind, um ein **Geständnis zu überprüfen** und zu plausibilisieren.

■ Die **Staatsanwaltschaften** und **Rechtsmittelgerichte** haben die **Einhaltung der Regeln zu überwachen**. Bei Zweifeln an der Rechtmäßigkeit eines „Deals" ist die Staatsanwaltschaft gehalten, Rechtsmittel einzulegen.

■ Wirkt ein Staatsanwalt oder Richter an einer **Protokollierung** mit, deren Inhalt **falsch** ist, sehen die Verfassungsrichter darin eine **Falschbeurkundung im Amt**. Die so handelnden Personen machen sich somit strafbar.

Hinweis:

Das BVerfG hat mit seiner Grundsatzentscheidung starke Leitplanken eingezogen, die vor allem dem Schutz des Angeklagten dienen. Insbesondere das **ausdrückliche Verbot informeller Absprachen** und die Pflicht zu umfassender und zutreffender **Protokollierung des Verlaufs, Inhalts und Ergebnisses** der Verständigungsgespräche führen zu einer deutlichen Verbesserung des Kräftegleichgewichts. Der Verteidiger sollte stets darauf achten, dass auch die **„Zwischenstände"** von Verständigungsgesprächen und die in diesem Zuge von den Verfahrensbeteiligten geäußerten Strafmaßvorstellungen vollständig protokolliert werden. Ggf. sollte er einen hierauf gerichteten Antrag stellen, sofern der Vorsitzende nicht von Amts wegen einen entsprechenden Protokolleintrag vornimmt.

C. Mündlichkeit und Unmittelbarkeit

14 Die richterliche Überzeugungsbildung und damit die Urteilsfindung muss gem. § 261 StPO ihre Grundlage im „**Inbegriff der Hauptverhandlung**" haben.[86] In dieser Regelung kommen die Grundsätze der Mündlichkeit und der Unmittelbarkeit zum Ausdruck.[87]

Der **Grundsatz der Mündlichkeit** findet seinen Niederschlag in den Regelungen der §§ 250, 261 und 264 StPO. Er besagt, dass nur der Prozessstoff dem Urteil zugrunde gelegt werden darf, der in der Hauptverhandlung mündlich erörtert wurde.[88]

---

86 Vgl. *Eisenberg*, Beweisrecht der StPO, Rn 63; *Meyer-Goßner/Schmitt*, § 261 Rn 1; SSW-StPO/*Schluckebier*, § 261 Rn 1; s. auch BGH NJW 2017, 375.

87 *Meyer-Goßner/Schmitt*, § 261 Rn 1; SSW-StPO/*Schluckebier*, § 261 Rn 1.

88 Vgl. *Eisenberg*, Beweisrecht der StPO, Rn 64; *Meyer-Goßner/Schmitt*, § 261 Rn 5; SSW-StPO/*Schluckebier*, § 261 Rn 3; vgl. auch KG StV 2015, 703.

Der **Grundsatz der Unmittelbarkeit** besagt, dass sich das Gericht einen direkten und unvermittelten persönlichen Eindruck von dem zu beurteilenden Sachverhalt verschaffen soll.[89] Daraus folgt, dass die erkennenden Richter gem. § 226 Abs. 1 StPO in der Hauptverhandlung ununterbrochen anwesend sein müssen. Das Gericht darf seinem Urteil zudem nur die **Erkenntnisse** zugrunde legen, die es **durch die Hauptverhandlung** und **in der Hauptverhandlung** gewonnen hat.[90] Aus diesem Grund darf z.b. der Akteninhalt nur insoweit verwertet werden, als er in die Hauptverhandlung eingeführt worden ist. Es stellt deshalb z.b. einen revisionsrechtlich erheblichen Verstoß gegen § 261 StPO dar, wenn im Urteil eine bei den Akten befindliche aber in der Hauptverhandlung nicht verlesene Urkunde verwertet wird.[91]

Eine zulässige **Durchbrechung** des Unmittelbarkeitsgrundsatzes stellt die kommissarische Vernehmung gem. §§ 223 bis 225 StPO dar. Weitere Ausnahmen vom Unmittelbarkeitsgrundsatz regeln die §§ 251 bis 256 StPO, die unter bestimmten Voraussetzungen das Verlesungsverbot des § 250 StPO aufheben.

D. Streng- und Freibeweis

Die §§ 244 bis 257 StPO beschreiben die förmliche Beweisaufnahme, das sog. **Strengbeweisverfahren**. Das Strengbeweisverfahren gilt zwingend für die **Feststellung der Schuld- und Rechtsfolgentatsachen**[92] in der Hauptverhandlung. Soweit also in der Hauptverhandlung Tatsachen festgestellt werden sollen, die den **Tathergang** und die **Schuld** des Angeklagten (Schuldfrage) oder die Art und Höhe der **Strafe** bzw. **sonstiger Maßnahmen** (Rechtsfolgenfrage) betreffen, gilt es, strenge Förmlichkeiten der Beweiserhebung einzuhalten. Aus diesem Grund ist es z.B. unzulässig, Tatsachen, die für den Schuld- oder Rechtsfolgenausspruch bedeutsam sind, ledifglich durch eine informatorische Befragung eines Zeugen oder Sachverständigen in die Hauptverhandlung einzuführen.[93] Im Strengbeweisverfahren sind nur die gesetzlichen Beweismittel

15

- Zeuge (§§ 48 bis 71 StPO),
- Sachverständiger (§§ 72 bis 85 StPO),
- Augenschein (§§ 86 bis 93 StPO) und
- Urkunden (§§ 249 bis 256 StPO)

---

89 Vgl. *Eisenberg*, Beweisrecht der StPO, Rn 65.
90 BGHSt 19, 195.
91 Vgl. hierzu auch BGH NStZ 2004, 279.
92 Vgl. BGH NStZ 2013, 299; vgl. auch OLG Düsseldorf StV 1997, 460 zu den Strafzumessungstatsachen.
93 Vgl. BGHSt 33, 217, 221.

zulässig. Diese Beweismittel dürfen zudem nur unter Beachtung der §§ 244 bis 257 StPO, sowie des Mündlichkeits-, Unmittelbarkeits- und Öffentlichkeitsprinzips (§ 261 StPO; § 169 GVG) verwendet werden.[94]

16   Für alle **Feststellungen außerhalb der Hauptverhandlung**, sowie während der Hauptverhandlung für die **Feststellung der Prozessvoraussetzungen** und sonstiger Prozesstatsachen, gilt das – in der StPO nicht ausdrücklich benannte – sog. **Freibeweisverfahren.**[95] Hier ist das Gericht im Hinblick auf die Wahl und Heranziehung von Beweismitteln freier gestellt und darf nach pflichtgemäßem Ermessen[96] alle ihm zugänglichen Erkenntnisquellen ausschöpfen. Das Freibeweisverfahren darf auch dann zum Einsatz kommen, wenn die Feststellung von Prozessvoraussetzungen und sonstigen prozesserheblichen Tatsachen, welche die Zulässigkeit oder den Fortgang des Verfahrens oder die Zulässigkeit einzelner Prozesshandlungen betreffen, die Urteilsgrundlagen beeinflussen.[97] Entscheidend ist insoweit allein, ob das Gericht auf der Grundlage der freibeweislich ermittelten Tatsachen eine rein verfahrensrechtliche Entscheidung zu treffen hat.[98]

Im **Freibeweis** geklärt werden können z.B.

■   die Frage der **Verhandlungsfähigkeit** des Angeklagten, solange nicht die Schuldfähigkeit betroffen ist,[99]

■   das Vorliegen eines wirksamen **Strafantrags**,[100]

■   die **Erreichbarkeit eines Zeugen**[101] oder

■   die **Sachkunde eines Sachverständigen.**[102]

Bei der Klärung derartiger Fragen kann sich das Gericht z.B. der Hinzuziehung des Akteninhalts,[103] (fern)mündlicher Rückfragen,[104] dienstlicher Äußerungen von Beamten oder Richtern,[105] anwaltlicher Versicherungen oder der Verlesung von Schriftstücken ohne die Beschränkungen der §§ 249 ff. StPO[106] bedienen.

---

94 Vgl. hierzu ausführlich auch *Eisenberg*, Beweisrecht der StPO, Rn 35; vgl. auch BGH StV 2006, 118, 119.
95 Ein Hinweis auf die Möglichkeit eines Freibeweisverfahrens findet sich in § 251 Abs. 3 StPO; vgl. zum Freibeweisverfahren auch *Meyer-Goßner/Schmitt*, § 244 Rn 7.
96 KK-StPO/*Krehl*, § 244 Rn 16.
97 BGHSt 44, 129, 138; 55, 1, 5; BGH NStZ-RR 1999, 259.
98 SSW-StPO/*Sättele*, § 244 Rn 18; Löwe/Rosenberg/*Becker*, § 244 Rn 30.
99 BGHSt 26, 84, 92.
100 BGH MDR 1955, 143.
101 KK-StPO/*Krehl*, § 244 Rn 13.
102 Alsberg/*Dallmeyer*, Der Beweisantrag im Strafprozess, Rn 261.
103 RGSt 51, 70; 71, 261.
104 Vgl. BGH NStZ 1984, 134; OLG Köln NJW 1982, 2617.
105 Vgl. BGHSt 44, 4; BGH, StV 2003, 315.
106 RGSt 38, 324; 55, 231; KK-StPO/*Diemer*, § 249 Rn 3.

> *Hinweis:*
> Über Anträge der Verteidigung, die nicht die Schuld- oder Rechtsfolgenfrage betreffen, darf das Gericht ohne Bindung an die Voraussetzungen der §§ 244 ff. im Freibeweisverfahren nach Maßgabe der Aufklärungspflicht entscheiden.[107]

Im **Revisionsverfahren** gilt ausschließlich das Freibeweisverfahren.[108] Das Revisionsgericht kann allerdings die für seine Entscheidung erforderlichen Prozesstatsachen nur dann freibeweislich ermitteln, wenn der Tatrichter keine bzw. rechtsfehlerhafte Feststellungen getroffen hat. Soweit rechtsfehlerfreie tatrichterliche Feststellungen vorhanden sind, ist das Revisionsgericht hieran gebunden.[109]

Sog. **doppelrelevante Tatsachen**, die sich sowohl auf eine Verfahrensfrage als auch auf **17** eine Schuld- und Rechtsfolgenfrage beziehen, müssen im Strengbeweisverfahren festgestellt werden.[110] Allerdings kann die Klärung der verfahrensrechtlichen Frage zunächst im Freibeweisverfahren erfolgen.[111] Für die Sachentscheidung muss die Tatsache dann aber im Strengbeweisverfahren nochmals ermittelt werden.[112] Maßgeblich ist bei einer frei- und strengbeweislichen Erhebung zu ein und derselben doppelrelavanten Tatsache – insbes. bei Abweichungen – allein das im Strengbeweisverfahren erhobene Beweisergebnis,[113] denn das Urteil muss auf einheitlichen Feststellungen beruhen.[114]

Der entscheidende **Unterschied** zwischen **Strengbeweis-** und **Freibeweisverfahren** **18** liegt darin, dass die §§ 244 Abs. 3, Abs. 4, 245 Abs. 2 StPO im Freibeweisverfahren keine Anwendung finden. Über die Ablehnung eines Antrags auf Beweiserhebung im Freibeweisverfahren kann deshalb **ohne Bindung** an die Ablehnungsgründe der §§ 244 Abs. 3, Abs. 4, 245 Abs. 2 StPO allein i.R.d. Aufklärungspflicht entschieden werden. Auch muss das Gericht **keine formelle Entscheidung** i.S.d. § 244 Abs. 6 StPO treffen.[115] Die Grundsätze der Mündlichkeit, Unmittelbarkeit und Öffentlichkeit finden im Freibeweisverfahren ebenfalls keine Anwendung.[116]

> *Hinweis:*
> Auch im Freibeweisverfahren gilt der **Grundsatz des rechtlichen Gehörs** (Art. 103 Abs. 1 GG). Das Ergebnis eines freibeweislich erhobenen Beweises muss deshalb zum

---

107 BGH, Beschl. v. 10.1.2017 – 4 StR 541/16.
108 *Meyer-Goßner/Schmitt*, § 244 Rn 7 und § 351 Rn 3; SSW-StPO/*Sättele*, § 244 Rn 19.
109 SSW-StPO/*Sättele*, § 244 Rn 19 m.w.N.
110 Siehe BGH StV 1991, 148, 149 m.w.N.; Alsberg/*Dallmeyer*, Der Beweisantrag im Strafprozess, Rn 266.
111 *Meyer-Goßner/Schmitt*, § 244 Rn 8.
112 BGH StV 1991, 148, 149.
113 BGHSt 26, 228, 238.
114 SSW-StPO/*Sättele*, § 244 Rn 22; Löwe/Rosenberg/*Becker*, § 244 Rn 35.
115 Vgl. zum Ganzen *Meyer-Goßner/Schmitt*, StPO, § 244 Rn 7 - 9.
116 BGHSt 16, 164, 166.

Gegenstand der Verhandlung gemacht werden.[117] Ebenso sind die Bestimmungen zum Schutz einzelner Prozessbeteiligter, wie z.b. Zeugnisverweigerungsrechte nach den §§ 52 ff. StPO (einschließlich des Verwertungsverbots des § 252), die Aussagefreiheit des Angeklagten nach § 136 Abs. 1 Satz 2 StPO und die Beweiserhebungsverbote des § 136a Abs. 1, Abs. 2 StPO im Freibeweisverfahren zu beachten.[118]

E. Beweisantragsrecht

19 Das **Beweisantragsrecht** folgt aus dem **Anspruch auf rechtliches Gehör nach Art. 103 Abs. 1 GG**.[119] Das Recht des Beschuldigten und seines Verteidigers, den Gegenstand und den Umfang der Beweisaufnahme durch Beweisanträge mitzubestimmen, ist ein unabdingbarer Bestandteil eines rechtsstaatlichen, fairen Verfahrens.[120] Der Verteidiger hat ein selbstständiges, vom Willen des Angeklagten unabhängiges Antragsrecht.[121] Eine ausdrückliche Formulierung, was ein Beweisantrag ist, fehlt allerdings im Gesetz. Gleichwohl setzt die StPO das Beweisantragsrecht, wie die §§ 219, 222, 244 und 245 StPO zeigen, als selbstverständlich voraus.[122] Nach allgemeiner Meinung ist ein **Beweisantrag** das bedingte oder unbedingte Verlangen[123] eines Prozessbeteiligten, über eine bestimmt behauptete Tatsache, die den Schuld- oder Rechtsfolgenausspruch betrifft,[124] durch den Gebrauch eines bestimmt behaupteten Beweismittels Beweis zu erheben.[125]

Das Beweisantragsrecht ist nicht nur eine Ergänzung der richterlichen Aufklärungspflicht des § 244 Abs. 2 StPO, sondern v.a. auch eine Folge des verfassungsrechtlich gestützten Prinzips, dass der Beschuldigte nicht nur Objekt, sondern auch Subjekt des Verfahrens ist.[126] Das Beweisantragsrecht ist unabdingbar, um auch der konkurrierenden Sicht des

---

117 Löwe/Rosenberg/*Becker*, StPO, § 244 Rn 37; SSW-StPO/*Sättele*, § 244 Rn 20.
118 KK-StPO/*Krehl*, § 244 Rn 17; *Meyer-Goßner/Schmitt*, StPO, § 244 Rn 9.
119 BVerfGE 46, 315, 319 = NJW 1978, 413; 50, 32 = NJW 1979, 413; 65, 305 = NJW 1984, 1026; BVerfG, NJW 1986, 833; siehe hierzu auch Alsberg/*Dallmeyer*, Der Beweisantrag im Strafprozess, Rn 38.
120 Vgl. hierzu auch Art. 6 Abs. 3 EMRK; BVerfGE 1, 429; Alsberg/*Dallmeyer*, Der Beweisantrag im Strafprozess, Rn 38 f. m.w.N.
121 BGH NStZ 2009, 581 = StV 2009, 588; vgl. diesbezüglich auch BGHSt 38, 111 zur Zulässigkeit, dem Angeklagten das Beweisantragsrecht zu entziehen und Beweisanträge nur noch über den Verteidiger entgegenzunehmen.
122 Zur historischen Entwicklung des Beweisantragsrechts finden sich ausführliche Darstellungen bei *Hamm/Hassemer/Pauly*, Beweisantragsrecht, Rn 4 ff. und KK-StPO/*Krehl*, § 244 Rn 64.
123 BGH NStZ 2006, 585;
124 BGH StV 2007, 622.
125 BGHSt 1, 29, 31; 37, 162, 164; BGH NJW 2008, 2446; StV 2000, 180; NStZ 1999, 578; *Hamm/Hassemer/Pauly*, Beweisantragsrecht, Rn 77; Löwe/Rosenberg/*Becker*, § 244 Rn 95; KK-StPO/*Krehl*, § 244 Rn 67; *Meyer-Goßner/Schmitt*, § 244 Rn 18; SSW-StPO/*Sättele*, § 244 Rn 82.
126 BVerfG NJW 2007, 204, 205; *Habetha*, StV 2011, 239, 241.

Beschuldigten im Strafprozess Geltung zu verschaffen, denn nicht selten kann das Gericht ohne ein entsprechendes Beweisbegehren seitens des Beschuldigten oder seines Verteidigers die potenziell bedeutsamen entlastenden Umstände gar nicht erkennen. Das Beweisantragsrecht schafft somit die Grundlage, die **aufklärende Tätigkeit des Gerichts** zu **überwachen** und zu **beanstanden**, sowie durch geeignete Beweisanträge zu **erweitern**.

Das Beweisantragsrecht ermöglicht auch die **Gegenrede im Strafprozess** (Kontradiktion).[127] Mithilfe von Beweisanträgen können sich der Angeklagte und der Verteidiger gegen den Anklagevorwurf insgesamt oder gegen bestimmte Teile der Anklage wenden, also z.b. die Themenfelder Vorsatz/Fahrlässigkeit, Vollendung/Versuch, schwerer Fall/minder schwerer Fall, Irrtum, Schuldunfähigkeit etc. einzeln aufgreifen. Durch die auf Richterrecht basierenden strengen Regeln der Antragstellung und des enumerativen Katalogs der Ablehnungsgründe gem. den §§ 244, 245 StPO entsteht zwischen den Verfahrensbeteiligten ein formalisierter Dialog.[128]

---

127 *Deckers*, Der strafprozessuale Beweisantrag, Rn 341.
128 Vgl. BGH NJW 2000, 443, 445; *Deckers*, Der strafprozessuale Beweisantrag, Rn 342; *Basdorf*, StV 1995, 310, 318 f.

§ 2   Beweisantrag

A.   Vorbemerkungen

Der **Beweisantrag** ist das **wirkungsvollste Mittel des Verteidigers**, um auf den Umfang   **20**
der Beweisaufnahme Einfluss zu nehmen, denn durch einen förmlichen Beweisantrag
wird das Gericht **verpflichtet**, entweder

■ den angebotenen **Beweis zu erheben**

oder aber

■ den Antrag nach den §§ 244, 245 StPO mittels **Gerichtsbeschluss** zu bescheiden.

Durch das Recht, Beweisanträge zu stellen, erhalten die Verfahrensbeteiligten die
Möglichkeit, den **Gang und das Ergebnis** der Haupverhandlung aktiv **zu beeinflussen**.[1]
Mithilfe des Beweisantrags kann der Verteidiger deshalb das Gericht zwingen, sich mit
Tatsachen zugunsten des Angeklagten auseinanderzusetzen. Gleichzeitig kann über Beweisanträge eine gewisse **Festschreibung des Sachverhalts** erreicht[2] und die voraus-
sichtliche **Beweiswürdigung** des Gerichts **erahnt** werden, weil das Gericht in einer Ablehnungsentscheidung darlegen muss, wie es die Beweisfrage beurteilt. Schließlich können Beweisanträge, denen das Gericht nicht nachkommen will, zu **Rechtsfehlern** führen,
die der Verteidiger später zur Grundlage für eine Erfolg versprechende Revision machen
kann.[3]

> *Hinweis:*
>
> Mit Blick auf die Revision ist zu beachten, dass sich **revisionsrechtliche Konsequen-**
> **zen** aus einem Beweisantrag nur ergeben können, wenn dieser vom Gericht **abgelehnt**
> oder **übergangen** worden ist. Geht das Gericht einem gestellten Beweisantrag nach,
> indem es den angebotenen Beweis erhebt, entfaltet der Inhalt des Beweisantrags keine
> revisionsrechtliche Wirkung mehr. Insbes. kann z.B. in der Revision unter Bezug-
> nahme auf die Begründung des Beweisantrags nicht gerügt werden, das Urteil gebe
> eine Zeugenaussage unzutreffend oder verkürzt wieder.[4]

Im Rahmen der Hauptverhandlung zielt der Beweisantrag vorrangig auf die **Überzeu-**   **21**
gungsbildung des Tatrichters.[5] Er dient dem Verteidiger dazu,

---

1 SSW-StPO/*Sättele*, § 244 Rn 81.
2 Vgl. hierzu unten Rdn 196.
3 Vgl. zur Anknüpfung an den Beweisantrag in der Revision unten Rdn 209.
4 Vgl. BGHSt 43, 212; BGH NStZ 1990, 35; *Herdegen*, JZ 1998, 55; *Meyer-Goßner/Schmitt*, StPO, § 261 Rn 38a.
5 *Deckers*, Der strafprozessuale Beweisantrag, Rn 11.

- die Beweise der Anklage zu erschüttern,
- Gegenteiliges zur Anklagebehauptung (z.B. ein Alibi oder nahe liegende Sachverhaltsalternativen) mit eigenen Beweismitteln aufzuzeigen,
- Tatvorwürfe um- bzw. herabzudefinieren oder
- strafzumessungserhebliche Tatsachen vorzubringen.[6]

Besondere Bedeutung kommt dem Beweisantrag zu, wenn der Angeklagte von seinem Schweigerecht Gebrauch macht. Beim **schweigenden Angeklagten** kann der Widerspruch zur Anklage nur über Beweisanträge formuliert werden. Hierbei ist zu beachten, dass die Beweisbehauptungen nicht als Einlassung des Angeklagten gewertet oder umdefiniert werden können.[7] Darin liegt der große Vorteil des Beweisantrags: Der Angeklagte kann trotz seines Schweigens mithilfe von Beweisanträgen die ihn entlastenden Tatsachen in die Hauptverhandlung einführen und das Gericht auf diese Weise zur Aufklärung des Sachverhalts oder aber zumindest – in Form der gerichtlichen Ablehnungsbegründung – zu einer Auseinandersetzung mit dem aus der Sicht der Verteidigung wichtigen Beweisstoff veranlassen.

22   Mit dem Beweisantrag können neben den oben genannten sachbezogenen Zwecken der Widerlegung der Anklage oder der Reduzierung des Schuld- oder Rechtsfolgenumfangs auch **verfahrensbezogene Zwecke** verfolgt werden. Es sind z.B. folgende Verfahrenssituationen denkbar:[8]

- Aus der Ablehnung eines Beweisantrags (z.B. wegen Erwiesenheit oder Bedeutungslosigkeit der Beweistatsache) kann der Antragsteller wichtige Hinweise erhalten, die einem im deutschen Strafverfahrensrecht nicht vorgesehenen **Schuldinterlokut**, also einer Art Schuld-Zwischenfeststellung gleichkommen.
- Hat der Antragsteller erkannt, dass in der Instanz seine **sachlichen Prozessziele nicht mehr erreichbar** sind, kann mittels des Beweisantragsrechts die **Revision vorbereitet** werden, indem das Instanzgericht gezwungen wird, in einem Ablehnungsbeschluss klar Stellung zu entscheidungserheblichen Fragen zu beziehen, die dann revisionsrechtlich überprüfbar sind.[9]
- Bestehen **Unklarheiten**, von welchem Sachverhalt das Tatgericht in seinem späteren Urteil ausgehen wird, kann mittels Beweisanträgen eine **Festschreibung des Sachverhalts** und damit verbunden eine Einengung der freien Beweiswürdigung erreicht werden.[10]

---

6 Vgl. zum Ganzen *Deckers*, Der strafprozessuale Beweisantrag, Rn 12 ff.
7 BGH NStZ 2000, 495; 1990, 447; BGH StV 1998, 59.
8 Vgl. auch *Deckers*, Der strafprozessuale Beweisantrag, Rn 342 ff.
9 Vgl. ausführlich zur Anknüpfung an den Beweisantrag in der Revision unten Rdn 209.
10 Vgl. ausführlich zur Festschreibung von Beweisergebnissen unten Rdn 196.

■ Kann durch Beweisanträge aufgezeigt werden, dass sich aufdrängende Ermittlungen vernachlässigt wurden oder Ermittlungsfehler vorliegen, die erst noch über die Aufklärung in der Hauptverhandlung repariert werden müssten, kann dies in **Haftsachen** nicht selten dazu führen, dass ein bestehender Haftbefehl aufgehoben oder außer Vollzug gesetzt wird, wenn aufgrund der Ermittlungsdefizite das in Haftsachen geltende Beschleunigungsgebot nicht eingehalten werden kann.

Der Beweisantrag ist zu **unterscheiden** vom Beweisermittlungsantrag und von der bloßen Beweisanregung.[11] Während der Beweisantrag das Gericht zu einer Bescheidung nach den §§ 244 Abs. 3 bis Abs. 6, 245 Abs. 2 StPO verpflichtet, müssen Beweisermittlungsantrag und Beweisanregung nicht durch einen Gerichtsbeschluss beschieden werden und erlangen nur i.R.d. richterlichen Aufklärungspflicht nach § 244 Abs. 2 StPO Bedeutung.[12]   23

B. Inhaltliche Anforderungen

Die Voraussetzungen des Beweisantrags sind im Gesetz nicht ausdrücklich definiert. Nach h.M. ist der **Beweisantrag** das **ernsthafte Verlangen** eines Prozessbeteiligten,[13] über eine bestimmte, die Schuld- oder Rechtsfolgenfrage betreffende **Tatsachenbehauptung**[14] durch bestimmte, nach der StPO zulässige **Beweismittel** Beweis zu erheben.[15] Als weiteres Merkmal kommt die von der Rechtsprechung entwickelte **Konnexität** zwischen Beweistatsache und Beweismittel hinzu.[16]   24

Der Beweisantrag enthält somit stets

■ eine **bestimmte zu beweisende Tatsache** und

■ ein **bestimmtes Beweismittel**, sowie

■ eine bestimmt darzulegende Konnexität zwischen Beweistatsache und Beweismittel, es sei denn, diese versteht sich von selbst[17] oder ist nach dem Akteninhalt offenkundig.[18]

---

11 Siehe ausführlich hierzu unten Rdn 52.
12 Zur Abgrenzung von Beweis- und Beweisermittlungsantrag vgl. auch BGH NJW 1993, 867.
13 Vgl. BGH NStZ 2006, 585.
14 Vgl. BGH StV 2007, 622.
15 St. Rspr., siehe z.B. BGHSt 1, 29 ff.; 6, 128; 30, 131; 37, 162, 164; BGH NJW 2008, 2446; StV 2000, 180; NStZ 1999, 578; *Meyer-Goßner/Schmitt*, StPO, § 244 Rn 18; *Burhoff*, HV, Rn 769; *Alsberg/Dallmeyer*, Der Beweisantrag im Strafprozess, Rn 77 ff.; *Hamm/Hassaemer/Pauly*, Beweisantragsrecht, Rn 77; Löwe/Rosenberg/ *Becker*, § 244 Rn 95; KK-StPO/*Krehl*, § 244 Rn 67.
16 BGHSt 40, 3, 6; 43, 321, 329.
17 BGH StV 2014, 257, 258.
18 BGH NStZ 2014, 282, 283.

Daraus ergibt sich für die Formulierung eines Beweisantrags ein Grundschema gemäß folgender

> *Formulierungsbeispiele:*
> Es wird beantragt,
> Herrn (...)
> als **Zeugen** zu vernehmen (= *Beweismittel*),
> zum Beweis folgender **Tatsache**: (...) (= *Beweistatsache*).
> Der benannte Zeuge kann zu den behaupteten Tatsachen **aus folgendem Grund Auskunft** geben: (...) (= *Konnexität*).
> *Oder alternativ:*
> Zum Beweis der **Tatsache**, dass (...)
> wird die Vernehmung des
> Herrn (...)
> als **Zeuge** beantragt, der **aus folgendem Grund Auskunft** geben kann: (...)

25 Hierbei ist zu beachten: Die zu **beweisende Tatsache** muss sich auf die **Schuld- oder Rechtsfolgenfrage** beziehen. Der Beweisantrag kann sich demnach nur auf Gegenstände beziehen, die dem Strengbeweisverfahren in der Hauptverhandlung unterliegen.[19] Des Weiteren muss das Beweisbegehren **ernsthaft** sein und kann **unbedingt oder bedingt** vorgebracht werden. Bei den Beweisanträgen, die unter einer Bedingung erhoben werden, spielt der sog. Hilfsbeweisantrag in der Praxis eine nicht unerhebliche Rolle.[20]

> *Hinweis:*
> **Nicht ausreichend** sind bloße **Hinweise auf Beweismöglichkeiten**. Solche Hinweise stellen keinen Beweisantrag sondern lediglich Beweisanregungen dar.[21] Die Beweiserhebung muss zudem mündlich **in der Hauptverhandlung** beantragt werden. Ein außerhalb der Hauptverhandlung gestellter Antrag ist deshalb in der Hauptverhandlung zu wiederholen.

Ist das Gericht einer in der Hauptverhandlung beantragten Beweiserhebung nachgekommen und beantragt ein Verfahrensbeteiligter einen **bereits erhobenen Beweis nochmals** zu erheben, dann handelt es sich nach st. Rspr. hierbei lediglich um ein auf **Wiederholung der Beweisaufnahme** gerichtetes Begehren, das **nicht als Beweisantrag gewertet** wer-

---

19 Zur Abgrenzung von Streng- und Freibeweis siehe Rdn 15.
20 Vgl. ausführlich hierzu Rdn 111.
21 Siehe hierzu unten Rdn 57.

den kann.[22] Sollen allerdings mit einem bereits in der Hauptverhandlung herangezogenen Beweismittel, z.b. mit einem bereits vernommenen Zeugen oder Sachverständigen, **neue Beweistatsachen**, zu den der Zeuge oder Sachverständige noch nicht vernommen worden ist, zum Gegenstand der Beweisaufnahme gemacht werden, dann steht dies der Formulierung eines Beweisantrags nicht entgegen und stellt keine Wiederholung der Beweisaufnahme dar.[23]

Im Hinblick auf die **Beweismittel** muss sich der Verteidiger auf die nach der StPO zugelassenen vier Beweismittel beschränken:[24]   **26**

- **Sachverständige,**
- **Zeugen,**
- **Augenschein** und
- **Urkunden.**

Die **Beweiserhebungsart** richtet sich nach dem jeweiligen Beweismittel. In Betracht kommen das **Gutachten** von Sachverständigen, die **Vernehmung** von Zeugen, die **Einnahme** des Augenscheins und die **Verlesung** von Urkunden.

Zur Orientierung herangezogen werden können im Hinblick auf das jeweilige Beweismittel die folgenden

Formulierungsbeispiele:

- Zum Beweis der Tatsache, dass (…), wird die **Einholung eines Sachverständigengutachtens** eines Sachverständigen für (…) beantragt.
- Zum Beweis der **Tatsache**, dass (…), wird die **Vernehmung** des Herrn (…) als **Zeuge** beantragt.
- Zum Beweis der Tatsache, dass (…), wird beantragt, (…) in **Augenschein zu nehmen**.
- Zum Beweis der Tatsache, dass (…), wird beantragt, das **Schreiben** des (…) vom (…) **zu verlesen**.

Hinweis:

Bei der Benennung von Beweismitteln muss der Verteidiger stets die **Beweismöglichkeiten** und den **Beweisgehalt** des jeweiligen Beweismittels im Auge behalten. Der Sachverständige kann nur Erfahrungssätze und Schlussfolgerungen aus Anknüp-

---

22 BGH NStZ 2015, 540, 541.
23 BGH NStZ-RR 1996, 107; StV 1991, 1, 2; als Wiederholung der Beweisaufnahme wird es allerdings von der Rspr. angesehen, wenn die unmittelbare Vernehmung eines Zeugen beantragt wird, obwohl bereits die Verlesung einer Niederschrift oder die Vorführung einer Bild-Ton-Aufzeichnung über die Vernehmung des Zeugen zum fraglichen Beweisthema erfolgt ist, vgl. BGHSt 46, 73, 80 und 48, 268, 273.
24 Siehe auch *Alsberg/Dallmeyer*, Der Beweisantrag im Strafprozess, Rn 80.

fungtatsachen vermitteln. Der Zeuge kann nur über seine Wahrnehmungen berichten. Der Augenschein kann nur den Zustand eines Gegenstands oder einer Örtlichkeit zum Zeitpunkt der Beweiserhebung, nicht aber zum Tatzeitpunkt offenbaren. Die Urkunde schließlich kann nur den in ihr dokumentierten Textgehalt beweisen, nicht aber dessen Richtigkeit.[25]

I. Bestimmte Beweistatsache

27 In einem (echten) **Beweisantrag** muss eine bestimmte Beweistatsache **bezeichnet**[26] und die zu beweisende Tatsache **bestimmt behauptet** werden.[27] Die bestimmte Behauptung der Beweistatsache bedingt eine **indikativische Formulierung**, d.h. die Tatsache, die zum Gegenstand der Beweisaufnahme gemacht werden soll, muss als feststehend bezeichnet werden.[28] Es liegt **kein Beweisantrag** vor, wenn formuliert wird:

*„Es wird beantragt, den Zeugen A dazu zu vernehmen, **ob** (…)".*[29]

Richtigerweise muss es heißen:

Formulierungsbeispiel:

Es wird beantragt, den Zeugen A dazu zu vernehmen, **dass** (…)

Die **zutreffende Formulierung** zeigen die folgenden

Formulierungsbeispiele:

Es wird beantragt, Herrn Z, ladungsfähige Anschrift: Turmstraße 1, A-Burg, als Zeugen zum **Beweis der Tatsache** zu vernehmen, **dass** der Angeklagte zur Tatzeit am (…) um (…) mit dem Zeugen in dessen Wohnung in der Turmstraße Skat gespielt **hat**.

Oder alternativ:

Ich beantrage die Vernehmung des Zeugen Z, ladungsfähige Anschrift: Turmstraße 1, A-Burg **zu folgender Beweistatsache**: Der Zeuge Z **hat** zur Tatzeit am (…) um (…) in seiner Wohnung in der Turmstraße mit dem Angeklagten Skat gespielt.

Oder alternativ:

Zum **Beweis der Tatsache, dass** der Angeklagte zur Tatzeit am (…) um (…) mit dem Zeugen Z in dessen Wohnung in der Turmstraße Skat gespielt **hat**, beantrage ich die Vernehmung des Zeugen Z, ladungsfähige Anschrift: Turmstraße 1, A-Burg.

---

25 Siehe zum Ganzen *Hamm/Hassemer/Pauly*, Beweisantragsrecht, Rn 80 ff.
26 Vgl. BGHSt 37, 162, 164; 39, 251, 253.
27 Vgl. BGH StV 1998, 174; BGH NJW 1995, 1501, 1503; 1999, 2683, 2684.
28 BGHSt 39, 251, 253.
29 Vgl. BGH NStZ 2004, 690; NJW 1999, 2683.

Die notwendige, bestimmt vorzutragende Beweistatsache fehlt, wenn **widersprüchliche**   **28**
Beweisbehauptungen aufgestellt werden.[30] Der Verteidiger muss deshalb auf eine stringente und verständliche Formulierung achten.[31] Bei der bestimmten Behauptung der Beweistatsache geht es aber **nicht** darum, dass der Verteidiger auch **die Wahrheit der behaupteten Tatsache versichern** und zuverlässige Kenntnis von ihnen haben müsste.[32] Er kann deshalb grundsätzlich auch die Beweiserhebung über solche Tatsachen verlangen, deren Vorliegen er nur **vermutet** oder für **möglich** hält.[33]

> *Hinweis:*
> Der Verteidiger kann daher auch dann beantragen, ein Beweismittel „zum Beweis der Tatsache, dass …" heranzuziehen, wenn er sich das behauptete **Beweisergebnis bloß erhofft**. Er braucht von der Richtigkeit des Beweisergebnisses keinesfalls überzeugt zu sein.[34] Erst wenn er die von ihm beantragte Beweiserhebung für ausgeschlossen hält, ist der Verteidiger gehindert, ein entsprechendes Beweisbegehren bestimmt zu behaupten.[35]

Ein Antrag, der auf ein vom Verteidiger für möglich erachtetes Ergebnis gerichtet ist, darf vom Gericht nicht mit der Begründung abgewiesen werden, der Verteidiger kenne die behauptete Tatsache nicht aus eigenem Wissen oder sei sich des Ergebnisses der Beweiserhebung nicht sicher.[36] Nur dann, wenn der Antrag vollständig **„ins Blaue hinein"** gestellt, d.h. die Beweistatsache ohne jede begründete Vermutung nur aufs Geratewohl behauptet wird, liegt kein Beweisantrag,[37] sondern allenfalls ein Beweisermittlungsantrag vor.[38] Das ist z.B. dann der Fall, wenn jeglicher Anhaltspunkt dafür fehlt, dass ein benannter Zeuge zu der Beweisbehauptung überhaupt etwas sagen können wird.[39] Ob es

---

30 BGH NStZ 2013, 118, 119.
31 Zur Verständlichkeit von Beweisanträgen vgl. ergänzend *Alsberg/Dallmeyer*, Der Beweisantrag im Strafprozess, Rn 83 ff.
32 Vgl. auch BGH NStZ 1981, 309, 310.
33 BGHSt 21, 118, 125; BGH StV 2014, 264; 2003, 369; 2000, 180; 1989, 287; 1993, 3; 233; NJW 1983, 126; 1987, 2384; NStZ 2006, 585, 586; 2002, 383; ausdrücklich bestätigend BGH, Beschl. v. 6.4.2018 – 1 StR 88/18; BGH NStZ 2013, 476 = StV 2013, 374 = StraFo 2013, 117 m.w.N und BGH NStZ 2013, 536.
34 KG StraFo 2015, 208, 209; 2012, 20, 21.
35 BGH StV 1989, 237, 238.
36 BGH NStZ 1981, 309; NJW 1988, 1859; *Burhoff*, HV, Rn 773.
37 BGH NStZ 2013, 536, 537; 476, 477 f. = StV 2013, 374 = StraFo 2013, 117 m.w.N.; NStZ 2011, 169; 2009, 226, 227; 2008, 474; 52, 53; 2006, 405; 2002, 383; 1999, 312; 1993, 143, 144; NJW 1997, 2762, 2764.
38 BGH NStZ 2013, 536, 537; 476, 477 f.; 2011, 169; 2009, 226, 227; 2008, 474; 52, 53; 2006, 405; 2002, 383; 1999, 312; 1993, 143, 144; 1992, 397; NJW 1997, 2762, 2764; BGH StV 1993, 3 m.w.N.; 1997, 567 m. Anm. *Wohlers*; zur Einordnung eines solchen Antrags als Beweisermittlungsantrag siehe auch Rn 53; **a.A.** *Herdegen*, StV 1990, 518; NStZ 1995, 202; 1998, 447; 1999, 178 und *Gollwitzer*, StV 1990, 420 (nur bei Kenntnis, dass die Behauptung nicht zutrifft); vgl. auch BGH NJW 1983, 126; 1987, 2384; .StV 2008, 9,10.
39 BGH StV 1993, 232, 233; BGH, Beschl. v. 6.4.2018 – 1 StR 88/18.

sich um einen Antrag „ins Blaue hinein" handelt, ist aus der Sicht eines verständigen Angeklagten und nicht danach zu beurteilen, ob das Gericht die Beweiserhebung für erforderlich hält.[40] Ein Beweisantrag „ins Blaue hinein" liegt nicht schon dann vor, wenn die unter Beweis gestellte Tatsache objektiv ungewöhnlich ist oder eine andere Möglichkeit naheliegender erscheint.[41]

> *Hinweis:*
>
> In Fällen, in denen das Gericht geneigt ist, einen Antrag des Verteidigers als „ins Blaue hinein" gestellt anzusehen, muss damit gerechnet werden, dass der Verteidiger vom Gericht nach der **Quelle seines Wissens** gefragt wird.[42] Gibt der Verteidiger auf diese Frage keine oder keine ausreichende Antwort, soll der Beweisantrag wie ein Beweisermittlungsantrag behandelt werden können.[43] Diese Vorgehensweise soll allerdings nach zutreffender Auffassung nicht in Betracht kommen, wenn der Angeklagte sich nicht zur Sache eingelassen hat oder wenn sich die Beweisbehauptung auf Umstände bezieht, die der Angeklagte nicht kennen kann.[44]

1. Hinreichende Konkretisierung

29 Um dem Erfordernis einer bestimmten Beweisbehauptung zu genügen, ist darauf zu achten, dass die **Beweistatsache hinreichend konkretisiert** wird. Regelmäßig wird es sich bei der Beweistatsache um einen **in der Vergangenheit** liegenden tatsächlichen Vorgang handeln. Es können aber auch **gegenwärtige** Tatsachen, wie z.B. die aktuellen Folgen einer Tat, Gegenstand eines Beweisantrags sein. **Innere** seelische **Vorgänge**, Beweggründe und Überlegungen stellen ebenfalls Tatsachen dar, die einem Beweisantrag zugänglich sind.[45] Soll ein Zeuge zu Vorgängen aussagen, die sich im Inneren eines Menschen abgespielt haben, ist es auch ausreichend, wenn er äußere Umstände bekunden kann, die einen Schluss auf die inneren Tatsachen ermöglichen.[46]

Wertungen und **Meinungen** stellen demgegenüber keine Beweistatsachen dar. Der BGH hat hierzu in einer Grundsatzentscheidung ausgeführt, dass **pauschale Bewertungen**, wie

---

40 BGH NStZ 2003, 497; 2006, 405; BGH NStZ 2013, 536, 537; 476, 477 f.= StV 2013, 374 = StraFo 2013, 117 m.w.N; NStZ 2011, 169; 2009, 226, 227; StraFo 2008, 246 m.w.N.

41 BGH NStZ 2008, 287.

42 Vgl. *Burhoff*, HV, Rn 776; zur Zulässigkeit dieser Frage vgl. *Fahl*, Rechtsmissbrauch im Strafprozess, S. 482 ff.

43 So z.B. BGH NJW 1999, 2683 m.w.N.; *Meyer-Goßner/Schmitt*, StPO, § 244 Rn 20; a.A. BGH NStZ 1987, 181; NJW 1983, 126 f.; KK-StPO/*Krehl*, § 244 Rn 73; *Herdegen*, NStZ 1999, 178.

44 Vgl. *Burhoff*, HV, Rn 776; *Hamm/Leipold/Michalke*, Beck'sches Formularbuch für den Strafverteidiger, S. 507 f.; OLG Hamburg StV 1999, 81 f.

45 *Burhoff*, HV, Rn 879; OLG Hamm StV 2001, 104 (für „Gewissensentscheidung").

46 BGH NStZ 2008, 707 = StV 2008, 449.

z.B. „unglaubwürdig", „verhaltensgestört", „süchtig" oder „angeheitert" **keine hinreichend konkreten Beweistatsachen**, sondern nur Wertungen aus äußeren Umständen
und Handlungen darstellen.[47] Dies gilt entsprechend auch für **rechtliche Beurteilungen**
und **Schlussfolgerungen** wie „Gehilfe", „Anstifter" oder „schuldunfähig i.S.d. § 20
StGB".[48] Die der Schlussfolgerung, Meinung, Wertung oder rechtlichen Beurteilung zugrunde liegenden tatsächlichen Umstände sind dem Beweis aber selbstverständlich zugänglich, sodass das Gericht durch **Auslegung des Antrags** zu ermitteln hat, ob der Antragsteller nur die pauschale Bewertung bzw. Schlussfolgerung (Beweisziel) oder einen
aufgrund der sonstigen Umstände des Einzelfalls **erkennbaren konkreten Tatsachen-
kern** unter Beweis stellt.[49] Die Pflicht zur Antragsauslegung gilt insbesondere dann,
wenn der Antragsteller schlagwortartig verkürzte Behauptungen mit Wertungselementen
oder einfache Rechtsbegriffe verwendet hat.[50] Die Rechtsprechung zur Frage des Vorliegens eines ausreichend bestimmten Tatsachenkerns ist allerdings stark einzelfallbezogen
und zeigt kein klares Bild.[51] Der Verteidiger sollte deshalb **kein Risiko** eingehen und stets
bemüht sein, die unter Beweis zu stellenden Tatsachen so präzise wie möglich zu formulieren.[52]

Soll also z.B. die **Schuldunfähigkeit** (§ 20 StGB) oder die **verminderte Schuldfähigkeit** (§ 21 StGB) des Angeklagten zum Gegenstand eines Beweisantrags gemacht werden, müssen die **Umstände und Anknüpfungspunkte unter Beweis** gestellt werden,
aus denen dann – bei rechtlicher Bewertung – auf die Schuldunfähigkeit oder verminderte Schuldfähigkeit geschlossen werden kann, d.h. es muss das Vorliegen eines bestimmten Krankheitsbildes und der dazugehörenden Symptome unter Beweis gestellt
werden.

30

In diesem Zusammenhang zunächst ein

Beispiel für eine nicht hinreichende Konkretisierung:

*„Zum Beweis der Tatsache, dass der Angeklagte zum Zeitpunkt der Tat schuldunfähig war
(= keine Tatsache, sondern Bewertung), wird die Einholung eines Sachverständigengutachtens beantragt. "*

Richtigerweise muss der Beweisantrag formuliert werden gemäß folgendem

---

47 BGHSt 37, 162, 165; vgl. auch BGHSt 39, 251, 253; 40, 3; NStZ 1995, 96; NStZ-RR 2004, 56;
StV 1997, 77, 78; wistra 2008, 107.
48 Siehe auch *Burhoff*, HV, Rn 881.
49 Vgl. hierzu BGH StV 1995, 230; 2016, 337, 338 m. Anm. *Ventzke*; NStZ 2014, 50, 51; 419; NJW 1993, 2881;
OLG Hamburg StV 2012, 589; KG StraFo 2012, 20, 21.
50 BGH StV 2010, 287, 288; NStZ 2014, 282.
51 Vgl. hierzu die Bsp. bei Löwe/Rosenberg/*Becker*, § 244 Rn 96 und 99.
52 S. auch *Hamm/Hassemer/Pauly*, Beweisantragsrecht, Rn 109.

> *Beispiel für eine hinreichende Konkretisierung:*
> Zum Beweis der Tatsache, dass beim Angeklagten zum Tatzeitpunkt aufgrund voran-
> gegangenen übermäßigen Alkoholkonsums (BAK 3,0 ‰) eine tiefgreifende Bewusst-
> seinsstörung vorlag, die zu Symptomen wie (…) führte, und er deshalb nicht in der
> Lage war, das Unrecht seines Handelns einzusehen oder nach dieser Einsicht zu han-
> deln, beantrage ich die Einholung eines Sachverständigengutachtens.

31 Diese Anforderungen zur hinreichenden Konkretisierung gelten auch bei Begriffen, die
eine **komplexe tatsächliche oder rechtliche Bewertung** beschreiben. Soll z.b. vom Angeklagten die ihm im Rahmen einer Insolvenzstraftat vorgeworfene Zahlungsunfähigkeit
seines Unternehmens widerlegt werden, genügt es nicht, pauschal einen Zeugen (z.B. den
Buchhalter) dafür anzubieten, dass der Angeklagte zahlungsfähig gewesen sei. Mit „zahlungsfähig" wird keine Tatsache, sondern lediglich eine Bewertung aufgrund äußerer
Umstände unter Beweis gestellt. In einem solchen Fall sind deshalb **die Kriterien**, die
auf eine Zahlungsfähigkeit schließen lassen, wie z.b. Bankguthaben, Kassenbestände,
nicht ausgeschöpfte Kontokorrentkredite, kurzfristige Forderungen usw., im Einzelnen
konkret unter Beweis zu stellen. Unter Beweis zu stellen sind also die zu **bewertenden
Tatsachen und Umstände**, nicht die Wertung als solche.

Auch hier zur Verdeutlichung zunächst das

Beispiel für einen nicht hinreichend konkreten Beweisantrag:

*„Es wird beantragt, den Buchhalter B, ladungsfähige Anschrift (…), als Zeugen zu verneh-
men zum Beweis der Tatsache, dass das Unternehmen des Angeklagten in der Zeit vom (…)
bis (…) zahlungsfähig/nicht zahlungsunfähig war (= keine Tatsache, sondern Bewertung)."*

und demgegenüber das **zutreffend** formulierte

> *Beispiel für einen hinreichend konkreten Beweisantrag:*
> Es wird beantragt, zum Nachweis der Zahlungsfähigkeit des Unternehmens des Ange-
> klagten in der Zeit vom (…) bis (…) über folgendeTatsachen Beweis zu erheben:
> 1. Zum Beweis der Tatsache, dass das Bankkonto des Unternehmens zum (…) ein
>   Guthaben von (…) aufwies, wird beantragt, die Kontoauszüge der (…)-Bank
>   für den Zeitraum (…) (Anlage 1) zu verlesen und die Bankmitarbeiterin Frau
>   (…), ladungsfähige Anschrift (…), welche die Firmenkundenbetreuerin des An-
>   geklagten war, als Zeugin zu vernehmen.
> 2. Zum Beweis der Tatsache, dass sich die kurzfristig innerhalb von 14 Tagen reali-
>   sierbaren Forderungen des Unternehmens auf (…) beliefen, wird beantragt, die an-
>   liegende Forderungsaufstellung (Anlage 2) zu verlesen und den im Unternehmen
>   des Angeklagten zur fraglichen Zeit tätigen Buchhalter B, ladungsfähige Anschrift
>   (…), als Zeugen zu vernehmen.

3. Zum Beweis der Tatsache, dass dem Unternehmen des Angeklagten von Seiten des Investors I ein Darlehen bewilligt wurde, das am (…) zur Auszahlung kam, wird beantragt, den Darlehensvertrag vom (…) (Anlage 3) zu verlesen und den als Investor fungierenden Herrn I, ladungsfähige Anschrift (…), als Zeugen zu vernehmen.

4. (…)

Hinweis:

Fehlt es bei **mangelhafter Fassung** eines Antrags an der bestimmten Behauptung einer hinreichend konkretisierten Beweistatsache, kann der Antrag vom Gericht **als bloßer Beweisermittlungsantrag behandelt** werden. Dies hat zur Folge, dass die Ablehnung eines solchen Antrags bzw. dessen Übergehen nicht an den strengen Voraussetzungen der §§ 244 Abs. 3 bis Abs. 4 und 245 Abs. 2 StPO, sondern lediglich an der richterlichen Aufklärungspflicht des § 244 Abs. 2 StPO zu messen ist.

Die unter Beweis zu stellende **Beweistatsache** ist zudem immer **unmittelbar anzusprechen**. Es empfiehlt sich **nicht**, zu formulieren, der Zeuge oder Sachverständige „**wird bekunden**, dass …". Unter Beweis gestellt werden soll die Tatsache als solche, nicht die Bekundung eines Zeugen oder Sachverständigen. Hierzu ein einfaches Beispiel: Soll unter Beweis gestellt werden, dass eine Ampel beim Überfahren der Kreuzung „grün" war, dann reicht es nicht aus, unter Beweis zu stellen, der Zeuge werde bekunden, die Ampel hätte auf „grün" gestanden. Damit ist letztlich nur gesagt, dass der Zeuge das so darstellen wird, aber eben nicht, dass es auch tatsächlich so war. Auch eine wörtliche Wiedergabe der erwarteten Aussage eines Zeugen in einem Beweisantrag (z.B. durch Übernahme aus einem früheren Brief des Zeugen an den Verteidiger) ist nicht sinnvoll, weil damit nicht die objektiven Tatsachen als solche, sondern nur die Einlassungen des Zeugen dargestellt werden. Hier besteht zudem das Risiko, dass beim Gericht der Eindruck einer abgesprochenen Aussage entsteht.[53]   **32**

Die **Anforderungen** an die Konkretisierung der Beweistatsache dürfen allerdings **nicht überspannt** werden.[54] Entscheidend ist, dass der Antragsteller die Beweisthematik so präzise umschreibt, dass erkennbar ist, welcher tatsächliche Vorgang oder Zustand bezeichnet ist und welche Konsequenzen sich aus der Anwendung der Ablehnungsgründe der §§ 244, 245 StPO für die tatsächlichen Sachverhaltsfeststellungen oder die Rechtsfolgen ergeben.[55]   **33**

---

53 Vgl. hierzu auch Widmaier/*Widmaier/Norouzi*, MAH Strafverteidigung, § 9 Rn 24.
54 BGH NStZ 2016, 116; KK-StPO/*Krehl*, § 244 Rn 74 m.w.N.; zur bestimmten Tatsachenbehauptung siehe auch *Basdorf*, StV 1995, 315 ff.; *Herdegen*, NStZ 1998, 449 f.; *Recher*, NStZ 2006, 495 f.
55 KK-StPO/*Krehl*, § 244 Rn 74; *Burhoff*, HV, Rn 882.

Ausreichend für eine hinreichende Konkretisierung des Beweisthemas ist demnach insbes.,[56]

■ wenn das **Beweisthema erst in der Begründung** genannt wird,[57] sofern dies in der erforderlichen Klarheit geschieht,

■ wenn sich bei **verständiger Auslegung** des Antrags nach dessen Sinn und Zweck ohne Weiteres aus den Umständen ergibt, auf welche Beweistatsache der Antrag abzielt.[58] Bei dieser Auslegung hat das Gericht die Beweisbehauptung unter Würdigung aller in der Hauptverhandlung zutage getretenen Umstände, des sonstigen Vorbringens des Antragstellers sowie ggf. des Akteninhalts zu beurteilen.[59]

Hinweis:

Im Einzelfall kann auch eine **schlagwortartige Verkürzung der Beweisbehauptung** noch hinreichend konkret sein, solange die Zielrichtung des Beweisbegehrens noch eindeutig erkennbar bleibt.[60]

Nicht ausreichend für eine hinreichende Konkretisierung des Beweisthemas ist es allerdings,

■ wenn nur das **Ergebnis einer Schlussfolgerung** Gegenstand der Beweisbehauptung ist, da dann nur das **Beweisziel** angegeben ist,[61]

■ wenn anstelle der unmittelbaren Wahrnehmung eines Zeugen nur ein bestimmtes weiteres Geschehen unter Beweis gestellt wird, auf das aus der Wahrnehmung des Zeugen geschlossen werden soll,[62]

■ wenn bei **mehreren Komplexen**, die unter Beweis gestellt werden, nicht eindeutig klar wird, zu welchem Komplex ein benanntes Beweismittel Beweis erbringen soll,[63]

■ wenn lediglich die **innere Motivation** zu einem Handeln oder Unterlassen unter Beweis gestellt wird,[64]

---

56 Vgl. ausführlich hierzu auch *Burhoff*, HV, Rn 882.
57 BGH NStZ 1995, 356 (für Zeugen).
58 BGH NStZ 2016, 116; OLG Köln StV 1995, 293 f.
59 BGH NStZ 2016, 116.
60 BGH NStZ 2008, 52 = StV 2007, 563 = StRR 2007, 303; StV 2010, 287; vgl. auch KK-StPO/*Krehl*, § 244 Rn 74.
61 BGHSt 39, 251; BGH, HRRS 2006 Nr. 594; krit. KK-StPO/*Krehl*, § 244 Rn 75; *Herdegen*, NStZ 1998, 449 f.; *Hamm/Hassemer/Pauly*, Beweisantragsrecht, Rn 107.
62 BGH, Beschl. v. 13.1.2016 – 4 StR 248/15.
63 Vgl. BGHSt 40, 3 m.w.N.
64 BGH NStZ 2004, 690.

■ ggf., wenn lediglich eine **bloße Negation** bestimmter Tatsachen unter Beweis gestellt wird,[65] es sei denn, die gewollte Beweisbehauptung kann, z.b. bei einfach gelagerten Sachverhalten, durch Auslegung ermittelt werden.[66]

2. Negativtatsachen

Besonders problematisch ist vor dem Hintergrund des Erfordernisses einer bestimmten   **34** Beweistatsache der Beweis einer **Negativtatsache**. Hierbei geht es darum, dass mit einem Beweisantrag unter Beweis gestellt werden soll, dass ein **bestimmtes Ereignis nicht stattgefunden hat**.[67]

Die **Behauptung von Negativtatsachen** liegt z.b. in folgenden Fällen vor:[68]

■ Der Beschuldigte sei nicht an einem bestimmten Ort (z.b. dem Tatort) gewesen;

■ der Beschuldigte habe den Kopf des Opfers nicht an die Wand gestoßen;

■ der Beschuldigte habe keinen Anruf von einem Dritten erhalten;

■ der Beschuldigte habe keinen Tatplan mit dem Mitangeklagten geschmiedet;

■ der Beschuldigte habe die ihm als Beleidigung angelastete Äußerung nicht getan.

Das auf eine Negativtatsache gerichtete Beweisbegehren ist immer dann als Beweisantrag anzusehen, wenn der Nichteintritt eines genau beschriebenen Ereignisses behauptet wird, welches der Wahrnehmung des Beweismittels unterlegen hat bzw. von diesem in einer transparenten Wahrnehmungssituation wahrgenommen worden wäre, wenn es stattgefunden hätte.[69]

Beispiel:

Der Ermittlungsrichter oder der polizeiliche Vernehmungsbeamte kann zum Beweis der Tatsache als Zeuge benannt werden, dass eine vernommene Zeugin in der Vernehmung bestimmte Angaben nicht gemacht hat.[70] Durch die Benennung eines Zeugen, der das Tatgeschehen beobachtet hat, kann z.b. unter Beweis gestellt werden, dass sich der Angeklagte zur Tatbegehung bestimmter Tatmittel nicht bedient hat.[71] Ein Zeuge, der ein Gespräch mitangehört hat, kann Angaben dazu machen, dass über ein bestimmtes Geschehen nicht gesprochen wurde.[72] Die Telekommunikationsdaten bzw. -geräte (Mobiltelefon, SIM-Karte, etc.) können zum Beweis der Tatsache aus-

---

65 BGHSt 39, 251.
66 BGH StV 1996, 248 f.; BGH NStZ 1999, 362; siehe auch BGH StV 2005, 115.
67 Vgl. BGHSt 39, 251, 254; *Meyer-Goßner/Schmitt*, StPO, § 244 Rn 20.
68 Beispiele nach *Niemöller*, StV 2003, 687.
69 BGH NStZ 2008, 708.
70 Vgl. BGH NStZ-RR 2005, 78, 79.
71 Vgl. SSW-StPO/*Sättele*, § 244 Rn 87.
72 Vgl. BGH NStZ 2011, 230.

> gewertet werden, dass es bestimmte Kommunikationskontakte nicht gegeben hat, sofern die lückenlose Dokumentation gesichert ist.[73]

35 Der BGH fordert, dass in einem Fall, in dem eine Negativtatsache unter Beweis gestellt werden soll, bei der Beweisantragsstellung präzise zwischen **Beweistatsache** und **Beweisziel** unterschieden werden müsse.[74] Das Beweisziel ist lediglich das Beweisergebnis bzw. die Schlussfolgerung, die sich der Antragsteller aus der beantragten Beweiserhebung erhofft.[75]

Das **Beweisziel kann** jedoch als solches **nicht Gegenstand eines Beweisantrags sein**, weil mit einem Beweisantrag nur das unter Beweis gestellt werden kann, was dem unmittelbaren Beweisgehalt des Beweismittels entspricht. Beim Zeugenbeweis etwa ist dies nur das, was der **eigenen Wahrnehmung** eines Zeugen unterliegt. Soll z.B. ein Alibizeuge benannt werden, der zum Tatzeitpunkt mit dem Angeklagten Skat gespielt hat, so kann in einem Beweisantrag nur die Tatsache des gemeinsamen Skatspiels, nicht aber die Negativtatsache, dass der Angeklagte aus diesem Grund nicht zur Tatzeit am Tatort gewesen sein kann, unter Beweis gestellt werden.[76] Ist die Unterscheidung zwischen Beweistatsache und Beweisziel nicht hinreichend deutlich gemacht, kann der Antrag vom Gericht als bloßer Beweisermittlungsantrag angesehen werden und darf somit unbehandelt bleiben, ohne dass es einer Zurückweisung durch einen Gerichtsbeschluss nach § 244 Abs. 6 StPO bedarf und ohne dass die Ablehnungsgründe der §§ 244 Abs. 3 bis Abs. 5 und 245 Abs. 2 StPO zu beachten sind.[77]

> *Hinweis:*
>
> Der BGH lässt negative Behauptungen, die lediglich das Beweisziel benennen, **ausnahmsweise** zu, wenn der **Fall einfach gelagert** ist oder die Beweisbehauptung unproblematisch durch **Auslegung** ermittelt werden kann.[78] Der Verteidiger kann sich hierauf jedoch nicht verlassen. Auf eine präzise Antragstellung ist deshalb besonders zu achten.

36 Ein praktisch bedeutsamer Fall eines auf eine Negativtatsache gerichteten Beweisantrags ist der **Alibibeweis**. Hat der Täter ein Alibi, kann er die Tat nicht begangen haben. Soll

---

73 Vgl. BGH StraFo 209, 385.
74 BGHSt 39, 251, 253 ff. (Flamingo-Entscheidung) = StV 1993, 454 m. abl. Anm. *Hamm* = NStZ 1993, 550 m. zust. Anm. *Widmaier*, NStZ 1993, 602; eingehend zur Rspr. des BGH *Burghard/Fresemann*, wistra 2000, 88 ff.
75 Vgl. *Meyer-Goßner/Schmitt*, StPO, § 244 Rn 20a unter Hinweis auf BGHSt 39, 251; BGH NStZ 1995, 96; BGH StV 2005, 254.
76 Vgl. BGH NStZ 2000, 267, 268.
77 Vgl. BGHSt 39, 251, 255; 43, 321, 327; BGH NStZ 1999, 362.
78 BGHSt 48, 268 (Nichtstattfinden eines Gesprächs); BGH NStZ 1999, 362; 2000, 267; 2006, 585 (mangelnde Personenidentität); StV 2000, 180 (Sachverständigenbeweis); StV 2005, 115 (Inhalt der Aussage in einem anderen Verfahren).

nun aber unter Beweis gestellt werden, dass der Zeuge für die Tatzeit ein Alibi hat, darf der Alibibeweis nur unter Berücksichtigung der Leistungsfähigkeit des benannten Beweismittels angeboten werden. Ein Alibizeuge kann z.b. gerade nicht wahrgenommen haben, dass der Angeklagte die Tat nicht begangen hat. Er kann vielmehr nur das wahrgenommen haben, was er und der Angeklagte zur Tatzeit gemacht haben. Dass der Angeklagte aufgrund der anderweitigen Aktivität, die ihm der Alibizeuge bestätigt, letztlich als Täter ausscheidet, ist lediglich die Schlussfolgerung, nicht aber die Tatsache, die der unmittelbaren Wahrnehmung des Alibizeugen unterliegt.

Zur Verdeutlichung ein

Beispiel für einen hinreichend konkreten Beweisantrag zur Vernehmung eines Alibizeugen:

Zum Beweis der Tatsache, dass der Angeklagte **zur Tatzeit** mit Herrn Z in dessen Wohnung in der Turmstraße **Skat gespielt** hat, beantrage ich die Vernehmung des Herrn Z, Turmstraße 1, A-Burg als Zeuge *(= Beweistatsache, die unmittelbar der Wahrnehmung des Zeugen unterliegt).*

Begründung:

Dem Angeklagten wird vorgeworfen, Herrn O im Stadtpark überfallen und ausgeraubt zu haben. Der Angeklagte spielte jedoch zur Tatzeit um 22.00 Uhr mit dem Zeugen Z in dessen Wohnung in der Turmstraße Skat. Der Angeklagte **kann also nicht zur gleichen Zeit im Stadtpark** gewesen sein. Er scheidet deshalb als Täter aus *(= Beweisziel).*

Unter Beweis gestellt wird also im vorstehenden Beispiel lediglich die vom Alibizeugen unmittelbar wahrgenommene Tatsache des gemeinsamen Skatspiels in der Wohnung des Zeugen. Das Beweisziel, nämlich die Negativtatsache, dass der Angeklagte aufgrund des Skatspiels mit dem Zeugen nicht am Tatort gewesen sein kann und somit als Täter ausscheidet, wird lediglich in der Begründung formuliert, um dem Gericht die aus dem Beweisantrag zu ziehenden Schlussfolgerungen nahe zu bringen.

Würde hingegen nur die Negativtatsache, also die Abwesenheit des Angeklagten vom Tatort, unter Beweis gestellt, läge kein hinreichend konkreter Beweisantrag vor, weil der Zeuge, der selbst auch nicht am Tatort war, die Abwesenheit des Angeklagten vom Tatort nicht direkt wahrgenommen haben kann.

Die Abwesenheit des Angeklagten vom Tatort ist vielmehr eine Schlussfolgerung, die auf seiner – vom Zeugen unmittelbar beobachteten – Anwesenheit an einem anderen Ort zur Tatzeit beruht und dem Umstand geschuldet ist, dass keine Person an zwei Orten gleichzeitig sein kann.

Auch hier zur Verdeutlichung dieses Zusammenhangs ein

Beispiel für einen nicht hinreichend konkreten Antrag zur Vernehmung eines Alibizeugen:

„Zum Beweis der Tatsache, dass der Angeklagte zur Tatzeit nicht im Stadtpark war, beantrage ich die Vernehmung des Herrn Z, Turmstraße 1, A-Burg als Zeuge (= Negativtatsache, die nicht unmittelbar der Wahrnehmung des Zeugen unterliegt)."

Hinweis:

Das Beispiel zeigt deutlich, dass die Behauptung, ein bestimmter Vorgang habe sich **nicht** ereignet, sehr häufig nur das **Spiegelbild** der Behauptung ist, dass sich etwas anderes ereignet hat. In diesen Fällen sollte der Verteidiger deshalb stets die **positive Alternative** unter Beweis stellen, das heißt sein Beweisbegehren positiv formulieren. Nur in den Fällen, in denen es kein Spiegelbild einer positiv wahrgenommenen Tatsache gibt, wird die unmittelbar vom Zeugen wahrgenommene Negativtatsache als Beweistatsache benannt.

37   Die Rechtsprechung des BGH zu den besonderen inhaltlichen Voraussetzungen eines auf den Beweis einer Negativtatsache gerichteten Beweisantrags hat **nicht** zur Folge, dass **Negativtatsachen dem Beweis gänzlich unzugänglich** sind. Wichtig ist, dass der Verteidiger die Umstände, aus denen sich die Beweiskompetenz des angegebenen Beweismittels zur **Bestätigung des Negativbefundes** ergibt, so konkret wie möglich vorträgt.

Bezogen auf das oben genannte Beispiel eines Alibizeugen würde dies bedeuten, dass ein am **Tatort anwesender Tatzeuge** ohne Weiteres die Wahrnehmung gemacht haben kann, dass eine bestimmte Person nicht am Tatort war oder sich bestimmte Vorgänge am Tatort zur Tatzeit nicht ereignet haben.

Auf solche Wahrnehmungen des Zeugen gerichtete Beweisanträge könnten demzufolge formuliert werden gem. folgender

Beispiele für einen zulässigen Beweisantrag zu einer Negativtatsache:

■ Zum Beweis der Tatsache, dass sich der Angeklagte zur Tatzeit **nicht am Tatort aufgehalten hat**, beantrage ich die Vernehmung des zur Tatzeit am Tatort anwesenden und die Tat beobachtenden Herrn X, Meisenweg 2 in A-Burg als Zeuge (= *Negativtatsache, die unmittelbar der Wahrnehmung des Zeugen unterliegt*).

■ Zum Beweis der Tatsache, dass es in dem Fahrzeug, in dem der Angeklagte zusammen mit dem Geschädigten G und Herrn X zur Tatzeit nach A-Burg fuhr, **nicht zu einer handgreiflichen Auseinandersetzung** zwischen dem Angeklagten und dem Geschädigten G kam, beantrage ich die Vernehmung des zur Tatzeit in dem fraglichen Fahrzeug mitfahrenden Herrn X, Meisenweg 2 in A-Burg als Zeuge (= *Negativtatsache, die unmittelbar der Wahrnehmung des Zeugen unterliegt*).

Ein solcher Antrag ist hinreichend konkret, weil klar wird, dass der Tatortzeuge zu seiner eigenen Wahrnehmung, die er am Tatort gemacht hat, als Augenzeuge vernommen werden soll.[79]

Dementsprechend sind **alle Negativtatsachen** dem Beweis zugänglich, die der **eigenen   38 Wahrnehmung des Beweismittels** unterliegen. Soll z.b. ein Vernehmungsbeamter dazu gehört werden, dass im Rahmen einer Vernehmung bestimmte Sachverhalte nicht zur Sprache gekommen sind, unterliegt dies seiner eigenen unmittelbaren Wahrnehmung.[80] Der Zeuge kann deshalb ohne Weiteres zum Vorliegen der behaupteten Negativtatsache als Beweismittel angeboten werden.

Verdeutlichen lässt sich dies an folgendem praxisrelevanten

> *Beispiel für einen zulässigen Beweisantrag zu einer Negativtatsache:*
> Zum Beweis der Tatsache, dass die in der Hauptverhandlung als Zeugin gehörte Frau **Y im Rahmen ihrer früheren polizeilichen Vernehmung** vom (…) **mit keinem Wort erwähnt** hat, dass der Angeklagte beim Entwenden der Handtasche auch Gewalt angewendet und ihr die Handtasche aus den Händen gerissen habe, beantrage ich die **Vernehmung des Polizeibeamten P** als Zeuge (= *Negativtatsache, die unmittelbar der Wahrnehmung des Zeugen unterliegt*).

Genauso können Negativtatsachen auch in das **Wissen eines Sachverständigen** gestellt   39 werden. Der BGH[81] hat hierzu sehr klar in einem Fall Stellung genommen, in dem der Verteidiger des wegen sexuellen Missbrauchs angeklagten Mandanten ein Sachverständigengutachten zum Beweis der Tatsache beantragt hatte, dass sich auf einem Beweisgegenstand keine Spuren befinden, die auf eine Täterschaft des Angeklagten hindeuten könnten.

Auf der Argumentationsgrundlage dieser Entscheidung des BGH aufbauend, ergibt sich folgendes weitere

> *Beispiel für einen zulässigen Beweisantrag zu einer Negativtatsache:*
> Zum Beweis der Tatsache, dass sich an der beim Angeklagten sichergestellten Bettwäsche keine durch Öl, Reinigungsmittel oder Spachtelmasse verursachten Schmutzspuren befinden (= *Negativtatsache*) und sich der Angeklagte deshalb im Tatzeitraum entgegen der Aussage der Zeugin M niemals mit seiner am Tattag getragenen Arbeitskleidung auf dem Bett in seinem Schlafzimmer befunden hat *(= Beweisziel)*, wird die Untersuchung der polizeilich sichergestellten Arbeitskleidung und der Bettwäsche durch ein Sachverständigengutachten beantragt.

---

79 Vgl. hierzu auch BGHSt 52, 322 = NJW 2008, 3232 = NStZ 2008, 708 = StV 2008, 564.
80 Vgl. hierzu auch BGH StV 2005, 115 und BGH StV 2003, 650.
81 BGH StV 2000, 180.

Begründung:

Der Angeklagte hatte an dem in der Anklage genannten Tattag tagsüber in seiner Werkstatt an Kraftfahrzeugen gearbeitet. An seiner Arbeitskleidung finden sich in erheblichem Umfang Spuren von Ölen, Reinigungsmitteln, Spachtelmasse usw. Wenn sich der Angeklagte tatsächlich bei dem angeblichen sexuellen Missbrauch der Zeugin M unmittelbar nach seiner Rückkehr auf dem Bett der Zeugin befunden haben soll, ohne sich seiner Arbeitskleidung entledigt zu haben, wie dies die Zeugin M ausgesagt hat, müssten sich entsprechende Schmutzspuren auf der sichergestellten Bettwäsche finden. Durch ein Sachverständigengutachten wird sich indes erweisen, dass derartige Schmutzspuren auf der Bettwäsche nicht vorhanden sind.

Allerdings ist darauf zu achten, dass gerade der auf den Beweis einer Negativtatsache gerichtete Antrag auf Einholung eines Sachverständigengutachtens besonders sorgfältig zu formulieren ist, damit nicht lediglich ein **Beweisziel** benannt wird, das **dem Sachverständigenbeweis gar nicht zugänglich** ist. So wird z.B. mit dem Antrag auf Einholung eines anthropologischen Sachverständigengutachtens „zum Beweis der Tatsache, dass der Betroffene nicht der verantwortliche Fahrzeugführer zur Tatzeit war", lediglich ein Beweisziel und keine konkrete Negativtatsache unter Beweis gestellt.[82] Hinzu kommt, dass den Schluss, ob der Betroffene der verantwortliche Fahrzeugführer war, nicht der Sachverständige, sondern der Tatrichter auf der Grundlage der erhobenen Beweise zu treffen hat.[83] Richtigerweise ist deshalb unter Beweis zu stellen, welche bestimmten morphologischen oder sonstigen Merkmale des Erscheinungsbildes, die eine Indentität des Betroffenen mit der auf einem Foto oder einer Filmaufnahme abgebildeten Person ausschließen, durch das beantragte Sachverständigengutachten ermittelt werden sollen.[84]

Dies verdeutlicht das folgende

Beispiel für einen zulässigen Beweisantrag zu einer Negativtatsache:

Zum Beweis der Tatsache, dass

- die Größe und die Form des Kopfes, der Augen, der Nase, der Wangenknochen und des Mundes, sowie
- der Haaransatz an der Stirn und die Stirnhöhe,
- die Form der Ohrmuschel und der Ohrläppchen, sowie deren Übergang zum Gesicht und
- der Abstand der Augen zueinander und zur Nasenwurzel, sowie die Tiefe der Augenhöhle

---

82 OLG Bamberg StraFo 2017, 156.
83 OLG Bamberg StraFo 2017, 156.
84 OLG Bamberg StraFo 2017, 156.

beim Angeklagten nicht mit den entsprechenden Gesichtsmerkmalen der auf dem Tatfoto abgebildeten Person übereinstimmen, wird die Einholung eines anthropologischen Sachverständigengutachtens beantragt.

In manchen Fällen kann es notwendig sein, eine **Negativtatsache zur endgültigen Umgrenzug** eines bestimmten Sachverhalts zum Beweisthema zu machen. Wenn z.b. beim Tatvorwurf der Beleidigung ein Entlastungszeuge lediglich dafür angeboten wird, was der Angeklagte zu einem vermeintlich Geschädigten gesagt hat, dann kann dies unzureichend sein, um den Angeklagten vollumfänglich zu entlasten.

Dies wird deutlich an folgendem

Beispiel für einen zu kurz gegriffenen Beweisantrag:

„Zum Beweis der Tatsache, dass der Angeklagte anlässlich des Treffens am (…) um (…) im Büro des Herrn Z zu Herrn G sagte, er solle ihn in Ruhe lassen, wird die Vernehung des ebenfalls in seinem Büro anwesenden und an dem Treffen teilnehmenden Herrn Z, Sommergasse 10, W-Burg als Zeuge beantragt.“

Mit diesem Beweisantrag ist noch nicht unter Beweis gestellt, dass nicht zusätzlich zu der an Herrn G gerichteten Aufforderung, den Angeklagten in Ruhe zu lassen, die dem Angeklagten in der Anklage vorgworfenen beleidigenden Worte geäußert wurden. Um den Sachverhalt abschließend zu umgrenzen, ist deshalb kumulativ unter Beweis zu stellen, was vom Angeklagten gesagt wurde (=Positivtatsache) und was von ihm nicht gesagt wurde (=Negativtatsache).

Dies verdeutlicht das folgende

Beispiel für einen klar umgrenzten Beweisantrag:
Zum Beweis der Tatsache, dass der Angeklagte anlässlich des Treffens am (…) um (…) im Büro des Herrn Z zu Herrn G nur sagte, er solle ihn in Ruhe lassen, und ansonsten keine weiteren Äußerungen, insbesondere keine beleidigenden Worte wie (…) und (…) gefallen sind, wird die Vernehmung des ebenfalls in seinem Büro anwesenden und an dem Treffen teilnehmenden Herrn Z, Sommergasse 10, W-Burg als Zeuge beantragt.

II. Bestimmtes Beweismittel

Der Beweisantrag muss neben der Beweistatsache die **Art der** vom Antragsteller begehrten **Beweiserhebung** erkennen lassen und sollte auch die begehrte **Beweiserhebungsform** bezeichnen.[85]   **40**

---

85 Zu den Besonderheiten der Formulierung von Beweisanträgen im Hinblick auf die unterschiedlichen Beweismittel siehe ausführlich unten Rdn 61.

Die StPO kennt nur **vier Arten** der Beweiserhebung:

- Zeugenbeweis,
- Sachverständigenbeweis,
- Urkundenbeweis und
- Augenscheinsbeweis.

Die in einem Beweisantrag benannte Beweistatsache kann also nur durch die **Beweismittel** Zeuge, Sachverständiger, Urkunde oder Augenschein unter Beweis gestellt werden. Der Beweisantrag muss konkret bezeichnen, **welches dieser vier Beweismittel** das Gericht zur Beweiserhebung heranziehen soll und **in welcher Form** die Beweiserhebung begehrt wird (z.b. Erstattung eines Gutachtens, Verlesung usw.). Das **Beweismittel** muss also in einer Weise **individualisiert** sein, die keinen Zweifel daran lässt, womit genau die unter Beweis gestellte Tatsache nachgewiesen werden soll.[86] Wird das Beweismittel **rechtlich unzutreffend bezeichnet**, ist dies jedoch unschädlich, solange eindeutig erkennbar ist, um welches es sich handelt.[87] Fehlt es an der **ausdrücklichen Benennung** eines konkreten Beweismittels, ist durch **Auslegung**[88] zu ermitteln, ob der Antragsbegründung unzweifelhaft das Begehren zur Heranziehung eines bestimmten Beweismittels entnommen werden kann.[89] Ist dies der Fall, liegt ein hinreichend konkreter Beweisantrag vor. Im Einzelfall kann das Gericht sogar aufgrund seiner Aufklärungspflicht gemäß § 244 Abs. 2 StPO berechtigt bzw. verpflichtet sein, das **Beweismittel auszutauschen**, wenn ein anderes Beweismittel gegenüber dem ursprünglich angebotenen eine gleich sichere bzw. sogar bessere Erkenntnisquelle darstellt.[90]

Im Hinblick auf die Bestimmtheit des Beweismittels, also dessen konkrete Benennung, gilt im Einzelnen Folgendes:

1. Zeuge

41 Beim **Zeugenbeweis** ist der Zeuge grds. mit seinem **Namen** und seiner **genauen, ladungsfähigen Adresse** zu bezeichnen.[91] Das gilt sowohl für Inlands- als auch Auslandszeugen.[92]

---

86 SSW-StPO/*Sättele*, § 244 Rn 92.
87 Graf/*Bachler*, § 244 Rn 23.
88 *Meyer-Goßner/Schmitt*, StPO § 244 Rn 39.
89 BGH NStZ 2015, 354.
90 BGH StV 2008, 506.
91 Vgl. BGHSt 40, 3, 7; BGH NStZ 2014, 604, 605 f.; 2010, 403, 404; 2009, 651; *Hamm/Hassemer/Pauly*, Beweisantragsrecht, Rn 93.
92 Vgl. zum Auslandszeugen BGH NStZ 2011, 231.

Hierzu folgendes

Formulierungsbeispiel:

Zum Beweis der Tatsache dass, (…),

beantrage ich die Vernehmung des Herrn Z, Turmstraße 1 in A-Burg als Zeuge.

Sofern dies nicht möglich sein sollte, z.b. weil der Zeuge namentlich nicht bekannt ist oder seine Anschrift nicht mitgeteilt werden kann, genügt es nach der Rechtsprechung, wenn der Zeuge **individualisiert** wird und infolgedessen vom Gericht mit angemessenen Bemühungen gefunden werden kann.[93]

Zur Individualisierung als **ausreichend** angesehen wurde z.b.

- ◼ die Nennung des früheren Arbeitgebers,[94]
- ◼ die Benennung des Mitpatienten bei einem Krankenhausaufenthalt,[95]
- ◼ die namentliche Benennung des Vermieters, über den der als Zeuge zu vernehmende Mieter in Erfahrung gebracht werden kann.[96]

Zur Verdeutlichung folgende weitere

Beispiele zur Individualisierung eines Zeugen:

- ◼ Zum Beweis der Tatsache, dass (…), wird beantragt, **den Polizeibeamten, der in der Nacht vom (…) auf den (…) den Streifendienst am Hauptbahnhof A-Burg ausgeführt hat**, als Zeugen zu vernehmen.
- ◼ Ich beantrage die Vernehmung des Zeugen Z, **letzte bekannte Anschrift: (…)**, zum Beweis folgender Tatsachen: (…)

Werden **keine ausreichenden Indentifikationsmerkmale** mitgeteilt und ist infolgedessen nicht unmissverständlich klar, welche Person als Zeuge gehört werden soll, liegt kein Beweisantrag, sondern lediglich ein Beweisermittlungsantrag vor.[97]

2. Sachverständiger

Bei einem Antrag auf **Sachverständigenbeweis** muss kein bestimmter Sachverständiger   42
benannt werden, da die **Auswahl des Sachverständigen** gem. § 73 StPO ohnehin dem

---

93 Vgl. hierzu etwa BGH NStZ 1995, 246; 1999, 152; StraFo 2010, 109 f.; StV 2010, 556, 557; *Meyer-Goßner/Schmitt*, StPO, § 244 Rn 21; *Löwe/Rosenberg/Becker*, StPO, § 244 Rn 105.
94 BGH StV 1996, 581 = NStZ-RR 1997, 41.
95 BGH NStZ 1981, 309, 310.
96 BGH StV 1989, 379.
97 Vgl. BGH NStZ 2009, 651; 2002, 270.

Gericht obliegt.[98] Es reicht deshalb aus, wenn die Fachrichtung des Sachverständigen bezeichnet wird. Sofern dem Verteidiger ein Sachverständiger mit besonderer Sachkunde für die zu klärende Problematik bekannt ist, empfiehlt es sich aber, diesen namentlich zu benennen. Das Gericht ist an diesen Vorschlag zwar nicht gebunden.[99] Im Einzelfall kann aber das Auswahlermessen des Gerichts im Hinblick auf die richterliche Aufklärungspflicht gemäß § 244 Abs. 2 StPO eingeshränkt sein, wenn der vom Antragsteller benannte Sachverständige über besondere Kenntnisse oder Feststellungsmöglichkeiten verfügt, die an seine Person gebunden sind.[100]

Zur Orientierung folgendes

Formulierungsbeispiel:

Zum Beweis der Tatsache, dass (…),

beantrage ich die Einholung eines psychiatrischen Sachverständigengutachtens.

Es wird angeregt, Herrn Prof. Dr. Q mit der Erstattung des Sachverständigengutachtens zu beauftragen, da dieser für das vorliegend sachverständig zu klärende Fachgebiet aufgrund folgender Umstände über eine besondere fachliche Expertise und besondere Feststellungsmöglichkeiten verfügt: Herr Prof. Dr. Q hat das Verfahren zur (…) maßgeblich mitentwickelt. Er forscht bereits seit (…) auf dem Gebiet des (…) und ist regelmäßig im Rahmen von Kongressen, Fachtagungen und Fortbildungsveranstaltungen als Dozent tätig. Er setzt zudem als Forschungsmittel (…) ein. Dieses Verfahren beherrschen in Deutschland außer ihm nur (…)

3. Urkunde

43 Beim Antrag auf **Urkundenbeweis** ist das zu verlesende Schriftstück genau nach Art (z.B. Brief, Prospekt, Vertrag) und Datum zu bezeichnen. Es ist zudem die Fundstelle in den Akten oder der Weg, auf dem es beschafft werden kann, zu benennen.[101]

Hierzu folgende

Beispiele für hinreichend konkrete Verlesungsanträge:

■ Zum Beweis der Tatsache, dass der Angeklagte den Geschädigten G bereits am … auf die Möglichkeit eines Totalausfalls seiner Geldanlage hingewiesen hat, be-

98 Vgl. *Burhoff*, HV, Rn 850; *Hamm/Hassemer/Pauly*, Beweisantragsrecht, Rn 97; *Meyer-Goßner/Schmitt*, StPO, § 244 Rn 21; Löwe/Rosenberg/*Becker*, StPO, § 244 Rn 107 m.w.N.
99 BGHR StPO § 244 Abs. 6, Entscheidung 1; *Meyer-Goßner/Schmitt*, StPO, § 244 Rn 21; *Herdegen*, NStZ 1999, 179.
100 KK-StPO/*Krehl*, § 244 Rn 80; SSW-StPO/*Sättele*, § 244 Rn 94.
101 Vgl. Löwe/Rosenberg/*Becker*, StPO, § 244 Rn 106; KK-StPO/*Krehl*, § 244 Rn 81.

antrage ich die **Verlesung des Schreibens des Angeklagten an den Geschädigten G vom…auf Blatt…der Akten.**

■ Ich beantrage, die **bei der Volksbank**…anzufordernden – und ggf. zu beschlagnahmenden – **Kontoauszüge des Girokontos**…des Geschädigten G für die Monate… zum Beweis folgender Tatsachen zu verlesen: …

Als Beweismittel für den Urkundenbeweis kommen grds. nur Schriftstücke, einzelne Aktenvorgänge oder einzelne Eintragungen in Betracht.[102] Keine Beweismittel i.S.d. StPO sind **Aktengesamtheiten, es sei denn, dass durch gesamten Inhalt einer Akte oder einer Dokumentensammlung eine bestimmte Tatsache bewiesen werden soll.**[103] Es genügt deshalb nicht, lediglich einen Antrag auf Beiziehung der Akten aus einem anderen Verfahren zu stellen. Ein solcher Antrag wäre kein Beweisantrag, sondern ein bloßer Beweisermittlungsantrag.[104]

44

Kein Beweisantrag ist deshalb ein **Antrag auf Beiziehung der Akten** eines anderen Verfahrens in der folgenden Art:

„Hiermit wird die Beiziehung der Akten des LG A-Burg mit dem Aktenzeichen (…) beantragt, zum Beweis der Tatsache, dass (…)".

Selbstverständlich kann aber die Beiziehung von Akten mit dem **Ziel der Verlesung einzelner** darin befindlicher **Urkunden** beantragt werden, wenn eine genaue Bezeichnung der Urkunden erfolgt.

Ein **förmlicher Beweisantrag** liegt deshalb vor, bei einem Antrag gemäß folgendem

Formulierungsbeispiel:

Hiermit wird die Beiziehung der Akten des LG A-Burg mit dem Aktenzeichen (…) **und die Verlesung des darin befindlichen Urteils des LG A-Burg vom** (…) beantragt, zum Beweis der Tatsache, dass (…)

4. Augenschein

Auch beim Augenscheinsbeweis muss in einem Beweisantrag das Augenscheinsobjekt **im Einzelnen** beschrieben werden. Nicht ausreichend ist deshalb z.B. der allgemeine Antrag auf „Besichtigung des Tatortes".[105] Des Weiteren ist anzugeben, wo sich das Augenscheinsobjekt befindet, damit das Gericht Kenntnis davon erlangt, wie es Zugang zu dem Augenscheinsobjekt bekommen kann.

45

---

102 Vgl. SSW-StPO/*Sättele*, § 244 Rn 95.
103 Vgl. BGHSt 37, 168, 172.
104 Vgl. BGHSt 8, 128, 129; BGH StV 2000, 248, 249.
105 Vgl. *Burhoff*, HV, Rn 843.

Zur Verdeutlichung für **hinreichend konkrete Anträge** auf Augenscheinsnahme folgende

Formulierungsbeispiele:

■ Zum Beweis der Tatsache, dass (…), beantrage ich, das Treppenhaus des Anwesens Waldweg 1 in A-Burg und den Flur der Wohnung im 1. Stock des Anwesens Waldweg 1, A-Burg, in Augenschein zu nehmen.

■ Zum Beweis der Tatsache, dass (…), beantrage ich, den Pkw der Marke (…), amtl. Kennzeichen (…), zugelassen auf den Angeklagten, derzeit abgestellt in der Hofeinfahrt des Anwesens in der Tulpenstraße 10 in A-Burg, in Augenschein zu nehmen.

III. Konnexität zwischen Beweistatsache und Beweismittel

46 Zwischen Beweistatsache und Beweismittel muss nach der Rechtsprechung des BGH eine „Konnexität"[106] bestehen.[107] Der Beweisantrag muss also erkennen lassen, welche **Beziehung zwischen Beweistatsache und Beweismittel** besteht.[108] Beim Zeugen heißt dies z.b., dass konkret dargelegt werden muss, welcher Art das Wissen des Zeugen über die Beweistatsache ist, ob es sich also z.b. um einen Augenzeugen oder einen Zeugen vom Hörensagen handelt.[109] Auch muss mitgeteilt werden, warum der Zeuge eine bestimmte Wahrnehmung gemacht haben kann, wenn dies nicht ohne Weiteres auf der Hand liegt.[110] Der Antragsteller muss also darlegen, weshalb ein von ihm benanntes **Beweismittel geeignet** ist, die behauptete Beweistatsache unter Beweis zu stellen.[111] Ausführungen zur Konnexität zwischen Beweistatsache und Beweismittel sind allenfalls dann entbehrlich, wenn sich der Zusammenhang „von selbst versteht"[112] oder mit Blick auf die Strafakten offenkundig ist.[113] Letztlich geht es darum, die konkrete Wahrnehmungssituatoin eines Zeugen bzw. die Angaben zu möglichen Anknüpfungspunkten

---

106 Vgl. zu diesem Begriff *Widmaier*, NStZ 1993, 602.

107 BGHSt 43, 321, 329 = NJW 1998, 1723, 1725; vgl. auch schon BGHSt 40, 3, 6.

108 Vgl. BGH, Beschl. v. 17.11.2009 – 4 StR 375/09 = StraFo 2010, 152 f.

109 Vgl. hierzu auch Widmaier/*Widmaier/Norouzi*, MAH Strafverteidigung, § 9 Rn 37.

110 BGHSt 43, 321, 329 f. = NJW 1998, 1723, 1725; vgl. ferner BGH StV 2006, 285; BGH NJW 2001, 3793, 3794; BGH StV 2000, 652; 1998, 61; *Meyer-Goßner/Schmitt*, StPO, § 244 Rn 21.

111 BGHSt 43, 321, 329; BGH NStZ 2011, 169, 170; 2006, 585, 586; 2000, 437, 438; NStZ-RR 2001, 42, 44; KK-StPO/*Krehl*, 244 Rn 82; **a.A.** *Herdegen*, NStZ 1999, 176; *Hamm/Hassemer/Pauly*, Beweisantragsrecht, Rn 128; Löwe/Rosenberg/*Becker*, § 244 Rn 114.

112 So kann es z.B. bei unmittelbaren Tatzeugen auf der Hand liegen, warum diese etwas zu einem auf die Tatbegehung bezogenen Beweisthema bekunden können sollen (vgl. BGH NStZ-RR 2001, 43, 44; NStZ 2006, 585); s. auch BGH StV 2014, 257, 258 und BGH, Beschl. v. 17.11.2009 – 4 StR 375/09.

113 BGH NStZ 2014, 282, 283.

im Hinblick auf die Beantragung eines Sachverständigengutachtens oder Augenscheins so bestimmt zu behaupten, dass das Gericht auf der Grundlage der mitgeteilten Umstände entscheiden kann, ob der Ablehnungsgrund der völligen Ungeeignetheit gemäß § 244 Abs. 3 S. 2 StPO vorliegt bzw. das benannte Beweismittel unter den konkreten Umständen überhaupt geeignet ist, den beantragten Beweis zu erbringen.[114] Diese Darlegungspflicht kann **im Einzelfall relativ weit reichend** sein und z.b. bei einem Vernehmungsbeamten nicht nur Ausführungen dazu erforderlich machen, dass er einer Vernehmung des Beschuldigten beiwohnte, sondern auch dazu, in welcher Sprache die Vernehmung geführt wurde und inwieweit es dem Vernehmungsbeamten überhaupt möglich war, die eventuell in fremder Sprache gemachten Angaben des Beschuldigten – z.b. unter Zuhilfenahme eines Dolmetschers – zu verstehen.[115]

Zur Verdeutlichung:

Beispiel für fehlende Konnexität:

„Zum Beweis der Tatsache, dass ausschließlich der Mitangeklagte M den Geschädigten G beleidigt und geschlagen hat, wohingegen der Angeklagte lediglich versucht hat, M und G zu trennen, beantrage ich, Herrn Z als Zeugen zu vernehmen."

Beispiel für vorhandene Konnexität:

Zum Beweis der Tatsache, dass ausschließlich der Mitangeklagte M den Geschädigten G beleidigt und geschlagen hat, wohingegen der Angeklagte lediglich versucht hat, M und G zu trennen, beantrage ich, den **ebenfalls zur Tatzeit am Tatort anwesenden und den Vorfall unmittelbar aus nächster Nähe beobachtenden** (= *Konnexität*) Herrn Z als Zeugen zu vernehmen.

Im ersten Beispiel fehlt es an der Konnexität, weil der Antrag nicht erkennen lässt, warum der benannte Zeuge zu der unter Beweis gestellten Beweistatsache etwas sagen können soll. Sein **Bezug zu dem Beweisthema** bleibt vollkommen unklar. Im zweiten Beispiel wird dieser Zusammenhang hingegen deutlich, weil der Antrag mitteilt, dass der benannte Zeuge ebenfalls zur Tatzeit am Tatort anwesend war und über das unter Beweis gestellte Geschehen als unmittelbarer Augenzeuge berichten kann. Dem Gericht wird somit mitgeteilt, warum der Zeuge geeignet ist, über die unter Beweis gestellte Beweistatsache aus eigener Wahrnehmung zu berichten.

In der Praxis spielt das Konnexitätserfordernis eine sehr bedeutende Rolle. Die Rechtsprechung hat dieses Kriterium mittlerweile zu einem eigenständigen (dritten) Element des Beweisantrags entwickelt.[116] Nicht selten werden in der **Revisionsinstanz** die Anfor-

---

114 Vgl. BGH NStZ 2015, 295 = StV 2015, 82; OLG Stuttgart, Urt. v. 6.4.2017 – 4 Ss 623/16.
115 OLG Frankfurt am Main, Beschl. v. 15.1.2016 – 1 Ss 364/15 (insoweit nicht abgedr. in StV 2017, 297).
116 Vgl. SSW-StPO/*Sättele*, § 244 Rn 97; offen gelassen in BGH StV 2015, 82.

derungen an die Darlegung der Konnexität ähnlich hoch geschraubt wie die Begründungserfordernisse bei Verfahrensrügen gem. § 344 Abs. 2 StPO. Ist die **Konnexität nicht hinreichend dargetan,** liegt nach der Rechtsprechung des BGH von vornherein **kein Beweisantrag** vor.[117] Der Verteidiger läuft somit Gefahr, dass sein Beweisantrag noch in der Hauptverhandlung oder nachträglich in der Revisionsinstanz zum bloßen **Beweisermittlungsantrag heruntergestuft** wird. Letzteres würde irreparabel zur Zurückweisung einer entsprechenden Beweisantragsrüge führen, weil für Beweisermittlungsanträge die Ablehnungsgründe des § 244 Abs. 3 bis 5 StPO nicht eingehalten werden müssen, sondern nur noch die Aufklärungspflicht nach § 244 Abs. 2 StPO den Maßstab zur Prüfung des Beweisbegehrens bildet.[118]

47 Besonders wichtig ist die **Darlegung der Konnexität,** wenn sich die unter Beweis zu stellende Tatsache als **Negativtatsache**[119] darstellt.

Dies kann besonders plastisch aufgezeigt werden an folgendem

> *Beispiel*
>
> (BGHSt 39, 251[120] „Flamingo-Fall"):
>
> Laut Anklage sollte sich der Angeklagte zu einem bestimmten Zeitpunkt mit seinen Mittätern in der Flamingo-Bar getroffen haben. Die Verteidigung beantragte zum Beweis der Tatsache, dass sich der Angeklagte zum fraglichen Zeitpunkt nicht in der Flamingo-Bar aufgehalten habe, die Vernehmung der Zeugin Z.
>
> Der BGH sah diesen Antrag nicht als Beweisantrag an, weil er lediglich das Beweisziel (Ortsabwesenheit des Angeklagten) benannt habe und nicht dargelegt worden sei, welche unmittelbare Wahrnehmung die Zeugin gehabt habe.

Soweit der Flamingo-Fall die Problematik einer unter Beweis gestellten Negativtatsache anspricht, kann auf die Ausführungen zur hinreichenden Bestimmtheit des Beweisantrags bei Negativtatsachen verwiesen werden.[121]

Es fehlt im vorliegenden Flamingo-Fall aber auch **am Merkmal der Konnexität.** Es wird nicht klar, in welcher Beziehung die Zeugin Z zu der unter Beweis gestellten Tatsache der Ortsabwesenheit des Angeklagten stehen soll.

48 Folgende **Alternativen** wären aufgrund der Unbestimmtheit und fehlenden Konnexität des Antrags denkbar:[122]

---

117 BGH NStZ 2013, 476.
118 Vgl. hierzu auch BGH NStZ 2013, 476 m.w.N.
119 Vgl. hierzu oben Rdn 34.
120 M. Anm. *Widmaier*, NStZ 1993, 602.
121 Siehe oben Rdn 35.
122 Siehe hierzu Widmaier/*Widmaier/Norouzi*, MAH Strafverteidigung, § 9 Rn 37 ff.

(1) Die Zeugin könnte sich zur fraglichen Zeit zusammen mit dem Angeklagten an einem anderen Ort aufgehalten haben.

(2) Die Zeugin könnte zur fraglichen Zeit in der Flamingo-Bar gewesen sein, den Angeklagten dort aber nicht gesehen haben.

(3) Die Zeugin könnte von den Mittätern erfahren haben, dass der Angeklagte nicht an dem Treffen teilgenommen hat.

(4) Der Angeklagte könnte der Zeugin mitgeteilt haben, dass er sich nicht mit den Mittätern getroffen hat.

In einem solchen Fall erlaubt erst die Angabe der konkreten Beziehung zwischen Beweistatsache und Beweismittel, also die Konnexität, die Prüfung der Ablehnungsgründe des § 244 Abs. 3 StPO. Für die **Alternative (1)** wäre ein Ablehnungsgrund sicher nicht ersichtlich. Die Zeugin wäre als Alibizeugin zwingend zu vernehmen. Bei der **Alternative (2)** lägen die Dinge schon anders: Dem Beweisantrag wäre auf jeden Fall nachzugehen, wenn die Zeugin den Angeklagten in der Flamingo-Bar keinesfalls hätte übersehen können. Für den Fall aber, dass es sich um eine unübersichtliche, menschenreiche Örtlichkeit handelte, wäre die Zeugin ein völlig ungeeignetes Beweismittel und der Antrag könnte nach § 244 Abs. 3 StPO abgelehnt werden. Bei der **Alternative (3)** wiederum wäre ein Ablehnungsgrund nicht ersichtlich, die Zeugin wäre als Zeugin vom Hörensagen, die ihr Wissen direkt von den Mittätern bezogen haben soll, ein wichtiges Beweismittel. Bei der **Alternative (4)** schließlich käme die Ablehnung des Antrags gem. § 244 Abs. 3 StPO wegen Bedeutungslosigkeit in Betracht, weil die Zeugin ihr Wissen lediglich vom Angeklagten selbst bezogen hätte.

Es zeigt sich also, dass aufgrund der Unbestimmtheit des Antrags im Flamingo-Fall das Gericht nicht prüfen konnte, wie es mit dem Antrag hätte verfahren sollen. Der Antrag ließ zu viel Raum für Spekulationen, weil er zwischen der Beweistatsache und dem Beweismittel keine konkrete Beziehung hergestellt hat.

Die Verteidigung hätte deshalb Ihren Antrag wie folgt formulieren müssen, um die Voraussetzungen eines förmlichen Beweisantrags (bestimmte Beweistatsache, bestimmtes Beweismittel, Konnexität) zu erfüllen: **49**

In der oben genannten Alternative (1):

> *Formulierungsbeispiel:*
>
> Zum Beweis der Tatsache, dass sich der Angeklagte zur fraglichen Zeit zusammen mit der Zeugin Z in deren Wohnung in der Rosenstraße 5 in A-Burg aufgehalten hat, beantrage ich die Vernehmung der Zeugin Z, Rosenstraße 5, A-Burg.

Unter Beweis gestellt wird in diesem Beweisantrag eine Beweistatsache, die der unmittelbaren Wahrnehmung der Zeugin unterliegt. Die Konnexität zwischen Beweistatsache und Beweismittel ergibt sich ohne Weiteres aus dem gemeinsamen Aufenthalt in der Wohnung der Zeugin.

In der oben genannten Alternative (2):

Formulierungsbeispiel:

Zum Beweis der Tatsache, dass sich der Angeklagte zur fraglichen Zeit nicht mit den Mittätern in der Flamingo-Bar in X-Stadt getroffen hat, beantrage ich die Vernehmung der Zeugin Z, Rosenstraße 5, A-Burg, die zur fraglichen Zeit in der Flamingo-Bar bedient hat und der die Anwesenheit des Angeklagten aufgrund der überschaubaren Räumlichkeiten (Größe des Gastraumes (…) qm, lediglich (…) Tische) und der geringen Gästezahl (…) Personen) nicht hätte entgehen können.

Unter Beweis gestellt wird eine Negativtatsache, die aufgrund der räumlichen und personellen Gegebenheiten der unmittelbaren Wahrnehmung der Zeugin unterliegt. Die Konnexität ergibt sich aus der Anwesenheit der Zeugin in der Flamingo-Bar, in der sie zur fraglichen Zeit bedient hat.

In der oben genannten Alternative (3):

Formulierungsbeispiel:

Es wird beantragt, die Zeugin Z, Rosenstraße 5, A-Burg, zum Beweis der Tatsache zu vernehmen, dass die Mittäter ihr am (…) berichtet haben, dass der Angeklagte an dem Treffen in der Flamingo-Bar zur fraglichen Zeit nicht teilgenommen habe.

Unter Beweis gestellt wird eine Negativtatsache, die der unmittelbaren Wahrnehmung dritter Personen unterliegt, die der Zeugin über diese Wahrnehmung berichtet haben. Die Konnexität ergibt sich daraus, dass der Beweisantrag die Zeugin als „Zeugin vom Hörensagen" qualifiziert.

In der oben genannten Alternative (4):

Formulierungsbeispiel:

Es wird beantragt, die Zeugin Z, Rosenstraße 5, A-Burg, zum Beweis der Tatsache zu vernehmen, dass der Angeklagte ihr am (…) gesagt hat, er habe entgegen seiner ursprünglichen Planung nicht an dem Treffen in der Flamingo-Bar zur fraglichen Zeit teilgenommen.

Unter Beweis gestellt wird eine Negativtatsache, die auf der Aussage des Angeklagten beruht. Die Konnexität ergibt sich daraus, dass der Beweisantrag auch hier die Zeugin als „Zeugin vom Hörensagen" qualifiziert.

Damit hat es allerdings noch nicht sein Bewenden. Mit dem Begriff „erweiterte Konnexität" lässt sich eine Entwicklung in der Rechtsprechung des BGH beschreiben, durch welche die Anforderungen an die Darlegung Konnexität weiter verschärft wurden. Demnach ist die Verteidigung bei fortgeschrittener Beweisaufnahme verpflichtet, den Beweisgehalt des in einem Beweisantrag benannten Beweismittels **unter Berücksichtigung des bisherigen Beweisergebnisses** näher darzulegen.[123] Das heißt, mit zunehmender Verdichtung eines vermeintlich zutreffenden Beweisergebnisses in der Hauptverhandlung **steigt** die **Darlegungspflicht** hinsichtlich der Frage, warum das benannte Beweismittel den behaupteten Beweis überhaupt (noch) erbringen kann. Der Verteidiger muss somit – zusätzlich zur Darlegung der grundsätzlichen Beziehung zwischen Beweistatsache und Beweismittel (= einfache Konnexität) – in seinem Beweisantrag detailliert ausführen, warum das von ihm benannte Beweismittel auch vor dem Hintergrund des bisherigen Standes der Beweisaufnahme geeignet ist, zu weiterer Sachaufklärung beizutragen (= erweiterte Konnexität).

Um der erweiterten Konnexität zu genügen, hat der Antragsteller in einem förmlichen Beweisantrag deshalb darzutun,

- welches **Beweisergebnis** aufgrund welcher Umstände von dem benannten Beweismittel **zu erwarten** ist und
- inwieweit die Ausschöpfung dieses Beweismittels geeignet ist, die **bisherigen Ergebnisse** der Beweisaufnahme **zu verändern**.

Konkret ist somit festzuhalten, dass z.B. bei der Benennung eines Zeugen neben der bestimmten Behauptung einer Beweistatsache stets mitzuteilen ist, ob die Kenntnisse des Zeugen auf seiner eigenen Wahrnehmung (als Alibi- oder Augenzeuge) oder auf einem Hörensagen beruhen (= einfache Konnexität). Darüber hinaus muss dargelegt werden, wie der Zeuge vor dem Hintergrund der bisherigen Beweisaufnahme zu seinen Wahrnehmungen gelangen konnte, und ob diese Wahrnehmungen eine Ausweitung oder Falsifizierung und nicht eine bloße Wiederholung der bisherigen Beweisaufnahme bedingen (= erweiterte Konnexität).

Hinweis:

Hat die Beweisaufnahme z.B. ergeben, dass die Tat in stockdunkler Nacht stattgefunden hat, muss bei der Benennung eines Augenzeugen, der den Angeklagten entlasten soll, mitgeteilt werden, warum es diesem angesichts der bereits festgestellten Dunkelheit möglich war, den tatsächlichen Täter genau zu identifizieren. Es bedarf deshalb der Mitteilung, dass der tatsächliche Täter für den Augenzeugen z.B. im Lichtkegel

---

123 BGHSt 52, 284 = BGH NJW 2008, 3446; BGH NJW 2012, 2212 = NStZ 2012, 526 = StV 2013, 65; s.a. NStZ 2017, 100; 2011, 169.

einer Straßenlaterne genau zu erkennen war, um im Hinblick auf das bisherige Beweisergebnis den Anforderungen an die erweiterte Konnexität zu genügen..

Fehlt es an entsprechenden Ausführungen zur erweiterten Konnexität, liegt lediglich ein **Beweisermittlungsantrag** vor, den das Gericht nicht unter Anwendung der strengen Ablehnungsvoraussetzungen der §§ 244 Abs. 3 bis 6, 245 StPO behandeln muss und der auch keine Grundlage mehr für eine spätere Beweisantragsrüge in der Revision bildet. Insoweit kann dann allenfalls noch ein Verstoß gegen die richterliche Aufklärungspflicht gemäß § 244 Abs. 2 StPO gerügt werden.

Hinweis:

Die Erfüllung des erweiterten Konnexitätserfordernisses muss der Verteidiger sehr ernst nehmen. Der BGH hat insoweit bereits entschieden, dass ein **Beweisbegehren, dass der in der Hauptverhandlung gewonnenen Beweislage entgegensteht**, keinen echten förmlichen Beweisantrag darstellt, wenn zur Frage der erweiterten Konnexität keine Ausführungen gemacht werden, also nicht detailliert mitgeteilt wird, warum der beantragte Beweis geeignet sein soll, das zu diesem Zeitpunkt im Raum stehende Beweisergebnis infrage zu stellen.[124] Somit wird bereits die **Möglichkeit zum Gegenbeweis empfindlich eingeschränkt**.[125] Eine spätere Beweisantragsrüge in der Revision läuft leer, weil bereits kein echter förmlicher Beweisantrag vorliegt und die Aufklärungsrüge wird regelmäßig erfolglos bleiben, wenn nicht bereits aus dem zum Beweisermittlungsantrag herabgestuften Beweisbegehren deutlich wird, warum sich dem Gericht die Pflicht zur weiteren Beweiserhebung trotz des bereits gefundenen Beweisergebnisses aufdrängen musste.

Eine **weitere Verschärfung** des Konnexitätserfordernisses ist durch die Entscheidung des BGH eingetreten, dass in allen Fällen, in denen die Konnexität darzulegen sei, die Tatsachen, die diese begründen sollen, bestimmt behauptet werden müssten.[126] Voraussetzungen für einen (echten) förmlichen Beweisantrag sind nach dieser Rechtsprechung somit

■ eine bestimmte Beweistatsache,

■ ein bestimmtes Beweismittel und

■ eine bestimmt behauptete Konnexität zwischen Beweistatsache und Beweismittel.

---

124 BGH NJW 2012, 2212 = NStZ 2012, 526 = StV 2013, 65.

125 In der Rechtsprechung zur erweiterten Konnexität wird deshalb von gewichtigen Stimmen ein Verstoß gegen das beweisrechtliche Antizipationsverbot gesehen, vgl. SSW-StPO/*Sättele*, § 244 Rn 99 m.w.N; *Ventzke*, StV 2009, 655, 657; *Jahn*, StV 2009, 663, 664; *Meyer-Goßner/Schmitt*, StPO, § 244 Rn 21a; MüKo-StPO/*Trüg/ Habetha*, § 244 Rn 137.

126 BGH NJW 2011, 1239 = NStZ 2011, 169 = StV 2011, 207 = StraFo 2011, 50.

Auch wenn der auf Vermutungen beruhende Beweisantrag oder die nur als möglich angesehene Beweistatsache nicht als „ins Blaue hinein" gestellt angesehen werden dürfen,[127] hat sich durch diese Rechtsprechung des BGH zur Bestimmtheit der Konnexität die Stellung von Beweisanträgen weiter verkompliziert. Nachdem nunmehr ganz allgemein verlangt wird, dass zur Darlegung der Konnexität die Tatsachen, die diese begründen sollen, bestimmt behauptet werden müssen,[128] kann sich der Antragsteller **de facto** bei der Schilderung der Beziehung zwischen Beweistatsache und Beweismittel **nicht mehr auf bloße Vermutungen** stützen. Sollte nach früherem Verständnis die Darlegung der Konnexität lediglich eine „Grundplausibilität", d.h. irgendeinen Anhaltspunkt vermitteln, warum das benannte Beweismittel zur Klärung der Beweistatsache beitragen kann,[129] wird das jetzt von Seiten der Rechtsprechung gesteigerte Konnexitätserfordernis nur zu erfüllen sein, wenn konkrete Kenntnisse im Hinblick auf die darzustellenden Konnexitätsmerkmale vorliegen. Vermutet der Verteidiger in durchaus nachvollziehbarer Weise also z.B., dass das mutmaßliche Opfer sich gegenüber bestimmten Personen in einer bestimmten Weise geäußert haben könnte, kann er nunmehr keinen echten Beweisantrag mehr stellen – sondern nur noch einen Beweisermittlungsantrag –, da er die Tatsachen, welche die Konnexität zwischen Beweistatsache und Beweismittel belegen sollen, nicht mit Bestimmtheit behaupten kann.

Hinweis:

Man könnte sich insoweit zwar auf den Standpunkt stellen, dass die bestimmte Behauptung der Konnexität – entsprechend der bestimmten Behauptung der Beweistatsache[130] – keine sichere Kenntnis von der Qualität des Beweismittels und seiner Beziehung zur Beweistatsache erfordert und man deshalb auch einfach **bloße Vermutungen zur Konnexität** in das „**Gewand einer bestimmten Behauptung**" kleiden darf. Aber anders als bei der bestimmten Beweistatsache, bei der es darauf ankommt, was der Antragsteller konkret unter Beweis gestellt wissen möchte und was gem. § 244 Abs. 3 StPO durchaus auch als offenkundig oder bereits erwiesen angesehen oder als wahr unterstellt werden könnte, geht es bei der Darstellung der Konnexität allein darum, die Verhältnisse so darzustellen, wie sie aus der Sicht des Antragstellers tatsächlich sind.[131] Es kann nicht darum gehen, dem Gericht eine mangels entsprechender Kenntnisse möglicherweise irreale Beziehung zwischen Beweistatsache und Beweismittel als tatsächlich gegeben vorzumachen.

---

127 Siehe hierzu oben Rdn 28.
128 BGH NJW 2011, 1239 = NStZ 2011, 169 = StV 2011, 207 = StraFo 2011, 50.
129 Vgl. *Widmaier*, NStZ 1993, 602; *Alsberg/Dallmeyer*, Der Beweisantrag im Strafprozess, Rn 139 m.w.N.
130 Siehe oben Rdn 28.
131 Siehe auch *Alsberg/Dallmeyer*, Der Beweisantrag im Strafprozess, Rn 140.

Die auf den ersten Blick etwas unscheinbare zusätzliche Voraussetzung einer bestimmt zu behauptenden Konnexität hat es also in sich: Beim Zeugenbeweis z.B. wird hierdurch eine **konkrete und plausible Begründung** dafür verlangt, dass der benannte Zeuge in der Lage war, die behauptete Beweistatsache wahrzunehmen. Das bedeutet, dass die **Wahrnehmungssituation im Einzelnen zu beschreiben ist.**[132] Soll also z.B. ein Zeuge angeboten werden, der den Inhalt eines Gesprächs wiedergeben kann, muss nicht nur der Inhalt des Gesprächs als solches (Beweistatsache) bestimmt behauptet werden, sondern insbesondere auch wann und wo, aus welchem Anlass und zwischen welchen Personen dieses Gespräch geführt wurde (Wahrnehmungssituation).

Zur Verdeutlichung:

Beispiel für (einfache) Konnexität:

Zum Beweis der Tatsache, dass der Geschädigte G sowohl an dem in der Anklage genannten Tattag als auch an dem darauffolgenden Tag keine Verletzungen im Gesicht, insbesondere kein blaues Auge, keine Risswunde an der Augenbraue und keine Beule an der Stirn hatte, beantrage ich, die Zeugin M zu vernehmen.

Die Zeugin M ist die Mutter des Geschädigten G, bei der dieser wohnt; sie hat zu keiner Zeit die in der Anklage genannten Verletzungen wahrgenommen (= Konnexität[133]).

Beispiel für bestimmt behauptete Konnexität:

Zum Beweis der Tatsache, dass der Geschädigte G sowohl an dem in der Anklage genannten Tattag als auch an dem darauffolgenden Tag keine Verletzungen im Gesicht, insbesondere kein blaues Auge, keine Risswunde an der Augenbraue und keine Beule an der Stirn hatte, beantrage ich, die Zeugin M zu vernehmen.

Die Zeugin M ist die Mutter des Geschädigten G, bei der dieser wohnt; sie hat zu keiner Zeit die in der Anklage genannten Verletzungen wahrgenommen. Die Zeugin M hat den Geschädigten G am Morgen des in der Anklage genannten Tattages geweckt, mit ihm gefrühstückt und ihn anschließend zur Schule gebracht. Am Abend des in der Anklage genannten Tattages hat sie mit ihm zu Abend gegessen und anschließend einen Film im Fernsehen angeschaut. Nachdem der Film zu Ende war, haben sich beide gegen 22:00 Uhr zu Bett gelegt. Am nächsten Morgen hat die Zeugin M den Geschädigten G ebenfalls wieder geweckt und in die Schule gebracht. Am Nachmittag hat sie ihn von der Schule abgeholt und zum Sport gefahren. Gegen 19:00 Uhr hat sie ihn vom Sportplatz abgeholt und den gesamten Abend mit ihm zuhause verbracht,

---

132 So ausdrücklich BGH NJW 2011, 1239 = NStZ 2011, 169 = StV 2011, 207 = StraFo 2011, 50; siehe auch BGH NStZ 2013, 476 = StV 2013, 374 = StraFo 2013, 117.
133 Siehe auch oben Rdn 46.

bevor beide gegen 21:30 Uhr zu Bett gegangen sind (= bestimmt behauptete Konnexität unter Darlegung der konkreten Wahrnehmungssituation).

Hinweis:

Um sich in diesem Zusammenhang nicht dem Vorwurf auszusetzen, die bestimmt formulierten Behauptungen im Hinblick auf die Konnexität erfolgen gleichwohl „nur ins Blaue hinein" wird der Verteidiger ggf. zusätzlich gezwungen sein, die Ansatzpunkte für seine Behauptungen nachvollziehbar darzulegen. Dies kann im Einzelfall sogar dazu führen, dass der Verteidiger offen legen muss, woher seine Kenntnisse stammen.

In praktischer Hinsicht wird der Verteidiger die zur Erfüllung des so gesteigerten Konnexitätserfordernisses notwendigen Informationen häufig nur noch durch eine vorhergehende **eigene Befragung** des Zeugen erlangen können. Beruht der Beweisvortrag allein auf **Vermutungen und Schlussfolgerungen**, denen entsprechende **Anknüpfungstatsachen** zugrunde liegen, wird der Verteidiger das so gesteigerte Konnexitätserfordernis nicht mehr erfüllen können. Obwohl es sich in einem derartigen Fall nicht um einen Antrag „ins Blaue hinein" handelt, weil für einen solchen jeglicher Anhaltspunkt fehlen und dieser aufs Geratewohl gestellt sein müsste, wird der Verteidiger keinen hinreichend konkreten – konnexen – Beweisantrag stellen können, wenn er nicht durch eine eigene Auswertung des Beweismittels, z.B. in Form einer eigenen Zeugenbefragung, oder durch Auskunft von Dritten hinreichend verlässliche Informationen erhält, die ihm die bestimmte Behauptung der Konnexität zwischen Beweismittel und Beweistatsache ermöglichen.

Hinweis:

Stehen dem Verteidiger die zur bestimmten Behauptung der Konnexität notwendigen Informationen nicht zur Verfügung, bleibt ihm nur die Möglichkeit, einen **Beweisermittlungsantrag** zu stellen. Dieser sollte so viele Anknüpfungspunkte wie nur irgend möglich enthalten, damit das Gericht bereits nach § 244 Abs. 2 StPO zu weiterer Aufklärung gezwungen wird und sich der Verteidiger die Möglichkeit einer späteren Aufklärungsrüge erhält. Sofern das Gericht seinem Beweisermittlungsantrag nicht nachgeht, kann er zusätzlich einen Antrag auf **gerichtliche Entscheidung gem. § 238 Abs. 2 StPO** stellen und so eine Entscheidung über seinen Beweisermittlungsantrag noch in der Hauptverhandlung erzwingen.[134]

---

134 Vgl. BGH NStZ 2008, 109.

IV. Begründung des Beweisantrags

50   Der **Beweisantrag muss grds. nicht begründet** werden.[135] Der Verteidiger muss auch seine Informationsquellen nicht benennen. Meistens empfiehlt sich jedoch eine Begründung, um dem Gericht das Beweisziel zu vermitteln. Zudem kann dem Erfordernis der Konnexität i.R.d. Begründung des Beweisantrags entsprochen werden. Dies empfiehlt sich v.a. bei komplexen Sachverhalten, um den Antrag als solchen nicht vollkommen zu „überfrachten".

51   Bei der **Begründung eines Beweisantrags** ist auf Folgendes zu achten:[136]

■   Bei Beweistatsachen, deren **Bedeutung offensichtlich** ist, kann die Begründung kurz gehalten werden oder sogar ganz entfallen. Bei Beweistatsachen, deren **Bedeutung** hingegen **nicht offensichtlich** ist, ist eine Begründung des Beweisantrags zu empfehlen. Das gilt insbes. auch dann, wenn der Verteidiger dem Gericht bestimmte Schlussfolgerungen nahebringen will, die aus der Beweiserhebung gezogen werden können.[137] Zu beachten ist aber, dass das Gericht nicht gehindert ist, andere als die in der Antragsbegründung aufgeführten Schlussfolgerungen zu ziehen.[138]

■   Eine Begründung kann sich auch dann empfehlen, wenn der Verteidiger mit seinem Beweisantrag dem Gericht die **eigene Bewertung** des bisherigen Beweisergebnisses bekannt machen will,[139] um das Gericht im Zuge seiner Entscheidung über den Beweisantrag zu zwingen, sich über evtl. bestehende Divergenzen in der Bewertung des Beweisergebnisses zu erklären.

■   Im Hinblick auf die **Revision** kann eine Begründung des Beweisantrags nützlich sein, um dem Revisionsgericht z.B. im Zusammenhang mit der Rüge der fehlerhaften Behandlung eines Beweisantrags oder einer Aufklärungsrüge besser vermitteln zu können, weshalb sich das Tatgericht eigentlich zu der beantragten Beweiserhebung hätte gedrängt sehen müssen.[140]

■   Da die **Begründung** eines Beweisantrags **nicht protokollierungspflichtig** ist, sollte sie nicht nur mündlich mitgeteilt, sondern zusammen mit dem Beweisantrag schriftlich als Anlage zum Protokoll gereicht werden. Sie steht dann für die Revision als Bestandteil der Akten zur Verfügung.[141]

---

135 Vgl. *Burhoff*, HV, Rn 834; *Hamm/Hassemer/Pauly*, Beweisantragsrecht, Rn 131.
136 Siehe hierzu *Burhoff*, HV, Rn 835.
137 Vgl. *Hamm/Hassemer/Pauly*, Beweisantragsrecht, Rn 131.
138 BGHSt 29, 18 ff.
139 *Hamm/Hassemer/Pauly*, Beweisantragsrecht, Rn 131.
140 Vgl. hierzu ausführlich unten Rdn 209.
141 Zu beachten ist in diesem Zusammenhang aber, dass sich die absolute Beweiskraft des Protokolls nicht auf die Begründung des Antrags bezieht, BGH NStZ 2000, 437.

V. Abgrenzung zum Beweisermittlungsantrag und zur Beweisanregung

Der Beweisantrag ist **zu unterscheiden** vom bloßen **Beweisermittlungsantrag** oder einer **Beweisanregung**. Der Beweisermittlungsantrag ist ein „Minus" gegenüber dem Beweisantrag, da ihm i.d.R. eine konkrete Angabe der Beweistatsache oder des Beweismittels fehlt. Die Beweisanregung ist wiederum ein „Minus" zum Beweisermittlungsantrag, da es sich bei ihr noch nicht einmal um einen förmlichen Antrag handelt.[142]   **52**

1. Kennzeichen des Beweisermittlungsantrags

Der Zweck des Beweisermittlungsantrags besteht darin, brauchbares Verteidigungsmaterial ausfindig zu machen[143] und damit ggf. einen **Beweisantrag vorzubereiten**. Von einem **Beweisermittlungsantrag** wird der Verteidiger immer dann **Gebrauch machen**,   **53**

■ wenn er **kein bestimmtes Beweismittel** für seine Beweisbehauptung benennen kann oder will bzw.

■ wenn er die **Beweistatsache nicht konkret** angeben kann oder will, über die mit einem ihm bekannten Beweismittel der Beweis geführt werden soll, oder

■ wenn er nicht willens bzw. nicht in der Lage ist, den Anforderungen an die **bestimmt zu behauptende (erweiterte) Konnexität** nachzukommen.

Es fehlen gegenüber dem echten Beweisantrag eine oder zwei der oben genannten Voraussetzungen, also entweder eine **bestimmte zu beweisenden Tatsache** oder ein **bestimmtes Beweismittel oder die konkrete Darlegung zur (erweiterten) Konnexität**.[144] Anträge, die lediglich „**ins Blaue hinein**" gestellt werden, bei denen der Antragsteller also keinerlei Kenntnisse über die Anknüpfungstatsachen einer von ihm aufgestellten Beweisbehauptung hat, stellen ebenfalls keine Beweisanträge, sondern allenfalls Beweisermittlungsanträge dar, denen – wenn überhaupt – nur nach Maßgabe der Aufklärungspflicht nachgegangen werden muss.[145] Ob ein Antrag als „ins Blaue hinein" gestellt angesehen werden kann, ist aus der Sicht eines „verständigen" Antragstellers auf der Grundlage der von ihm selbst nicht in Frage gestellten Tatsachen zu beurteilen.[146]

---

142 Zur Abgrenzung siehe auch BGH NStZ 2001, 160.
143 *Meyer-Goßner/Schmitt*, StPO, § 244 Rn 25.
144 Vgl. zur Abgrenzung von Beweisantrag und Beweisermittlungsantrag auch BGHSt 37, 162, 167; BGH StV 1989, 237; KK-StPO/*Krehl*, § 244 Rn 100; SSW-StPO/*Sättele*, § 244 Rn 139.
145 BGH NStZ 2013, 536, 537; 476, 477 f.; 2011, 169; 2009, 226, 227; 2008, 474; 52, 53; 2006, 405; 2002, 383; 1999, 312; 1993, 143, 144; NJW 1997, 2762, 2764.
146 BGH NStZ 2013, 536, 537; 2011, 169; 2009, 226, 227; StraFo 2008, 246 m.w.N.

Hinweis:

Mit dem Beweisermittlungsantrag kann der Antragsteller auch das Ziel verfolgen, durch die beantragten Nachforschungen des Gerichts die **Mängel**, die ihn daran hindern, einen Beweisantrag zu stellen, zu **beseitigen**.[147] Dem entsprechend kann sich im Einzelfall ein **schrittweises Herangehen** an die Beweiserhebung dergestalt anbieten, dass zunächst ein Beweisermittlungsantrag gestellt wird, um z.b. ein konkretes Beweisthema oder konkretes Beweismittel ausfindig zu machen und dann im Anschluss ein echter Beweisantrag mit einer bestimmten Beweistatsache und einem bestimmten Beweismittel unter Darlegung der Konnexität gestellt wird, um das Gericht entweder zu weiterer Aufklärung oder zur Ablehnung des Beweisantrags unter Anwendung der Ablehnungsgründe des § 244 Abs. 3 bis Abs. 5 StPO zu zwingen.

a) Unbestimmtheit des Beweismittels

54   Das **Beweismittel ist unbestimmt**, wenn in dem Antrag für die unter Beweis zu stellende Tatsache kein bestimmtes Beweismittel der StPO benannt wird, wenn also kein bestimmter Zeuge, keine bestimmte Urkunde, kein Sachverständiger oder kein Augenschein als Beweismittel angeboten werden.

Formulierungsbeispiele für Beweisermittlungsanträge bei Unbestimmtheit des Beweismittels:

■ Bei der Benennung einer **größeren Zahl von Personen als Zeugen**, ohne dass angegeben wird, welche dieser Personen von der zu beweisenden Tatsache Kenntnis hat:[148]

Es wird beantragt, die Bewohner der Hausanlage Turmstraße 1 – 5 in A-Burg zum Beweis der Tatsache zu vernehmen, dass nicht der Angeklagte, sondern Herr X die Autos in der Tiefgarage verkratzt und beschädigt hat. Herr X wurde mehrfach von Bewohnern der Hausanlage dabei beobachtet, wie er mit einem Schlüssel oder einem anderen metallischen Gegenstand den Lack mehrerer in der Tiefgarage abgestellter Fahrzeuge verkratzt hat.

■ Bei der Ermittlung (noch) **unbekannter Zeugen**, die zur Aufklärung der Beweistatsache beitragen können:

Es wird beantragt, den Hausverwalter der Hausanlage Turmstraße 1 – 5 in A-Burg zu bitten, in der Hausgemeinschaft festzustellen, welche Hausbewohner bestätigen können, dass nicht der Angeklagte, sondern Herr X die Autos in der Tiefgarage verkratzt und beschädigt hat. Herr X wurde mehrfach von Bewohnern der Hausanlage dabei be-

---

147 Vgl. BGHSt 30, 131, 142; BGH bei *Becker*, NStZ 2007, 513.
148 BGHSt 40, 3.

obachtet, wie er mit einem Schlüssel oder einem anderen metallischen Gegenstand den Lack mehrerer in der Tiefgarage abgestellter Fahrzeuge verkratzt hat.

■ Bei der Benennung einer **Sammlung von Urkunden**, aus der das Gericht das geeignete Beweismittel erst noch herausfinden soll:[149]

Es wird beantragt, die Gerichtsakte des Verfahrens … beizuziehen, zum Beweis der Tatsache, dass der Zeuge Z dort als Kläger vorgetragen hat, dass nicht der Angeklagte, sondern Herr X die Autos in der Tiefgarage der Hausanlage Turmstraße 1 – 5 in A-Burg verkratzt und beschädigt hat. Herr X wurde mehrfach von Bewohnern der Hausanlage dabei beobachtet, wie er mit einem Schlüssel oder einem anderen metallischen Gegenstand den Lack mehrerer in der Tiefgarage abgestellter Fahrzeuge verkratzt hat.

b) Unbestimmtheit der Beweistatsache

Die **Beweistatsache ist unbestimmt bzw. fehlt**, wenn in dem Antrag zwar ein bestimmtes Beweismittel benannt wird, aber die unter Beweis zu stellende Tatsache offenbleibt. Es fehlt also an der Mitteilung, welchen konkreten Beweis ein benanntes Beweismittel erbringen soll.   55

Formulierungsbeispiele für Beweisermittlungsanträge beim Fehlen oder der Unbestimmtheit der Beweistatsache:

■ Beim Antrag auf Einholung eines **Sachverständigengutachtens** mit **unbestimmtem Ausgang**:[150]

Es wird beantragt, ein forensisch psychiatrisches Sachverständigengutachten einzuholen, um zu klären, ob sich der Angeklagte zum Tatzeitpunkt in einem Zustand befunden hat, der die Voraussetzungen der §§ 20, 21 StGB erfüllt.

■ Beim Antrag eines **Augenscheins ohne Prognose** eines **bestimmten Ausgangs**:[151]

Es wird beantragt, den Pkw des Angeklagten in Augenschein zu nehmen, um zu klären, ob sich an diesem Unfallspuren befinden.

■ Bei der Benennung eines **Zeugen ohne** die **konkrete Angabe der Beweistatsache**:

Es wird beantragt, den Hausmeister Herrn K als Zeugen zu der Frage zu vernehmen, wer die Autos in der Tiefgarage verkratzt und beschädigt hat. Herr K hat eine Person dabei beobachtet, wie diese mit einem Schlüssel oder einem anderen metallischen Gegenstand den Lack mehrerer in der Tiefgarage abgestellter Fahrzeuge verkratzt hat.

---

149 BGHSt 6, 128; 18, 347; 30, 131, 142.
150 Vgl. hierzu z.B. BGH NStZ 1985, 205; BGH JR 1951, 509.
151 Vgl. hierzu z.B. OLG Koblenz VRS 49, 40.

■ Beim Antrag zur **Ermittlung des Wissens eines Zeugen**:

Es wird beantragt, den Hausmeister Herrn K als Zeugen zu der Frage zu vernehmen, ob er zum Tatzeitpunkt am (…) um (…) in der Tiefgarage war und gesehen hat, wer die Autos in der Tiefgarage verkratzt und beschädigt hat.

c) Entscheidung über einen Beweisermittlungsantrag

56 Ein **Beweisermittlungsantrag verpflichtet** das Gericht **nicht zu einer Entscheidung** durch Gerichtsbeschluss gem. § 244 Abs. 6 StPO. Das Gericht kann den Beweisermittlungsantrag deshalb auch einfach übergehen.[152] Allerdings gehen Rechtsprechung und Literatur zunehmend davon aus, dass die **Fürsorgepflicht des Gerichts** eine Stellungnahme bzw. Verfügung des Vorsitzenden nach § 238 Abs. 1 StPO gebietet, ob das Gericht dem Beweisermittlungsantrag stattgeben oder ihm nicht nachgehen wolle.[153] Letzterenfalls soll die Entscheidung des Vorsitzenden gemäß § 34 StPO so zu begründen sein, dass der Antragsteller über den Grund der Ablehnung ausreichend unterrichtet und dadurch in die Lage versetzt wird, sein weiteres Prozessverhalten darauf einzurichten und ggf. weitere Anträge zu stellen.[154]

Hinweis:

Gegen eine Entscheidung des Vorsitzenden, einem Beweisermittlungsantrag nicht nachgehen zu wollen, kann der Verteidiger gem. § 238 Abs. 2 StPO das Gericht anrufen, das dann durch Beschluss entscheiden muss.[155] Diese Entscheidung ist zu begründen und aus der Begründung muss sich ergeben, aus welchem Grund dem Antrag nicht gefolgt werden soll.[156] Die Anrufung des Gerichts nach § 238 Abs. 2 StPO ist zudem Voraussetzung, um die fehlerhafte Behandlung eines Beweisermittlungsantrags in der Revision rügen zu können.[157]

Die **Zurückweisung oder Nichtbescheidung eines Beweisermittlungsantrags** kann nicht als solches zum Gegenstand einer Revisionsrüge gemacht werden. Allerdings kann das Übergehen eines Beweisermittlungsantrags mit der Aufklärungsrüge gerügt werden, wenn das in dem Beweisermittlungsantrag formulierte Beweisthema von ausschlaggebender Bedeutung für das Verfahren war. Die **Nichterhebung** des dem Gericht durch den Beweisermittlungsantrag bekannt gewordenen Beweises stellt sich bei ent-

---

152 Vgl. BGH NStZ 2001, 160; 2009, 401; *Burhoff*, HV, Rn 1013.
153 BGHSt 30, 131, 143; NStZ 2009, 401; 1985, 229; OLG Düsseldorf, Beschl. v. 26.5.2017 – IV-1 RBs 55/16; KK-StPO/*Krehl*, § 244 Rn 101 m.w.N.; a.A. wohl *Meyer-Goßner/Schmitt*, StPO, § 244 Rn 27 m.w.N.
154 BGH NStZ 2008, 109; OLG Düsseldorf, Beschl. v. 26.5.2017 – IV-1 RBs 55/16.
155 Vgl. *Meyer-Goßner/Schmitt*, StPO, § 244 Rn 27 m.w.N.
156 BGHSt 30, 131, 143; BGH NStZ 2008, 109.
157 BGH NStZ 2009, 401.

scheidungserheblichen Tatsachen als Verletzung der Aufklärungspflicht des § 244 Abs. 2 StPO dar.[158] Um in der Revision an einen Beweisermittlungsantrag anknüpfen zu können, muss der Verteidiger darauf achten, dass dieser gem. § 273 Abs. 1 StPO in das Hauptverhandlungsprotokoll aufgenommen wird. Am besten verliest er deshalb in der Hauptverhandlung einen schriftlich vorbereiteten Beweisermittlungsantrag, der dann als Anlage zum Hauptverhandlungsprotokoll genommen wird.

2. Kennzeichen der Beweisanregung

Mit der **Beweisanregung** verlangt der Antragsteller keine Beweiserhebung, sondern zeigt nur die **Möglichkeit entsprechender Ermittlungshandlungen** auf (z.b. die Möglichkeit der Gegenüberstellung von Zeugen oder die Möglichkeit der Wiederholung bzw. Ergänzung einer Beweiserhebung). Die Beweisanregung ist **kein prozessualer Antrag**, da sie nicht das formalisierte Begehren einer bestimmten Beweisbehauptung enthält.[159] Sie ist aus diesem Grund auch an keine bestimmte Form gebunden.[160]

57

> *Hinweis:*
> Der Verteidiger wird die Beweisanregung zweckmäßigerweise als **mündlichen oder schriftlichen Hinweis** auf mögliche weitere Beweise in die Hauptverhandlung einbringen. Der schriftliche Hinweis empfiehlt sich, um die Information **aktenkundig** zu machen.

Die **Beweisanregung** kommt **in der Praxis** v.a. dann in Betracht,

58

- wenn der Verteidiger **keine konkreten Beweistatsachen** oder **Beweismittel** benennen und deshalb keinen förmlichen Beweisantrag stellen kann;
- wenn der Verteidiger die Hinzuziehung eines **ungewöhnlichen Beweismittels**, das nicht der Typologie der StPO entspricht, für sinnvoll hält, wie z.b. die Gegenüberstellung von Zeugen[161] oder die Rekonstruktion eines Vorgangs mit sachverständiger Hilfe;[162]
- wenn während einer über zahlreiche Verhandlungstage dauernden Hauptverhandlung **Streit über das Ergebnis einer** in einer früheren Phase erfolgten **Beweiserhebung** entsteht. Da kein Anspruch auf eine Wiederholung einer bereits durchgeführten Beweisaufnahme besteht, kann z.b. die nochmalige Vernehmung eines Zeugen zu

---

158 Vgl. BGH NStZ-RR 2004, 370; *Meyer-Goßner/Schmitt*, StPO, § 244 Rn 27 m.w.N.; *Burhoff*, HV, Rn 936 m.w.N.
159 Siehe hierzu auch *Hamm/Hassemer/Pauly*, Beweisantragsrecht, Rn 45; KK-StPO/*Krehl*, § 244 Rn 103.
160 Siehe hierzu auch *Burhoff*, HV, Rn 764.
161 Vgl. hierzu auch *Hamm/Hassemer/Pauly*, Beweisantragsrecht, Rn 48.
162 Siehe *Deckers*, Der strafprozessuale Beweisantrag, Rn 41.

demselben Beweisthema nicht förmlich mit einem Beweisantrag beantragt werden. Ein solcher Beweisantrag wird als unzulässig angesehen,[163] sodass der Verteidiger insoweit nur eine Beweisanregung vorbringen kann.

59 Der **konkrete Inhalt der Beweisanregung** ergibt sich stets aus ihrer Zielsetzung. Der Verteidiger ist bei der Formulierung der Beweisanregungen an keine formalen Voraussetzungen gebunden.

Einen Überblick über die vielfältigen Möglichkeiten geben die folgenden

Formulierungsbeispiele:

■ **Beweisanregung zur Einholung eines Sachverständigengutachtens:**

Das Verhalten des Angeklagten bei der Tat und die bei ihm festgestellte Blutalkoholkonzentration legen den Schluss nahe, dass der Angeklagte vermindert schuldfähig sein könnte. Es wird deshalb angeregt, ein Sachverständigengutachten einzuholen.

■ **Beweisanregungen zur Vernehmung weiterer Zeugen:**

Sollte das Gericht die Aussage des Zeugen Z als nicht glaubwürdig erachten, wird angeregt, auch noch die Zeugen X und Y zu vernehmen. Diese können nach den der Verteidigung vorliegenden Informationen die Schilderungen des Zeugen Z bestätigen, da sie zur fraglichen Zeit gemeinsam mit dem Z am Tatort waren.

■ **Beweisanregung zur Durchführung einer Gegenüberstellung:**

Es wird angeregt, dem Zeugen Z den Angeklagten im Rahmen einer Wahlgegenüberstellung zusammen mit ähnlich aussehenden Personen gegenüberzustellen, da aufgrund der ausgeprägten Kurzsichtigkeit des Zeugen Z angenommen werden muss, dass er den Angeklagten nicht sicher wiedererkennen kann.

■ **Beweisanregung zur Beseitigung von Divergenzen:**

Es wird angeregt, den bereits vernommenen und entlassenen Zeugen Z nochmals zu den Vorgängen am fraglichen Tattag zu vernehmen, da das Gericht im Rahmen einer Zwischenbesprechung dem Zeugen Aussagen zugeschrieben hat, die dieser nach der Erinnerung der Verteidigung nicht getätigt hat.

60 Die **Reaktion auf eine Beweisanregung** steht im Ermessen des Gerichts. Da dem Gericht durch die Beweisanregung lediglich vorgeschlagen wird, einen Beweis zu erheben oder weitere Beweisquellen zu ermitteln, ist es grds. nicht verpflichtet, der Beweisanregung nachzugehen. Insbes. ist auch keine Zurückweisung der Beweisanregung durch Beschluss gem. § 244 Abs. 6 StPO notwendig.[164] Allerdings kann die Aufklärungspflicht

---

163 BGH StV 1991, 2; BGHSt 14, 21 f.; *Alsberg/Dallmeyer*, Der Beweisantrag im Strafprozess, Rn 222.
164 BGH NStZ 2001, 160, 161; 1982, 477; BGH, Beschl. v. 25.4.2017 – 1 StR 610/16; OLG Düsseldorf VRS 64, 216, 219, *Meyer-Goßner/Schmitt*, StPO, § 244 Rn 27.

nach § 244 Abs. 2 StPO das Gericht dazu drängen, einer vom Verteidiger vorgebrachten Beweisanregung nachzugehen. Es hat dann über die durch die Beweisanregung offenbar gewordenen Informationen Beweis zu erheben.[165] Genau dieser Punkt kann es für den Verteidiger interessant machen, eine Information, die er aufgrund der strengen formalen Anforderungen nicht zum Gegenstand eines Beweisantrags machen kann, wenigstens als Beweisanregung in das Verfahren einzuführen. Die Beweisanregung kann auch nützlich sein, wenn man die Beweisfrage im Rahmen eines **Rechtsgesprächs** erörtern möchte. Übersieht das Gericht seine aus einer Beweisanregung erwachsende Aufklärungspflicht, kann das in der Revision mit der Aufklärungsrüge geltend gemacht werden.[166] Um sich bei einer aus Sicht der Verteidigung fehlerhaften Behandlung einer Beweisanregung diese Rügemöglichkeit in der Revision zu erhalten, sollte gem. § 238 Abs. 2 StPO ein Gerichtsbeschluss herbeigeführt werden, wenn das Gericht nicht auf die Beweisanregung eingeht.[167]

Hinweis:

Aufgrund der möglicherweise revisionsrechtlichen Bedeutung der Beweisanregung muss der Verteidiger seine Beweisanregung **in das Hauptverhandlungsprotokoll aufnehmen** lassen oder nach entsprechender Verlesung einer schriftlich vorbereiteten Beweisanregung diese als Anlage zum Protokoll reichen. Der Vorsitzende muss die Beweisanregung in das Protokoll aufnehmen.[168] Verweigert er die Protokollierung, kann der Verteidiger nach § 273 Abs. 3 StPO vorgehen und die wörtliche Protokollierung seiner Beweisanregung beantragen.

C. Form und Besonderheiten des Beweisantrags

Zur Gestaltung der Beweisaufnahme in und außerhalb der Hauptverhandlung und zur Wahrung möglicher Revisionschancen sind sachgerechte Beweisanträge das effektivste Mittel der Verteidigung. Der **zielgenauen Formulierung und Begründung** von Beweisanträgen kommt deshalb vor diesem Hintergrund zentrale Bedeutung zu. Daneben sind die an den Beweisantrag gestellten **Formerfordernisse** der konkreten Beweistatsache, des konkreten Beweismittels und der (bestimmt behaupteten) Konnexität einzuhalten.

Der Verteidiger muss sich immer vergegenwärtigen, dass auch – oder vielfach gerade – aus einem **abgelehnten Beweisantrag** großer Gewinn für das weitere Verfahren oder die

61

---

165 Vgl. Löwe/Rosenberg/*Becker*, StPO, § 244 Rn 170. m.w.N.
166 Siehe *Hamm/Leipold/Michalke*, Beck'sches Formularbuch für den Strafverteidiger, S. 526.
167 Vgl. BGH NStZ 2009, 401.
168 *Meyer-Goßner/Schmitt*, StPO, § 244 Rn 27 m.w.N.

Revision gezogen werden kann. Wird z.B. ein Beweisantrag als bedeutungslos abgelehnt oder die Beweistatsache als bereits erwiesen angesehen oder als wahr unterstellt, findet eine **Festschreibung des Sachverhalts** in dem Sinne statt, der mit dem Beweisantrag zum Ausdruck gebracht wurde. Es ist im Fall der Ablehnung des Beweisantrags dann also die im Beweisantrag konkret formulierte Tatsache als bedeutungslos, als erwiesen oder als wahr unterstellt anzusehen. Das Urteil darf dann nicht mehr im Widerspruch zu der in dem abgelehnten Beweisantrag formulierten Tatsache stehen. Ein präzise formulierter Beweisantrag kann auch auf die Aufklärungspflicht des Gerichts nach § 244 Abs. 2 StPO ausstrahlen, wenn sich aus einer konkret in einem Beweisantrag formulierten Beweistatsache zusätzliche – nicht ausdrücklich angesprochene – **Folgeprobleme** ergeben, an denen das Gericht nicht vorbeigehen darf.

> *Hinweis:*
> Die Formulierung und Begründung von Beweisanträgen beeinflusst somit den Gang der Hauptverhandlung, die Urteilsfindung und ggf. die Erfolgsaussichten einer Revision. Der Verteidiger muss deshalb besonderes Augenmerk auf die **inhaltliche Ausgestaltung** seiner Beweisanträge legen und das Beweisthema präzise benennen und begründen.

I. Form des Beweisantrags

62 Beweisanträge sind grds. in der Hauptverhandlung **mündlich** zu stellen[169] und die Tatsache der Antragstellung ist gem. §§ 273 Abs. 1, 274 StPO in das Hauptverhandlungsprotokoll aufzunehmen. Bereits **vor der Hauptverhandlung gestellte Anträge müssen** in der Hauptverhandlung **wiederholt werden.**[170] Eine Wiederholung des Beweisantrags ist auch dann notwendig, wenn die Hauptverhandlung ausgesetzt worden war.[171] Zu beachten ist, dass kein Anspruch darauf besteht, einen mündlich gestellten Beweisantrag in das Protokoll zu diktieren.[172] Das Protokoll muss aber ausweisen, wer der Antragsteller ist und welchen Inhalt der Antrag hat (Beweistatsache und Beweismittel).[173]

Üblicherweise wird deshalb der Beweisantrag vom Verteidiger **zunächst schriftlich fixiert**, sodann in der Hauptverhandlung verlesen und schließlich als Anlage zum Protokoll

---

169 Vgl. OLG Frankfurt NStZ-RR 1998, 210; Alsberg/*Güntge*,Beweisantrag im Strafprozess, Rn 717; SSW-StPO/*Sättele*, § 244 Rn 104.

170 *Eisenberg*, Beweisrecht der StPO, Rn 176; OLG Frankfurt, NStZ-RR 1998, 210; RGSt 73, 193.

171 Vgl. BayObLG DAR 1964, 242 (R).

172 OLG Köln VRS 70, 370; *Meyer-Goßner/Schmitt*, StPO, § 244 Rn 32; *Alsberg/Güntge*, Der Beweisantrag im Strafprozess, Rn 750.

173 Alsberg/*Güntge*, Der Beweisantrag im Strafprozess, Rn 751 m.w.N.; *Meyer-Goßner/Schmitt*, StPO, § 244 Rn 36.

zur Akte gereicht.[174] Diese Vorgehensweise empfiehlt sich schon deshalb, um keine Unklarheiten hinsichtlich des Wortlauts und des Inhalts des Beweisantrags aufkommen zu lassen. Zudem kann ggf. im Revisionsverfahren auf den genauen Wortlaut eines schriftlich formulierten und als Anlage zum Hauptverhandlungsprotokoll gereichten Beweisantrags zurückgegriffen werden.

Hinweis:

Nicht immer kann ein Beweisantrag bereits außerhalb der Hauptverhandlung vorbereitet werden. Um einen Beweisantrag während des Hauptverhandlungstermins schriftlich ausarbeiten zu können, sollte der Verteidiger stets eine **Unterbrechung** der Verhandlung beantragen. Auf die Frage des Gerichts nach der Dauer der gewünschten Unterbrechung empfiehlt es sich, eine **Mindestzeit** anzugeben und anzukündigen, dass man das Gericht unmittelbar nach Fertigstellung des Antrags unterrichten werde. Die Mindestzeit für die Unterbrechung sollte großzügig bemessen sein, damit der Antrag nicht unter Zeitdruck abgefasst werden muss. Im Einzelfall kann auch eine Vertagung der Hauptverhandlung beantragt werden, wenn nur dadurch eine sachgerechte Antragstellung ermöglicht werden kann.

Nach der **Vorschrift des § 257a StPO** kann das Gericht – nicht der Vorsitzende allein[175] – **63** dem Verteidiger **in Ausnahmefällen** zwingend aufgeben, Beweisanträge (maschinen- oder hand-)schriftlich zu stellen. Dies jedoch nur zur strafferen Durchführung von Groß- und Umfangsverfahren, wenn die Zahl oder der Umfang von Anträgen oder Anregungen bei mündlichem Vortrag den Verfahrensablauf um mehrere Stunden oder gar Tage verlängern würde.[176] Wird die schriftliche Antragstellung angeordnet, muss das Gericht dem Verteidiger genügend Zeit einräumen, um seine Anträge schriftlich zu formulieren. Hierfür ist die Hauptverhandlung zu unterbrechen.[177]

Wenn der **Beweisantrag eines Mitangeklagten** oder seines Verteidigers dem eigenen **64** Mandanten nützt, wird sich der Verteidiger diesem Antrag im Regelfall **ausdrücklich anschließen**. In revisionsrechtlicher Hinsicht ist dies jedoch nicht unbedingt erforderlich. Der Angeklagte kann mit der Revision auch ohne eine ausdrückliche Anschlusserklärung die fehlerhafte Behandlung eines Beweisantrags rügen, wenn das Beweisbegehren auch in seinem Interesse lag.[178]

---

174 Vgl. auch *Burhoff*, HV, Rn 912; *Hamm/Hassemer/Pauly*, Beweisantragsrecht, Rn 145.

175 Gegen eine nur vom Vorsitzenden getroffene Anordnung der Pflicht zur schriftlichen Antragstellung muss der Verteidiger gemäß § 238 Abs. 2 StPO eine Entscheidung des Gerichts beantragen, um sich eine entsprechende Rügemöglichkeit für die Revision zu erhalten.

176 Vgl. zu der umstrittenen Regelung des § 257a StPO und zu deren teleologischer Reduktion auch *Eisenberg*, Beweisrecht der StPO, Rn 177 und *Meyer-Goßner/Schmitt*, StPO, § 257a Rn 1 ff.

177 Vgl. hierzu auch *Burhoff*, HV, Rn 2486.

178 BGHSt 32, 10.

II. Besonderheiten beim Augenscheinsbeweis

65 Die **Grenzen des Augenscheinsbeweises** sind wesentlich weiter gesteckt, als man in Ansehung des Wortlautes vermuten könnte. Der Augenscheinsbeweis beschreibt nach allgemeiner Meinung eine auf sinnlicher Wahrnehmung beruhende Beweisaufnahme, die nicht als Zeugen-, Sachverständigen- oder Urkundenbeweis bzw. als Beschuldigtenvernehmung gesetzlich besonders geregelt ist.[179] Die **Erhebung eines Augenscheins** ist gem. § 244 Abs. 5 StPO grds. in das **Ermessen des Gerichts** gestellt.[180]

1. Begriff des Augenscheins

66 Die Einnahme eines Augenscheins bedeutet somit die Beweiserhebung über die gegenständliche Existenz oder Beschaffenheit

- einer **Sache bzw. Sachgesamtheit,**
- einer **Sachgegebenheit** (Örtlichkeit),
- eines **Vorgangs,**
- einer **Person** oder
- einer **Verhaltensweise.**

Die Einnahme des Augenscheins kann durch einen oder mehrere der „**fünf Sinne**", also durch **Sehen, Hören, Schmecken, Riechen** oder **Fühlen** erfolgen.[181] Der Augenschein kann in jeder Lage des Verfahrens, also auch schon vor der Hauptverhandlung, erfolgen.

67 Von der Einnahme des Augenscheins zu unterscheiden ist die sog. **informatorische Besichtigung,** bei der Gerichtsmitglieder sich **außerhalb der Hauptverhandlung** einen Überblick über Augenscheinsobjekte, z.B. die Tatörtlichkeit, verschaffen. Eine solche informatorische Besichtigung ist zwar in der StPO nicht ausdrücklich geregelt, aber gleichwohl zulässig und nicht selten sinnvoll und geboten.[182] Zu beachten ist jedoch, dass die Ergebnisse einer informatorischen Besichtigung dem Gericht nur dazu dienen dürfen, in der Hauptverhandlung geeignete Fragen an den Angeklagten, Zeugen oder Sachverständigen zu stellen oder Vorhalte zu machen.[183] Eine **unmittelbare Verwertung der** bei einer **informatorischen Besichtigung** gewonnenen Erkenntnisse im Ur-

---

179 *Meyer-Goßner/Schmitt,* StPO, § 86 Rn 1, 5; KK-StPO/*Senge,* § 86 Rn 1; Löwe/Rosenberg/*Krause,* StPO, § 86 Rn 1; AK-StPO/*Kirchner,* § 86 Rn 3; *Pfeiffer,* Strafprozessordnung und Gerichtsverfassungsgesetz, § 86 Rn 1; *Eisenberg,* Beweisrecht der StPO, Rn 2220; *Burhoff,* HV, Rn 312.

180 *Geppert,* Jura 1996, 307, 311; Alsberg/*Dallmeyer,* Beweisantrag im Strafprozess, Rn 392 ff.

181 BGHSt 18, 53; *Eisenberg,* Beweisrecht der StPO, Rn 2220.

182 Vgl. *Meyer-Goßner/Schmitt,* StPO, § 86 Rn 6; SK-StPO/*Rogall,* § 86 Rn 26; *Eisenberg,* Beweisrecht der StPO, Rn 2221; a.A. *Geppert,* Der Grundsatz der Unmittelbarkeit im deutschen Strafverfahren, 152 ff.; *Geppert,* Jura 1996, 312.

183 BGH MDR 1966, 383 [D]; KK-StPO/*Senge,* § 86 Rn 5.

teil **ist unzulässig.**[184] Auch reicht es nicht aus, wenn ein Gerichtsmitglied, das einen privaten Augenschein vorgenommen hat, die übrigen Gerichtsmitglieder über die hierbei erworbenen Erkenntnisse lediglich unterrichtet.[185]

> *Hinweis:*
>
> Der Verteidiger muss also darauf achten, dass die bei einer informatorischen Besichtigung zutage getretenen entlastenden Umstände vom Gericht auch i.R.d. Hauptverhandlung zum **Gegenstand eines förmlichen Augenscheinsbeweises** gemacht werden. Ggf. muss er durch einen entsprechenden Beweisantrag auf die förmliche Einnahme des Augenscheins in der Hauptverhandlung hinwirken.

2. Richterlicher und nichtrichterlicher Augenschein

Wenn entweder das erkennende Gericht selbst oder ein beauftragter oder ersuchter Richter das Augenscheinsobjekt sinnlich wahrnimmt, handelt es sich um eine sog. **richterliche Augenscheinseinnahme.**[186] Die Einnahme des Augenscheins durch einen beauftragten bzw. ersuchten Richter kommt insbes. bei drohendem Beweisverlust in Betracht. Über die Augenscheinseinnahme eines beauftragten oder ersuchten Richters ist ein **Protokoll** zu fertigen, das den Anforderungen der §§ 86, 168a StPO entsprechen muss. Dieses Protokoll kann gem. § 249 Abs. 1 Satz 2 StPO in der Hauptverhandlung verlesen werden. **68**

> *Hinweis:*
>
> Die **unmittelbare gerichtliche Augenscheinseinnahme** des **erkennenden Gerichts** ist Teil der Hauptverhandlung.[187] Die Anwesenheit des Angeklagten und seines Verteidigers ist deshalb zwingend notwendig, solange der Angeklagte nicht von der Hauptverhandlung ausgeschlossen oder beurlaubt ist. Bei der **mittelbaren Augenscheinseinnahme** des **beauftragten oder ersuchten Richters** steht dem Angeklagten und dem Verteidiger ein Anwesenheitsrecht gem. § 168d Abs. 1 Satz 2 StPO i.V.m. § 168c Abs. 5 StPO zu. Beide sind von dem Augenscheinstermin vorher zu benachrichtigen, es sei denn, der Untersuchungserfolg wäre gefährdet. Ist die **Benachrichtigung unterblieben**, besteht für das über die Einnahme des Augenscheins gefretigte Protokoll ein **Beweisverwertungsverbot.**[188] Erfolgt gleichwohl die Verlesung des

---

184 RGSt 50, 154; BGHSt 2, 3; 3, 188; KMR-StPO/*Neubeck*, vor § 72 Rn 21; Löwe/Rosenberg/*Krause*, StPO, § 86 Rn 8; *Meyer-Goßner/Schmitt*, StPO, § 86 Rn 6; KK-StPO/*Senge*, § 86 Rn 5.

185 BGH NStZ 2013, 357.

186 RGSt 47, 104; *Alsberg*/Dallmeyer, Der Beweisantrag im Strafprozess, Rn 394; *Meyer-Goßner/Schmitt*, StPO, § 86 Rn 2; Löwe/Rosenberg/*Krause*, StPO, § 86 Rn 2; KK-StPO/*Senge*, § 86 Rn 2.

187 BGHSt 3, 187 f.

188 Vgl. hierzu BGHSt 26, 332 und 31, 140 jeweils zum Beweisverwertungsverbot bei richterlichen Vernehmungen; einschränkend BGHSt 34, 231.

Protokolls, muss der Verteidiger hiergegen Widerspruch erheben, um sich die Möglichkeit einer entsprechenden Revisionsrüge zu erhalten (Widerspruchslösung).

69 Ein **nichtrichterlicher Augenschein** liegt vor, wenn ein Dritter im Auftrag des Gerichts als sog. **Augenscheinsgehilfe** einen Augenschein einnimmt. Der Einsatz eines Augenscheinsgehilfen ist jedenfalls in den Fällen zulässig, in denen das Gericht aus **tatsächlichen** oder **rechtlichen** (z.b. § 81d StPO) **Gründen** zu einer eigenen Inaugenscheinnahme nicht imstande ist. In tatsächlicher Hinsicht für das Gericht unmöglich ist z.b. die Inaugenscheinnahme eines Dachfirstes oder eines Gegenstandes, der sich unter Wasser befindet.[189]

> *Hinweis:*
>
> Der Verteidiger sollte bei der Stellung eines Beweisantrages immer auch an die Möglichkeit des **Einsatzes eines Augenscheinsgehilfen** denken, wenn ein Augenscheinsobjekt dem Gericht nicht unmittelbar zugänglich ist. Zudem kann sich ein Augenscheinsgehilfe anbieten, wenn das Gericht einen Antrag auf Einnahme des Augenscheins bereits gem. § 244 Abs. 5 Satz 1 StPO abgelehnt hat. Der Verteidiger kann dann einen **Augenscheinsgehilfen als Zeugen** benennen, dessen Vernehmung das Gericht nur unter den wesentlich engeren Voraussetzungen des § 244 Abs. 3 StPO ablehnen kann.

3. Objekte des Augenscheins

70 Allgemein ausgedrückt gehören zu den Augenscheinsobjekten alle der sinnlichen Wahrnehmung zugänglichen Sachen und Sachgesamtheiten, Sachgegebenheiten (Örtlichkeiten), Personen, Vorgänge und Verhaltensweisen.[190]

Praxisrelevante Beispiele
sind:[191]

- **Abbildungen** und **Darstellungen** in Druckwerken,
- **Experimente** und **Versuche**, wie z.B. Fahrversuche[192] oder Rekonstruktionen des Tatverlaufs,[193]
- **Lichtbilder** oder **Filmstreifen,**[194]
- **Örtlichkeiten**, insbes. der Tatort,

---

189 Vgl. schon RGSt 47, 106 und zu den genannten Beispielen *Eisenberg*, Beweisrecht der StPO, Rn 2263 Fn 40.
190 Vgl. hierzu auch *Eisenberg*, Beweisrecht der StPO, Rn 2282 und KK-StPO/*Senge*, § 86 Rn 6 m.w.N. aus der Rspr.
191 Ausführlich hierzu mit zahlreichen Beispielen *Burhoff*, HV, Rn 353.
192 BGH VRS 16, 270, 273; OLG Koblenz MDR 1971, 507.
193 BGH NJW 1961, 1486.
194 Vgl. hierzu BGH StraFo 2004, 319; BGH HRRS 2006, 17.

- **Personen,** z.B. insbes. deren persönlicher Eindruck,[195]
- **Skizzen,** z.B. vom Tatort, soweit es um ihre Existenz oder Herstellung geht,[196]
- **technische Aufzeichnungen,** wie z.b. Fahrtenschreiberdiagramme, soweit sie nicht als Urkunden verlesbar sind,[197]
- **Tonbandaufnahmen,** sowohl im Hinblick auf die äußere Beschaffenheit als auch auf den gedanklichen Inhalt,[198] da sie dem Urkundsbeweis mangels Verlesbarkeit nicht zugänglich sind,
- **Urkunden,** soweit es auf ihre Existenz und Beschaffenheit (z.b. auf das Schriftbild eines Abschiedsbriefes) und nicht auf ihren gedanklichen Inhalt ankommt.[199]

4. Anforderungen an den Antrag auf Augenscheinseinnahme

Beweisthema und **Beweismittel** müssen in einem Beweisantrag auf Augenscheinsein- **71** nahme **im Einzelnen** aufgeführt werden. Nicht ausreichend ist z.b. der allgemeine Antrag auf „Besichtigung des Tatortes". Es empfiehlt sich deshalb, dass sich der Verteidiger die in Augenschein zu nehmende Stelle oder Sache vor der Antragsstellung genau ansieht, um die von ihm unter Beweis zu stellenden Tatsachen im Detail beschreiben zu können.

Beispiel für einen nicht hinreichend konkreten Antrag auf Inaugenscheinnahme des Tatorts:

„Zum Beweis der Tatsache, dass der Angeklagte Frau O nicht aus dem Fenster des Hauses in der Turmstraße in A-Burg gestoßen haben kann, wird die Inaugenscheinnahme des Tatorts beantragt."

Beispiel für einen hinreichend konkreten Antrag auf Inaugenscheinnahme des Tatorts:
Zum Beweis der Tatsache, dass der Angeklagte Frau O nicht aus einem der zur Turmstraße gelegenen Fenster des Hauses in der Turmstraße 5 in A-Burg gestoßen haben kann, wird die Inaugenscheinnahme des fraglichen Gebäudes in der Turmstraße 5 beantragt, die ergeben wird, dass sämtliche zur Turmstraße gelegenen Fenster vollflächig vergittert sind.

---

195 Vgl. BGH MDR 1974, 368 (D).
196 Der Augenschein dient hier zum Beweis der Existenz und der Herstellung der Skizze; soweit es auf den gedanklichen Inhalt ankommt, muss durch Vernehmung des Herstellers der Skizze Beweis erhoben werden, siehe BGH StraFo 2004, 319.
197 Siehe *Meyer-Goßner/Schmitt*, StPO, § 86 Rn 13 m.w.N.
198 So die überwiegende Meinung, siehe BGHSt 14, 339, 341; 27, 135, 136; *Meyer-Goßner/Schmitt*, StPO, § 86 Rn 11 m.w.N.; zur gegenteiligen Ansicht siehe ausführlich *Eisenberg*, Beweisrecht der StPO, Rn 2285 ff.
199 *Meyer-Goßner/Schmitt*, StPO, § 86 Rn 13.

72 Die **Möglichkeiten** eines auf eine Augenscheinseinnahme gerichteten Beweisantrags sind so vielfältig, wie die oben genannten Augenscheinsobjekte. Die Formulierung solcher Beweisanträge zeigen die folgenden:

> *Formulierungsbeispiele:*
>
> ■ **Beweisantrag zur Inaugenscheinnahme eines Videobandes:**
> Zum Beweis der Tatsache, dass zum fraglichen Zeitpunkt des Banküberfalls am (…) um (…) in der Sparkasse A-Burg in der Sommerstraße 2 von der dort ausgelösten automatischen Kamera zwei unmaskierte Frauen mit Pistolen gefilmt wurden, die die Bankangestellten bedrohten, der männliche Angeklagte hingegen auf dem Videofilm nicht zu sehen ist, wird beantragt, die Videoaufnahme der automatischen Kamera der Sparkassenfiliale in der Sommerstraße 2, A-Burg in Augenschein zu nehmen.
>
> ■ **Beweisantrag zur Inaugenscheinnahme einer Fahrtzeit:**
> Zum Beweis der Tatsache, dass die Strecke zwischen der Wohnung des Angeklagten und dem Tatort über die Landstraße (…) weder mit einem Pkw noch mit einem Kraftrad in einer Fahrtzeit von unter 45 Minuten zurückgelegt werden kann, wird beantragt, eine Augenscheinseinnahme der Fahrtzeit durch Abfahren der Strecke mit einem Pkw und einem Kraftrad durchzuführen. Hierdurch wird sich ergeben, dass aufgrund der außergewöhnlich kurvenreichen Streckenführung und der sehr geringen Straßenbreite eine Fahrtzeit von unter 45 Minuten zwischen dem vorliegend in Rede stehenden Start- und Zielort nicht erreicht werden kann.
>
> ■ **Beweisantrag zur Inaugenscheinnahme des Schriftbildes eines Schriftstücks:**
> Zum Beweis der Tatsache, dass das vermeintliche Mordopfer O seinen Abschiedsbrief mit einer Schreibmaschine geschrieben hat, bei welcher der Buchstabe „a" verstellt und deshalb im Schriftbild nach oben verrutscht ist, wird beantragt, den Abschiedsbrief des O vom (…) in Augenschein zu nehmen.

III. Besonderheiten beim Sachverständigenbeweis

73 Wie der Zeuge ist auch der **Sachverständige** ein **persönliches Beweismittel.**[200] Er ist Gehilfe des Richters, soweit diesem die zur Entscheidung erforderliche Sachkunde auf einem Wissensgebiet fehlt.[201] Dieses Wissensgebiet muss nicht unbedingt wissenschaftlich sein, sodass z.B. auch ein sachkundiger Kaufmann oder Handwerker Sachverständiger

---

200 *Meyer-Goßner/Schmitt*, StPO, vor § 72 Rn 1.
201 St. Rspr., vgl. BGHSt 3, 27, 28; 7, 238, 239; 8, 113; 9, 292, 293; 11, 211, 213; 13, 1, 4; allgemein zum Sachverständigenbeweis siehe *Detter*, NStZ 1998, 57; *Burhoff*, HV, Rn 2420 ff. und *Eisenberg*, Beweisrecht der StPO, Rn 1500 ff.

sein kann.[202] Ein Sachverständiger wird vom Gericht bestellt oder auf Antrag eines Prozessbeteiligten vernommen, um über Tatsachen oder Erfahrungssätze Auskunft zu geben oder einen bestimmten Sachverhalt zu beurteilen. Zum Sachverständigen bestellt werden können nur **natürliche Personen**. Für den Sachverständigen gelten nach § 72 StPO grds. die Vorschriften für Zeugen entsprechend.

1. Notwendigkeit eines Sachverständigen

Das Gesetz stellt in folgenden Fällen eine **Verpflichtung zur Zuziehung eines Sachverständigen** auf: **74**

■ Bei der **Einweisung** in ein **psychiatrisches Krankenhaus** zur Beobachtung des psychischen Zustands (Anhörung eines Sachverständigen gem. § 81 StPO),

■ wenn damit zu rechnen ist, dass die **Unterbringung** in einem psychiatrischen Krankenhaus, einer Entziehungsanstalt (§ 64 StGB) oder Sicherungsverwahrung angeordnet wird.[203] Das gilt auch dann, wenn sich die Frage einer Unterbringung nach § 63 StGB erst in der Hauptverhandlung stellt.[204] In diesem Fall muss der Sachverständige den Angeklagten aber ebenfalls untersuchen, das bloße Zugegensein in der Hauptverhandlung ist nicht ausreichend.[205] Die Untersuchung kann aber auch noch während der Hauptverhandlung stattfinden,[206]

■ bei **Leichenschau** und Leichenöffnung (§§ 87 ff. StPO),

■ beim Verdacht einer **Vergiftung** (§ 91 StPO),

■ bei **Geld- und Wertzeichenfälschung** (§ 92 StPO).

Diese gesetzliche Verpflichtung zur Hinzuziehung eines Sachverständigen kann nicht durch die Behauptung „eigener Sachkunde" umgangen werden.[207] Die Einschaltung eines Sachverständigen ist in diesen Fällen zwingend.

Darüber hinaus ist die Zuziehung eines Sachverständigen immer dann notwendig, wenn das   **75** Gericht auf einem **entscheidungserheblichen Fachgebiet nicht über genügende Sachkunde** verfügt.[208] Verfügt das Gericht selbst über genügende Sachkunde, muss – außer in den gesetzlich vorgeschriebenen Fällen[209] – kein Sachverständiger beigezogen werden.[210]

---

202 *Meyer-Goßner/Schmitt*, StPO, vor § 72 Rn 1.
203 Vgl. u.a. BVerfG NJW 1995, 3047; BGHSt 59, 1; BGH NStZ 2002, 384; 2012, 463; OLG SchlHA 2004, 239 (Dö/Dr); OLG Hamm, Urt. v. 20.11.2007 – 1 Ss 230/07.
204 BGH NStZ 1994, 592.
205 BGH NStZ 2000, 215.
206 BGH NStZ 2002, 384.
207 BGHSt 59, 1.
208 Vgl. *Eisenberg*, Beweisrecht der StPO, Rn 1500 f., 1518 ff. m.w.N., KK-StPO/*Krehl*, § 244 Rn 43 ff.
209 Siehe Rdn 74.
210 Vgl. BVerfG NJW 2004, 209.

Unerheblich ist, worauf die eigene Sachkunde des Gerichts zurückzuführen ist.[211] Ob die Sachkunde des Gerichts zur Beurteilung einer Beweisfrage ausreicht, richtet sich grds. nach deren Schwierigkeit, sowie der Art und dem Ausmaß der auf dem fremden Wissensgebiet beanspruchten Sachkunde.[212] Unerheblich ist, worauf die eigene Sachkunde des Gerichts zurückzuführen ist.[213] Insbesondere kann das Gericht die eigene Sachkunde auch erst während des Verfahren erworben haben,[214] z.B. dadurch, dass es auf ein während des Verfahrens eingeholtes Sachverständigengutachten[215] oder ein nach § 256 Abs. 1 Nr. 2 StPO verlesenes ärztliches Attest[216] zurückgreift.

Die **Einholung eines Sachverständigengutachtens** kommt damit z.B. insbes. in folgenden Fällen in Betracht:

- Bei der **körperlichen Untersuchung** des Beschuldigten (§ 81a StPO) oder einer anderen Person (§ 81c StPO),
- bei **Schriftuntersuchungen** nach § 93 StPO,
- bei **kriminaltechnischen Untersuchungen**,
- bei schwierigen Fragen der **Blutalkoholbestimmung** (Nachtrunk etc.),
- bei Fragen der **Schuldfähigkeit** nach §§ 20, 21 StGB.[217]

76 Der Verteidiger hat **keinen Anspruch auf Anhörung eines bestimmten Sachverständigen**, da gem. § 73 Abs. 1 Satz 1 StPO das Gericht den Sachverständigen auswählt. Der Verteidiger muss deshalb den Sachverständigen in seinem Beweisantrag nicht namentlich benennen.[218] Es empfiehlt sich jedoch, einen Sachverständigen namentlich zu benennen, wenn dem Verteidiger ein entsprechender Fachmann bekannt ist.[219]

2. Anforderungen an den Antrag auf Sachverständigenbeweis

77 Insbes. bei einem Antrag auf Sachverständigenbeweis ist es **unschädlich**, wenn der **Verteidiger** die unter Beweis gestellte **Beweistatsache nur für möglich hält**.[220] Dies folgt bereits daraus, dass der Verteidiger in diesem Bereich nicht die Möglichkeit hat, sich vorab über das zu erwartende Ergebnis eines Sachverständigengutachtens zu informieren.[221] Der Ver-

---

211 Vgl. *Meyer-Goßner/Schmitt*, StPO, § 244 Rn 73.
212 BGHSt 12, 18, 20.
213 Vgl. *Meyer-Goßner/Schmitt, StPO,* § 244 Rn 73.
214 BGH NStZ 2000, 437.
215 BGHSt 55, 5; BGH NStZ 2006, 511 w.w.N.; 2010, 51; 586.
216 BGHSt 52, 322; ähnlich BGH NStZ 2006, 516.
217 Vgl. hierzu BGH NStZ 1989, 190.
218 *Hamm/Hassemer/Pauly*, Beweisantragsrecht, Rn 97, 390.
219 Zur Auswahl des Sachverständigen vgl. ausführlich *Detter*, NStZ 1998, 58 f. m.w.N.
220 Vgl. *Hamm/Hassemer/Pauly*, Beweisantragsrecht, Rn 97.
221 *Burhoff*, HV, Rn 922.

teidiger muss jedoch gleichwohl eine **bestimmte Beweistatsache behaupten**.[222] In diesem Fall eben eine Beweistatsache, die er lediglich für möglich hält. Darüber hinaus muss er in seinem Beweisantrag die **Anknüpfungstatsachen** mitteilen, damit das Gericht prüfen und entscheiden kann, ob es einen Sachverständigen hinzuziehen muss.[223]

Hinweis:

Gerade beim Antrag auf Sachverständigenbeweis empfiehlt es sich regelmäßig, den Antrag mit einer **präzisen Begründung** zu versehen, um dem Gericht die Anknüpfungstatsachen und deren Bedeutung sowie die Notwendigkeit der Hinzuziehung eines Sachverständigen aufzuzeigen. Hierbei sollten die fachlichen Besonderheiten, soweit sie der Verteidiger benennen kann, in die Antragsbegründung mit einfließen.

Zur Verdeutlichung der **allgemeinen inhaltlichen Anforderungen** an einen Beweisantrag auf Beiziehung eines Sachverständigengutachtens folgendes

Formulierungsbeispiel:

Zum Beweis der Tatsache, dass der Verkehrswert des vom Angeklagten verkauften Grundstücks mit Einfamilienhaus in der Vogelstraße in A-Burg mit der Flurnummer (…) zum Zeitpunkt des Verkaufs im Juni 2006 nicht lediglich 250.000,00 EUR, sondern vielmehr 350.000,00 EUR betrug, beantrage ich die Einholung eines Sachverständigengutachtens.

Es wird angeregt, Herrn (…) als Sachverständigen zu bestellen.

Begründung:

Das Gutachten wird ergeben, dass das Grundstück sich durch eine hervorragende Lage in einem ruhigen Wohngebiet am Stadtrand mit Blick auf den Wald und einer gleichwohl hervorragenden Verkehrsanbindung [zehn Minuten Gehzeit zum Bahnhof, fünf Minuten Fahrzeit zur Bundesstraße (…)] auszeichnet. Das aufstehende Wohnhaus wurde zwar 1969 gebaut, aber im Jahr 2002 komplett saniert und weist seither eine gehobene Ausstattung und ausgezeichnete Energieeffizienz auf. (…). Alle diese Faktoren sind bislang bei der Wertbestimmung in der Anklage nicht berücksichtigt.

3. Schuldfähigkeitsgutachten

Besonders praxisrelevant sind **Schuldfähigkeitsgutachten**. Wenn der Verteidiger keine hinreichend konkreten Anhaltspunkte für das Vorliegen einer geistig-seelischen Störung benennt, kann das Gericht ohne Weiteres mit eigener Sachkunde das Vorliegen der Vo-   78

---

222 Vgl. z.B. BGH NStZ 1998, 50.
223 BGH NStZ 1996, 202.

raussetzungen der §§ 20, 21 StGB ausschließen.[224] Der Verteidiger darf sich deshalb nicht darauf beschränken, unter Beweis zu stellen, dass der Angeklagte schuldunfähig oder vermindert schuldfähig ist. Er muss vielmehr den **Typus** der geltend gemachten psychischen Beeinträchtigung in der Beweisbehauptung **benennen** und die Anknüpfungspunkte für das Vorliegen dieser Beeinträchtigung in der Begründung konkret aufführen.

Zur Verdeutlichung:

Beispiel für einen unzureichenden Antrag:

„Zum Beweis der Tatsache, dass der Angeklagte zur Tatzeit schuldunfähig oder jedenfalls vermindert schuldfähig war, beantrage ich, ein Sachverständigengutachten einzuholen".

Beispiel für einen hinreichend konkreten Beweisantrag:

Zum Beweis der Tatsache, dass der Angeklagte zum Tatzeitpunkt aufgrund einer tiefgreifenden Bewusstseinsstörung (*oder alternativ: einer krankhaften seelischen Störung*) nicht in der Lage war, das Unrecht seines Handelns einzusehen oder nach dieser Einsicht zu handeln, beantrage ich die Einholung eines psychiatrischen/psychologischen Sachverständigengutachtens.

Ich rege an, Herrn Prof. Dr. (…) mit der Erstellung des Gutachtens zu beauftragen.

Begründung:

Beim Angeklagten wurde zur Tatzeit eine BAK von 3,0 Promille festgestellt. Die bisherige Beweisaufnahme hat ergeben, dass der Angeklagte nicht an Alkohol gewöhnt ist. Er hat sich erstmalig im Rahmen der Schulabschlussfeier in diesem Maß betrunken. Den Aussagen der bereits vernommenen Zeugen zufolge lagen beim Angeklagten erhebliche motorische Ausfallerscheinungen vor und er lallte. Der Angeklagte hat zudem Erinnerungslücken. Es ist deshalb davon auszugehen, dass der Angeklagte zur Tatzeit schuldunfähig, jedenfalls aber nur vermindert schuldfähig war.

Anlass zur Hinzuziehung eines Sachverständigen zur Begutachtung der verminderten Schuldfähigkeit bzw. Schuldunfähigkeit kann z.B. dann bestehen, wenn sich Anhaltspunkte ergeben für

- eine hirnorganische Erkrankung oder Verletzung,[225]
- eine Epilepsie,[226]
- einen Alkoholismus,[227]

---

224 Vgl. auch Widmaier/*Widmaier/Norouzi*, MAH Strafverteidigung, § 9 Rn 44.
225 BGH StV 1996, 4; 1990, 98.
226 BGH StV 1992, 503.
227 BGH StV 1994, 634.

- eine Drogenabhängigkeit mit schwerwiegenden Persönlichkeitsveränderungen[228] oder akutem Suchtdruck,[229]
- einen altersbedingten psychischen Abbauprozess,[230]
- einen tatauslösenden Affekt[231] oder
- eine als schwere andere seelische Abartigkeit einzustufende Persönlichkeitsstörung.[232]

Demgegenüber besteht **kein Rechtssatz**, wonach bei **bestimmten Deliktstypen** grundsätzlich ein Sachverständiger zur Begutachtung der Schuldfähigkeit heranzuziehen wäre.[233] Es kommt also allein darauf an, ob Anhaltspunkte dafür bestehen, dass **krankhafte Zustände** die Schuldfähigkeit des Angeklagten beeinflusst haben könnten.

4. Glaubwürdigkeitsgutachten

Besonders in den Fällen, in denen „Aussage gegen Aussage" steht, kann sich die Frage nach der **Notwendigkeit eines Glaubwürdigkeitsgutachtens** stellen. Da die Beurteilung der Glaubwürdigkeit eines Zeugen „ureigene Aufgabe" des Gerichts ist,[234] können entsprechende Anträge der Verteidigung regelmäßig wegen eigener Sachkunde des Gerichts abgelehnt werden.[235] Das gilt auch dann, wenn es um die Beurteilung der Aussagen von kindlichen oder jugendlichen Zeugen geht.[236] Ein Antrag auf Einholung eines Glaubwürdigkeitsgutachtens hat nur dann Aussicht auf Erfolg bzw. revisionsrechtliche Relevanz, wenn die Person des Zeugen oder dessen Aussageverhalten **spezifische Besonderheiten** aufweisen, bei denen sich das Gericht – auch wenn es mit einem oder mehreren forensisch erfahrenen Richtern besetzt ist – eigene Sachkunde nicht zutrauen darf.[237]   **79**

Nur in **Ausnahmefällen**[238] ist deshalb bei **erwachsenen Zeugen** die Einholung eines Glaubwürdigkeitsgutachtens erforderlich, z.B. bei[239]   **80**

---

228 BGH NStZ-RR 2006, 38; NStZ 2003, 370.

229 BGH NStZ 2006, 151; 2003, 770.

230 BGH StV 2008, 245.

231 BGHSt 35, 143; BGH StV 1997, 296.

232 BGHSt 37, 397, 401; BGH StV 2012, 582, 583; NStZ-RR 1998, 106.

233 BGH StV 2008, 1329 m. Anm. *Erb*.

234 Vgl. etwa BGHSt 8, 131; 23, 8, 12; BGH NStZ 2001, 105; NStZ-RR 1997, 106; StV 1998, 63; 1994, 173; 1993, 567; 1985, 398.

235 Vgl. hierzu BVerfG NJW 2004, 209, 211; BGH StV 2001, 105; NStZ 2000, 346, 347; *Meyer-Goßner/Schmitt*, StPO, § 244 Rn 74 und 74a.

236 BGH NStZ 2005, 394; NStZ-RR 2005, 146; 2006, 241; s.a. *Trück*, NStZ 2007, 377, 380.

237 BGHSt 8, 130, 131; BGH StV 1994, 634; NStZ-RR 1997, 106; 2012, 353; NStZ 2001, 105; 2009, 346, 347; 2010, 100, 101.

238 Siehe hierzu ausführlich mit Rechtsprechungsübersichten *Jansen*, Zeuge und Aussagepsycholgie.

239 Vgl. hierzu auch die Beispiele bei *Meyer-Goßner/Schmitt*, StPO, § 244 Rn 74.

- **psychischen Auffälligkeiten** des Zeugen,[240]
- **Psychosen,**[241]
- **Neurosen,**[242]
- **paranoiden Persönlichkeitsstörungen,**[243]
- langjähriger **Alkohol- und Drogenabhängigkeit** des Zeugen,[244]
- hochgradiger **Medikamentenabhängigkeit,**[245]
- **Epilepsie,**[246]
- schweren **Schädelverletzungen,**[247]
- **Einschränkungen des Erinnerungsvermögens.**[248]

Ein Glaubwürdigkeitsgutachten kann darüber hinaus aber auch erforderlich sein, wenn das **Tatgeschehen** besondere Eigentümlichkeiten aufweist[249] oder unaufgeklärte Widersprüche zwischen den Aussagen mehrerer Zeugen verbleiben.[250]

81 Bei **jugendlichen und kindlichen Zeugen** ist die Einholung eines Gutachtens ebenfalls nur dann in Betracht zu ziehen, wenn besondere Umstände vorliegen.[251] Dies ist insbesondere der Fall,

- bei besonders jungen Zeugen,[252]
- bei Eigentümlichkeiten oder Auffälligkeiten des Verhaltens, die vom durchschnittlichen Erscheinungsbild der Altersgenossen abweichen,[253]
- bei unaufgeklärten Widersprüchen oder sonstigen Auffälligkeiten im Aussageverhalten[254] oder
- wenn Straftaten gegen die sexuelle Selbstbestimmung im Raum stehen, bei denen reifungsbedingte Fantasien und Übertreibungen oder Gespräche mit Altersgenossen[255]

---

240 BGH StV 1997, 60.
241 BGH StV 1991, 245.
242 BGH StV 1996, 367, 368.
243 BGH NStZ-RR 2012, 353.
244 BGH StV 2009, 116; 1991, 405, 406; 1994, 634; NStZ-RR 2000, 332; OLG München StV 2006, 464 f.
245 BGH StV 1990, 532; 1991, 405.
246 BGH StV 91, 245.
247 OLG Stuttgart NStZ-RR 2003, 51.
248 BGH StraFo 2013, 26, 27; StV 1994, 634; OLG Stuttgart NStZ 2003, 51.
249 BGH StV 1987, 374.
250 BGHSt 8, 130 f.
251 BGH NStZ 2007, 515; 2005, 394; StV 1994, 173; 642; 1998, 116.
252 OLG Zweibrücken StV 1995, 293 [unter 5 Jahren]; s. aber auch BGH NStZ-RR 2005, 146 [keine Begutachtung bei einer 6-jährigen Zeugin].
253 BGHSt 3, 52, 54; BGH NStZ-RR 2006, 382; StV 2004, 241; 2002, 637; NJW 2002, 1813.
254 BGH StV 2004, 241; NStZ 2001, 105; OLG Brandenburg StV 1999, 481.
255 BGHSt 2, 163, 164 f.; 21, 62; BGH StV 1991, 547.

oder sonstige Beeinflussungen durch Dritte[256] zu einer falschen Erinnerung geführt haben können.

In der Praxis wird das Gericht regelmäßig dann auf ein Glaubwürdigkeitsgutachten zurückgreifen, wenn es mit einer schwierigen Beweislage – z.b. bei Aussage gegen Aussage – konfrontiert ist[257] oder Besonderheiten bei der Aussageentstehung vorliegen.[258]

Hinweis:

Regelmäßig ist es deshalb **nicht ausreichend**, wenn der Antrag auf Einholung eines Glaubwürdigkeitsgutachtens lediglich auf **Widersprüche** und **Unwahrscheinlichkeiten** einer Zeugenaussage gestützt wird. Eine Begutachtung wird grds. nur dann notwendig sein, wenn aufgrund weiterer Besonderheiten, wie z.b. Alter, Krankheitsbild usw., Zweifel an der Aussagetüchtigkeit des Zeugen bestehen.

Die **wissenschaftlichen Anforderungen** an ein psychologisches Glaubwürdigkeitsgutachten, wie Nullhypothese, Inhaltsanalyse, Aussagegenese und Sexualgenese hat der BGH in seiner Entscheidung BGHSt 45, 164 eingehend dargelegt.[259] Sowohl bei der Formulierung eines Beweisantrags als auch bei der Überprüfung eines eingeholten Glaubwürdigkeitsgutachtens auf seine Plausibilität, Methode und fachliche Qualität kann sich der Verteidiger an den in dieser Rechtsprechung festgelegten Mindeststandards orientieren.   82

Zur konkreten Formulierung folgendes

Beispiel für einen Beweisantrag auf Einholung eines Glaubwürdigkeitsgutachtens:

Zum Beweis der Tatsache, dass die in der Hauptverhandlung gemachte Aussage des Zeugen Z zu den Geschehnissen am … nicht glaubhaft ist und nicht auf eigenem Erleben beruht, beantrage ich, ein aussagepsychologisches Sachverständigengutachten über die Aussagetüchtigkeit und Glaubwürdigkeit des Zeugen Z, sowie die Glaubhaftigkeit seiner Aussage einzuholen.

Begründung:

Der Zeuge Z ist erst sechs Jahre alt. Die Aussage des Zeugen Z in der Hauptverhandlung weicht erheblich von seiner ersten polizeilichen Aussage ab. Im Einzelnen ergeben sich folgende Widersprüche: (…) Der Zeuge Z ist zudem nach dem bisherigen Ergebnis der Beweisaufnahme verhaltensauffällig. Er leidet des Weiteren unter ärztlich attestierten Konzentrations- und Sprachstörungen, weshalb eine Einschulung des Zeu-

---

256 BGH NStZ 2001, 115; NJW 1996, 206; StV 1994, 227.
257 BGHSt 3, 27; BGH NStZ 1992, 450.
258 BGH NStZ-RR 2006, 242 f.
259 Siehe dazu auch *Nack*, StraFo 2001, 5; *Meyer-Mews*, NJW 2000, 216; *Jansen*, StV 2000, 224.

gen Z aus ärztlicher Sicht verschoben werden musste. In frühester Kindheit lag eine hirnorganische Erkrankung vor. Nach allem ist deshalb ein Glaubwürdigkeitsgutachten unerlässlich.

Die **Auswahl des Sachverständigen** zur Erstattung eines Glaubwürdigkeitsgutachtens trifft das Gericht nach pflichtgemäßem Ermessen. Soweit es um die Feststellung und Bewertung der Grundlagen der Glaubhaftigkeit eines Zeugen geht, die ihren Ursprung in einer **krankhaften psychischen Störung** haben können, wird regelmäßig die Hinziehung eines **Psychiaters** geboten sein.[260] Geht es hingegen um die Beurteilung normalpsychologischer **Wahrnehmungs-, Gedächtnis- oder Denkprozesse**, wird im Zweifel ein **Psychologe** als Sachverständiger zu Rate zu ziehen sein.[261]

5. Der „weitere" Sachverständige

83   Die **Anhörung eines weiteren Sachverständigen** kann das Gericht – verfassungsrechtlich unbedenklich[262] – auch dann **ablehnen**, wenn es bereits nach dem Gutachten eines anderen Sachverständigen das **Gegenteil** der behaupteten Tatsache **als erwiesen ansieht** (§ 244 Abs. 4 Satz 2, 1. Halbs. StPO). Die Zurückweisungsmöglichkeit eines Antrags auf einen weiteren Sachverständigen ist demnach erheblich erleichtert.

Hinweis:
Zu beachten ist aber, dass das **Gegenteil** der behaupteten Tatsache **allein durch das frühere Gutachten** bewiesen sein muss[263] und nicht aufgrund anderer Beweismittel oder sonstiger Beweisumstände angenommen werden darf.[264]

84   Da die **erleichterte Ablehnungsmöglichkeit** des § 244 Abs. 4 Satz 2, 1. Halbs. StPO sich ausschließlich auf den weiteren Sachverständigen bezieht, ist die Regelung nicht einschlägig, wenn bereits von vornherein **kein „weiteres", sondern** ein „neues" Gutachten beantragt wird. In den Fällen, in denen ein Gutachter einer anderen Fachrichtung zu einem gänzlich anderen oder jedenfalls durch das erste Gutachten nicht vollständig erörterten Beweisthema gehört werden soll, liegt somit kein Antrag auf Anhörung eines weiteren Sachverständigen i.S.d. § 244 Abs. 4 Satz 2, 1. Halbs. StPO vor.[265] Entscheidend ist

260 BGH NStZ-RR 1997, 171, 172; StV 1996, 4.
261 BGH NJW 2002, 1813.
262 BVerfG NJW 2004, 209.
263 BGH NStZ 2005, 159.
264 Vgl. hierzu BGHSt 39, 49, 52; BGH StV 2014, 265 f. = StraFo 2014, 75; NStZ 2005, 159; *Meyer-Goßner/ Schmitt*, StPO, § 244 Rn 75 m.w.N.; *Trück*, NStZ 2007, 377, 383.
265 Vgl. BGH NStZ 1999, 630, 631; Löwe/Rosenberg/*Becker*, StPO, § 244 Rn 325 m.w.N.

also die **Abgrenzung verschiedener wissenschaftlicher Fachrichtungen** und verschiedener **Beweisthemen**.

Zur Verdeutlichung folgende Beispiele, die sich auf die **Abgrenzung des Beweisthemas** beziehen, wenn der Angeklagte bereits im Hinblick auf das Vorliegen einer tiefgreifenden Bewusstseinsstörung von einem Sachverständigen begutachtet worden ist:

Beispiel für einen Antrag auf ein weiteres Sachverständigengutachten:

Zum Beweis der Tatsache, dass der Angeklagte zum Tatzeitpunkt aufgrund einer **tiefgreifenden Bewusstseinsstörung** nicht in der Lage war, das Unrecht seines Handelns einzusehen oder nach dieser Einsicht zu handeln, beantrage ich die Einholung eines (weiteren) psychiatrischen Sachverständigengutachtens.

Begründung:

Der Angeklagte wurde im Hinblick auf die oben genannte Beweisfrage von Herrn Prof. Dr. Q begutachtet. Dieser kam zu dem Ergebnis, dass (…). Das Gutachten von Herrn Prof. Dr. Q enthält jedoch folgende gravierende Widersprüche: (…). Das beantragte weitere Gutachten wird demgegenüber ergeben, dass (…).

Beispiel für einen Antrag auf ein neues Sachverständigengutachten:

Zum Beweis der Tatsache, dass der Angeklagte zum Tatzeitpunkt aufgrund einer **Debilität** nicht in der Lage war, das Unrecht seines Handelns einzusehen oder nach dieser Einsicht zu handeln, beantrage ich die Einholung eines psychiatrischen Sachverständigengutachtens.

Begründung:

Der Angeklagte wurde im Hinblick auf das Vorliegen einer tiefgreifenden Bewusstseinsstörung von Herrn Prof. Dr. Q begutachtet. Dieser kam zu dem Ergebnis, dass (…). Die Frage des Vorliegens einer Debilität war nicht Gegenstand des Gutachtens von Prof. Dr. Q. Das beantragte Gutachten wird ergeben, dass (…).

Bei der **Abgrenzung unterschiedlicher Fachrichtungen** ist zu beachten, dass nach der Rechtsprechung **ausnahmsweise** auch ein **Angehöriger einer anderen Fachrichtung** ein „weiterer" Sachverständiger sein kann, wenn die Beweisfrage in einen Bereich sich überlappender Fachkompetenzen fällt.[266] Der Beweisantrag auf Anhörung eines Sachverständigen einer anderen Fachrichtung zum selben Beweisthema kann dann als Antrag auf einen weiteren Sachverständigen behandelt werden, mit der Folge, dass das Gericht die Möglichkeit der erleichterten Ablehnung des Beweisantrags nach § 244 Abs. 4 Satz 2, 1. Halbs. StPO hat.

85

---

266 BGHSt 39, 49, 52; 34, 355 = NStZ 1988, 85 m. Anm. *Meyer.*

Solche **Ausnahmefälle**, in denen unter bestimmten Voraussetzungen ein Sachverständiger einer anderen Fachrichtung lediglich als weiterer Sachverständiger angesehen worden ist, sind z.b.:[267]

- Sexualwissenschaftler gegenüber Psychiater,[268]
- Psychoanalytiker gegenüber Psychiater,[269]
- Blutgruppen-Sachverständiger gegenüber DNA-Sachverständigem,[270]
- Rechtsmediziner gegenüber Gynäkologen.[271]

86 Die **Ablehnung eines Beweisantrags** auf einen weiteren Sachverständigen ist jedoch **nicht möglich**, wenn die Voraussetzungen des § 244 Abs. 4 Satz 2, 2. Halbs. StPO vorliegen, d.h.

- wenn die **Sachkunde** des früheren Gutachters **zweifelhaft** ist,
- wenn sein Gutachten von **unzutreffenden tatsächlichen Voraussetzungen** ausgeht,
- wenn es **Widersprüche** enthält oder
- wenn ein neuer Sachverständiger über **überlegene Forschungsmittel** verfügt.

87 Um zu entscheiden, ob ein weiterer Sachverständiger notwendig ist, sollte sich der Verteidiger bei der **Überprüfung des Gutachtens** also stets mit folgenden Fragen auseinandersetzen:

- Ist das Gutachten **plausibel und schlüssig** oder enthält es **Widersprüche**?
- Welche **Methoden** hat der Sachverständige angewandt und sind diese fachlich anerkannt oder noch nicht anerkannt?[272]
- Hat der Sachverständige die erforderliche **wissenschaftliche Autorität** oder gibt es fachliche Kritik an seiner Person?
- Hat sich der Sachverständige im Rahmen seines **Aufgabengebietes** bewegt oder hat er sich Kompetenzen angemaßt, die nicht von seinem Fachgebiet umfasst sind?
- Hat der Sachverständige im Gutachten unzulässigerweise zu **Rechtsfragen** Stellung genommen?
- Bestehen Zweifel an der **Unparteilichkeit** des Sachverständigen, die ggf. einen Ablehnungsantrag wegen Befangenheit erforderlich machen?

Hat der Verteidiger aufgrund der oben aufgeführten Fragen Zweifel an der Sachkunde des Gutachters bzw. Zweifel an der Brauchbarkeit des Gutachtens, sollte er ein **Obergutachten** durch einen weiteren Gutachter beantragen. In dem Beweisantrag auf Einholung eines

267 Vgl. hierzu *Meyer-Goßner/Schmitt*, StPO, § 244 Rn 75.
268 BGH NJW 1990, 2945.
269 BGH NStZ 1999, 630.
270 BGHSt 39, 49 = JR 1993, 335 m. Anm. *Graul* = StV 1993, 343 m. Anm. *Herzog*.
271 BGHR StPO § 244 Abs. 4 Satz 2, Zweitgutachter 3.
272 Vgl. hierzu BGH NStZ 1998, 528.

weiteren Gutachtens muss der Verteidiger dann **konkret** darlegen, welche der in § 244 Abs. 4 Satz 2, 2. Halbs. StPO genannten Voraussetzungen tatsächlich gegeben sind.

Im Einzelnen gilt Folgendes: 88

■ Die **Sachkunde des früheren Gutachters kann zweifelhaft sein**, wenn formale Mängel des Gutachtens oder Mängel in der Qualifikation des Gutachters bestehen. So kann z.b. für die Frage, welche Auswirkungen bestimmte Erkrankungen auf die Aussagetüchtigkeit eines Zeugen haben, die Anhörung eines **Psychologen** nicht ausreichen, mit der Folge, dass zusätzlich ein **Psychiater** zu Rate zu ziehen ist.[273] Auch wenn ein vom Gericht bestellter Sachverständiger in einem wissenschaftlich umstrittenen Bereich eine **Außenseitermeinung** vertritt, kann die Sachkunde dieses Gutachters zweifelhaft sein.[274]

Hinweis:

Zeigt der Verteidiger unter Vorlage einer **Stellungnahme eines weiteren Fachvertreters** konkrete Mängel des Erstgutachtens auf, reicht es nicht aus, wenn das Gericht seinen Beschluss zur Ablehnung eines weiteren Gutachtens lediglich damit begründet, dass die Sachkunde des sorgfältigen und forensisch erfahrenen Sachverständigen für das Gericht außer Zweifel stehe.[275] Es muss sich in diesem Fall vielmehr mit der Stellungnahme des weiteren Fachvertreters im Einzelnen auseinandersetzen.

■ Geht das Gutachten des Erstgutachters von **unzutreffenden tatsächlichen Voraussetzungen** aus, ist ein weiteres Gutachten unumgänglich. Der Verteidiger muss in diesem Zusammenhang darlegen, dass **die dem Gutachten zugrunde liegenden Befundtatsachen fehlerhaft** ermittelt worden sind. Nicht ausreichend ist es aber, wenn **das Gericht** dem Gutachter die Anknüpfungstatsachen unzutreffend oder unzureichend mitgeteilt hat. In diesem Fall kann das Gericht den Erstgutachter unter berichtigter Darlegung der Anknüpfungstatsachen mit der Erstellung eines neuen Gutachtens bzw. eines Nachtragsgutachtens beauftragen. Eines weiteren Sachverständigen bedarf es in diesem Fall nicht.[276]

■ Für die Frage, ob ein Gutachten **Widersprüche** enthält, ist allein das in der Hauptverhandlung mündlich erstattete Gutachten entscheidend.[277] Sofern der Gutachter also Widersprüchlichkeiten seines zunächst vorgelegten schriftlichen Gutachtens in der Hauptverhandlung aufzuklären vermag, ist ein Antrag auf Einholung eines weiteren Gutachtens nicht Erfolg versprechend. Ist oder bleibt hingegen das in der Hauptver-

---

273 Vgl. z.B. BGH StV 1997, 60 = NStZ-RR 1997, 106; BGH StV 1997, 61 = NStZ 1997, 199.
274 Löwe/Rosenberg/*Becker*, StPO, § 244 Rn 330 m.w.N.
275 BGH NJW 1999, 2746 = StV 1999, 473 = NStZ 2000, 100.
276 Löwe/Rosenberg/*Becker*, StPO, § 244 Rn 332 ff.; KK-StPO/*Krehl*, § 244 Rn 204; BGH NStZ 1985, 421.
277 Vgl. BGHSt 23, 176, 185.

handlung erstattete Gutachten widersprüchlich, wird das Gericht einen weiteren Gutachter hinzuziehen müssen.[278]

■ Der Antrag auf Einholung eines weiteren Gutachtens kann schließlich auch dann nicht abgelehnt werden, wenn der neue Sachverständige über **überlegene Forschungsmittel** verfügt. Die Rechtsprechung versteht den Begriff der Forschungsmittel **rein instrumentell.** Überlegene Forschungsmittel sind somit nur die Hilfsmittel und Verfahren, deren sich der Sachverständige für wissenschaftliche Untersuchungen zu bedienen pflegt.[279] Besondere persönliche Kenntnisse und Fähigkeiten, größere Berufserfahrung oder ein besonderes Renommee sind keine überlegenen Forschungsmittel in diesem Sinne.[280] Überlegen sind Forschungsmittel dann, wenn ihre Anwendung zu genaueren bzw. besser begründeten Ergebnissen führen kann.[281]

Zur Verdeutlichung folgendes

Beispiel für einen Beweisantrag auf Einholung eines weiteren Sachverständigengutachtens aufgrund überlegener Forschungsmittel:

Zum Beweis der Tatsache, dass der Angeklagte bei seinem Überholvorgang das Fahrzeug des Zeugen Z ordnungsgemäß überholt und nicht geschnitten hat, bevor es zu dem vom Angeklagten angeblich verschuldeten Unfall kam, beantrage ich, ein weiteres Sachverständigengutachten des Sachverständigen Prof. Dr. W einzuholen.

Begründung:

Der Sachverständige S kommt in seinem mündlich in der Hauptverhandlung erstatteten Gutachten zu dem Ergebnis, dass die Unfallentstehung nur auf einem falschen Überholen, namentlich einem rücksichtslosen Schneiden des Fahrzeugs des Zeugen Z beim Wiedereinscheren des Angeklagten auf die rechte Fahrspur, beruhen kann. Die zweifelsfreie Rekonstruktion von Unfallabläufen ist jedoch regelmäßig schwierig und von einer Vielzahl von Umständen, wie (…), abhängig. Der Sachverständige Prof. Dr. W hat deshalb mit einem Forschungsteam eine neuartige Software entwickelt, die Unfallabläufe durch eine spezielle 3D-Animation unter Berücksichtigung von spezifischen Fahrzeug-, Wetter-, Fahrbahn- und Geschwindigkeitsdaten wesentlich präziser rekonstruieren kann als die herkömmlichen Softwareprogramme. Der Sachverständige Prof. Dr. W verfügt deshalb über überlegene Forschungsmittel. Sein Gutachten wird ergeben, dass der Unfall nicht auf einem Schneiden des Fahrzeugs des Zeugen Z durch den Angeklagten beruht, sondern auf einem Fahrfehler des Zeugen Z auf der regennassen, zur rechten Fahrbahnseite hin stark abfallenden Fahrbahn.

---

278 Löwe/Rosenberg/*Becker*, StPO, § 244 Rn 335.
279 BGHSt 23, 176, 186.
280 BGHSt 23, 176, 186; 34, 355, 358; 44, 26, 29.
281 Vgl. SSW-StPO/*Sättele*, § 244 Rn 238.

IV. Besonderheiten beim Urkundenbeweis

Der **Urkundenbeweis** ist in den §§ 249 bis 256 StPO geregelt. Er ist **grds.** **immer zuläs-**   89
sig, es sei denn, er wird im Gesetz ausdrücklich untersagt. **Erhoben** wird der Urkundenbeweis **durch Verlesen**, d.h. durch unmittelbares Umsetzen von Schrift- und Zahlzeichen
in Worte.[282] Die Verlesung kann von einem Schriftstück oder – bei elektronischen Doku-
menten – unmittelbar von einem Anzeigegerät aus erfolgen.[283]

> *Hinweis:*
> In Abgrenzung zum Augenschein ist der Urkundenbeweis immer dann anzuwenden,
> wenn es auf den **gedanklichen Inhalt** ankommt.[284] So kann z.B. die auf einem Licht-
> bild bei einer Geschwindigkeitsmessung eingeblendete Geschwindigkeit nur im Wege
> des Urkundenbeweises durch Verlesen in das Verfahren eingeführt werden.

Die Verlesung der Urkunde in der Hauptverhandlung regelt § 249 Abs. 1 Satz 1 StPO. Ist
die wörtliche Wiedergabe der Urkunde durch die Aufklärungspflicht nicht geboten, kann
der Vorsitzende die wörtliche Verlesung auch durch einen **Bericht über den Inhalt** der
Urkunde ersetzen, wenn die Verfahrensbeteiligten hiermit einverstanden sind.[285] Zum
Gegenstand der Hauptverhandlung wird in diesem Fall allerdings nur das vom Vorsitzenden Gesagte und nicht der Wortlaut der Urkunde.[286] Findet sich im Hauptverhandlungsprotokoll kein Vermerk über die Verlesung einer Urkunde, darf nicht einfach unterstellt
werden, dass der Vorsitzende den Inhalt der Urkunde bekannt gegeben hat, denn auch die
Bekanntgabe durch Bericht des Vorsitzenden ist als solche zu protokollieren.[287]

Gem. § 249 Abs. 2 StPO kann als Ausnahme vom Grundsatz der Verlesung in der
Hauptverhandlung auch das sog. **Selbstleseverfahren** angeordnet werden. Dies wird
v.a. bei umfangreichen Urkunden(sammlungen) in Betracht kommen. Vernehmungsniederschriften i.S.d. § 253 StPO (Protokollverlesung zur Gedächtnisunterstützung)
und des § 254 StPO (Verlesung von Geständnisprotokollen) können jedoch nicht im
Selbstleseverfahren eingeführt werden. Gegenstand der Beweisaufnahme wird der gesamte in der Anordnung des Selbstleseverfahrens bezeichnete Text der selbst zu lesen-
den Urkunden. Das können einzelne Passagen oder aber auch der gesamte Urkundeninhalt sein.

---

282 Vgl. BGHSt 11, 29, 30 f.
283 SSW-StPO/*Kudlich/Schuhr*, § 249 Rn 27.
284 Vgl. u.a. BayObLG NStZ 2002, 388.
285 BGHSt 1, 94; 5, 278; 11, 29, 159; 30, 10.
286 BGHSt 11, 159, 160.
287 Löwe/Rosenberg/*Mosbacher*, § 249 Rn 44, 50 m.w.N.; *Meyer-Goßner/Schmitt*, § 249 Rn 27.

1. Der strafprozessuale Urkundenbegriff

90   Der **strafprozessuale Urkundenbegriff** ist **nicht deckungsgleich** mit dem des materiellen Strafrechts. Urkunde i.S.d. §§ 249 ff. StPO ist jeder in einer natürlichen Sprache ausgedrückter, in Schriftzeichen festgehaltener, aus sich heraus verständlicher Gedankeninhalt, der geeignet ist, Beweis über Tatsachen zu erbringen.[288]

Im Einzelnen gilt Folgendes:

■ Es dürfen i.R.d. Urkundenbeweises auch **Abschriften, Durchschläge, Ablichtungen** o.ä. statt des Originals verwendet werden.[289] Einen Ersatz für die Urschrift bilden sie aber nur, wenn feststeht, dass sie mit dem Original übereinstimmen.[290] Es gilt insoweit jedoch der Grundsatz der freien Beweiswürdigung.[291]

■ Schriftliche **Erklärungen des Angeklagten** (nicht Vernehmungsniederschriften) dürfen uneingeschränkt, insbes. ohne die Beschränkungen der §§ 250, 254 StPO verlesen werden (z.B. Briefe, Notizen usw.).[292]

■ Da die Gerichtssprache deutsch ist, können **fremdsprachige Schriftstücke** wegen § 184 GVG nicht im Wege des Urkundenbeweises verwertet werden.[293] Wenn das Gericht keine eigene Sachkunde besitzt, um den Text zu übersetzen, muss ein Sachverständiger – hier: ein **Übersetzer**, kein Dolmetscher[294] – mit der Übersetzung beauftragt werden. Im Rahmen eines Beweisantrags dürfen die fremdsprachigen Urkunden unter ihrer Originalbezeichnung als Beweismittel benannt werden.[295]

Zur Verdeutlichung folgendes

Formulierungsbeispiel für einen Beweisantrag bei einem fremdsprachigen Schriftstück:

Zum Beweis der Tatsache, dass der Angeklagte mit dem Zeugen Z einen Abtretungsvertrag nach amerikanischem Recht, ein sog. „assignment", geschlossen hat, beantrage ich die Einholung eines Sachverständigengutachtens eines Übersetzers für englische Sprache zum Inhalt des diesem Beweisantrag in Anlage 1 (in Kopie) beigefügten Schriftstücks.

---

288 BGHSt 27, 135, 136.
289 BGHSt 15, 253; 27, 135, 137; 33, 196, 210.
290 BGH NStZ 1994, 593.
291 BGH NStZ 1986, 519.
292 Siehe ausführlich *Burhoff*, HV, Rn 2731.
293 *Meyer-Goßner/Schmitt*, StPO, § 249 Rn 5; a.A. Löwe/Rosenberg/*Mosbacher*, StPO, § 249 Rn 32 für den Fall, dass alle Verfahrensbeteiligten die Fremdsprache beherrschen.
294 Vgl. BGHSt 1, 4, 7.
295 BGH NStZ 2012, 523.

■ **Frühere Strafurteile** können gem. § 249 Abs. 1 StPO sowohl zum Nachweis ihrer Existenz als auch hinsichtlich ihres Inhalts verlesen werden.[296] Allerdings darf das Gericht die Feststellungen des früheren Urteils nicht ungeprüft übernehmen, sondern muss sie neuerlich frei würdigen.[297] Bei der Verwertung früherer Urteile ist zudem das Verwertungsverbot des § 51 BZRG bei Tilgung oder Tilgungsreife einer früheren Verurteilung zu beachten.

Der **Antrag auf Beiziehung** von bestimmten Akten ist **kein ordnungsgemäßer Beweis-** 91 **antrag.** Etwas anderes gilt nur, wenn eine bestimmte Tatsache gerade durch den gesamten Inhalt einer **Urkundensammlung** bewiesen werden soll.[298] Hierbei ist zu beachten, dass der Antrag auf Verlesung einer ganzen Urkundensammlung regelmäßig nur dann notwendig sein wird, wenn es auf den gedanklichen Inhalt aller Urkunden ankommt.

Zur Verdeutlichung eines solchen Antrags folgendes

Formulierungsbeispiel:

Zum Beweis der Tatsache, dass der Angeklagte zu keinem Zeitpunkt im Zivilverfahren vor dem LG A-Burg mit dem Aktenzeichen (…) die Behauptung aufgestellt hat, dass (…), wird die Beiziehung und Verlesung der Verfahrensakten des LG A-Burg mit dem Aktenzeichen (…) beantragt.

Die **Beiziehung einer Aktengesamtheit** ist darüber hinaus **auch dann zulässig,** wenn bewiesen werden soll, dass sich eine bestimmte Urkunde nicht bei diesen Akten befindet.[299] Um das Fehlen einer bestimmten Urkunde unter Beweis zu stellen, wäre allerdings regelmäßig kein Antrag zur Verlesung von Urkunden, sondern vielmehr zur **Inaugenscheinnahme eines Aktenkonvoluts** zu stellen.

Zur Verdeutlichung folgendes:

Formulierungsbeispiel:

Zum Beweis der Tatsache, dass sich in den Akten des LG A-Burg mit dem Aktenzeichen (…) entgegen der Aussage des Zeugen Z kein von ihm angeblich in diesem Verfahren zu den Akten gereichter Kaufvertrag zwischen ihm und dem Angeklagten befindet, wird die Beiziehung und Inaugenscheinnahme der Verfahrensakten des LG A-Burg zum Verfahren mit dem Aktenzeichen (…) beantragt.

---

296 BGHSt 6, 141; KK-StPO/*Diemer*, § 249 Rn 17.
297 BGHSt 43, 106.
298 Vgl. BGH NStZ 1985, 493 (Pf/M) m.w.N.; BGH NStZ 1997, 562 (für Krankenakten).
299 Vgl. *Burhoff*, HV, Rn 858.

92 Ansonsten kann Gegenstand des Beweisantrags auf Urkundenbeweis immer nur die **einzelne Urkunde** sein.[300] Der Fundort der Urkunde muss genau bezeichnet werden[301] oder es muss die Urkunde selbst (Autor, Datum, Adressat usw.) genau bezeichnet werden. Die **genaue Bezeichnung** der Urkunde oder die Angabe ihrer Fundstelle sind nur **dann entbehrlich, wenn die zu verlesende Urkunde** dem Gericht gleichzeitig mit dem Beweisantrag „gebrauchsfertig" überreicht wird.[302]

> *Hinweis:*
> Es kann sich deshalb empfehlen, wenn eine Vielzahl von Urkunden zum Gegenstand der Beweiserhebung gemacht werden soll, die fraglichen Schriftstücke **dem Beweisantrag als Anlagen** beizufügen. So können auch Verwechslungen ausgeschlossen und die verlesenen Urkunden im Fall einer Revision leichter wieder aufgefunden werden.

Die **konkrete Bezeichnung** der zu verlesenden Urkunde und ihrer Fundstelle ist ersichtlich aus folgendem

> *Formulierungsbeispiel:*
> Zum Beweis der Tatsache, dass der Angeklagte mit dem Zeugen Z unter dem Datum vom (…) einen Kaufvertrag über den Pkw, Marke (…), Typ (…), Farbe (…), geschlossen hat, beantrage ich die Verlesung des Kaufvertrags zwischen dem Angeklagten und dem Zeugen Z vom (…), der sich im Beweismittelordner (…) Band (…) befindet.

Wird die Urkunde als **Anlage zum Beweisantrag** gebrauchsfertig gleich mit überreicht, kann verfahren werden wie in dem folgenden

> *Formulierungsbeispiel:*
> Zum Beweis der Tatsache, dass der Angeklagte den Zeugen Z vollständig über seine finanziellen Verhältnisse zum Tatzeitpunkt aufgeklärt hat, sodass dieser über die drohende Zahlungsunfähigkeit des Angeklagten informiert war, beantrage ich, das diesem Beweisantrag in Anlage 1 (in Kopie) beigefügte Schreiben des Angeklagten an den Zeugen Z vom (…) zu verlesen.

2. Grenzen des Urkundenbeweises

93 Gem. § 250 StPO hat die Vernehmung eines Zeugen oder Sachverständigen Vorrang vor dem Urkundenbeweis. Kommt es zum Beweis einer Tatsache auf die Wahrnehmung einer

---

300 BGH StV 1999, 80; KG NStZ-RR 2002, 116.
301 BGHSt 37, 168 ff.
302 Vgl. auch KK-StPO/*Krehl*, § 244 Rn 81.

Person an, darf deshalb ihre Vernehmung in der Hauptverhandlung grds. nicht durch die Verlesung eines früheren Vernehmungsprotokolls oder einer sonstigen schriftlichen Erklärung ersetzt werden. Von diesem **Ersetzungsverbot** gibt es allerdings zahlreiche **Ausnahmen**, die in § 251 StPO für nichtrichterliche und richterliche Protokolle und in § 256 StPO für Zeugnisse oder Gutachten von Behörden oder allgemein vereidigten Sachverständigen, sowie für polizeiliche Ermittlungsberichte geregelt sind. Eine weitere Ausnahmeregelung enthält § 255a StPO für die Vorführung von Videoaufzeichnungen. In der Berufungsinstanz wird das Ersetzungsverbot des § 250 StPO durch die Regelung des § 325 StPO stark eingeschränkt.

Hinweis:

Die **Verlesungsmöglichkeiten nach den §§ 251 und 256 StPO** sind in der Vergangenheit immer wieder erweitert worden, um eine Straffung der Hauptverhandlung zu erreichen. Der Verteidiger sollte deshalb auf diese umfangreichen Vorschriften sein besonderes Augenmerk legen.

Sollen Unterlagen nach den §§ 251 oder 256 StPO zum Gegenstand der Beweisaufnahme   **94**
gemacht werden, ist ein hierauf gerichteter **Beweisantrag** z.B. wie folgt zu formulieren:

■ **Beweisantrag im Hinblick auf Vernehmungsniederschriften gem. § 251 StPO:**

Zum Beweis der Tatsache, dass (…),

beantrage ich die Verlesung der polizeilichen Vernehmungsniederschrift des Zeugen T vom (…), Blatt (…) der Akten.

Begründung:

Der Zeuge T ist am … verstorben. Er kann deshalb nicht mehr als Zeuge vernommen werden. Die Verlesung seiner polizeilichen Vernehmungsniederschrift ist gem. § 251 Abs. 1 Nr. 2 StPO zulässig.

■ **Beweisantrag im Hinblick auf von dem Zeugen stammende schriftliche Erklärungen gem. § 251 StPO:**

Zum Beweis der Tatsache, dass (…),

beantrage ich die Verlesung des von dem Zeugen Z an den Angeklagten geschriebenen Briefes vom (…), der diesem Beweisantrag als Anlage 1 beigefügt ist.

Begründung:

Der Zeuge T ist am (…) verstorben. Er kann deshalb nicht mehr als Zeuge vernommen werden. Die Verlesung des dem Beweisantrag als Anlage beigefügten Briefes ist gem. § 251 Abs. 1 Nr. 2 StPO zulässig.

■ **Beweisantrag im Hinblick auf Unterlagen i.S.d. § 256 StPO:**

Zum Beweis der Tatsache, dass beim Geschädigten G im Rahmen seiner nach dem Unfall durchgeführten ärztlichen Untersuchung lediglich eine leichte Schienbeinprellung festgestellt wurde, beantrage ich die Verlesung des ärztlichen Attestes des Dr. med. H vom (…), das diesem Beweisantrag als Anlage beigefügt ist.

Begründung:

Der Geschädigte G hat im Rahmen seiner Zeugenaussage behauptet, er habe sich bei dem Unfall eine schwere Gehirnerschütterung und einen Bruch des rechten Beines zugezogen. Diese Angaben sind ausweislich des ärztlichen Attestes des Dr. med. H vom (…), bei dem sich der Geschädigte unmittelbar nach dem Unfall am (…) in Behandlung begeben hat, unzutreffend. Die Verlesung des Attestes ist gem. § 256 Abs. 1 Nr. 2 StPO zulässig.

95   Eine zentrale Frage im Zusammenhang mit der Verlesung von Urkunden ist die der **Verwertbarkeit des Beweismittels**. Der Verlesung einer Urkunde kann insbes. **§ 252 StPO** entgegenstehen, der die Protokollverlesung nach Zeugnisverweigerung für unzulässig erklärt.

Im Einzelnen gilt hinsichtlich dieser in der Praxis sehr bedeutsamen Vorschrift Folgendes:

■ Die Aussage eines **vor der Hauptverhandlung vernommenen Zeugen,** der erst in der Hauptverhandlung von seinem Zeugnisverweigerungsrecht Gebrauch macht, darf nicht verlesen werden.

■ Das Verwertungsverbot des § 252 StPO gilt **gegenüber allen Mitangeklagten,** gegen die ein sachlich nicht trennbarer Vorwurf erhoben ist, auch dann, wenn das Angehörigenverhältnis des die Aussage verweigernden Zeugen nur zu einem Angeklagten besteht.[303]

■ Das Verlesungsverbot des § 252 StPO gilt selbst dann, wenn alle Verfahrensbeteiligten **mit der Verlesung einverstanden** sind.[304]

■ Nicht nur das eigentliche Vernehmungsprotokoll, sondern auch ein **Brief,** den der Zeuge bei seiner polizeilichen Vernehmung zum Bestandteil seiner Aussage gemacht hat, wird vom Verlesungsverbot des § 252 StPO erfasst.[305]

■ Von dem Verwertungsverbot des § 252 StPO wird auch eine **frühere schriftliche Stellungnahme** des Zeugen erfasst, wenn diese mit Bezug auf eine frühere Vernehmung eingereicht wird, in der diese Stellungnahme initiiert wurde und der Zusam-

---

303 BGHSt 27, 139, 141.
304 BGH NStZ 1997, 95.
305 BGH NStZ-RR 1998, 367.

menhang zwischen Vernehmung und Stellungnahme nicht aufgrund Zeitablaufs infrage gestellt ist.[306] Wichtig ist in diesem Zusammenhang die Abgrenzung zu Aussagen oder schriftlichen Erklärungen, die der Zeuge im Vorfeld der Hauptverhandlung aus freien Stücken abgegeben hat. Solche freiwilligen Angaben gegenüber den Ermittlungsbehörden (Spontanäußerungen) werden nicht von § 252 StPO erfasst.[307]

Hinweis:

Entscheidend ist Folgendes: Wurde die **Aussage** oder schriftliche Erklärung eines Zeugen im Vorfeld der Hauptverhandlung von den Ermittlungsbehörden **initiiert oder angeregt** (z.b. durch Fragebögen oder den Hinweis auf die Möglichkeit einer schriftlichen Stellungnahme) oder besteht zwischen einer Vernehmung und einer späteren ergänzenden schriftlichen oder mündlichen Stellungnahme erkennbar ein enger **sachlicher** und **zeitlicher Zusammenhang**, greift das Verwertungsverbot des § 252 StPO.[308] In allen anderen Fällen bleiben die Aussagen eines später von seinem Zeugnisverweigerungsrecht Gebrauch machenden Zeugen voll verwertbar.

Wenn die Voraussetzungen des § 252 StPO vorliegen, ist **grds. jede Beweiserhebung** über die frühere Aussage des Zeugen **ausgeschlossen**, nicht nur die Verlesung. Insbes. ist die Vernehmung von polizeilichen oder staatsanwaltschaftlichen **Verhörspersonen** über den Inhalt der Aussage des Zeugen ausgeschlossen.[309] Eine Ausnahme von diesem umfassenden Beweiserhebungsverbot gilt jedoch, wenn der Zeuge von einem **Richter** vernommen worden ist, der ihn ordnungsgemäß, insbes. auch über sein Zeugnisverweigerungsrecht, belehrt hat.[310] Der Richter kann dann **als Verhörsperson** vernommen werden.[311] Das gilt auch für den **Zivilrichter**.[312]

V. Besonderheiten des Zeugenbeweises

In der Praxis steht die **Vernehmung von Zeugen** meist im **Mittelpunkt der Beweisaufnahme**. Der Zeuge ist, wie der Sachverständige, ein **persönliches Beweismittel** und soll seine persönliche Wahrnehmung über einen in der Vergangenheit liegenden

96

306 BGH NStZ-RR 2005, 268 = StV 2005, 536 = wistra 2005, 351.
307 BGHSt 1, 373, 374; 29, 230, 232; BGH StV 2007, 401.
308 Vgl. BGH NStZ-RR 2005, 268 = StV 2005, 536 = wistra 2005, 351.
309 BGHSt 21, 218.
310 BGHSt 32, 25, 29; 36, 384, 385; BGH NJW 1996, 1501, 1503.
311 BGHSt 2, 99, 104 ff.; 49, 72, 77; 57, 255.
312 BGHSt 17, 324.

Vorgang bekunden.[313] Gegenstand einer Zeugenaussage sind Tatsachen. Meinungen, Schlussfolgerungen und Wertungen zählen nicht dazu.[314]

Zur Verdeutlichung:

> **Beispiel für einen zulässigen Beweisantrag gerichtet auf Tatsachen:**
> Zum Beweis der Tatsache, dass sich der Angeklagte zur fraglichen Tatzeit nicht im Büro des Geschädigten G aufgehalten hat, beantrage ich die Vernehmung des Herrn Z, Turmstraße 1, A-Burg, der zur fraglichen Zeit durchgängig im Büro des Geschädigten G anwesend war.

> **Beispiel für einen unzulässigen Beweisantrag gerichtet auf Schlussfolgerungen:**
> *„Zum Beweis der Tatsache, dass sich der Angeklagte zur fraglichen Zeit nicht im Büro des Geschädigten aufgehalten hat, weil ihm dies vom Zeugen Z untersagt wurde, beantrage ich die Vernehmung des Herrn Z, Turmstraße 1, A-Burg als Zeuge".*

Der zu vernehmende **Zeuge** muss grds. **namentlich** und unter Angabe seiner **ladungsfähigen Anschrift** bezeichnet werden.[315] In den Fällen, in denen der Verteidiger nicht in der Lage ist, den Zeugen und/oder seine Anschrift genau zu benennen, ist es ausreichend, wenn der Zeuge nur individualisiert wird.[316] Aufgrund der Angaben des Verteidigers muss das Gericht in die Lage versetzt werden, den Zeugen und seinen Aufenthalt zu ermitteln.[317]

97   Ferner ist die Rechtsprechung des BGH zur **Konnexität** zwischen Beweistatsache und Beweismittel beim Antrag auf Zeugenbeweis besonders zu beachten.[318] Diese Rechtsprechung besagt, dass es u.U. neben der Benennung von Beweismittel und Beweistatsache für das Vorliegen eines echten Beweisantrags als **dritte Voraussetzung** erforderlich sein kann, den Zusammenhang (Konnexität) zwischen Beweismittel und Beweistatsache darzulegen.[319] D.h., dass der Antrag erkennen lassen muss, **warum der Zeuge zu einem bestimmten Beweisthema etwas bekunden können soll.**[320]

---

313 BGHSt 22, 347 f.
314 KK-StPO/*Senge*, vor § 48 Rn 1.
315 Vgl. ausführlich BGHSt 40, 3 m.w.N.; *Hamm/Hassemer/Pauly*, Beweisantragsrecht, Rn 93.
316 Vgl. ausführlich hierzu oben Rdn 40.
317 Vgl. BGH StV 1989, 379; BGHSt 40, 3.
318 Vgl. hierzu BGHSt 40, 3; 43, 321; NJW 2000, 157 (Ls.).
319 Ausführlich hierzu oben Rdn 47 ff.; *Hamm/Hassemer/Pauly*, Beweisantragsrecht, Rn 125 ff.; *Alsberg/ Dallmeyer*, Der Beweisantrag im Strafprozess, Rn 121 ff.
320 BGH NStZ-RR 2002, 43.

Hinweis:

Darlegungen zur Konnexität zwischen Beweistatsache und Beweismittel werden nach der Rspr. insbes. dann erforderlich sein, wenn **nicht ohne Weiteres erkennbar** ist, warum eine bestimmte Beweistatsache der Wahrnehmung des benannten Zeugen unterlegen haben soll. So muss z.b. ausgeführt werden, dass der Zeuge auch selbst am Tatort war, in der Nachbarschaft wohnt oder eine bestimmte Akte gelesen hat.

Zur Verdeutlichung der Anforderungen im Hinblick auf Beweistatsache, Beweismittel und Konnexität folgendes

Formulierungsbeispiel eines Beweisantrags auf Zeugenvernehmung:

Zum Beweis der Tatsache, dass der Angeklagte zum Tatzeitpunkt in der Augsburger Puppenkiste in der Aufführung von Goethes Faust war (= *bestimmte Beweistatsache*), beantrage ich, Frau F, Bachstraße 2, A-Burg (= *bestimmtes, namentlich benanntes Beweismittel*), die die Vorstellung in der Puppenkiste zum Tatzeitpunkt zusammen mit dem Angeklagten besucht und neben diesem gesessen hat (= *Konnexität*), als Zeugin zu laden und zu vernehmen.[321]

1. Zeuge vom Hörensagen

Ein unmittelbares Beweismittel i.S.d. § 250 StPO ist nach h.M. auch der **Zeuge vom Hörensagen.**[322] Vernehmungspersonen können deshalb z.B. über eine von ihnen durchgeführte Vernehmung als Zeuge vom Hörensagen vernommen werden. Richtet sich der Beweisantrag auf die **Vernehmung einer Vernehmungsperson** (Zeuge vom Hörensagen), z.B. eines Polizeibeamten oder Ermittlungsrichters, der zum Inhalt der früheren Vernehmung aussagen soll, empfiehlt es sich, die entscheidenden Passagen des Protokolls der früheren Vernehmung in die Formulierung der Beweistatsache mit einzufügen. Bei umfangreicheren Vernehmungsniederschriften ist es sinnvoll, jedenfalls darauf Bezug zu nehmen.[323]

98

---

321 Zu den ggf. notwendigen weiteren Darlegungsanforderungen im Rahmen der sog. „erweiterten Konnexität" siehe oben ausführlich Rdn 49. Zur Notwendigkeit, die Tatsachen, aus denen sich die Konnexität ergibt, bestimmt behaupten zu müssen, siehe oben ausführlich Rdn 49.

322 Vgl. z.B. BVerfG NJW 1953, 177; NJW 1997, 999; BGHSt 22, 269 f.; *Meyer-Goßner/Schmitt,* StPO, § 250 Rn 4.

323 Widmaier/*Widmaier/Norouzi,* MAH Strafverteidigung, § 9 Rn 411.

Die Formulierung kann sich orientieren an folgendem:

> *Beispiel für einen Beweisantrag auf Vernehmung einer Vernehmungsperson:*
> Ich beantrage die Vernehmung des Polizeibeamten P, zu laden über die Polizeiinspektion A-Burg, Stadtplatz 40 in A-Burg zum Beweis der Tatsache, dass sich der Zeuge Z bei der durch den Polizeibeamten P durchgeführten Zeugenvernehmung vom (…) wie folgt geäußert hat: (…)

2. Auslandszeugen

99 Bei **Auslandszeugen** gelten – wie beim Augenscheinsbeweis – nicht die strengen Voraussetzungen des § 244 Abs. 3 Satz 2 StPO, sondern die **gelockerten Beurteilungsmaßstäbe** des § 244 Abs. 5 StPO. Das Gericht kann demnach den Antrag auf Vernehmung eines Auslandszeugen ablehnen, wenn die Vernehmung nach pflichtgemäßem Ermessen zur Erforschung der Wahrheit nicht erforderlich ist.[324] Eine solche Zurückweisung wird sich aber regelmäßig verbieten, wenn der Auslandszeuge in **enger Beweisbeziehung zum Tatgeschehen** steht,[325] z.B. weil es sich um einen Alibizeugen, einen Tatbeteiligten oder einen Augenzeugen handelt.

Ist sich der Verteidiger unsicher, ob der Auslandszeuge in der Lage und bereit sein wird, vor dem deutschen Gericht zu erscheinen, kann der Beweisantrag entweder von vornherein oder hilfsweise auch auf eine kommissarische Vernehmung oder eine grenzüberschreitende audiovisuelle Vernehmung nach § 247a StPO gerichtet werden.

Die Formulierung kann sich orientieren an folgendem:

> *Beispiel für einen Beweisantrag auf Vernehmung eines Auslandszeugen:*
> Zum Beweis der Tatsache, dass der Angeklagte zur fraglichen Tatzeit gemeinsam mit seinem Freund Herrn T im Naturkundemuseum A-Burg war und die dortige Ausstellung besichtigt hat, beantrage ich Herrn T, Bogenstraße 10, Zürich, Schweiz als Zeugen zu laden und zu vernehmen.
>
> **Hilfsweise** beantrage ich, Herrn T kommissarisch (*oder alternativ: im Wege der audiovisuellen Zeugeneinvernahme*) über die oben genannte Beweistatsache als Zeuge zu vernehmen.

Erachtet das Gericht nach pflichtgemäßen Ermessen die Zeugenvernehmung des Auslandszeugen weder in der Hauptverhandlung noch als kommissarische oder audiovisuelle

---

324 BGHSt 40, 60, 62; BGH NJW 2004, 3051, 3054; NStZ 2004, 99; vgl. zu den Ablehnungsmöglichkeiten auch unten Rdn 192.
325 BGHSt 40, 60.

Vernehmung als notwendig, kann der Verteidiger nur versuchen, selbst mit dem Zeugen Kontakt aufzunehmen, um ihn zum **freiwilligen Erscheinen** vor Gericht oder zumindest zur **Abgabe einer schriftlichen Erklärung** zu bewegen.[326]

D. Unbedingter und bedingter Beweisantrag

Beweisanträge können **unbedingt** gestellt oder von dem **Eintritt einer Bedingung abhängig** gemacht werden. Beide Antragsformen – die unbedingte wie auch die bedingte – haben **spezifische Vor- und Nachteile**, die nachfolgend dargestellt werden.   **100**

I. Der unbedingte Beweisantrag

Der **unbedingte Beweisantrag** ist die „eigentliche" Form des Beweisantrags. Die Vorschrift des § 244 Abs. 6 StPO, die vorsieht, dass die Ablehnung eines Beweisantrags eines Gerichtsbeschlusses bedarf, bezieht sich unmittelbar auf den unbedingten Beweisantrag. Demgegenüber wird der bedingte Beweisantrag im Gesetz nicht angesprochen. Er ist aber deshalb nicht unzulässig.[327]   **101**

1. Anwendungsbereich unbedingter Beweisanträge

Mit einem unbedingten Beweisantrag kann der Verteidiger, der die bisherige Beweisaufnahme des Gerichts als nicht ausreichend ansieht, **weitere Beweismittel** in das Verfahren einführen, von denen er annimmt, dass sie die Entscheidung des Gerichts im erstrebten Sinne beeinflussen können. Auch die Ablehnung eines unbedingten Beweisantrags kann für das Erreichen der Ziele des Verteidigers von großem Nutzen sein, z.B. wenn die **behauptete Beweistatsache** vom Gericht als **bedeutungslos angesehen**, als bereits **erwiesen erachtet** oder als **wahr unterstellt** wird.   **102**

Zur Verdeutlichung des Anwendungsbereichs unbedingter Beweisanträge folgendes

Beispiel:
Der Angeklagte wird durch eine Zeugenaussage schwer belastet. Der Augenzeuge gibt an, den ihm bekannten Angeklagten an seiner großen Statur und seinem humpelnden Gang erkannt zu haben, als dieser den Tatort verließ, an dem das Opfer erschossen wurde. Die Tatwaffe ist bislang nicht aufgefunden worden. Der Angeklagte hat angegeben, zwar am Tatort gewesen zu sein, das Opfer allerdings nicht erschossen zu haben. Aus Panik sei er weggelaufen.

---

326 *Hamm/Hassemer/Pauly*, Beweisantragsrecht, Rn 429.
327 Vgl. schon RGSt 1, 394.

Vor der Hauptverhandlung erhält der Angeklagte von einer Frau F den Hinweis, dass die Tatwaffe in einem Schrebergarten in der Nähe des örtlichen Fußballplatzes vergraben worden sei. Sie habe dies von ihrem benachbarten Schrebergarten aus beobachtet. Die Tatwaffe vergraben habe ein kleiner, schlanker Mann.

In einem solchen Fall wird der Verteidiger jedenfalls folgende Beweistatsachen zum Gegenstand unbedingter Beweisanträge machen können:

■ Die Einvernahme der Zeugin F zum Beweis dessen, dass die Tatwaffe im benachbarten Schrebergarten vergraben wurde.

■ Die Einvernahme der Zeugin F zum Beweis dessen, dass ein kleiner, schlanker Mann die Tatwaffe vergraben hat.

■ Die Einvernahme der Zeugin F auch zum Beweis der Negativtatsache, dass nicht der Angeklagte die Tatwaffe vergraben hat, weil dies ihrer eigenen Wahrnehmung unterlegen hat; sie kann zwar nicht den wirklichen Täter im Rahmen einer Gegenüberstellung identifizieren, aber den Angeklagten aufgrund ihrer Beobachtungen jedenfalls ausschließen.

■ Die Inaugenscheinnahme des Schrebergartens im Hinblick auf Lage und Einsehbarkeit der konkreten Stelle, an der die Tatwaffe vergraben wurde durch das Gericht selbst oder einen Augenscheinsgehilfen (z.B. die Polizei).

■ Die Einholung eines Sachverständigengutachtens zum Beweis dessen, dass sich an der Tatwaffe keine Fingerabdrücke und DNA-Spuren des Angeklagten befinden, nachdem die Tatwaffe gesichert worden ist.

Zu allen diesen Fragen kann eine bestimmte Beweistatsache behauptet und ein bestimmtes Beweismittel benannt werden. Die **weiter gehenden Fragen**, wie z.B. die nach der genauen Täterbeschreibung durch F oder mögliche Fingerabdrücke und DNA-Spuren des tatsächlichen Täters auf der Tatwaffe wird das Gericht von Amts wegen gem. § 244 Abs. 2 StPO weiter zu ermitteln haben. Diese beweiserheblichen Fragen können aber auch seitens der Verteidigung zum Gegenstand von **Beweisermittlungsanträgen** gemacht werden. Förmliche Beweisanträge scheiden insoweit in diesem Verfahrensstadium aus, da eine bestimmte Beweistatsache mangels eindeutiger Identifizierung des tatsächlichen Täters nicht behauptet werden kann.

2. Ziel der Antragstellung

103   Mit einem unbedingten Beweisantrag kann der Verteidiger **mehrere Ziele** verfolgen: Zunächst kann er unmittelbar **Einfluss auf** den **Umfang und das Ergebnis der Beweisaufnahme** nehmen. Der unbedingte Beweisantrag bietet darüber hinaus aber auch den Vorteil, dass sich das Gericht mit ihm entweder **sofort** oder aber **jedenfalls im Laufe der Beweisaufnahme auseinandersetzen** muss, indem es entweder dem Beweisantrag

nachgeht oder ihn ablehnt. Aus den Ablehnungsgründen kann der Verteidiger wichtige Informationen gewinnen, da das Gericht „Farbe bekennen" muss. Der Verteidiger kann aufgrund der vom Gericht herangezogenen Ablehnungsgründe feststellen, was in den Köpfen der Richter vorgeht. Dieser **Informationsgewinn** kann gar nicht hoch genug eingeschätzt werden. Durch ihn wird der Verteidiger überhaupt erst in die Lage versetzt, seine Verteidigungsstrategie zu überprüfen und ggf. anzupassen.

Hinweis:

Besonders die Ablehnungsgründe „**Erwiesenheit der Beweistatsache**" und „**Bedeutungslosigkeit der Beweistatsache**" zeigen dem Verteidiger schnell, woran er ist, weil die Annahme dieser Ablehnungsgründe eine inhaltliche Auseinandersetzung des Gerichts mit dem Beweisthema erfordert. Es kann deshalb z.B. durchaus sinnvoll sein, einen Beweisantrag zu einem Thema zu stellen, das man selbst bereits als erwiesen ansieht. Lehnt das Gericht den Antrag tatsächlich deshalb ab, weil die Tatsache bereits erwiesen sei, weiß der Verteidiger, dass das Gericht insoweit auf seiner Linie liegt. Lehnt das Gericht aber z.B. einen vom Verteidiger für entscheidend gehaltenen Beweisantrag als bedeutungslos ab, merkt er sofort, dass das Gericht offensichtlich eine andere Auffassung vertritt als er. Er kann dann seine Strategie überdenken und anpassen.

3. Bindung des Revisionsgerichts

Ein weiterer Vorteil eines abgelehnten unbedingten Beweisantrags ist, dass sowohl das **104** **Tatgericht** als auch das **Revisionsgericht an die Ablehnungsgründe gebunden** sind. Hat z.B. das Tatgericht einen Beweisantrag abgelehnt, weil das Beweisthema als wahr unterstellt werden könne, muss es die Wahrunterstellung auch im Urteil durchhalten. Widerspricht das Urteil der Wahrunterstellung, kann das die Revision begründen. Auch das Revisionsgericht kann die Ablehnungsgründe bei einem unbedingten Beweisantrag **nicht im Nachhinein austauschen**. Hat das Tatgericht z.B. einen Beweisantrag rechtsfehlerhaft wegen Unerreichbarkeit eines Beweismittels abgelehnt, kann das Revisionsgericht nicht darauf ausweichen, dass der Beweisantrag wegen Bedeutungslosigkeit der Beweistatsache hätte abgelehnt werden können.[328]

Hinweis:

Anders als bei einem unbedingten Beweisantrag soll bei einem **Hilfsbeweisantrag**[329] das Revisionsgericht einen Austausch der Ablehnungsgründe vornehmen können.[330]

---

328 Vgl. zum Ganzen auch Widmaier/*Widmaier/Norouzi*, MAH Strafverteidigung, § 9 Rn 85.
329 Siehe unten Rdn 111.
330 Vgl. BGH NStZ 1998, 98; einschränkend allerdings BGH, Urt. v. 30.11.2005 – 2 StR 557/04.

II. Der bedingte Beweisantrag

105 Ein Beweisantrag kann nicht nur unbedingt erhoben werden, er kann auch unter eine Bedingung gestellt werden. **Auch ein bedingter Beweisantrag ist ein förmlicher Beweisantrag**, bei dem die Beweistatsache und das Beweismittel, sowie die Konnexität bestimmt behauptet werden müssen. Das Gericht ist auch bei einem bedingten Beweisantrag an die Zurückweisungsgründe der §§ 244, 245 StPO gebunden. Es kann den bedingten Beweisantrag nicht aus einem anderen als den dort aufgeführten Ablehnungsgründen ablehnen.[331]

1. Terminologie

106 Die **Terminologie** rund um die unter einer Bedingung stehenden Beweisanträge ist **uneinheitlich**. Teilweise wird – m.E. vorzugswürdig – nur zwischen bedingtem Beweisantrag und Hilfsbeweisantrag unterschieden.[332] Es finden sich aber auch Unterscheidungen in (prozessual) bedingte Beweisanträge, Hilfsbeweisanträge und Eventualbeweisanträge,[333] ohne dass diese Begriffe ihrerseits in der Literatur einheitlich verwendet würden. Eine Darstellung der vielfältigen Meinungen würde deshalb nicht zur Klärung, sondern nur zur endgültigen Verwirrung beitragen.

Im Folgenden sollte deshalb lediglich zwischen zwei Begriffen unterschieden werden:[334]

- **Bedingter Beweisantrag** als Oberbegriff für alle Beweisanträge, die die Erhebung des Beweises von einer ungewissen Sach- und Prozesslage abhängig machen.

- **Hilfsbeweisantrag** als Unterart des bedingten Beweisantrags, der das Beweisbegehren von der Entscheidung über einen Hauptantrag, z.B. den Antrag auf Freispruch, Verurteilung nur wegen eines bestimmten Vorwurfs oder nur zu einer begrenzten Strafe abhängig macht.

107 Relevant ist diese Einteilung in unterschiedliche Kategorien für den Verteidiger v. a. unter dem Gesichtspunkt, ob das Gericht über einen unter einer Bedingung formulierten Beweisantrag noch vor dem Schluss der Beweisaufnahme entscheiden muss, oder ob es den bedingten Beweisantrag auch erst in den Urteilsgründen ablehnen kann. Die wohl überwiegende Meinung geht jedenfalls davon aus, dass ein bedingter Beweisantrag, der **nicht denknotwendig eine abschließende Entscheidung in der Sache** (z.B. die

---

331 Vgl. *Burhoff*, HV, Rn 450.
332 *Alsberg/Dallmeyer,* Der Beweisantrag im Strafprozess, Rn 164 ff. m.w.N.; *Hamm/Hassemer/Pauly*, Beweisantragsrecht, Rn 65.
333 KK-StPO/*Krehl*, § 244 Rn 88 ff.; *Meyer-Goßner/Schmitt*, § 244 Rn 22 ff.; SSW-StPO/*Sättele*, § 244 Rn 130 ff.; *Schlothauer*, StV 1988, 542; *Eisenberg*, Beweisrecht der StPO, Rn 161 ff.; *Pfordte/Degenhard*, Der Anwalt im Strafrecht, § 19 Rn 20.
334 So auch Alsberg/*Dallmeyer*, Der Beweisantrag im Strafprozess, Rn 164 ff.

Überzeugung von der Schuld des Angeklagten oder die Verurteilung zu einer bestimmten Strafe) voraussetzt, nicht erst im Urteil beschieden werden darf, sondern bei Eintritt der Bedingung zu behandeln ist.[335]

Um auch insoweit die oben genannte einfache und übersichtliche **begriffliche Abgrenzung** beizubehalten, sollten

■ alle unter einer Bedingung stehenden Anträge, über die noch während der laufenden Hauptverhandlung zu entscheiden ist, ausdrücklich als „**bedingte Beweisanträge**" bezeichnet werden, wohingegen für

■ den Sonderfall der bedingten Anträge, über die erst in den Urteilsgründen entschieden werden muss, der Begriff „**Hilfsbeweisantrag**" verwendet werden sollte.

Der Begriff „bedingter Beweisantrag" wird dementsprechend im Folgenden durchgängig als Oberbegriff verwendet. Der Begriff „Hilfsbeweisantrag" wird nur dann benutzt, wenn eine Bedingung vorliegt, die an einen Hauptantrag und die Urteilsfindung anknüpft, sodass über den Antrag erst in den Urteilsgründen entschieden werden muss.[336]

2. Anwendungsbereich bedingter Beweisanträge

Der **Unterschied** zwischen einem unbedingten und einem bedingten Beweisantrag besteht **108** darin, dass der Antragsteller bei Letzterem sein Beweisbegehren von einer für ihn noch **ungewissen Sach- und Prozesslage** abhängig macht.[337] Er begehrt die Beweiserhebung nur für den Fall, dass das Gericht die Bedingung als eingetreten ansieht. Ohne Eintritt der Bedingung muss dem bedingten Beweisantrag deshalb nicht nachgegangen werden.

Die **Bedingung**, von der die Beweiserhebung abhängig sein soll, kann z.b. darin bestehen,

■ dass eine **bestimmte Prozesslage** eintritt, z.B.

▦ ein ursprünglich benanntes Beweismittel nicht erreichbar ist,[338]

▦ Für den Fall, dass der Zeuge X verstorben sein sollte, wird beantragt, (…)

---

335 *Hamm/Hassemer/Pauly*, Beweisantragsrecht, Rn 67; *Alsberg/Nüse/Meyer*, Der Beweisantrag im Strafprozess, 5. Aufl. 1983, S. 59, der es als zulässig ansieht, dass das Gericht durch einen bedingten Beweisantrag zu einer Beurteilung der Beweislage schon vor der Urteilsverkündung gezwungen sein kann (Alsberg/ *Dallmeyer*, Der Beweisantrag im Strafprozess, 6. Aufl. 2013, geht auf diesen Gesichtspunkt ein); ebenso wie hier wohl auch *Meyer-Goßner/Schmitt*, StPO, § 244 Rn 44a i.V.m. Rn 22 ff., der ausführt, dass über einen Hilfs- oder einen Eventualbeweisantrag erst im Urteil zu entscheiden sei und den bedingten Beweisantrag insoweit nicht erwähnt; siehe ergänzend auch unten Rdn 114.
336 Vgl. zur Entscheidung über Hilfsbeweisanträge im Urteil BGHSt 40, 287, 289; 32, 10, 13.
337 *Meyer-Goßner/Schmitt*, § 244 Rn 22 m.w.N.; *Hamm/Hassemer/Pauly*, Beweisantragsrecht, Rn 59 ff.; *Alsberg/Dallmeyer*, Der Beweisantrag im Strafprozess, Rn 165; *Eisenberg*, Beweisrecht der StPO, Rn 161.
338 *Alsberg/Dallmeyer*, Der Beweisantrag im Strafprozess, Rn 166 m.w.N.

▨ eine bestimmte Urkunde aufgefunden wird,[339]

> Für den Fall, dass sich das Schreiben des Angeklagten an den Zeugen M vom (…) bei den im Haus des Zeugen R sichergestellten Unterlagen befinden sollte, wird beantragt, (…)

■ dass an das **Verhalten eines anderen Verfahrensbeteiligten** angeknüpft wird, z.B.

▨ wenn der Prozessgegner weitere Beweiserhebungen verlangt oder seinen bereits gestellten Beweisantrag aufrechterhält,[340]

> Für den Fall, dass die Staatsanwaltschaft die Vernehmung des Zeugen P beantragen sollte, wird beantragt, (…)

▨ wenn die Staatanwaltschaft eine dem Antragsteller ungünstige Auffassung vertreten sollte;[341]

> Für den Fall, dass die Staatsanwaltschaft davon ausgehen sollte, dass … wird beantragt, (…)

■ dass das Gericht eine **bestimmte Entscheidung** trifft,[342] z.B.

▨ einen anderen Beweisantrag ablehnt,[343]

> Für den Fall, dass das Gericht den Beweisantrag auf Vernehmung des Zeugen S vom (…) [wegen (…)] ablehnen sollte, wird beantragt, (…)

▨ die Erhebung eines von einem anderen Verfahrensbeteiligten beantragten Beweises beschließt,[344]

> Für den Fall, dass das Gericht das vonseiten der Staatsanwaltschaft beantragte Sachverständigengutachten zur Schuldfähigkeit des Angeklagten in Auftrag geben sollte, wird beantragt, (…)

▨ die Vereidigung eines Zeugen beschließt;[345]

> Für den Fall, dass das Gericht die Vereidigung des Zeugen A beschließen sollte, wird beantragt, (…)

---

339 *Alsberg/Dallmeyer*, Der Beweisantrag im Strafprozess, Rn 166 m.w.N.
340 *Alsberg/Dallmeyer*, Der Beweisantrag im Strafprozess, Rn 166 m.w.N.
341 *Alsberg/Dallmeyer*, Der Beweisantrag im Strafprozess, Rn 166 m.w.N.
342 Vgl. BGHSt 29, 396, 397.
343 *Alsberg/Dallmeyer*, Der Beweisantrag im Strafprozess, Rn 166 m.w.N.
344 *Alsberg/Dallmeyer*, Der Beweisantrag im Strafprozess, Rn 166 m.w.N.; KMR-StPO/*Paulus*, § 244 Rn 395.
345 *Alsberg/Nüse/Meyer*, Der Beweisantrag im Strafprozess, 5. Aufl. 1983, S. 58 m.w.N. (insoweit abweichend zur Folgeauflage); siehe auch KK-StPO/*Krehl*, § 244 Rn 91.

■ dass das Gericht von einer **bestimmten Beweislage** ausgeht, z.B.

▦ einem bestimmten Zeugen Glauben schenkt,[346]

> Für den Fall, dass das Gericht nach der bisherigen Beweislage dem Zeugen L Glauben schenken und dessen Aussage vom (…) als glaubhaft ansehen sollte, wird beantragt, (…)

▦ die Einlassung eines Zeugen als unwahr ansieht,[347]

> Für den Fall, dass das Gericht nach der bisherigen Beweislage die Aussage des Zeugen E vom (…) als unzutreffend und nicht glaubhaft ansehen sollte, wird beantragt, (…)

▦ eine bestimmte Urkunde als echt ansieht,[348]

> Für den Fall, dass das Gericht nach der bisherigen Beweislage von der Echtheit des Schreibens des Geschädigten G an den Zeugen X vom (…) ausgehen sollte, wird beantragt, (…)

▦ die volle oder verminderte Schuldfähigkeit des Angeklagten bejaht[349] oder

> Für den Fall, dass das Gericht nach der bisherigen Beweislage davon ausgehen sollte, dass der Angeklagte aufgrund einer tiefgreifenden Bewusstseinsstörung zum Tatzeitpunkt unfähig gewesen sein könnte, das Unrecht der Tat einzusehen oder nach dieser Einsicht zu handeln, mithin also schuldunfähig gewesen sein könnte, wird beantragt, (…)

▦ ein bestimmtes Tatbestandsmerkmal als verwirklicht ansieht; so macht es z.B. beim Betrug erst dann Sinn, Feststellungen zum Vermögensschaden zu treffen, wenn das Gericht eine Täuschungshandlung des Angeklagten bejaht.

> Für den Fall, dass das Gericht nach der bisherigen Beweislage davon ausgehen sollte, dass der Angeklagte durch seine Mitteilung an den Zeugen D vom (…) diesen darüber getäuscht haben könnte, dass (…), wird beantragt, (…)

Ein ganz wesentlicher **Vorteil** des bedingten Beweisantrags ist, dass er für den Verteidiger ein wichtiges Instrument zur „**Früherkennung der richterlichen Beweiswürdi-** **109**

---

346 BGH NStZ 1995, 98 m.w.N.
347 *Hamm/Leipold/Michalke*, Beck'sches Formularbuch für den Strafverteidiger, S. 533 f.
348 Vgl. KK-StPO/*Krehl*, § 244 Rn 90.
349 BGH NJW 1988, 501; StV 1996, 529 f.

gung" sein kann.[350] Aus der Art und Weise der Behandlung des bedingten Beweisantrags kann der Verteidiger u.U. Rückschlüsse auf den Meinungsstand des Gerichts ziehen:

■ Wenn dem **bedingten Beweisantrag stattgegeben** und der beantragte Beweis erhoben wird, zeigt sich, dass das Gericht noch nicht von der Richtigkeit der unter Beweis gestellten Tatsache überzeugt ist.

■ Wenn das Gericht den **bedingten Beweisantrag übergeht** oder mit der Begründung ablehnt, die Bedingung sei nicht eingetreten, kann der Verteidiger davon ausgehen, dass das Gericht auch bei seiner abschließenden Beweiswürdigung tatsächlich den Eintritt der Bedingung nicht annimmt.

■ Wenn das Gericht den **bedingten Beweisantrag** gem. §§ 244, 245 StPO **zurückweist**, ist dies ein starkes Indiz dafür, dass es vom Eintritt der Bedingung ausgeht.

110   Ein weiterer Vorteil des bedingten Beweisantrags ist, dass die bedingt beantragte Beweiserhebung nur dann vorzunehmen ist, wenn der **Prozess einen bestimmten Verlauf nimmt** oder das **Gericht bestimmte Entscheidungen** trifft bzw. von einer **bestimmten Beweislage** ausgeht. Während bei unbedingten Beweisanträgen das Gericht den Beweis entweder erheben oder den Beweisantrag förmlich ablehnen muss, bleibt ihm dieser Aufwand bei bedingten Beweisanträgen immer dann erspart, wenn die Bedingung im Prozessverlauf nicht eintritt. Bedingte Beweisanträge können deshalb auch mit dem Ziel eingesetzt werden, alle auch aus der Sicht des Gerichts nicht notwendigen Beweiserhebungen „einzusparen". Dies kann gerade in Umfangsverfahren eine erhebliche, auch dem Angeklagten zugutekommende Verfahrensvereinfachung bedeuten.

3. Der Hilfsbeweisantrag

111   Der sog. **Hilfsbeweisantrag** ist ein Sonderfall des bedingten Beweisantrags.[351] Das Beweisbegehren wird beim Hilfsbeweisantrag von der Entscheidung über einen **verfahrensabschließenden Hauptantrag** abhängig gemacht, insbes. von der Freisprechung[352] oder der Verurteilung zu einer bestimmten Rechtsfolge.[353] Der Hilfsbeweisantrag wird deshalb regelmäßig im Schlussvortrag gestellt[354] Die verfahrensrechtliche Besonderheit liegt darin, dass über ihn unzweifelhaft **erst in den Urteilsgründen entschieden** werden muss.[355] Der

350 *Hamm/Hassemer/Pauly*, Beweisantragsrecht, Rn 67; *Burhoff*, HV, Rn 455; *Schlothauer*, StV 1988, 542, 548.
351 *Burhoff*, HV, Rn 1674; *Hamm/Hassemer/Pauly*, Beweisantragsrecht, Rn 68 m.w.N.
352 Vgl. BGH StV 1991, 349.
353 Vgl. BGHSt 32, 10, 13; *Löwe/Rosenberg/Becker*, § 244 Rn 153; siehe auch KK-StPO/*Krehl*, § 244 Rn 89 [Vollendung statt Versuch oder Vorsatz statt Fahrlässigkeit], sowie BGH NStZ 1991, 457 [Überschreitung eines bestimmten Strafmaßes] und *Schlothauer*, StV 1988, 542, 543 [keine Strafaussetzung zur Bewährung].
354 Vgl. BGH NStZ 2005, 395.
355 Vgl. BGHSt 32, 10, 13; BGH NStZ 1998, 98; *Meyer-Goßner/Schmitt*, § 244 Rn 44a; *Burhoff*, HV, Rn 1677 m.w.N., *Hamm/Hassemer/Pauly*, Beweisantragsrecht, Rn 70.

Verteidiger erfährt somit nur noch außerhalb der Hauptverhandlung, wie das Gericht zu seinem Beweisantrag steht und kann für die Beweisaufnahme keine Schlüsse mehr ziehen bzw. seine Verteidigungsstrategie anpassen. Der Hilfsbeweisantrag ist deshalb in erster Linie darauf gerichtet, Beweislücken und Begründungsdefizite offenzulegen, die im Revisionsverfahren zur Aufhebung des Urteils führen können.

Das klassische Beispiel ist der an den Antrag auf Freispruch anknüpfende Hilfsbeweisantrag.[356] Kann der Verteidiger z.B. noch entlastende (Indizien-)Beweise benennen, deren Erhebung zeitaufwendig und/oder kostenintensiv (wie z.b. ein Sachverständigengutachten) wäre, bietet es sich an, diese zum Gegenstand eines Hilfsbeweisantrags zu machen. Die aufwendige Beweiserhebung kommt somit nur dann zum Tragen, wenn das Gericht nicht ohnehin zum Freispruch gelangt. In der Praxis von großer Bedeutung sind auch die Hilfsbeweisanträge, die an die Verhängung einer bestimmten Rechtsfolge anknüpfen, also z.b. für den Fall gestellt werden, dass der Angeklagte nicht zu einer Strafe von höchstens 90 Tagessätzen oder nicht zu einer Bewährungsstrafe verurteilt werdeb sollte. Zu beachten ist insoweit, dass nur die Anknüpfung an einen Hauptantrag, also einen Antrag zum Urteilsspruch, zulässig ist. Ein Antrag, mit dem eine bestimmte Beweiserhebung für den Fall begehrt wird, dass das Gericht z.b. eine bestimmte Bewährungsauflage verhängt oder nicht verhängt, ist nach der Rechtsprechung unzulässig, weil die Festsetzung von Bewährungsauflagen in einem gesonderten Bewährungsbeschluss erfolgt und nicht Teil des Urteilsspruches ist.[357]

Der **Hilfsbeweisantrag wird regelmäßig** erst nach der Beweisaufnahme **im Schlussvortrag gestellt** und bedarf nicht unbedingt der ausdrücklichen Bezeichnung als „Hilfsbeweisantrag", so lange unzweifelhaft ist, dass er an einen Hauptantrag anknüpft.[358] Beweisanträge, die im Schlussvortrag nach § 258 StPO gestellt werden, sind im Zweifel Hilfsbeweisanträge.[359] Es kann aber auch ein schon während der Beweisaufnahme gestellter Antrag ein Hilfsbeweisantrag sein, wenn er ausdrücklich so bezeichnet wird und den Schlussvortrag erkennbar vorwegnimmt.[360]   **112**

Der Hilfsbeweisantrag muss – wie alle bedingten Beweisanträge – **sämtliche Voraussetzungen für einen förmlichen Beweisantrag** erfüllen, also eine bestimmte Beweistatsache, ein bestimmtes Beweismittel und eine bestimmt behauptete Konnexität enthalten. Seine Besonderheit liegt lediglich in der Verknüpfung von Haupt- und Hilfsantrag.   **113**

---

356 Vgl. hierzu BGH StV 1991, 349.

357 BGHSt 40, 287 = NJW 1995, 603 = NStZ 1995, 144 = StV 1995, 1.

358 Vgl. *Hamm/Hassemer/Pauly*, Beweisantragsrecht, Rn 69; *Alsberg/Dallmeyer*, Der Beweisantrag im Strafprozess, Rn 172.

359 BGH MDR 1951, 275 (D); RG JW 1932, 2161 m. Anm. *Bohne*; *Alsberg/Nüse/Meyer*, Der Beweisantrag im Strafprozess, 5. Aufl. 1983, S. 62 m.w.N.; **a.A.** *Alsberg/Dallmeyer*, Der Beweisantrag im Strafprozess, Rn 172; Löwe/Rosenberg/*Becker*, StPO, § 244 R. 154.

360 RGSt 62, 76; *Alsberg/Dallmeyer*, Der Beweisantrag im Strafprozess, Rn 170 m.w.N.

Als **Hauptantrag**, mit dem der Verteidiger seinen Hilfsbeweisantrag verknüpft, kommt insbes. in Betracht:

■ der **Antrag auf Freispruch**;[361]

> *Passender Hilsbeweisantrag:*
> Für den Fall, dass der Angeklagte nicht freigesprochen werden sollte, wird beantragt, (...)

■ der Antrag auf **Verhängung einer Strafe nur in einer bestimmten Höhe**,[362] wenn sich aus der Überschreitung einer bestimmten Strafhöhe besondere zusätzliche Erschwernisse für den Angeklagten, wie z.B. die Vorbestraftheit oder der Entzug einer Erlaubnis ergeben;

> *Passender Hilsbeweisantrag:*
> Für den Fall, dass das Gericht eine Strafe von mehr als 90 Tagessätzen verhängen sollte, wird beantragt, (...)

■ der Antrag auf Verurteilung zu einer **Bewährungsstrafe**;[363]

> *Passender Hilsbeweisantrag:*
> Für den Fall, dass das Gericht die Strafe nicht zur Bewährung aussetzen sollte, wird beantragt, (...)

■ der Antrag auf Verurteilung nur zu einer **Geldstrafe**;

> *Passender Hilsbeweisantrag:*
> Für den Fall, dass das Gericht den Angeklagten nicht zu einer Geldstrafe verurteilen sollte, wird beantragt, (...)

■ der Antrag auf Verurteilung nur wegen eines **bestimmten Tatvorwurfs**;

> *Passender Hilsbeweisantrag:*
> Für den Fall, dass Gericht den Angeklagten nicht nur wegen Beihilfe zur Untreue verurteilen sollte, wird beantragt, (...)

■ der Antrag, dass im Urteil die **Fahrerlaubnis** nicht entzogen wird;

> *Passender Hilsbeweisantrag:*
> Für den Fall, dass das Gericht dem Angeklagten die Fahrerlaubnis entziehen sollte, wird beantragt, (...)

---

361 BGH StV 1991, 349.
362 Siehe allerdings BGH NStZ 1995, 246.
363 Siehe BGH NStZ 1998, 209.

■ der Antrag, dass der Angeklagte nicht untergebracht oder gegen ihn eine andere **Maß-regel der Besserung und Sicherung** verhängt wird.

> *Passender Hilsbeweisantrag:*
>
> Für den Fall, dass das Gericht den Angeklagten in einer Entziehungsanstalt unter-bringen sollte, wird beantragt, dass (…)

4. Zeitpunkt der Ablehnung bedingter Beweisanträge

Wann das Gericht seine **Entscheidung über die Gründe für die Ablehnung** ei-nes bedingten Beweisantrags **bekannt geben muss**, wird in Literatur und Rechtspre-chung uneinheitlich beantwortet. Die diesbezügliche Diskussion ist unübersichtlich.[364] Die Unübersichtlichkeit wird noch dadurch erhöht, dass die Begriffe bedingter Be-weisantrag, Hilfsbeweisantrag und Eventualbeweisantrag nicht einheitlich verwendet werden. **114**

Klar ist jedoch zunächst, dass es überhaupt nur **zwei unterschiedliche Zeitpunkte** gibt, zu denen das Gericht die Gründe für die Ablehnung eines bedingten Beweisantrags bekannt geben kann: **Noch während der laufenden Beweisaufnahme** oder **erst im Urteil**. Entscheidungen im Laufe der Beweisaufnahme haben für den Verteidiger den Vorteil, dass er Rückschlüsse auf den Meinungsstand der Richter ziehen und ggf. noch reagieren kann.

In diesem Zusammenhang ist zu beachten, dass nach allgemeiner Auffassung die **Stel-lung eines Hilfsbeweisantrags** dergestalt ausgelegt wird, dass der Antragsteller auf die Bekanntgabe der Ablehnungsgründe des Gerichts vor der Urteilsverkündung verzich-te.[365] Nur so erklärt es sich, dass vielfach von Verteidigern bei einem Hilfsbeweisantrag der Zusatz verwendet wird, dass auf eine Entscheidung über den Eintritt der Bedingung vor der Urteilsverkündung nicht verzichtet wird (sog. **Bescheidungsklausel**). Mit diesem Zusatz soll unliebsamen Überraschungen vorgebeugt werden. Er hilft jedoch letztlich nicht weiter, wenn die Bedingung eine Entscheidung über die Schuld- und Rechtsfolgen-frage voraussetzt, weil das Gericht nicht während der Beweisaufnahme zu einer Bedin-gung Stellung nehmen kann, über deren Vorliegen es sich erst in der Urteilsberatung Klar-heit verschaffen kann.[366] **115**

---

364 Vgl. ausführlich zu den unterschiedlichen Meinungen in Rspr. und Lit. *Burhoff*, HV, Rn 457.

365 St. Rspr., vgl. u.a. BGHSt 32, 10, 13; BGH NStZ 1991, 47; 1998, 98; *Meyer-Goßner/Schmitt*, § 244 Rn 44a m.w.N.

366 BGHSt 40, 287; BGH NStZ-RR 1996, 362 = StV 1996, 529; NStZ 1995, 98; vgl. zur sog. „Bescheidungsklau-sel" auch Widmaier/*Widmaier/Norouzi*, MAH Strafverteidigung, § 9 Rn 96.

Hinweis:

Gleichwohl wird die sog. **Bescheidungsklausel** („Auf eine Entscheidung über den Antrag vor der Urteilsverkündung wird nicht verzichtet.") **in der Literatur** durchaus auch **weiterhin empfohlen,**[367] weil sie das Gericht zumindest dazu veranlassen könne, den Antragsteller darauf hinzuweisen, dass über seinen Antrag nicht vor der Urteilsverkündung entschieden werden könne. Der Verteidiger habe dann die Möglichkeit, die Bedingung aufzugeben und den Antrag als unbedingten Beweisantrag weiterzuverfolgen.[368] M.E. kann die Bescheidungsklausel allenfalls zu einer **gewissen „Absicherung"** solcher bedingter Beweisanträge beitragen, bei denen sich der Verteidiger selbst nicht ganz sicher ist, ob er sie – unwillentlich – mit einer Bedingung versehen hat, über die erst bei der Urteilsfindung entschieden werden kann. Bei allen anderen Anträgen ist die Klausel nutzlos und wird auch von der Rechtsprechung als unbeachtlich angesehen.[369]

116 Wenn es, wie oben erläutert, nur **zwei Zeitpunkte** gibt, zu denen die Gründe für die Ablehnung eines bedingten Beweisantrags mitgeteilt werden können, führt dies unmittelbar zu folgendem Ergebnis:

■ Die Gründe für die Ablehnung eines bedingten Beweisantrags, der den **Ablauf der Beweisaufnahme** betrifft, sind zwingend auch im Laufe der Beweisaufnahme bekannt zu geben. Das gilt z.B. bei allen Bedingungen, die an Prozesshandlungen geknüpft sind.

■ **Wirkt** die Bedingung jedoch **in die Urteilsberatung und die Urteilsfindung hinein** und kann ihr Eintritt erst mit der Urteilsfindung festgestellt werden, müssen die Ablehnungsgründe erst im Urteil mitgeteilt werden. Das gilt z.B. für alle Bedingungen, die die Schuld- oder Rechtsfolgenfrage betreffen (Sonderfall des Hilfsbeweisantrags).

Es ist deshalb bei der **Formulierung** der bedingten Beweisanträge immer zu prüfen, ob die Bedingung in die Urteilsfindung hineinwirkt, ob also über den Eintritt der Bedingung erst entschieden werden kann, wenn das Gericht zu einer abschließenden Bewertung der Sach- und Rechtslage gelangt ist. In diesem Fall muss das Gericht erst im Urteil seine Ablehnungsgründe darlegen. In allen anderen Fällen wird über den bedingten Beweisantrag bereits während der Beweisaufnahme zu entscheiden sein.

---

367 Siehe *Burhoff*, HV, Rn 458 f. und 460.
368 Siehe *Burhoff*, HV, Rn 458 f.
369 Siehe z.B. BGH NStZ 1991, 47; 1995, 98; BGH StV 1996, 529 f.

Hinweis:

Die Problematik, ob über einen bedingten Beweisantrag noch in der Beweisaufnahme oder erst im Urteil entschieden werden muss, stellt sich allerdings nur, **wenn das Gericht den Antrag ablehnen will**. Auch bei einem Hilfsbeweisantrag, der im Schlussvortrag für den Fall einer Verurteilung statt des angestrebten Freispruchs gestellt wurde, muss das Gericht erneut in die Beweisaufnahme eintreten, wenn es die Beweistatsache als für die Urteilsfindung wesentlich ansieht.

5. Formulierung bedingter Beweisanträge

Der Verteidiger kann durch die **Wahl seiner Bedingung** und durch die **Formulierung seines Antrags** selbst bestimmen, wann er vom Gericht über die Ablehnung des Antrags unterrichtet werden muss. Auf die Auswahl und Formulierung der Bedingung ist deshalb besonderes Augenmerk zu legen. 117

Unproblematisch sind insoweit Bedingungen, die an eine **bestimmte Prozesslage** anknüpfen, wie z.B. 118

■ die Vereidigung eines bestimmten Zeugen,

■ die Erreichbarkeit eines Beweismittels oder

■ die Behandlung eines früheren Beweisantrags.

Zur Verdeutlichung einige **Formulierungsbeispiele** für bedingte Beweisanträge, die an die **Prozesslage** anknüpfen:

■ **Anknüpfung an die Vereidigung eines Zeugen:**

Für den Fall, dass das Gericht den Zeugen Z nach dessen Aussage vereidigen sollte, beantrage ich zum Beweis der Tatsache, dass …(…) die Verlesung folgender Unterlagen: (…).

■ **Anknüpfung an die Erreichbarkeit eines Zeugen:**

Für den Fall, dass der von der Verteidigung in einem gesonderten Beweisantrag benannte Zeuge Z aufgrund (…) nicht vernommen werden kann, beantrage ich zum Beweis der Tatsache, dass (…) die Vernehmung des Zeugen X.

■ **Anknüpfung an die Ablehnung eines Beweisantrags:**

Für den Fall, dass der von der Verteidigung am (…) gestellte Beweisantrag auf Vernehmung des Zeugen Z wegen Bedeutungslosigkeit abgelehnt werden sollte, beantrage ich zum Beweis der Tatsache, dass (…) die Vernehmung des Zeugen X.

Derartige bedingte Beweisanträge sind noch während der laufenden Beweisaufnahme zu behandeln, weil der Eintritt der Bedingung bereits während der laufenden Beweisaufnahme feststeht und nicht in die Urteilsfindung hineinwirkt. Eine Ablehnungsentscheidung wäre deshalb noch im Laufe der Beweisaufnahme zu verkünden.

119 **Ebenfalls unproblematisch** sind Bedingungen, die an einen **verfahrensbeendenden Hauptantrag** anknüpfen. Derartige bedingte Beweisanträge stellen den Sonderfall in Form des Hilfsbeweisantrags dar und die Gründe für ihre Ablehnung sind unzweifelhaft erst im Urteil zu benennen.

Zur Verdeutlichung auch hier zwei

Formulierungsbeispiele für Hilfsbeweisanträge:

■ Für den Fall, dass der Angeklagte nicht freigesprochen werden sollte, beantrage ich die Vernehmung des Zeugen Z zum Beweis der Tatsache, dass (…).

■ Für den Fall, dass das Gericht den Angeklagten nicht zu einer zur Bewährung ausgesetzten Strafe verurteilen sollte, beantrage ich zum Beweis der Tatsache, dass (…), die Vernehmung folgender Zeugen: (…).

Die genannten Bedingungen, wie Freispruch oder Bewährungsstrafe treten zwangsläufig erst dann ein, wenn das Gericht sein Urteil gefunden hat. Es ist deshalb ausreichend, wenn das Gericht einen Ablehnungsbeschluss zu solchen Hilfsbeweisanträgen erst im Urteil bekannt gibt. Will das Gericht den in dem Hilfsantrag angebotenen Beweis allerdings erheben, muss es erneut in die Beweisaufnahme eintreten. Der Wiedereintritt in die Beweisaufnahme wäre dann das Signal für den Verteidiger, dass das Gericht seinen Mandanten eigentlich anders als von ihm im Schlussvortrag beantragt, verurteilen wollte.

120 **Zweifel** darüber, ob eine vom Verteidiger gewählte Bedingung in die Urteilsfindung hineinwirkt und deshalb ein entsprechender bedingter Beweisantrag vom Gericht auch erst im Urteil abgelehnt werden müsste, können sich insbes. in den Fällen ergeben, in denen die **Beweiswürdigung in der Bedingung aufgegriffen wird**. So hat z.B. der BGH entschieden, dass es sich bei einem bedingten Beweisantrag auf Einholung eines Glaubwürdigkeitsgutachtens, der für den Fall gestellt ist, dass das Gericht von der Glaubwürdigkeit eines Zeugen ausgeht und dessen Aussage für glaubhaft hält, um einen notwendigerweise erst mit dem Urteil zu bescheidenden Hilfsbeweisantrag handele, weil über die Frage der Glaubwürdigkeit erst i.R.d. Urteilsberatung zu befinden sei.[370]

121 Bedingungen, die mit der Beweisaufnahme und Beweiswürdigung verknüpft sind, setzen aber nicht zwangsläufig die Urteilsberatung und Urteilsfindung voraus. Das Gericht muss sich auch schon **während der Beweisaufnahme** ein Bild von dem „aktuellen Stand", also der aktuellen Beweislage, machen. Sonst könnte es Beweisanträge nicht wegen Erwiesenheit oder Bedeutungslosigkeit einer Beweistatsache nach § 244 Abs. 3 Satz 2 StPO ablehnen. Insbes. der Ablehnungsgrund der „Bedeutungslosigkeit für die Entscheidung"

---

370 BGH NStZ 1995, 98.

setzt voraus, dass sich das Gericht ein bestimmtes Bild von den Zusammenhängen und der rechtlichen Bewertung gemacht hat.[371] Ansonsten müsste man sagen, dass die Frage, ob eine Beweistatsache bedeutungslos ist, auch erst i.R.d. Urteilsberatung beantwortet werden könnte, weil das Gericht erst dann wissen kann, was es an Informationen für sein Urteil benötigt. Nachdem aber Gerichte über die Bedeutungslosigkeit von Beweistatsachen bei einem unbedingten Beweisantrag gem. § 244 Abs. 6 StPO in der laufenden Hauptverhandlung zu entscheiden haben und auch entscheiden können, muss es umgekehrt auch möglich sein, eine **Beweiserhebung vom jeweils „aktuellen Stand" der Beweisaufnahme abhängig zu machen**. Wichtig ist, dass der Verteidiger dies durch die sprachliche Fassung seines bedingten Antrags klar zum Ausdruck bringt.

Auch hier zur Verdeutlichung zwei Beispiele:

Formulierungsbeispiele:

■ **Beispiel für eine Bedingung, die erst im Rahmen der Urteilsfindung eintreten kann:**

Für den Fall, dass das Gericht beim Angeklagten nicht ohnehin von Notwehr ausgeht, wird beantragt, ergänzend den Zeugen Z, ladungsfähige Anschrift (…) zu vernehmen, zum Beweis der Tatsache, dass (…).

■ **Beispiel für eine Bedingung, die bereits während der Beweisaufnahme eintreten kann:**

Für den Fall, dass das Gericht nach dem bisherigen Stand der Beweisaufnahme noch keine ausreichenden Tatsachen für das Vorliegen einer Notwehrhandlung beim Angeklagten sehen sollte, wird beantragt, ergänzend den Zeugen Z, ladungsfähige Anschrift (…) zu vernehmen, zum Beweis der Tatsache, dass (…).

Die **unterschiedliche sprachliche Fassung** ist von entscheidender Bedeutung. Im ersten Beispiel beantragt der Antragsteller erst dann die ergänzende Vernehmung eines Zeugen, wenn das Gericht nicht ohnehin von einer Notwehr ausgeht. Die Frage, ob das Gericht dem Angeklagten den Rechtfertigungsgrund der Notwehr zugutehält oder nicht, wird aber zwangsläufig erst in der Urteilsberatung entschieden. Es wäre deshalb ausreichend, wenn das Gericht einen Ablehnungsbeschluss bzgl. dieses Antrags erst mit dem Urteil bekannt gibt.

Im zweiten Beispiel geht es hingegen um etwas anderes: Der Antragsteller begehrt weitere Beweiserhebungen für den Fall, dass die **bisher ermittelten Tatsachen** aus der Sicht des Gerichts **nach dem aktuellen Stand** noch nicht ausreichen sollten, um einen bestimmten Sachverhalt – hier eine Notwehrlage –annehmen zu können. Über diesen An-

371 Ebenso auch *Alsberg/Nüse/Meyer*, Der Beweisantrag im Strafprozess, 5. Aufl. 1983, S. 59 (insoweit abweichend von der Folgeauflage).

trag wird das Gericht noch im Laufe der Beweisaufnahme entscheiden müssen, wenn es tatsächlich die Grundlagen einer Notwehrsituation durch die bereits erfolgte Beweisaufnahme als noch nicht ausreichend belegt ansieht. Die Bedingung zielt somit lediglich darauf ab, Beweiserhebungen zu solchen Aspekten überflüssig zu machen, die vom Gericht ohnehin schon als geklärt angesehen werden. Was das Gericht i.R.d. Beweisaufnahme bereits als geklärt bzw. nicht geklärt ansieht, darüber kann und muss es aber bei entsprechend formulierten bedingten Beweisanträgen schon während der laufenden Hauptverhandlung entscheiden.

Hinweis:

Will der Verteidiger bereits während der Beweisaufnahme eine Entscheidung über seinen Antrag erreichen, muss er also mit seiner Bedingung an **Prozesshandlungen der Verfahrensbeteiligten**, eine bestimmte **Prozesslage** oder an den **Sachstand der laufenden Beweisaufnahme** anknüpfen. Er sollte zudem darauf achten, dass er im **Konjunktiv** formuliert, um zum Ausdruck zu bringen, dass die Bedingung **bereits an die Möglichkeit** und **nicht erst an das Ergebnis** einer bestimmten Bewertung anknüpft.

122 Zur Verdeutlichung dieses komplexen Themengebiets deshalb nachfolgend noch **weitere Formulierungsbeispiele** für bedingte Beweisanträge, die noch während der laufenden Beweisaufnahme zu bescheiden wären:

■ **Bedingter Beweisantrag zur Bewertung von Zeugenaussagen:**

Für den Fall, dass das Gericht nach dem bisherigen Stand der Beweisaufnahme die Sachverhaltsschilderung des Zeugen Z als wahrheitsgemäß und dessen Aussage als erlebnisbasiert und glaubhaft ansehen sollte, wird beantragt, den Zeugen X, ladungsfähige Anschrift (…) zu vernehmen, zum Beweis der Tatsache, dass (…)

Hinweis:

Da das Gericht bereits während der laufenden Beweisaufnahme aufgrund bereits vernommener Zeugen zu einer gewissen Einschätzung des Sachverhalts gelangen bzw. sich ein Bild über die Aussagequalität einer Aussage machen muss, um festlegen zu können, welche weiteren Beweiserhebungen noch notwendig sind, kann an eine solche Einschätzung des Gerichts auch mit einer entsprechend formulierten Bedingung angeknüpft werden.

■ **Bedingter Beweisantrag zur Bewertung von Tatbestandsmerkmalen:**

Für den Fall, dass das Gericht nach dem bisherigen Stand der Beweisaufnahme davon ausgehen sollte, dass eine Täuschungshandlung des Angeklagten gegenüber dem Zeugen Z vorliegen könnte, beantrage ich zum Beweis der Tatsache, dass der Zeuge Z keinen Vermögensschaden erlitten hat, die Verlesung folgender Unterlagen: (…)

Hinweis:

Damit das Gericht bei Tatbeständen, deren Tatbestandsmerkmale aufeinander aufbauen, zu einer Verurteilung gelangen kann, muss es den Sachverhalt, den es unter das jeweilige Tatbestandsmerkmal subsumieren will, schrittweise feststellen. So kann z.B. beim Tatbestand des Betruges gem. § 263 StGB der Sachverhalt, in dem eine Täuschungshandlung gesehen werden könnte, bereits feststehen, wohingegen z.b. zum Vermögensschaden noch keine Sachverhaltsfeststellungen getroffen worden sein können. Da Sachverhaltsfeststellungen zum Vermögensschaden jedoch entbehrlich sind, wenn das Gericht bereits eine Täuschungshandlung als nicht gegeben ansehen würde, kann eine entsprechend formulierte Bedingung an die diesbezügliche Einschätzung des Gerichts anknüpfen. Das Gericht muss sich bzgl. eines vorrangig zu prüfenden Tatbestandsmerkmals auch bereits eine bestimmte Meinung gebildet haben, weil es beim Nichtvorliegen eines vorrangigen Tatbestandsmerkmals die zur Prüfung der weiteren Tatbestandsmerkmale notwendige Beweisaufnahme gar nicht mehr durchführen dürfte.

■ **Bedingter Beweisantrag zur Bewertung der Einlassung des Angeklagten:**

Für den Fall, dass das Gericht nach dem bisherigen Stand der Beweisaufnahme davon ausgehen sollte, dass der Angeklagte nicht die von ihm angegebenen Alkoholtrinkmengen zu sich genommen haben könnte, beantrage ich die Einholung eines Sachverständigengutachtens zum Beweis der Tatsache, dass (…)

Hinweis:

Da die glaubhafte Einlassung eines Angeklagten, insbes. auch sein Geständnis, weitere Beweiserhebungen entbehrlich machen können, kann eine Bedingung auch daran anknüpfen, wie das Gericht die Einlassung des Angeklagten einschätzt.

Die oben aufgeführten **Beispiele sind** selbstverständlich **nicht abschließend.** Der Verteidiger kann die Bedingung für sein Beweisbegehren frei bestimmen. Solange er mit seiner Bedingung an den **aktuellen Stand der Beweisaufnahme** anknüpft und dies auch durch die konjunktivische Formulierung seines Antrags zum Ausdruck bringt, wird das Gericht seinen Antrag auch während der laufenden Beweisaufnahme gem. § 244 Abs. 6 StPO verbescheiden oder dem Antrag nachgehen müssen. Nur in den Fällen, in denen die an den aktuellen Stand der Beweisaufnahme anknüpfende **Bedingung nicht eintritt,** muss das Gericht den Beweisantrag nicht behandeln. Es ist aber dann in den Urteilsgründen daran **123** gebunden, dass es die Bedingung während der Beweisaufnahme als nicht eingetreten angesehen hat. Mit dem Inhalt der Bedingung darf es sich deshalb im Urteil nicht in Widerspruch setzen. Andernfalls kann dies einen revisionserheblichen Rechtsfehler darstellen. Kann die Bedingung allerdings erst **i.R.d. Urteilsfindung** eintreten, weil sie nach ihrer Art oder Formulierung in die Urteilsfindung hineinwirkt, reicht es aus, wenn über den Beweisantrag erst i.R.d. Urteils entschieden wird.

Hinweis:

Immer wieder erlebt man in der Praxis, dass die Gerichte davon ausgehen, ein bedingter Beweisantrag könne grundsätzlich erst im Urteil verbeschieden werden. Wenn der Verteidiger mit einem bedingten Beweisantrag im o.g. Sinne an den Stand der Beweisaufnahme anknüpft und das Gericht zu einer Positionierung noch während der Hauptverhandlung bewegen möchte, sollte er zur Sicherheit aktiv darauf hinweisen, dass es sich bei seinem Antrag nicht um einen Hilfsbeweisantrag handelt, der in die Urteilsberatung hineinwirkt, sondern um einen bedingten Beweisantrag zum vorläufigen Stand der Beweisaufnahme. Sinnvollerweise erfolgt dieser Hinweis in schriftlicher Form am Ende des Beweisantrags z.B. mit folgender klarstellenden Formulierung: „Der vorliegende bedingte Beweisantrag knüpft mit seiner Bedingung an den vorläufigen/aktuellen Stand der Beweisaufnahme an, sodass es sich nicht um einen Hilfsbeweisantrag handelt, der erst im Urteil verbeschieden werden darf. Sollte das Gericht der Auffassung sein, dass die in dem vorliegenden Beweisantrag gesetzte Bedingung eingetreten ist, wird auf eine Bescheidung des Antrags im Rahmen der Hauptverhandlung ausdrücklich nicht verzichtet."

6. Kongruenz

124   Besonderes Augenmerk muss der Verteidiger schließlich auch darauf legen, dass die **Bedingung nicht im Widerspruch zum Beweisbegehren** steht (Kongruenz). So kann z.B. kein Alibibeweis unter der Bedingung angeboten werden, dass der Angeklagte nicht ohnehin zu einer milden Strafe verurteilt wird. Alibibeweis und milde Strafe passen nicht zusammen. Konsequenterweise wäre bei einem stichhaltigen Alibi nur ein Freispruch möglich. Nach der Rechtsprechung des BGH ist ein **inkongruenter bedingter Beweisantrag unzulässig.**[372]

Beispiel für einen inkongruenten und deshalb unzulässigen bedingten Beweisantrag:

„Sollte der Angeklagte wegen der ihm angelasteten gefährlichen Körperverletzung nicht allenfalls zu einer Freiheitsstrafe von zwei Jahren mit Strafaussetzung zur Bewährung

---

372 BGHSt 40, 287, 289; BGH NStZ 1995, 246.

verurteilt werden, beantrage ich die Vernehmung des Zeugen Z, ladungsfähige Anschrift (...) zum Beweis der Tatsache, dass sich der Angeklagte zum Tatzeitpunkt mit dem Zeugen Z in einem Wochenendurlaub in Italien befunden hat und deshalb als Täter nicht in Betracht kommt".

Selbstverständlich hätte der Verteidiger in dem oben genannten Beispiel den Alibizeugen mittels eines unbedingten Beweisantrags benennen können. Auch ein Hilfsbeweisantrag für den Fall der Verurteilung wäre in Betracht gekommen. Der Verteidiger hätte also z.b. i.R.d. Plädoyers beantragen können, dass er die Vernehmung des Alibizeugen beantrage, wenn das Gericht den Angeklagten nicht ohnehin freisprechen sollte. Ein solcher Antrag wäre zulässig gewesen. Die Vernehmung des Alibizeugen hingegen unter die Bedingung zu stellen, dass keine Bewährungsstrafe verhängt wird, ist inkonsequent, weil dies bedeuten würde, dass das Gericht bei einer Verurteilung zu einer Strafe von zwei Jahren auf Bewährung den angebotenen Alibizeugen nicht mehr hören müsste, da die Bedingung nicht eingetreten wäre. Der Verteidiger würde bei einer solchen Bedingung also **eine Verurteilung eines möglicherweise unschuldigen Angeklagten in Kauf nehmen**. Der bedingte Beweisantrag ist deshalb aufgrund seiner Widersprüchlichkeit unzulässig. Selbstverständlich wird die Aufklärungspflicht nach § 244 Abs. 2 StPO aber in einem solchen Fall gleichwohl das Gericht zwingen, den durch den unzulässigen bedingten Beweisantrag bekannt gewordenen Alibizeugen von Amts wegen zu vernehmen.

E. Zeitpunkt der Antragstellung des Beweisantrages

Grds. besteht das Recht, Beweisanträge zu stellen, auch **außerhalb der Hauptverhandlung**. Allerdings ist zu beachten, dass es für Beweisanträge, die außerhalb der Hauptverhandlung gestellt werden, keine den §§ 244 Abs. 3 bis Abs. 6, 245 Abs. 2 StPO vergleichbaren Regelungen zur Bescheidung und Ablehnung von Beweisanträgen gibt. Daraus folgt, dass außerhalb der Hauptverhandlung gestellte Anträge auf Beweiserhebung **keine förmlichen Beweisanträge** sind und in der Hauptverhandlung wiederholt werden müssen, wenn der Verteidiger eine Entscheidung über sie herbeiführen will. Gleichwohl kann es sich in bestimmten Fällen anbieten, bestimmte Beweiserhebungen, z.B. die Vernehmung von Entlastungszeugen oder die Einholung eines Sachverständigengutachtens, bereits vor einer evtl. Hauptverhandlung anzuregen oder zu beantragen, um auf die Ermittlungen des Sachverhalts frühzeitig Einfluss zu nehmen. **125**

I. Der Beweisantrag im Ermittlungsverfahren

Im Ermittlungsverfahren wird das Beweisantragsrecht des Beschuldigten in den Vorschriften der §§ 163a Abs. 2, 166 Abs. 1 und 168d Abs. 2 StPO geregelt. **126**

1. Das Beweisantragsrecht bei polizeilichen und staatsanwaltschaftlichen Vernehmungen

127   In § 163a Abs. 2 StPO ist ausdrücklich anerkannt, dass dem Beschuldigten **gegenüber der Polizei** und **Staatsanwaltschaft** im Ermittlungsverfahren ein Beweisantragsrecht zukommt. Beantragt der Beschuldigte zu seiner Entlastung die Aufnahme von Beweisen, sind diese gem. § 163a Abs. 2 StPO zu erheben, wenn sie für das Verfahren von Bedeutung sind. Ein solcher **Beweisantrag im Ermittlungsverfahren** ist grds. **formfrei**, die strengen Formvorschriften, die für Beweisanträge in der Hauptverhandlung gelten, finden im Ermittlungsverfahren keine Anwendung.[373] Die strenge Unterscheidung zwischen Beweisantrag und Beweisermittlungsantrag ist in diesem Verfahrensabschnitt ebenfalls überflüssig, weil die qualifizierten Ablehnungsvorschriften des § 244 Abs. 3 bis Abs. 6 StPO hier noch nicht gelten.[374]

> *Hinweis:*
>
> **Obwohl** die Beweisantragsstellung im Ermittlungsverfahren **formfrei** ist, sollte nach Möglichkeit nicht nur eine mündliche, sondern eine **schriftliche Antragstellung** erfolgen, um das Beweisbegehren aktenkundig zu machen. Nur so können in späteren Verfahrensstadien evtl. Ermittlungsdefizite nachgewiesen werden, wenn dem Beweisantrag nicht nachgegangen werden sollte. Bei der Antragstellung im Rahmen von Vernehmungen ist darauf zu achten, dass der Antrag in das Vernehmungsprotokoll aufgenommen wird.[375]

128   Gem. § 163a Abs. 2 StPO ist ein beantragter **Beweis zu erheben, wenn er für das Verfahren von Bedeutung ist.** Dies beurteilt sich nach ähnlichen Kriterien wie sie für den Ablehnungsgrund der „Bedeutungslosigkeit" nach § 244 Abs. 3 Satz 2 StPO entwickelt wurden.[376] Die Erhebung von Beweisen darf also nicht unterbleiben, wenn sie für die Sachverhaltsfeststellung und damit für die Entscheidung über die Anklageerhebung von Bedeutung ist.[377] Die Entscheidung, ob eine vom Beschuldigten beantragte Beweiserhebung durchzuführen ist, soll nach gewichtiger Meinung die Staatsanwaltschaft nach pflichtgemäßem Ermessen treffen.[378] Dem wird nach a.A. entgegengehalten, dass

---

373 Siehe auch *Hamm/Hassemer/Pauly*, Beweisantragsrecht, Rn 467.
374 *Alsberg/Tsambikakis*, Der Beweisantrag im Strafprozess, Rn 586; KK-StPO/*Griesbaum*, § 163a Rn 8; Löwe/Rosenberg/*Erb*, StPO, § 163a Rn 109.
375 Vgl. hierzu auch *Alsberg/Tsambikakis*, Der Beweisantrag im Strafprozess, Rn 586.
376 Löwe/Rosenberg/*Erb*, StPO, § 163a Rn 112; KK-StPO/*Griesbaum*, § 163a Rn 8.
377 *Nelles*, StV 1986, 74, 77.
378 *Meyer-Goßner/Schmitt*, StPO, § 163a Rn 15; KK-StPO/*Griesbaum*, § 163a Rn 8; *Alsberg/Tsambikakis*, Der Beweisantrag im Strafprozess, Rn 587; SSW-StPO/*Ziegler*, § 163a Rn 17.

§ 163a Abs. 2 StPO einen Anspruch auf Erhebung eines Beweises begründe, wenn dieser von Bedeutung sei, da das Gesetz ausdrücklich davon spreche, dass solche Beweise zu erheben „sind".[379]

Praktische Bedeutung erlangt diese Streitfrage jedoch kaum, da das Gesetz an die ermessensfehlerhafte Nichterhebung von Beweisen im Ermittlungsverfahren keine Konsequenzen knüpft. Außer einer Dienstaufsichtsbeschwerde oder einer Gegenvorstellung stehen dem Beschuldigten keine Möglichkeiten offen, eine fehlerhafte Nichterhebung der von ihm beantragten Beweise zu rügen.

Gleichwohl gibt es **Verfahrenskonstellationen**, in denen der Verteidiger auf einen Beweisantrag im Ermittlungsverfahren gegenüber Polizei und Staatsanwaltschaft nicht verzichten sollte. Dies gilt insbes. dann,   **129**

- wenn bei der Erhebung des beantragten Beweises die **Einstellung** des Verfahrens **nach § 170 Abs. 2 StPO** als wahrscheinlich erscheint, wie z.b. beim Alibibeweis;
- wenn die Beweiserhebung dazu führen kann, dass die Staatsanwaltschaft die Schuld des Beschuldigten als gering ansieht und dadurch eine **Einstellung nach den §§ 153, 153a StPO** infrage kommt;
- wenn der **Verlust eines Beweismittels** droht,[380] wie z.B. in den Fällen, in denen wichtige Zeugen sich nur für kurze Zeit im Inland aufhalten oder die Tatörtlichkeiten Veränderungen unterworfen sind, die eine umfassende Spurensicherung erschweren oder unmöglich machen.

Sofern entsprechenden Beweisanträgen im Ermittlungsverfahren seitens der Polizei oder Staatsanwaltschaft nicht nachgegangen worden ist, muss der Verteidiger diese Beweisanträge im Zwischenverfahren bzw. Hauptverfahren unbedingt wiederholen.

2. Das Beweisantragsrecht bei richterlichen Vernehmungen

Auch bei **richterlichen Vernehmungen** steht dem Beschuldigten gem. § 166 Abs. 1   **130**
StPO ein Beweisantragsrecht zu. Die Vorschrift des § 166 Abs. 1 StPO gilt für sämtliche Fälle einer richterlichen Vernehmung, **insbes. bei Entscheidungen über** die Verhängung von **Untersuchungshaft**. Hierbei ist es gleichgültig, ob die Haftvorführung aufgrund eines Haftbefehls gem. § 115 StPO erfolgt oder infolge einer vorläufigen Festnahme (§ 127 StPO) auf § 128 StPO beruht.

---

379 Löwe/Rosenberg/*Erb*, StPO, § 163a Rn 107; *Nelles*, StV 1986, 77; *Krekeler*, NStZ 1991, 367; *Eisenberg*, Beweisrecht der StPO, Rn 555; AK-StPO/*Achenbach*, § 163a Rn 3.
380 In einem solchen Fall hat die Staatsanwaltschaft bereits gem. § 160 Abs. 2 StPO dafür Sorge zu tragen, dass ein solcher Beweis erhoben wird, bevor er verlustig geht.

Der Beweiserhebungsanspruch gegenüber dem Richter ist jedoch gem. § 166 Abs. 1 StPO an **enge Voraussetzungen** geknüpft. Das Gericht ist nur dann zur Beweiserhebung verpflichtet,

■ wenn der **Beweis erheblich ist** und sein **Verlust droht** oder

■ wenn die beantragte Beweiserhebung unmittelbar zur **Freilassung des Beschuldigten** führen kann.

Diese Einschränkungen beruhen darauf, dass das Ermittlungsverfahren von der Staatsanwaltschaft geführt wird (§ 160 StPO). Liegt allerdings ein Fall des § 166 Abs. 1 StPO vor, kann der Ermittlungs- oder Haftrichter die beantragte Beweiserhebung auch **gegen den Willen der Staatsanwaltschaft** anordnen.[381] Zu beachten ist, dass i.R.d. § 166 Abs. 1 StPO nur einzelne, ergänzende Ermittlungshandlungen in Betracht kommen.[382] Der Ermittlungs- und Haftrichter ist nicht berufen, eine umfassende oder ausgedehnte Beweisaufnahme zur Klärung des Tatvorwurfs vorzunehmen. Ob ein Beweis „erheblich" i.S.d. § 166 Abs. 1 StPO ist, beurteilt sich nach den gleichen Kriterien wie die Frage, ob ein Beweis „von Bedeutung" i.S.d. § 163a Abs. 2 StPO ist.

131 Der **Antrag auf Beweiserhebungen** gegenüber dem Richter wird demnach immer dann in Betracht kommen,

■ wenn ein **Beweismittelverlust droht**, z.B. wenn ein Zeuge schwer erkrankt ist bzw. sich nur kurz im Inland aufhält oder ein Augenscheinsobjekt unterzugehen droht,[383] oder

■ wenn der **dringende Tatverdacht bzw. das Vorliegen eines Haftgrundes beseitigt** werden kann,[384] z.B. durch Vernehmung eines Alibizeugen oder mithilfe einer Gegenüberstellung.

Sofern entsprechenden Beweisanträgen durch den Ermittlungs- oder Haftrichter nicht nachgegangen worden ist, muss der Verteidiger diese Beweisanträge im Zwischenverfahren bzw. Hauptverfahren unbedingt wiederholen. Ein Verstoß des Richters gegen § 166 Abs. 1 StPO kann nach h.M. nämlich schon im Hinblick auf § 167 StPO nicht mit einem Rechtsmittel, insbes. nicht mit der Beschwerde, angefochten werden.[385]

---

381 Löwe/Rosenberg/*Erb*, StPO, § 166 Rn 1.

382 Löwe/Rosenberg/*Erb*, StPO, § 166 Rn 9; SSW-StPO/*Sing*, § 166 Rn 2.

383 *Alsberg/Tsambikakis*, Der Beweisantrag im Strafprozess, Rn 601; siehe auch *Schlothauer*, StV 1995, 160, der auch den drohenden Verlust der Erinnerung eines Zeugen als einen Fall des § 166 StPO ansieht.

384 Löwe/Rosenberg/*Erb*, StPO, § 166 Rn 7; SSW-StPO/*Sing*, § 166 Rn 4; LG Berlin StV 2004, 10; **a.A.** *Schlothauer*, StV 1995, 158, 164.

385 *Meyer-Goßner/Schmitt*, StPO, § 166 Rn 5; Löwe/Rosenberg/*Erb*, StPO, § 166 Rn 13, *Hamm/Hassemer/ Pauly*, Beweisantragsrecht, Rn 477; im Ergebnis auch LG Berlin StV 2004, 1995, 164; a.A. SK-StPO/*Wohlers*, § 166 Rn 20 und *Schlothauer*, StV 1995, 164.

3. Der Antrag auf Hinzuziehung eines Sachverständigen zur Augenscheinseinnahme

Gem. § 168d Abs. 2 StPO kann der Beschuldigte zu einem **richterlichen Augenschein** **132**
einen eigenen **Sachverständigen hinzuziehen**, wenn sich das Gericht zur Augenscheinseinnahme ebenfalls eines Sachverständigen bedient. Der eigene **Sachverständige der
Verteidigung** soll hierdurch insbes. die Möglichkeit erhalten, dem Beschuldigten und
seinem Verteidiger die nötige Sachkunde zu vermitteln und die Tätigkeit des gerichtlichen Gutachters zu kontrollieren.[386] Um sein Recht auf Hinzuziehung eines eigenen
Sachverständigen ausüben zu können, muss mit der **Terminsnachricht** (§ 168 Abs. 1
Satz 2 i.V.m. § 168c Abs. 5 Satz 1 StPO) auch mitgeteilt werden, dass der Richter einen
oder mehrere Sachverständige hinzugezogen hat.[387]

Der **Antrag auf Hinzuziehung eines eigenen Sachverständigen** gem. § 168d Abs. 2
StPO ist formfrei und bedarf keiner Begründung. Der hinzuzuziehende Sachverständige
muss jedoch namentlich bezeichnet werden und es muss angegeben werden, in welchem
Fachgebiet der Sachverständige tätig ist.[388] Gem. § 168d Abs. 2 Satz 1 StPO kann der Be-
schuldigte seinen eigenen Sachverständigen auch selbst laden (§ 220 Abs. 1, Abs. 2
StPO).

Der **Richter kann** gem. § 168d Abs. 2 Satz 2 StPO die **Teilnahme des Sachverständigen
der Verteidigung ablehnen**, wenn zu befürchten ist, dass durch dessen Teilnahme die
Tätigkeit des vom Richter bestellten Sachverständigen behindert wird. Hierüber hat der
Richter nach pflichtgemäßem Ermessen zu entscheiden.[389] Schließt der Richter einen
vom Beschuldigten benannten oder geladenen Sachverständigen von der Teilnahme
am Augenschein aus, kann der Beschuldigte Beschwerde einlegen.[390] Diese hat jedoch
keine aufschiebende Wirkung, sodass sie nach Durchführung des Augenscheins gegen-
standslos wird.[391]

II. Der Beweisantrag im Zwischenverfahren

Gem. § 201 StPO ist der Angeschuldigte mit der Zustellung der Anklage aufzufordern, **133**
sich darüber zu erklären, ob er die Vornahme einzelner **Beweiserhebungen vor der Entscheidung über die Eröffnung des Hauptverfahrens** beantragen will. § 201 StPO ent-

---

386 Vgl. KK-StPO/*Griesbaum*, § 168d Rn 3.
387 Vgl. *Meyer-Goßner/Schmitt*, StPO, § 168d Rn 2.
388 Löwe/Rosenberg/*Erb*, StPO, § 168d Rn 13.
389 Löwe/Rosenberg/*Erb*, StPO, § 168d Rn 13.
390 SK-StPO/*Wohlers*, § 168d Rn 13; *Meyer-Goßner/Schmitt*, StPO, § 168d Rn 13.
391 *Meyer-Goßner/Schmitt*, StPO, § 168d Rn 3; Löwe/Rosenberg/*Erb*, StPO, § 168d Rn 20; a.A. SK-StPO/
Wohlers, § 168d Rn 13.

hält somit in Fortführung des § 163a Abs. 2 StPO ein Beweisantragsrecht des Angeschuldigten im Zwischenverfahren. Von diesem Beweisantragsrecht im Zwischenverfahren wird jedoch in der Praxis nur selten Gebrauch gemacht.[392] Ein Grund für die geringe praktische Relevanz dürfte sein, dass die Beweiserhebung in der Hauptverhandlung zumeist sehr viel effektiver ist, z.b. weil die Möglichkeit zu konfrontativer Befragung von Zeugen besteht oder suggestive Befragungen von Zeugen besser unterbunden werden können.

134   **Beweisanträge im Zwischenverfahren** können allerdings v.a. dann sinnvoll sein,

■ wenn die Beweiserhebung geeignet ist, den in der Anklageschrift dargelegten **Tatverdacht zu widerlegen**, z.b. durch die Vernehmung eines Alibizeugen oder die Vorlage entlastender Urkunden,

■ wenn durch die Beweiserhebung das **Vorliegen eines Verfahrenshindernisses** oder eines **Beweisverwertungsverbots** belegt werden kann oder

■ wenn ein **Beweismittelverlust** droht, z.b. wenn ein Zeuge schwer erkrankt ist bzw. sich nur kurz im Inland aufhält oder ein Augenscheinsobjekt unterzugehen droht.

135   Ein **Beweisantrag im Zwischenverfahren** kann in geeigneten Fällen auch dazu genutzt werden, **um Strafzumessungstatsachen unter Beweis zu stellen.** Zwar können Strafzumessungstatsachen im Zwischenverfahren nicht unmittelbar zum Tragen kommen. Allerdings können sie Einfluss auf die sachliche Zuständigkeit haben, die die Gerichte im Zwischenverfahren zu überprüfen haben. Kann z.b. in einem beim LG angeklagten Betrugsfall durch eine Beweiserhebung im Zwischenverfahren geklärt werden, dass der Betrugsschaden nicht, wie in der Anklage angenommen, 100.000 EUR, sondern lediglich 5.000 EUR beträgt, kann sich daraus für das im Zwischenverfahren zuständige Gericht die Notwendigkeit ergeben, das Verfahren gem. § 209 StPO vor einem „niedrigeren" Gericht zu eröffnen.[393]

136   Für Beweisanträge im Zwischenverfahren gelten nach mittlerweile wohl überwiegender Meinung die **Anforderungen des § 219 StPO** nicht, d.h. der Antrag zur Erhebung von Beweisen muss nicht zwingend eine konkrete Beweistatsache und ein konkretes Beweismittel enthalten, sondern kann auch als Beweisermittlungsantrag gestellt werden.[394] Wenn das **Gericht einem Beweisantrag im Zwischenverfahren stattgibt,** setzt das **Verfahren nach § 202 StPO** ein und es erfolgt die weitere Aufklärung des Sachverhalts. Bei richterlichen Vernehmungen sind dann die Vorschriften über richterliche Untersuchungshandlungen und die Anwesenheitsrechte des § 168c StPO zu beachten.[395]

---

392 Vgl. auch *Hamm/Hassemer/Pauly*, Beweisantragsrecht, Rn 480.

393 Siehe zu diesem Beispiel *Hamm/Hassemer/Pauly*, Beweisantragsrecht, Rn 481.

394 *Meyer-Goßner/Schmitt*, StPO, § 201 Rn 6; Löwe/Rosenberg/*Stuckenberg*, StPO, § 201 Rn 27; *Alsberg/ Tsambikakis*, Der Beweisantrag im Strafprozess, Rn 617; *Kretschmer*, StraFo 2013, 187; a.A. *Hamm/ Hassemer/Pauly*, Beweisantragsrecht, Rn 483.

395 *Hamm/Hassemer/Pauly*, Beweisantragsrecht, Rn 483; *Eisenberg*, Beweisrecht der StPO, Rn 754; OLG Hamburg, StV 1996, 419.

Hinweis:

Sehr häufig wird die Vornahme zusätzlicher Beweiserhebungen im Zwischenverfahren der Staatsanwaltschaft bzw. der Polizei übertragen. Dies ändert jedoch nichts daran, dass es sich um eine vom **Gericht veranlasste Beweiserhebung** handelt, sodass auch bei einer solchen polizeilichen oder staatsanwaltschaftlichen Beweiserhebung die Anwesenheitsrechte des § 168c StPO gelten.[396]

Wenn das **Gericht einem Beweisantrag im Zwischenverfahren nicht nachkommen will**, hat es den Beweisantrag mittels eines Beschlusses abzulehnen (§ 201 Abs. 2 Satz 1 StPO). Das Gericht darf den Beweisantrag nicht stillschweigend übergehen.[397] Der Ablehnungsbeschluss muss, obwohl er gem. § 201 Abs. 2 Satz 2 StPO unanfechtbar ist, gem. § 34 StPO mit Gründen versehen werden. Der Ablehnungsbeschluss kann gleichzeitig mit der Eröffnungsentscheidung ergehen.[398]

137

Umstritten ist, unter welchen **Voraussetzungen** ein im Zwischenverfahren gestellter Beweisantrag abgelehnt werden kann:

■ Nach einer Ansicht soll sich das Gericht bereits im Zwischenverfahren an den Ablehnungsgründen des § 244 Abs. 3 und Abs. 4 StPO zu orientieren haben, soweit sie auf die Situation des Zwischenverfahrens passen.[399]

■ Nach der wohl h.M. sollen die Ablehnungsgründe des § 244 Abs. 3 und Abs. 4 StPO im Zwischenverfahren nicht gelten. Die Ablehnung eines Beweisantrags im Zwischenverfahren soll vielmehr bereits dann gerechtfertigt sein, wenn die gem. § 203 StPO für die Eröffnung des Hauptverfahrens notwendige Beurteilung des hinreichenden Tatverdachts keine weiteren Beweiserhebungen erforderlich macht.[400]

Hinweis:

In jedem Fall unzulässig ist die Ablehnung eines Beweisantrags im Zwischenverfahren mit der Begründung, die Beweise würden ohnehin in der Hauptverhandlung erhoben,[401] die Entscheidung werde dem Vorsitzenden nach § 219 StPO vorbehalten[402] oder die Beweistatsache werde in der Hauptverhandlung als wahr unterstellt.[403]

---

396 *Deckers,* Der strafprozessuale Beweisantrag, Rn 318; *Hamm/Hassemer/Pauly,* Beweisantragsrecht, Rn 484.
397 *Meyer-Goßner/Schmitt,* StPO, § 201 Rn 7; Löwe/Rosenberg/*Stuckenberg,* StPO, § 201 Rn 39.
398 *Meyer-Goßner/Schmitt,* StPO, § 201 Rn 7.
399 Vgl. KMR-StPO/*Seidl,* § 201 Rn 26; Löwe/Rosenberg/*Stuckenberg,* StPO, § 201 Rn 35.
400 *Meyer-Goßner/Schmitt,* StPO, § 201 Rn 8; KK-StPO/*Schneider,* § 201 Rn 18.
401 *Meyer-Goßner/Schmitt,* StPO, § 201 Rn 8.
402 RGSt 72, 231; Löwe/Rosenberg/*Stuckenberg,* StPO, § 201 Rn 37; *Meyer-Goßner/Schmitt,* StPO, § 201 Rn 8.
403 RGSt 73, 193; *Alsberg/Tsambikakis,* Der Beweisantrag im Strafprozess, Rn 620; *Meyer-Goßner/Schmitt,* StPO, § 201 Rn 8.

III. Der Beweisantrag vor der Hauptverhandlung

1. Beweisanträge nach § 219 StPO

138 Zwischen der **Eröffnung des Hauptverfahrens** und dem **Beginn der Hauptverhandlung** haben der Angeklagte und sein Verteidiger gem. § 219 StPO die Möglichkeit, die Ladung von Zeugen oder Sachverständigen oder die Herbeischaffung anderer Beweismittel zur Hauptverhandlung zu beantragen. Der Antrag auf Einnahme eines Augenscheins vor der Hauptverhandlung fällt jedoch nicht unter § 219 StPO, sondern unter § 225 StPO. Ein Beweisantrag nach § 219 StPO muss **schriftlich oder zu Protokoll der Geschäftsstelle** gestellt werden und eine bestimmte Beweistatsache und ein bestimmtes Beweismittel enthalten.[404] Besonders zu beachten ist aber, dass ein gem. § 219 StPO vor der Hauptverhandlung gestellter Beweisantrag einen Beweisantrag in der Hauptverhandlung nicht ersetzen kann. Will der Verteidiger sein Beweisbegehren über einen förmlichen Beweisantrag in die Hauptverhandlung einführen, muss er deshalb den **vor der Verhandlung gestellten Antrag** in der Hauptverhandlung mündlich **wiederholen**.

Hinweis:

Auch **bedingte Beweisanträge** sind bereits vor der Hauptverhandlung zulässig.[405] Allerdings können sie nur dann Erfolg haben, wenn der Vorsitzende schon vor der Verhandlung die Voraussetzungen für gegeben erachtet, von denen der Antragsteller die Beweiserhebung abhängig macht.[406]

Obwohl die **formellen Anforderungen** an einen Beweisantrag vor und in der Hauptverhandlung identisch sind, ist für die Entscheidung über einen vor der Hauptverhandlung gestellten Beweisantrag allein der Vorsitzende zuständig. Ein Beschluss des (gesamten) Gerichts wäre deshalb unzulässig.[407]

Die **Entscheidung des Vorsitzenden** darüber, ob er dem Beweisantrag stattgibt oder ihn ablehnt, muss, sofern dies aufgrund rechtzeitiger Antragsstellung zeitlich möglich ist, noch vor der Hauptverhandlung ergehen.[408] Die Verweisung der Entscheidung an das erkennende Gericht ist ebenso unzulässig[409] wie das Übergehen des Antrags. **Beweisermittlungsanträge** brauchen allerdings nicht beschieden zu werden.[410]

---

404 *Meyer-Goßner/Schmitt*, StPO, § 219 Rn 1; Löwe/Rosenberg/*Jäger*, StPO, § 219 Rn 4; a.A. KMR-StPO/ *Eschelbach*, § 219 Rn 15 (formlose Antragstellung möglich).
405 Vgl. z.B. OLG Celle VRS 17, 281, 284; *Meyer-Goßner/Schmitt*, StPO, § 219 Rn 1.
406 *Meyer-Goßner/Schmitt*, StPO, § 219 Rn 1; *Alsberg/Tsambikakis*, Der Beweisantrag im Strafprozess, Rn. 643.
407 *Meyer-Goßner/Schmitt*, StPO, § 219 Rn 2 m.w.N.; Löwe/Rosenberg/*Jäger*, StPO, § 219 Rn 6; *Alsberg/ Tsambikakis*, Der Beweisantrag im Strafprozess, Rn. 645 f.
408 *Hamm/Hassemer/Pauly*, Beweisantragsrecht, Rn 488; *Meyer-Goßner/Schmitt*, StPO, § 219 Rn 2.
409 BGHSt 1, 286; *Alsberg/Tsambikakis*, Der Beweisantrag im Strafprozess, Rn 648 m.w.N. in Fn 23.
410 *Meyer-Goßner/Schmitt*, StPO, § 219 Rn 2; *Alsberg/Tsambikakis*, Der Beweisantrag im Strafprozess, Rn. 644.

Hinweis:

Ist ein vor der Hauptverhandlung gestellter **Beweisantrag übergangen** worden, ist dies nicht unmittelbar ein Revisionsgrund. Allerdings wird der Vorsitzende, um den Anforderungen an ein faires Verfahren zu genügen, einen vor der Hauptverhandlung gestellten, nicht beschiedenen Beweisantrag in der Hauptverhandlung aufzugreifen und die beantragte Beweiserhebung mit den Verfahrensbeteiligten zu erörtern haben.[411] Dabei muss der Angeklagte zugleich darauf hingewiesen werden, dass er den Antrag in der Hauptverhandlung erneut mündlich stellen muss, um den formellen Anforderungen zu genügen.

Für die Entscheidung des Vorsitzenden über einen vor der Hauptverhandlung gestellten Beweisantrag gelten die **Ablehnungsgründe des § 244 Abs. 3 bis Abs. 5 StPO mit einigen Abweichungen.** Insoweit gilt Folgendes: **139**

■ Der Vorsitzende darf den **Verlauf der Beweisaufnahme** in seiner Entscheidung **nicht vorwegnehmen,** insbes. die Beweiserhebung also nicht alleine deshalb ablehnen, weil sie dem aus den Akten ersichtlichen Ermittlungsergebnis widerspricht;[412]

■ die Ablehnung des Beweisantrags verbunden mit der Zusage, das erkennende Gericht werde die behauptete **Beweistatsache als wahr unterstellen,** ist ebenfalls **unzulässig;**[413]

■ schließlich scheidet auch die Ablehnung des Beweisantrags mit der Begründung aus, dass die **Beweistatsache bereits erwiesen** sei, solange noch gar keine Beweisaufnahme stattgefunden hat.[414]

Die Entscheidung des Vorsitzenden, mit der ein Beweisantrag abgelehnt werden soll, muss die **Ablehnungsgründe benennen.**[415] Sie muss allerdings nicht den strengen Anforderungen des § 244 Abs. 6 StPO genügen.[416] Zu beachten ist aber, dass den Vorsitzenden bei einer unterlassenen oder unzulässigen Entscheidung über den Beweisantrag bestimmte Fürsorgepflichten treffen.[417] So muss er bei unterlassener Bescheidung den Antragsteller fragen, ob dieser den Antrag aufrecht erhalten wolle und ihn darauf hinweisen, dass der Antrag in diesem Fall wiederholt werden muss.[418] Eine unzulässige Wahr-

---

411 Löwe/Rosenberg/*Jäger*, StPO, § 219 Rn 25 m.w.N.; KMR-StPO/*Eschelbach*, § 219 Rn 60.

412 Löwe/Rosenberg/*Jäger*, StPO, § 219 Rn 12.

413 BGHSt 1, 51, 53; RGSt 75, 165, 167; *Meyer-Goßner/Schmitt*, StPO, § 219 Rn 3; Löwe/Rosenberg/*Jäger*, StPO, § 219 Rn 13; KK-StPO/*Gmel*, § 219 Rn 6.

414 *Hamm/Hassemer/Pauly*, Beweisantragsrecht, Rn 489.

415 *Meyer-Goßner/Schmitt*, StPO, § 219 Rn 4.

416 *Meyer-Goßner/Schmitt*, StPO, § 219 Rn 4; Löwe/Rosenberg/*Jäger*, StPO, § 219 Rn 17; *Alsberg/Tsambikakis*, Der Beweisantrag im Strafprozess, Rn 655.

417 *Alsberg/Tsambikakis*, Der Beweisantrag im Strafprozess, Rn 659 ff.; *Meyer-Goßner/Schmitt*, StPO, § 219 Rn 5.

418 *Meyer-Goßner/Schmitt*, StPO, § 219 Rn 5 m.w.N. aus der obergerichtlichen Rspr.

unterstellung des vor der Hauptverhandlung gestellten Beweisantrags zwingt den Vorsitzenden dazu, dem Antragsteller eine abweichende Ansicht des Gerichts mitzuteilen.[419]

140   **Rechtsmittel gegen die Entscheidung des Vorsitzenden** nach § 219 StPO sind nach h.M. **nicht gegeben**: Die Beschwerde ist nach § 305 Satz 1 StPO unzulässig und auch eine Anrufung des Gerichts nach § 238 Abs. 2 StPO ist nicht möglich.[420] Auch die Revision kann auf eine Verletzung des § 219 StPO nicht gestützt werden, da das Urteil hierauf nicht beruhen kann.[421] Allerdings kann die Verletzung der oben genannten Fürsorgepflichten des Vorsitzenden in der Revision als Verletzung des § 244 Abs. 2 StPO[422] oder des fair trial-Grundsatzes[423] gerügt werden, insbes. bei Nichteinhaltung einer Wahrunterstellung.

> *Hinweis:*
>
> Aufgrund der eingeschränkten Möglichkeiten, eine unterbliebene oder unzulässige Entscheidung des Vorsitzenden über einen vor der Hauptverhandlung gestellten Beweisantrag anzufechten bzw. zum Gegenstand der Revision zu machen, sollte der Verteidiger einen vor der Hauptverhandlung gestellten Beweisantrag unbedingt in der Hauptverhandlung wiederholen. Nur dann kann er erreichen, dass eine fehlerhafte Entscheidung über den Beweisantrag Erfolg versprechend in der Revision gerügt werden kann.

2.   Beweisanträge nach § 225a Abs. 2 und § 270 Abs. 4 StPO

141   Wenn ein Gericht vor Beginn der Hauptverhandlung die **sachliche Zuständigkeit eines Gerichts höherer Ordnung**[424] für begründet erachtet, legt es die Akten gemäß § 225a Abs. 1 StPO durch Vermittlung der Staatsanwaltschaft diesem vor. Wenn die Hauptverhandlung schon begonnen hat, wird die Sache gemäß § 270 Abs. 1 StPO durch Beschluss an das Gericht höherer Ordnung verwiesen. Erfolgt die **Vorlage durch** den **Strafrichter** (Einzelrichter) **oder** das **Schöffengericht**, gewähren § 225a Abs. 2 und § 270 Abs. 4 StPO dem Angeklagten das Recht, innerhalb einer bei der Vorlage oder Verweisung zu bestimmenden (angemessenen) Frist, die **Vornahme einzelner Beweiserhebungen** zu beantragen. Auf diese Weise soll dem Angeklagten die Möglichkeit gewährt werden, die vom

---

419 BGHSt 1, 51; Alsberg/*Tsambikakis*, Der Beweisantrag im Strafprozess, Rn 669; *Meyer-Goßner/Schmitt*, StPO, § 219 Rn 5.

420 *Meyer-Goßner/Schmitt*, StPO, § 219 Rn 6; KMR-StPO/*Eschelbach*, § 219 Rn 66, 67.

421 Vgl. RGSt 75, 165; *Meyer-Goßner/Schmitt*, StPO, § 219 Rn 7; KK-StPO/*Gmel*, § 219 Rn 12.

422 Vgl. hierzu BGHSt 1, 51, sowie *Meyer-Goßner/Schmitt*, StPO, § 219 Rn 7 unter Hinweis auf OLG Köln NJW 1954, 46 und OLG Saarbrücken VRS 29, 292.

423 Vgl. hierzu BGHSt 32, 44, 47.

424 § 209a Nr. 2 Buchst. a gilt hier entsprechend.

vorlegenden Gericht in seinem Vorlagebeschluss aufgrführten Gründe zu entkräften, damit die Üebrnahme abgelehnt wird.[425] Beweisanträge, die gemäß § 225a Abs. 2 und § 270 Abs. 4 StPO angebracht werden, bedürfen **keiner besonderen Form**. Es gilt der Maßstab des § 201 StPO, nicht der des § 219 StPO.[426] Es kommt somit nicht auf die strengen Unterscheidungskriterien zwischen Beweisanträgen und Beweisermittlungsanträgen an.

Über den Antrag **entscheidet der Vorsitzende**, dem die Sache vorgelegt bzw. an den die Sache verwiesen worden ist, nach pflichtgemäßem Ermessen.[427] Die qualifizierten Ablehnungsgründe gemäß § 244 Abs. 3 bis Abs. 6 StPO gelten in diesem Verfahrensabschnitt nicht unmittelbar, können aber natürlich zur Entscheidungsfindung herangezogen werden.[428] Einem Beweisbegehren des Angeklagten wird regelmäßig dann nachzukommen sein, wenn die Aufklärungspflicht des § 244 Abs. 2 StPO dies gebietet, oder wenn Beweise zu sichern sind oder einzelne Beweiserhebungen im Vorfeld eine umfangreiche Beweisaufnahme in der Hauptverhandlung ersparen können.[429] Die Vorwegnahme der Beweisaufnahme in der Hauptverhandlung kann allerdings nicht verlangt werden.[430]

IV. Der Beweisantrag in der Hauptverhandlung

1. Wahl des Zeitpunktes zur Antragstellung

Für den **Beweisantrag in der Hauptverhandlung** gilt § 246 Abs. 1 StPO: Eine Beweiserhebung darf nicht deshalb abgelehnt werden, weil das Beweismittel oder die Beweistatsache **zu spät vorgebracht** worden sei.

142

Daraus folgt:

■ Beweisanträge sind **bis zum Beginn der Urteilsverkündung zulässig**.[431] Bis zu diesem Zeitpunkt ist das Gericht verpflichtet, Beweisanträge entgegenzunehmen, und zwar auch dann, wenn es sich um einen sog. Verkündungstermin handelt.[432]

---

425 Alsberg/*Tsambikakis*, Der Beweisantrag im Strafprozess, Rn 675 m.w.N.; KK-StPO/*Gmel*, § 225a Rn 20; Löwe/Rosenberg/*Jäger*, StPO, § 225a Rn 34.

426 Vgl. Alsberg/*Tsambikakis*, Der Beweisantrag im Strafprozess, Rn 679 m.w.N.

427 Vgl. Alsberg/*Tsambikakis*, Der Beweisantrag im Strafprozess, Rn 681 m.w.N.; KK-StPO/*Gmel*, § 225a Rn 22; Löwe/Rosenberg/*Jäger*, StPO, § 225a Rn 43.

428 Alsberg/*Tsambikakis*, Der Beweisantrag im Strafprozess, Rn 679 m.w.N.; *Pfeiffer*, StPO, § 225a Rn 5; KMR/*Eschelbach*, StPO, § 225a Rn 39.

429 Alsberg/*Tsambikakis*, Der Beweisantrag im Strafprozess, Rn 681.

430 Alsberg/*Tsambikakis*, Der Beweisantrag im Strafprozess, Rn 681; Löwe/Rosenberg/*Jäger*, StPO, § 225a Rn 43.

431 St. Rspr.; BGHSt 16, 389, 391; 21, 118, 124; BGH NStZ 2005, 395 m.w.N.; *Meyer-Goßner/Schmitt*, StPO, § 244 Rn 33 m.w.N.

432 BGH NStZ 2005, 395; KG StV 1991, 59.

■ Ab dem Beginn der Urteilsverkündung **bis zum Schluss der mündlichen Urteils-begründung**[433] liegt es im Ermessen des Vorsitzenden, ob das Gericht weitere Beweisanträge entgegennimmt.[434] Der Vorsitzende muss sich zu diesem Zeitpunkt das Wort nicht mehr entziehen lassen.[435]

> *Hinweis:*
>
> **Gibt der Antragsteller** noch vor dem Beginn der Urteilsverkündung gegenüber dem Gericht **zu erkennen,** dass er noch einen oder mehrere Beweisanträge stellen will, so ist ihm hierfür das Wort zu erteilen.[436] **Lehnt der Vorsitzende die Entgegennahme eines Beweisantrags ab,** der noch **vor der Urteilsverkündung** gestellt wurde, muss der Verteidiger nach § 238 Abs. 2 StPO das Gericht anrufen.[437] Diese Vorgehensweise empfiehlt sich auch im Hinblick auf die Revision, da nicht abschließend geklärt ist, ob der Antrag nach § 238 Abs. 2 StPO Voraussetzung für eine Revisionsrüge ist.[438]

Wird die **Urteilsverkündung** zur Entgegennahme eines Beweisantrags **unterbrochen,** liegt darin allein allerdings noch kein Wiedereintritt in die Beweisaufnahme. Der Vorsitzende kann deshalb die Urteilsverkündung fortsetzen, ohne dass das Gericht über den Beweisantrag nach § 244 Abs. 3 bis Abs. 6 StPO entscheiden müsste.[439] Ob in einem solchen Fall die Fortsetzung der Urteilsverkündung ohne Wiedereintritt in die Beweisaufnahme zulässig ist, beurteilt sich allein nach der gerichtlichen Aufklärungspflicht des § 244 Abs. 2 StPO.[440]

Beginnt das Gericht allerdings nach einer Unterbrechung mit der Urteilsverkündung **nochmals vollständig von vorn** und setzt nicht lediglich eine bereits begonnene Verkündung fort, muss es einen vor der neuerlichen Verkündung angekündigten Beweisantrag entgegennehmen, wenn es nicht gegen seine Pflicht zur Entgegennahme von Beweisanträgen nach § 246 Abs. 1 StPO verstoßen will.[441]

143 Wann immer der Angeklagte oder sein Verteidiger in der Hauptverhandlung eine Beweiserhebung für notwendig erachten, müssen sie sich den **günstigsten Zeitpunkt** für die Stellung des Beweisantrags überlegen. Es ist allein dem Antragsteller überlassen, zu ent-

---

433 Vgl. hierzu BGHSt 25, 333, 335.
434 BGH NStZ 1986, 182; BGH MDR 1975, 24 (D).
435 Löwe/Rosenberg/*Becker*, StPO, § 244 Rn 125; *Meyer-Goßner/Schmitt*, StPO, § 244 Rn 33.
436 BGH NStZ 2007, 112, 113.
437 BGH NJW 1992, 3182; der Antrag nach § 238 Abs. 2 StPO ist nur dann entbehrlich, wenn der Vorsitzende den Verteidiger überhaupt nicht zu Wort kommen lässt, BGH NStZ 1992, 248.
438 Vgl. BGH NJW 1992, 3182 (Ls.) zur Notwendigkeit des Antrags nach § 238 Abs. 2 StPO, sowie BGH MDR 1992, 635 (H) zur Entbehrlichkeit des Antrags nach § 238 Abs. 2 StPO.
439 BGH MDR 1975, 24 (H); BGH NStZ 1986, 182; 1992, 248.
440 Vgl. hierzu auch *Meyer-Goßner/Schmitt*, StPO, § 244 Rn 33.
441 Siehe BGH NStZ 1992, 248 = StV 1992, 218 = wistra 1992, 195.

scheiden, wann er einen Beweisantrag stellt[442] und er darf sich hierbei auch von prozesstaktischen Gründen leiten lassen. Grds. sollte der Verteidiger darauf achten, seine Beweisanträge **vor dem Schluss der Beweisaufnahme** zu stellen. In Ausnahmefällen kann es sich aber auch durchaus empfehlen, Beweisanträge erst **im Plädoyer als** sog. **Hilfsbeweisanträge** anzubringen.[443] Es gibt für den richtigen Zeitpunkt zur Stellung von Beweisanträgen kein Patentrezept. Die folgenden Überlegungen werden aber regelmäßig bei der Wahl des Zeitpunktes der Antragsstellung eine wichtige Rolle spielen:

■ Ein **Alibizeuge** oder **entlastende Urkunden** sollten **grds. so früh wie möglich** in die Verhandlung eingeführt werden, da eine zu späte Benennung eines Entlastungsbeweises – etwa erst kurz vor dem Schluss der Beweisaufnahme – durchaus das Gegenteil dessen bewirken kann, was mit ihr bezweckt wird. Dies deshalb, weil kurz vor dem Schluss der Beweisaufnahme bereits eine gewisse Vorentscheidung vonseiten des Gerichts gefallen sein wird und die überraschende Präsentation eines Alibis nur noch als hilfloser und untauglicher Versuch angesehen werden könnte, das Ruder noch einmal herumzureißen.[444] Hierbei ist jedoch zu beachten, dass der Entlastungsbeweis nicht vor solchen Beweiserhebungen präsentiert werden sollte, die ihn unschwer wieder zunichte machen können. Hierzu ein

Beispiel:

Ein Zeuge hat sich bereits im Ermittlungsverfahren auf einen Tatzeitpunkt festgelegt, für den der Angeklagte ein Alibi hat. Dann sollte zunächst der Entlastungsbeweis noch so lange zurückgehalten werden, bis sich dieser Zeuge auch in der Hauptverhandlung auf diesen bestimmten Tatzeitpunkt festgelegt hat. Es sollte auch durch gezieltes Fragen („Warum sind Sie sich bei dem Tatzeitpunkt so sicher?") die Aussage des Zeugen richtiggehend „zementiert" werden („Ich weiß den Zeitpunkt deshalb so genau, weil an diesem Tag noch die Geburtstagsfeier meiner Schwester stattfand"). Erst dann, wenn sich der Zeuge unverrückbar festgelegt hat, sollte mittels eines förmlichen Beweisantrags der Alibibeweis präsentiert werden, um zu zeigen, dass der Zeuge die Unwahrheit sagt. Wird der Alibibeweis zu früh präsentiert, besteht die unabwendbare Gefahr, dass der Zeuge auf einen entsprechenden Vorhalt des Gerichts auf einen anderen Zeitpunkt ausweicht („Wenn ich es mir recht überlege, könnte es auch am … gewesen sein.") und der Angeklagte für diesen Zeitpunkt keinen Entlastungsbeweis mehr vorbringen kann.

---

442 BGH NStZ 2002, 161.
443 Zum Hilfsbeweisantrag vgl. ausführlich oben Rdn 111.
444 Vgl. zu dieser Problematik eingehend *Bandilla/Hassemer*, StV 1989, 551 und *Barton*, StraFo 1993, 11.

■ Die vom Verteidiger beantragten Beweiserhebungen sollten immer **im Zusammenhang mit den** in der Hauptverhandlung gerade **zu untersuchenden Themenkomplexen** stehen. Gerade bei Umfangsverfahren, die über mehrere Hauptverhandlungstage geführt werden, macht es keinen Sinn, zu einem sehr frühen oder sehr späten Zeitpunkt alle Beweisanträge auf einmal zu stellen. Dies erzeugt nur Unordnung und man verliert leicht den Überblick.

■ Beweisanträge, mit denen der Verteidiger das **Ergebnis der Beweisaufnahme festschreiben** möchte, sollten immer erst dann gestellt werden, wenn der Sachverhalt aus der Sicht des Gerichts erschöpfend behandelt worden ist. Der Verteidiger kann dann durch Beweisanträge, deren Ablehnung wegen Erwiesenheit oder Bedeutungslosigkeit bzw. deren Wahrunterstellung er erstrebt, die für ihn günstigen Beweisergebnisse unverrückbar festhalten.[445]

■ **Hilfsbeweisanträge,**[446] über die erst in den schriftlichen Urteilsgründen entschieden werden soll, sind erst i.R.d. Plädoyers zu stellen.

Der vom Angeklagten oder seinem Verteidiger gewählte Zeitpunkt zur Stellung eines Beweisantrags darf grds. **nicht zulasten des Angeklagten** verwertet werden.[447] Allerdings ist zu beachten, dass das Gericht im Rahmen der Beweiswürdigung in Rechnung stellen darf, dass sich ein sehr spät benannter Zeuge mit seiner entlastenden Aussage auf den bisherigen Verfahrensverlauf einstellen konnte.[448]

Ist die **Hauptverhandlung ausgesetzt** worden, muss der Verteidiger, da die Hauptverhandlung vollständig von Neuem beginnt, seine **Beweisanträge wiederholen.**[449] Auch die vor der Hauptverhandlung gestellten Beweisanträge sind zu wiederholen, wenn der Verteidiger eine Entscheidung über sie herbeiführen will.[450] Das Gleiche gilt nach der Aufhebung und Zurückverweisung durch das Revisionsgericht.[451] Auch hier müssen die bereits in der früheren Hauptverhandlung gestellten Beweisanträge in der neuerlichen Hauptverhandlung wiederholt werden.

2. Fristsetzung zur Beweisantragstellung

144   Der Verteidiger ist in der Wahl des Zeitpunktes zur Beweisantragstellung nicht mehr frei, wenn das Gericht ihm zur Anbringung seiner Beweisanträge eine **Frist** gesetzt hat. In der **Rechtsprechung des BGH** wurde es bereits in der Vergangenheit als zulässig erachtet,

445 Zur Festschreibung von Beweisergebnissen durch Beweisanträge siehe ausführlich Rdn 196.
446 Zum Begriff des Hilfsbeweisantrags siehe Rdn 111.
447 BGH NStZ 2002, 161; BGH NStZ-RR 2002, 259 (Be).
448 BGH NStZ 2002, 161 m.w.N.
449 BayObLG DAR 1964, 242 (R).
450 RGSt 73, 193; *Alsberg/Güntge*, Der Beweisantrag im Strafprozess, Rn 735.
451 *Meyer-Goßner/Schmitt*, StPO, § 244 Rn 34.

dass das Gericht den Verfahrensbeteiligten in bestimmten Verfahrenskonstellationen eine Frist zur Stellung von Beweisanträgen setzt, obwohl eine entsprechende gesetzliche Regelung fehlte.[452] Die Möglichkeit der von der Rechtsprechung etablierten Fristsetzung wurde vom **Gesetzgeber** mit dem Gesetz zur effektiveren und praxistauglicheren Ausgestaltung des Strafverfahrens vom 17.8.2017[453] aufgegriffen. Die hierdurch eingeführte Regelung des § 244 Abs. 6 S. 2 StPO sieht vor, dass der **Vorsitzende nach Abschluss der von Amts wegen vorgesehenen Beweisaufnahme eine angemssene Frist** zum Stellen von Beweisanträgen bestimmen kann. Wird hiervon Gebrauch gemacht, können Beweisanträge, die erst **nach Fristablauf gestellt** werden, **im Urteil beschieden** werden; eine Entscheidung in der Hauptverhandlung ist bei einem nach Ablauf der Frist gestellten Beweisantrag nicht mehr notwendig (§ 244 Abs. 6 S. 3 StPO). Das **gilt allerdings nicht,** wenn die **Stellung** des Beweisantrags **vor Fristablauf nicht möglich** war und der Antragsteller die **Tatsachen,** welche die Einhaltung der Frist unmöglich gemacht haben, zusammen mit dem erst nach Fristablauf gestellten Beweisantrag **glaubhaft** macht. Dann hat das Gericht auch über einen erst nach Fristablauf gestellten Beweisantrag noch in der laufenden Hauptverhandlung zu entscheiden.

Die in § 244 Abs. 6 S. 2 StPO getroffene gesetzliche Regelung stimmt nur teilweise mit den Inhalten der im Zusammenhang mit der Fristsetzung bei Beweisanträgen ergangenen einschlägigen höchstrichterlichen Rechtsprechung überein bzw. regelt bestimmte Bereiche, welche die Rechtsprechung als notwendige Voraussetzung einer Fristsetzung angesehen hat, gar nicht.[454]

In der Zusammenschau wird ausgehend von der Rechtsprechung des BGH und des BVerfG bei der **Fristsetzung nach § 244 Abs. 6 S. 2 StPO** Folgendes **zu beachten** sein:

■ Voraussetzung für eine wirksame Frist ist deren **Anordnung durch den Vorsitzenden,** die **förmlich ins Protokoll** aufzunehmen ist.[455] Maßgeblich sind somit alle **Umstände des Einzelfalles,** wie die bisherige Dauer des Verfahrens, der bisherige Umfang der Beweisaufnahme, die zeitliche Belastung der Verteidigung, die erforderliche BVerfG z.B. eine Frist von nur einem Tag als nicht angemessen angesehen.[456]

---

452 Siehe BGH NJW 2005, 2466 = StV 2005, 113 = NStZ 2005, 648; BGHSt 51, 333 = NJW 2007, 2501 = NStZ 2007, 659 = StraFo 2007, 418; BGH NStZ 2007, 716; StraFo 2007, 509 = StV 2008, 9; zuletzt sehr konkret BGHSt 52, 355 = NStZ 2009, 169 = StV 2009, 64.

453 BGBl I 2017 S. 3202 ff.

454 So indiziert z.B. ein nach der Frist gestellter Beweisantrag entgegen der bisherigen Rechtsprechung nicht mehr die Absicht der Prozessverschleppung, sondern eröffnet allgemein die Möglichkeit, über den verspäteten Beweisantrag erst im Urteil unter Anwendung der in § 244 Abs. 3 bis Abs. 5 StPO genannten Ablehnungsgründe zu entscheiden. Das Gesetz nennt auch keine der in der Rechtsprechung etablierten besonderen Voraussetzungen für eine Fristsetzung, wie z.B. die längere Verfahrensdauer von 10 Hauptverhandljngstagen oder die Verschleppungstendenzen im Verteidigungsverhalten.

455

456 BGH StV 2009, 581 [insoweit nicht abgedr. in BGHSt 54, 39]; BVerfG NJW 2010, 2036.

Hinweis:

Der Verteidiger sollte, wenn der Vorsitzende von der Möglichkeit der Fristsetzung nach Abschluss der von Amts wegen vorgesehenen Beweisaufnahme Gebrauch machen will, im Einzelnen (am besten schriftlich) darlegen, wieviel Zeit er noch zur Vorbereitung weiterer Beweisanträge benötigt. Geht der Vorsitzende hierauf nicht ein und setzt eine aus der Sicht der Verteidigung **zu kurz bemessene Frist**, muss der Verteidiger dies – weil es sich um eine sachleitende Anordnung des Vorsitzenden handelt – beanstanden und einen **Gerichtsbeschluss gemäß § 238 Abs. 2 StPO** herbeiführen, wenn er sich eine entsprechende Rügemöglichkeit für die Revision erhalten will.[457] In dem Antrag auf gerichtliche Entscheidung sind mit ausführlicher Begründung die Situation der Verteidigung und die Auswirkungen der Fristsetzung für die weitere Verteidigungsarbeit plausibel darzulegen. In den Fällen einer zu kurzen, angesichts des Verfahrensumfangs unangemessenen Frist ist gegebenenfalls auch die **Ablehnung des Vorsitzenden** oder – im Falle einer (bestätigenden) Entscheidung des Kollegialgerichts – sämtlicher Mitglieder der Kammer gem. § 24 StPO geboten.

■ Tritt das Gericht **nach Fristablauf erneut** in die **Beweisaufnahme** ein, so wird hierdurch dokumentiert, dass die amtliche Beweisaufnahme noch nicht abgeschlossen ist. Eine zunächst gesetzte Frist ist dann gemäß § 244 Abs. 6 S. 2 StPO, der den Abschluss der von Amts wegen vorgesehenen Beweisaufnahme voraussetzt, hinfällig und der Vorsitzende muss **eine neue Frist** zur Stellung von Beweisanträgen setzen.

■ Der Vorsitzende hat, wenn er den Verfahrensbeteiligten eine Frist zur Stellung von Beweisanträgen setzt, darauf **hinzuweisen**, dass nach Fristablauf gestellte Beweisanträge erst im Urteil zu bescheiden sind. Anders als die Fristsetzung muss dieser Hinweis in Ansehung der bisherigen Rechtsprechung allerdings nicht protokolliert werden.[458]

Das **BVerfG** hat die richterliche Rechtsfortbildung zur Fristsetzung bei Beweisanträgen nicht beanstandet, sodass die gesetzliche Regelung des § 244 Abs. 6 S. 2 StPO keinen grundsätzlichen verfassungsrechtlichen Bedenken begegnet. Es hat zudem ausdrücklich darauf hingewiesen, dass eine Überschreitung der gesetzten Frist eine **Verschleppungsabsicht** des Antragstellers **lediglich indiziere** und nicht ohne weiteres zur Ablehnung des Beweisantrags berechtige. Nach der Rechtsprechung des BVerfG stellt die Frist zur Anbringung von Beweisanträgen **keine Ausschlussfrist** dar, vielmehr bleibt die Pflicht zur Erforschung und Aufklärung des Sachverhalts (§ 244 Abs. 2 StPO) hiervon unberührt.

---

457 Vgl. hierzu BGH NJW 2011, 2821 unter Rn 5.
458 Insoweit sind die Ausführungen zur nicht erforderlichen Protokollierung des Hinweises auf die Ablehnungsmöglichkeit wegen Prozessverschleppung in BGHSt 52, 355 = NStZ 2009, 169 = StV 2009, 64 übertragbar.

Dementsprechend ist es auch weiterhin ausgeschlossen, einen Beweisantrag *allein* aufgrund eines zeitlich verzögerten Vorbringens abzulehnen.[459]

Hinweis:

Diese Entscheidung des BVerfG,[460] die noch vor der Einführung des § 244 Abs. 6 S. 2 StPO ergangen ist, behält angesichts des Wortlauts des Gesetzes ihre Gültigkeit. Mit der Vorschrift des § 244 Abs. 6 S. 2 und S. 3 StPO wird **kein neuer Ablehnungsgrund** eingeführt, sondern lediglich die Möglichkeit geschaffen, über die nach Ablauf einer Frist gestellten Beweisanträge **erst im Urteil** und nicht mehr in der laufenden Hauptverhandlung **zu entscheiden**. Für die Ablehnung eines Beweisantrags im Urteil gelten dann – wie sonst auch – die Ablehnungsgründe des § 244 Abs. 3 bis Abs. 5 StPO. Vor diesem Hintergrund kann gemäß § 244 Abs. 3 StPO u.a. auch der Ablehnungsgrund der Prozessverschleppung herangezogen werden, der aber nach dem oben Gesagten nicht schon allein deshalb vorliegt, weil der Beweisantrag nach dem Ablauf der vom Vorsitzenden gesetzten Frist gestellt wurde.

In der Regelung des § 244 Abs. 6 S. 2 StPO hat allerdings die Rechtsprechung des BGH,[461] dass eine Fristsetzung *„vorsichtiger und zurückhaltender Handhabung"* bedürfe, keinen Niederschlag gefunden. So hatte der BGH angenommen, dass eine Frist zur Stellung von Beweisanträgen nicht vor der Erledigung des gerichtlichen Beweisprogramms gesetzt werden dürfe und regelmäßig **erst nach zehn Hauptverhandlungstagen** und beim Vorliegen **bestimmter Anzeichen für Verschleppungsabsicht** im bisherigen Verteidigungsverhalten in Betracht komme.[462] Von diesen **Einschränkungen** ist in § 244 Abs. 6 S. 2 StPO keine Rede. Nach dem Gesetzeswortlaut wird der Vorsitzende ganz allgemein dazu ermächtigt, nach Abschluss der von Amts wegen vorgesehenen Beweisaufnahme eine Frist zu setzen. Dass dies erst nach zehn Hauptverhandlungstagen oder bei zu Tage getretenen Verschleppungstendenzen möglich sein soll, ist der Vorschrift des § 244 Abs. 6 S. 2 StPO nicht zu entnehmen. Insoweit bleibt die gesetzliche Regelung hinter den Anforderungen, die seitens der BGH-Rechtsprechung an eine Fristsetzung gestellt wurden, zurück.

Weiterhin Gültigkeit dürfte demgegenüber die **Entscheidung des BVerfG** haben, in der unter ausdrücklicher Bezugnahme auf die einschränkende Rechtsprechung des BGH bestätigt wurde, dass eine Fristsetzung zur Stellung von Beweisanträgen *„nur in gewissen Prozesskonstellationen ernsthaft in Betracht zu ziehen"* sei.[463] Nachdem

---

459 BVerfG NStZ 2010, 155 = NJW 2010, 592.
460 BVerfG NStZ 2010, 155 = NJW 2010, 592.
461 BGHSt 54, 39 = NJW 2009, 3248 = StV 2009, 581.
462 BGHSt 54, 39 = NJW 2009, 3248 = StV 2009, 581.
463 BVerfG NJW 2010, 2036.

es sich bei der Fristsetzung gemäß § 244 Abs. 6 S. 2 StPO um eine Ermessensentscheidung des Vorsitzenden handelt („kann"), wird sich angesichts dieser BVerfG-Rechtsprechung und des Spannungsverhältnisses zu § 246 Abs. 1 StPO ein Automatismus zur regelmäßigen Fristsetzung nach Abschluss der amtlich vorgesehenen Beweisaufnahme verbieten.[464]

Hat das Gericht unter den oben genannten Voraussetzungen eine **wirksame Frist** zur Stellung von Beweisanträgen gesetzt, können **verspätet (also nach Fristablauf) gestellte Beweisanträge** grds. erst im Urteil beschieden werden. Es bedarf also keines Gerichtsbeschlusses gemäß § 244 Abs. 6 S. 1 StPO in laufender Hauptverhandlung. Diese **Ablehnungsmöglichkeit** im Rahmen der Urteilsgründe besteht allerdings trotz Überschreitung der vom Gericht wirksam gesetzten Frist **nicht**, wenn

■ die **Aufklärungspflicht** des § 244 Abs. 2 StPO das Gericht zur Erhebung des Beweises zwingt, oder

■ der Antragsteller **substantiiert darlegt und mit dem verspätet gestellten Beweisantrag glaubhaft macht**, warum er an der Einhaltung der gesetzten Frist gehindert war. Als Mittel der Glaubhaftmachung kommen typischerweise Urkunden und ärztliche Zeugnisse, sowie anwaltliche Versicherungen oder eidesstattliche Versicherungen von Zeugen in Betracht.[465]

Hinweis:

Eine solche **substantiiert darzulegende Verhinderung** kann sich z.B. daraus ergeben, dass der Verteidiger und/oder der Angeklagte von den unter Beweis gestellten Tatsachen erst nach Ablauf der vom Gericht gesetzten Frist erfahren haben, oder dass aufgrund äußerer Umstände wie z.B. Krankheit die Einhaltung der Frist nicht möglich war. Zu beachten ist, dass die **Verhinderungsgründe zusammen mit dem „verspäteten" Beweisantrag glaubhaft gemacht** werden müssen. Es reicht nicht aus, die Glaubhaftmachung nachzureichen.

Es versteht sich von selbst, dass sich das Gericht durch eine Fristsetzung gemäß § 244 Abs. 6 S. 2 StPO nicht seiner **Amtsaufklärungspflicht nach § 244 Abs. 2 StPO** entledigen kann. Diese besteht schließlich unabhängig von jeglicher Beweisantragstellung des Verteidigers. Eine Besonderheit ergibt sich insoweit aber in folgender Hinsicht: Wird die gerichtliche Aufklärungspflicht durch einen „verspäteten" – nach Ablauf der Frist gestellten – Beweisantrag in einer Weise modifiziert, die schon unter dem Gesichtspunkt des § 244 Abs. 2 StPO zur Erhebung des Beweises zwingt, kommt eine Ablehnung des

---

464 Vgl. auch SSW-StPO/*Sättele*, § 244 Rn 129 und die amtliche Gesetzesbegründung in BT-Drucks 18/11277, S. 35.
465 SSW-StPO/*Sättele*, § 244 Rn 129.

Beweisantrags in den Urteilsgründen nicht mehr in Betracht. Dasselbe gilt, wenn der Verteidiger an der Einhaltung der Frist, z.B. durch Krankheit, spätere Kenntnis von beweisrelevanten Tatsachen o.ä. gehindert war. Auch dann muss der Beweisantrag durch Beschluss gemäß § 244 Abs. 6 S. 1 StPO beschieden und darf nicht erst im Urteil zurückgewiesen werden.

Besonders weitreichende Konsequenzen der Vorschrift des § 244 Abs. 6 S. 2 und S. 3 StPO ergeben sich im Hinblick auf die Ablehnung von **Hilfsbeweisanträgen**. Diese rühren daher, dass Hilfsbeweisanträge erst im Plädoyer und somit regelmäßig erst nach Ablauf der vom Gericht gesetzten Frist gestellt werden und die Entscheidung über den Hilfsbeweisantrag seit jeher erst im Urteil erfolgt.[466] Nach der Rechtsprechung gilt jedoch grundsätzlich, dass Hilfsbeweisanträge nicht erst im Urteil **wegen Verschleppungsabsicht** abgelehnt werden dürfen, weil dem Angeklagten und seinem Verteidiger Gelegenheit gegeben werden muss, den Verschleppungseinwand zu entkräften.[467] Für den Fall der Fristsetzung hat es der BGH allerdings explizit als zulässig angesehen, Hilfsweisanträge im Urteil unter dem Gesichtspunkt der Verschleppungsabsicht abzulehnen, wenn die **Fristsetzung protokolliert** und ein **Hinweis** auf die Ablehnungsmöglichkeit **erteilt** wurde.[468]

> *Hinweis:*
>
> Da der Hilfsbeweisantrag, der im Plädoyer mit dem Hauptantrag verknüpft wird,[469] regelmäßig nicht vor Ablauf der vom Gericht gesetzten Frist gestellt werden kann,[470] läuft der Verteidiger im Falle einer Fristsetzung somit stets Gefahr, dass sein Hilfsbeweisantrag im Urteil – ganz schlicht – wegen Verschleppungsabsicht abgelehnt werden kann. Er muss deshalb die Beweisthemen in seinen Hilfsbeweisanträgen so wählen, dass das Gericht bereits aufgrund der Aufklärungspflicht des § 244 Abs. 2 StPO zu einer Beweiserhebung gezwungen wäre, wenn die im Hilfsbeweisantrag gesetzte Bedingung eintreten sollte. Nur so kann er dem Verschleppungseinwand im Hinblick auf seinen nach der Frist gestellten Hilfsbeweisantrag begegnen.

---

466 Vgl. hierzu ausführlich *Meyer-Goßner/Schmitt*, § 244 Rn 44a.
467 Vgl. hierzu BGHSt 22, 124, 125; BGH NStZ 1998, 207; StV 1990, 394; NJW 2005, 2466 = StV 2005, 113 = NStZ 2005, 648; KK-StPO/*Krehl*, § 244 Rn 93; SSW-StPO/*Sättele*, § 244 Rn 136.
468 BGHSt 52, 355 = NStZ 2009, 169 = StV 2009, 64.
469 Siehe zum Hilfsbeweisantrag Rdn 111 ff.
470 Es sei denn, die Frist liefe erst nach den Schlussvorträgen aus, was in der Praxis nicht vorkommen wird. Die Fristsetzung wird in der Regel den Schluss der Beweisaufnahme markieren, sodass die Plädoyers – und mit diesen die Hilfsbeweisanträge – dann erst nach Fristablauf vorgetragen werden können.

F. Gestaffelte Beweisanträge

145   In aller Regel ist es **nicht sinnvoll**, zu einem bestimmten Beweisthema **gleichzeitig alle Beweismittel anzubieten**, die einem zur Verfügung stehen. Vielmehr gilt es, die Beweisanträge zu staffeln. Die **Gründe für eine solche Staffelung** können insbes. darauf beruhen,

■ dass die Beweismittel eine **unterschiedliche Qualität** aufweisen,

■ dass ein **entlastendes Beweisergebnis festgeschrieben** werden soll,

■ dass **verschiedene Tatbestandsmerkmale** aufeinander aufbauen oder

■ dass einige **Anklagevorwürfe leichter widerlegt** werden können als andere.

Der **wohl dosierte** und **in zeitlicher Hinsicht gut überlegte Einsatz von Beweisanträgen** kann unschätzbare Vorteile bringen. Der Verteidiger sollte deshalb für den konkreten Einzelfall immer ein Konzept entwickeln, in welcher Abfolge und mit welchem Inhalt er seine geplanten Beweisanträge stellt.

I. Beweismittel von unterschiedlicher Qualität

146   Die zur Verfügung stehenden **Beweismittel** können **von unterschiedlicher Qualität** sein. So kann es z.b. Zeugen geben, die ein besseres Erinnerungsvermögen haben als andere oder aufgrund zusätzlicher spezieller Sachkenntnisse besonders „wertvoll" sind. Der Verteidiger sollte grds. immer zuerst die „starken" Zeugen präsentieren. Wenn diese bereits zur Überzeugungsbildung des Gerichts ausreichen, kann auf die „schwächeren" Zeugen verzichtet werden oder die „schwächeren" Zeugen können im Rahmen sog. **affirmativer Beweisanträge**[471] zur Festschreibung des Sachverhalts noch nachgeschoben werden. Eine starke Zeugenaussage zu einem entlastenden Beweisthema sollte insbes. auch nicht dadurch wieder zunichte gemacht werden, dass ein schwacher Zeuge mögliche Unklarheiten oder Widersprüche aufwirft.

II. Festschreibung entlastender Beweisergebnisse

147   Durch **gestaffelte Beweisanträge** lassen sich auch besonders gut entlastende Beweisergebnisse festschreiben.

Hierzu ein

> *Beispiel:*
>
> Der Angeklagte hat **zwei Alibizeugen**, mit denen er in der Tatnacht Skat gespielt hat. In diesem Fall bietet es sich an, **zunächst nur einen dieser Zeugen** – den „stärkeren" – in einem Beweisantrag zu **benennen**. Steht nach seiner Aussage eigentlich fest, dass

---

471 Siehe hierzu Rdn 197.

der Angeklagte die Tat nicht begangen haben kann, weil der Zeuge glaubwürdig erklärt hat, mit dem Angeklagten zur Tatzeit Skat gespielt zu haben, kann nun zur **Absicherung des Beweisergebnisses** ein **zweiter Beweisantrag** zu dem **gleichen Thema** gestellt werden, in dem der weitere Zeuge benannt wird (= affirmativer Beweisantrag[472]). Lehnt das Gericht die Vernehmung dieses weiteren Zeugen ab, weil die Beweistatsache durch die Vernehmung des ersten Zeugen schon erwiesen sei, hat der Verteidiger sein Ziel voll erreicht: Er hat das Beweisergebnis der ersten Zeugenaussage unverrückbar festgeschrieben und weiß nun, dass das Gericht dem ersten Zeugen glaubt und seinen Mandanten freisprechen muss.

Zur Verdeutlichung zunächst ein

Beispiel für einen unzweckmäßigen Beweisantrag mit zwei Alibizeugen:

*„Zum Beweis der Tatsache, dass der Angeklagte zur Tatzeit mit den **Zeugen X und Y** in deren Wohnung im Meisenweg 10 Skat gespielt hat, beantrage ich die Vernehmung der **Zeugen X und Y**, ladungsfähige Anschrift: Meisenweg 10 in A-Burg."*

Wenn das Gericht dem Antrag folgend nun **beide Zeugen vernimmt**, mag zwar grds. der Entlastungsbeweis geführt sein, es kann aber weder die Einschätzung des Gerichts erahnt noch das Beweisergebnis mittels eines affirmativen Beweisantrags festgeschrieben werden, weil für die Beweistatsache des gemeinsamen Skatspiels nun keine weiteren Zeugen mehr zur Verfügung stehen.

Besser ist es deshalb, die **Beweisanträge zu staffeln** und **zunächst nur einen Zeugen** zu benennen, gemäß folgendem

Beispiel für einen ersten gestaffelten Beweisantrag:

Zum Beweis der Tatsache, dass der Angeklagte zur Tatzeit mit dem **Zeugen X** Skat in dessen Wohnung im Meisenweg 10 gespielt hat, beantrage ich die Vernehmung des **Zeugen X, Meisenweg 10, A-Burg**.

Wenn der Zeuge X seine entlastende Aussage gemacht hat, kann dann **der zweite Zeuge** benannt werden, gemäß folgendem

Beispiel für den zweiten gestaffelten (affirmativen) Beweisantrag

Zum Beweis der Tatsache, dass der Angeklagte zur Tatzeit auch mit dem **Zeugen Y** Skat in dessen Wohnung im Meisenweg 10 gespielt hat, beantrage ich die Vernehmung des **Zeugen Y, Meisenweg 10, A-Burg**.

Das Gericht hat nun, wenn es den zweiten Zeugen nicht auch noch vernehmen will, nur die Möglichkeit, den Beweisantrag mit der Begründung abzulehnen, dass die Beweistatsache

---

472 Vgl. hierzu auch Rdn 197.

bereits erwiesen sei. Hierdurch hat der Verteidiger dann sein Ziel erreicht: Er weiß, dass das Gericht dem ersten Alibizeugen X Glauben schenkt und die im zweiten Beweisantrag unter Beweis gestellten Beweistatsachen sind durch die Ablehnungsentscheidung unverrückbar festgeschrieben. Hierüber kann sich das Gericht in seinem späteren Urteil nicht mehr hinwegsetzen.

III. Aufeinander aufbauende Tatbestandsmerkmale

148   Gestaffelte Beweisanträge sind des Weiteren hilfreich, wenn der Straftatbestand **Tatbestandsmerkmale** aufweist, **die aufeinander aufbauen.** So ist es z.B. beim Betrug nicht notwendig, sich über die Frage des Vermögensschadens Gedanken zu machen, wenn es bereits an einer Täuschungshandlung oder einem Irrtum fehlt. Der Verteidiger kann deshalb die Beweisanträge entsprechend staffeln und z.B. zunächst versuchen, die Täuschungshandlung zu widerlegen. Erst wenn das nicht gelingt, muss er auch Beweisanträge stellen, die sich auf das Nichtvorliegen eines Vermögensschadens beziehen.

Auch hier zur Verdeutlichung ein beim Betrug zunächst nur an die Täuschungshandlung anknüpfendes

Beispiel für den ersten gestaffelten Beweisantrag:
Zum Beweis der Tatsache, dass der Käufer K bereits wusste, dass der Kilometerzähler an dem von ihm beim Angeklagten erworbenen 5er BMW, Baujahr 2005, amtl. Kennzeichen: (…), Fahrgestellnummer: (…) zurückgedreht war, wird die Vernehmung des Zeugen Z, Talstraße 3, W-Burg beantragt, der die Verkaufsverhandlungen im Auftrag des Angeklagten durchgeführt und den Käufer K über den zurückgedrehten Kilometerzähler informiert hat.

Für den Fall, dass aufgrund des angebotenen Beweises das Vorliegen einer Täuschung nicht ausgeschlossen werden kann, z.B. weil sich der angebotene Zeuge nicht erinnert oder das Gericht ihm u.U. nicht glaubt, sollte anschließend ein zweiter, z.B. an die Frage des Vermögensschadens anknüpfender Antrag gestellt werden, gemäß folgendem

Beispiel für den zweiten gestaffelten Beweisantrag:
Zum Beweis der Tatsache, dass der vom Angeklagten dem Käufer K verkaufte 5er BMW, Baujahr 2005, amtl. Kennzeichen: (…), Fahrgestellnummer: (…) auch unter Zugrundelegung des tatsächlichen Kilometerstandes den vom Käufer K bezahlten Kaufpreis i.H.v. (…) wert ist, beantrage ich die Einholung eines Sachverständigengutachtens eines Kfz-Sachverständigen zum Verkehrswert des Fahrzeugs.

Auch hier kann eine **gezielte Staffelung** zudem wieder **zur Absicherung des Beweisergebnisses** beitragen. Ist der Verteidiger z.B. der Meinung, dass sich durch die bereits erfolgte Beweisaufnahme keine Anhaltspunkte für eine Täuschungshandlung des Angeklagten ergeben haben, kann er ganz gezielt noch einen Antrag zur Frage des Vermögensschadens stellen. Wenn das Gericht dann diesen Beweisantrag gem. § 244 Abs. 3 Satz 2 StPO ablehnt, weil er – mangels Täuschung – aus rechtlichen Gründen für die Entscheidung ohne Bedeutung sei, hat der Verteidiger auch hier sein Ziel erreicht: Es steht fest, dass auch das Gericht davon ausgeht, dass bereits keine Täuschung vorgelegen hat.

IV. Unterschiedliche Widerlegbarkeit von Anklagevorwürfen

Insbes. in **Umfangsverfahren** kann der Fall eintreten, dass der Verteidiger einige der **Anklagevorwürfe leicht widerlegen** kann, während die übrigen Vorwürfe Beweisprobleme bereiten. In diesem Fall empfiehlt es sich, die Beweisanträge dergestalt zu staffeln, dass zunächst Beweiserhebungen zu den Anklagevorwürfen beantragt werden, die relativ leicht zu widerlegen sind. Erst anschließend sollten die Beweiserhebungen zu den problematischen Anklagevorwürfen beantragt werden. Dies hat zum einen zur Folge, dass der **Verfahrensstoff** durch das Aussortieren der unproblematisch widerlegbaren Fälle **eingegrenzt** wird und zum anderen die psychologisch nicht zu unterschätzende Wirkung, dass die Anklage „bröckelt". Nicht selten kann vor diesem Hintergrund das Verfahren dann auch mit einer Absprache gemäß § 257c StPO während der Hauptverhandlung zu einem vernünftigen Ende gebracht werden.

149

G. Der Beweisantrag bei präsenten Beweismitteln

I. Regelung des § 245 StPO

Das Gesetz unterscheidet in § 245 StPO zwischen den vom Gericht bzw. der Staatsanwaltschaft und den vom Verteidiger bzw. dem Angeklagten **herbeigeschafften Beweismitteln**. Insoweit gilt Folgendes:

150

- **§ 245 Abs. 1 StPO** bezieht sich auf die vom Gericht geladenen Zeugen und Sachverständigen sowie die vom Gericht oder der Staatsanwaltschaft herbeigeschafften sachlichen Beweismittel. In welcher Form die Ladung einer Beweisperson durch den Vorsitzenden erfolgt, ist gleichgültig;[473] sie kann schriftlich oder mündlich u.a. per Brief, Telefax, E-Mail, Telefon oder Mitteilung in der Hauptverhandlung vorgenommen werden.[474] Präsent ist eine Beweisperson nur, wenn auf eine entsprechende Ladung

---

473 BGH StV 1995, 567.
474 Vgl. hierzu auch Alsberg/*Tsambikakis*, Der Beweisantrag im Strafprozess, Rn 1475.

hin erschienen, d.h. anwesend und verwendbar[475] ist. Sprachschwierigkeiten stellen kein Hindernis für die Verwendbarkeit dar, da sie durch einen Dolmetscher beseitigt werden können.[476] Nicht verwendbar ist aber eine Beweisperson, die sich berechtigterweise auf ein Zeugnis- oder Auskunftsverweigerungsrecht beruft.[477]

■ **§ 245 Abs. 2 StPO** bezieht sich hingegen auf die vom Angeklagten (bzw. seinem Verteidiger) oder der Staatsanwaltschaft geladenen Zeugen und Sachverständigen sowie auf die sonstigen vom Angeklagten (bzw. seinem Verteidiger) herbeigeschafften sachlichen Beweismittel. Die Selbstladung von Zeugen durch die Staatsanwaltschaft erfolgt gemäß § 214 Abs. 3 StPO; der Angeklagte bzw. der Verteidiger können Beweispersonen gemäß § 220 Abs. 1 StPO selbst laden und müssen hierbei die weiteren Voraussetzungen des § 220 Abs. 2 StPO (Darbietung der gesetzlichen Zeugenentschädigung) beachten.[478] Während sich die Staatsanwaltschaft ebenso wie das Gericht einer formlosen Ladung bedienen kann, müssen alle übrigen Verfahrensbeteiligten Beweispersonen förmlich nach § 38 StPO durch den Gerichtsvollzieher laden lassen.

151 Im Fall des **§ 245 Abs. 1 StPO** ist das Gericht **von Amts wegen zur Beweiserhebung** der präsenten Beweismittel **verpflichtet**. Im Fall des **§ 245 Abs. 2 StPO** bedarf es hingegen **zusätzlich** zur Selbstladung der Beweisperson oder zum Herbeischaffen des sachlichen Beweismittels eines **Beweisantrags, um das Beweismittel zu einem „präsenten Beweismittel"** zu machen. Fehlt es an einem entsprechenden Beweisantrag, gilt nicht § 245 Abs. 2 StPO sondern lediglich die richterliche Amtsaufklärungspflicht gemäß § 244 Abs. 2 StPO. Für einen solchen Beweisantrag, der sich auf eine selbst geladene Beweisperson oder ein selbst herbeigeschafftes Beweismittel bezieht, gelten dieselben Anforderungen wie für jeden anderen förmlichen Beweisantrag.[479]

Zur Verdeutlichung folgende Beispiele für einen:

■ **Beweisantrag auf einen selbst geladenen Zeugen:**

Es wird beantragt, den von der Verteidigung selbst geladenen Zeugen (…) zum Beweis der Tatsache zu vernehmen, dass (…)

---

475 Vgl. MüKo-StPO/*Trüg/Habetha*, § 245 Rn 17: An der Verwendbarkeit fehlt es z.B. bei einem betrunkenen oder unter Drogeneinfluss stehenden oder psychisch kranken Zeugen.

476 Alsberg/*Tsambikakis*, Der Beweisantrag im Strafprozess, Rn 1482.

477 Vgl. BGH, Beschl. v. 4.3.1998 – 1 StR 18/98.

478 Zum Selbstladungsrecht des Verteidigers aufgrund seiner Beistandsfunktion siehe BGH NStZ 2014, 351.

479 BGH StraFo 2011, 511; NStZ 1999, 632, 633; vgl. zu den Anforderungen an einen Beweisantrag oben Rdn 24 ff.

■ **Beweisantrag auf ein herbeigeschafftes sachliches Beweismittel:**
Es wird beantragt, die von der Verteidigung herbeigeschafften und zusammen mit diesem Beweisantrag übergebenen Fotos in Augenschein zu nehmen, zum Beweis der Tatsache, dass (…)

Der **Beweisantrag gem. § 245 StPO** ist in der Hauptverhandlung **mündlich** zu stellen **152**
bzw. zu verlesen. Der Antrag muss aber nicht von demjenigen Verfahrensbeteiligten gestellt werden, der den Zeugen oder Sachverständigen geladen oder das sachliche Beweismittel herbeigeschafft hat.[480] Beim **Sachverständigen** ist jedoch zu beachten, dass dieser trotz Vorliegens der formalen Voraussetzungen wie Ladung, Zustellung, Beweisantrag und trotz seines Erscheinens in der Hauptverhandlung noch nicht zwingend ein präsentes Beweismittel i.S.d. § 245 StPO darstellt. Ein präsentes Beweismittel ist der vom Verteidiger bzw. vom Angeklagten geladene und erschienene Sachverständige nur dann, wenn er auf die Erstattung seines Gutachtens vorbereitet ist und auf dieser Grundlage unmittelbar zur Sache gehört werden kann.[481]

Hinweis:
Einen Beweisantrag gemäß § 245 Abs. 2 StPO kann der Verteidiger oder der Angeklagte auch dann noch stellen, wenn das Gericht zuvor einen auf dasselbe, zu diesem Zeitpunkt noch nicht präsente Beweismittel bezogenen Beweisantrag nach § 244 Abs. 3 bis Abs. 5 StPO abgelehnt hat. Es handelt sich insoweit nicht um eine bloße Wiederholung eines bereits abgelehnten Beweisantrags, sondern um ein neues, auf ein selbst herbeigeschafftes Beweismittel gerichtetes Beweisbegehren, über das nunmehr nach § 245 Abs. 2 StPO neu zu entscheiden ist.[482]

Da der Katalog der **Ablehnungsgründe des § 245 Abs. 2 StPO** gegenüber dem des § 244 **153**
Abs. 3 bis Abs. 5 StPO eingeschränkt ist,[483] kann es sich für den Verteidiger im Einzelfall anbieten, Beweismittel selbst herbeizuschaffen und einen auf die Erhebung der herbeigeschafften Beweise gerichteten Beweisantrag zu stellen. Der Beweisantrag auf Erhebung eines präsenten Beweismittels bietet sich v.a. für **Augenscheinsobjekte oder Urkunden** an, die in die Hauptverhandlung mitgebracht werden können bzw. die sich bereits bei den Akten oder den **Asservaten** befinden. Einen hierauf gerichteten Beweisantrag des Verteidigers wird das Gericht nur schwerlich ablehnen können.

---

480 Alsberg/*Tsambikakis*, Der Beweisantrag im Strafprozess, Rn 1537; SSW-StPO/*Sättele*, § 245 Rn 23.
481 St. Rspr., vgl. z.B. BGHSt 43, 171, 173 = NJW 1997, 3180 = StV 1997, 562 = NStZ 1998, 93; vgl. des Weiteren auch *Widmaier*, StV 1985, 526, 528 und *Witting*, StV 1998, 174.
482 KK-StPO/*Krehl*, § 245 Rn 26; SSW-StPO/*Sättele*, § 245 Rn 23; *Eisenberg*, Beweisrecht der StPO, Rn 290.
483 Siehe ausführlich hierzu unten Rdn 193.

II. Selbstladung von Zeugen und Sachverständigen

154 Will der Verteidiger einen **Zeugen oder Sachverständigen selbst laden**, muss er, wie bereits eingangs erwähnt, **besondere Formvorschriften** beachten. Der Verteidiger hat dem Zeugen oder Sachverständigen gem. § 220 i.V.m. § 38 StPO eine **schriftliche Ladung** durch den **Gerichtsvollzieher** zustellen zu lassen. Unterlässt der Verteidiger eine solche förmliche Ladung, handelt es sich bei den Zeugen **nicht um präsente**, sondern lediglich um **gestellte Beweispersonen**. Über einen auf ihre Vernehmung gerichteten Beweisantrag muss das Gericht deshalb nicht nach § 245 StPO sondern nach § 244 StPO entscheiden.[484]

155 In dem **Ladungsschreiben** muss der Verteidiger angeben, **wo und wann** sich der Zeuge oder Sachverständige bei Gericht einfinden soll. Weitere Einzelheiten, wie z.b. die Mitteilung des Beweisthemas müssen in der Ladung nicht enthalten sein.[485] Das Ladungsschreiben kann der Beweisperson gem. § 37 StPO i.V.m. § 177 StPO **überall zugestellt** werden, wo sie angetroffen wird. Die Ladung kann einem aussagebereiten Zeugen oder Sachverständigen deshalb z.b. auch noch vor dem Gerichtssaal durch den Gerichtsvollzieher zugestellt werden. So kann aus einem „gestellten" Zeugen oder Sachverständigen ein „geladener" gemacht werden. Eine formelle **Pflicht zum Erscheinen** entsteht für die Beweisperson gem. § 220 Abs. 2 StPO nur dann, wenn ihr mit der Ladung die gesetzliche Entschädigung für Reisekosten und Verdienstausfall angeboten oder deren Hinterlegung nachgewiesen wird. Die Ladung hat schließlich einen **Hinweis auf die Folgen des Ausbleibens** zu enthalten.[486]

Der **Inhalt der Ladung** des Verteidigers sollte sich orientieren an folgendem

Formulierungsbeispiel eines Ladungsschreibens:

Sehr geehrte/geehrter Frau/Herr …

vor dem LG in A-Burg vertrete ich derzeit als Verteidiger Herrn/Frau (…) in einem Strafverfahren mit dem Aktenzeichen (…)

Ich lade Sie hiermit als Zeuge/Zeugin zum Hauptverhandlungstermin am (…) um (…) vor dem LG A-Burg, Gerichtsstraße 1, A-Burg, Saal Nr. (…)

Hinsichtlich der Ihnen gesetzlich zustehenden Entschädigung als Zeuge sowie hinsichtlich Ihrer Reisekosten wird Ihnen hiermit ein Betrag i.H.v. (…) über den Gerichtsvollzieher in bar angeboten.

Ich weise Sie darauf hin, dass Ihnen im Fall Ihres Nichterscheinens die durch Ihr Ausbleiben verursachten Kosten auferlegt werden können. Des Weiteren kann gegen Sie

---

484 Vgl. hierzu *Burhoff*, StV 1997, 432, 434.
485 *Meyer-Goßner/Schmitt*, StPO, § 48 Rn 2; KK-StPO/*Gmel*, § 220 Rn 4.
486 Siehe KK-StPO/*Gmel*, § 220 Rn 4.

ein Ordnungsgeld verhängt und für den Fall, dass dieses nicht beigetrieben werden kann, Ordnungshaft festgesetzt werden. Schließlich kann Ihre zwangsweise Vorführung angeordnet werden. Diese Maßnahmen unterbleiben, wenn Sie im Fall Ihrer Verhinderung dies dem LG A-Burg mitteilen.

Hat der Verteidiger selbst Zeugen oder Sachverständige geladen, muss er diese gem. § 222 Abs. 2 StPO dem Gericht und der Staatsanwaltschaft **rechtzeitig namhaft machen.** Er muss den Wohn- bzw. Aufenthaltsort der selbst geladenen Beweispersonen mitteilen. Unterlässt er diese Mitteilung, können die anderen Verfahrensbeteiligten gem. § 246 Abs. 2 StPO die Aussetzung der Hauptverhandlung zum Zwecke der Einholung von Erkundigungen beantragen.[487] Nicht mitgeteilt werden muss in diesem Zusammenhang der Inhalt des geplanten Beweisantrags.[488]

Der **Vorteil der Selbstladung** eines Zeugen oder Sachverständigen liegt darin, dass das Gericht ihre Einvernahme nur noch in den engen Grenzen des § 245 Abs. 2 S. 2 und S. 3 StPO ablehnen kann.[489] Insbesondere kann sich das Gericht bei einem Antrag auf Vernehmung eines selbst geladenen Sachverständigen gemäß § 245 Abs. 2 StPO **nicht mehr** auf die **eigene Sachkunde** oder darauf berufen, dass das **Gegenteil** der unter Beweis gestellten Tatsache bereits durch ein früheres Gutachten erwiesen sei. Auf diese Weise kann somit die Einvernahme eines eigenen Sachverständigen erzwungen werden.

III. Durchführung der Beweiserhebung

In welcher **Reihenfolge** präsente Beweismittel zum Gegenstand der Beweisaufnahme   **156** gemacht werden, bestimmt gemäß § 238 Abs. 1 StPO ausschließlich der Vorsitzende. Ihm obliegt auch hier die Durchführung der Beweisaufnahme. Er hat allerdings auf die **Belange der erschienenen Beweispersonen** im gebotenen Umfang Rücksicht zu nehmen.[490]

Hinweis:

Ist der Verteidiger mit einer verfahrensleitenden Anordnung des Vorsitzenden im Hinblick auf ein präsentes Beweismittel nicht einverstanden, kann er diese beanstanden und gemäß § 238 Abs. 2 StPO einen Gerichtsbeschluss herbeiführen.

---

487 *Meyer-Goßner/Schmitt*, StPO, § 245 Rn 16.
488 *Meyer-Goßner/Schmitt*, StPO, § 222 Rn 9; KK-StPO/*Gmel*, § 220 Rn 4.
489 Vgl. hierzu Rdn 193.
490 Löwe/Rosenberg/*Becker*, § 245 Rn 6; SSW-StPO/*Sättele*, § 245 Rn 31.

Verzögert sich die Entscheidung über die Durchführung der Beweisaufnahme zu einem vom Angeklagten oder seinem Verteidiger selbst geladenen oder herbeigeschafften Beweismittel, hat das Gericht von Amts wegen zu einem späteren Zeitpunkt für die erneute Präsenz des Beweismittels zu sorgen.[491]

Will das Gericht einen auf die Beweiserhebung zu einem präsenten Beweismittel gerichteten Beweisantrag ablehnen, muss es durch Beschluss entscheiden. Für den Inhalt des Beschlusses und die Form seiner Bekanntgabe gilt § 244 Abs. 6 StPO.[492]

H. Der zurückgenommene Beweisantrag

157 Solange das Gericht noch nicht über einen **Beweisantrag** entschieden hat, kann dieser **zurückgenommen** werden.[493] Die Rücknahme ist nach § 273 Abs. 1 StPO im Protokoll zu beurkunden.[494] Die Rücknahme muss nicht schriftlich erfolgen, sie muss allerdings eindeutig erklärt[495] oder durch eine schlüssige Handlung vorgenommen werden.[496]

Eine **schlüssige Rücknahme** eines Beweisantrags **kann** z.B. dann **angenommen** werden,

- wenn der Verteidiger auf einen Beweisantrag nicht mehr zurückkommt, nachdem ein Beweis erhoben worden ist, den er als gleichwertig angesehen hat;[497]
- wenn von mehreren Zeugen, deren Vernehmung zum selben Beweisthema beantragt worden ist, nur einige erschienen sind und die Beweistatsache nicht bestätigt haben;[498]
- wenn von mehreren vor der Hauptverhandlung gem. § 219 StPO beantragten Zeugen einer nicht erschienen ist und der Verteidiger, der weitere bereits vor der Hauptverhandlung gestellte Beweisanträge in der Hauptverhandlung wiederholt, nicht auch die Vernehmung des nicht erschienen Zeugen wiederholt beantragt;[499]
- wenn der Angeklagte im Rahmen einer Verständigung ein Geständnis ablegt, ohne auf die zuvor zum Beweis seiner Unschuld gestellten Beweisanträge nochmals näher einzugehen.[500]

---

491 Löwe/Rosenberg/*Becker*, § 245 Rn 46; SSW-StPO/*Sättele*, § 245 Rn 33.
492 Vgl. *Rieß*, NJW 1978, 2270.
493 *Alsberg/Güntge*, Der Beweisantrag im Strafprozess, Rn 753.
494 BGH StV 1983, 319.
495 BGH MDR 1971, 18 (D).
496 BGH MDR 1971, 18 (D); BGH StV 1987, 189; NStZ 1993, 27, 28.
497 BGH MDR 1957, 268 (D).
498 KG StV 1987, 80.
499 OLG Hamm NJW 1999, 1416 (Ls.).
500 BGH StraFo 2003, 384.

Demgegenüber **liegt** eine **schlüssige Rücknahme** eines Beweisantrages **nicht vor,**

- wenn der Verteidiger lediglich erklärt, er stelle keine weiteren Beweisanträge mehr;[501]
- wenn der Verteidiger erklärt, er verzichte auf eine weitere Beweisaufnahme;[502]
- wenn der Verteidiger erklärt, er sei mit dem Schluss der Beweisaufnahme einverstanden;[503]
- wenn der Verteidiger einen zweiten Beweisantrag nach der Ablehnung eines zuvor gestellten Beweisantrags stellt und hierbei inhaltlich auf den ersten Antrag zurückgegriffen und auf den Ablehnungsbeschluss Bezug genommen wird.[504]

Hat das Gericht die **Beweisaufnahme bereits angeordnet** und ist das **Beweismittel präsent,** kommt ein **Verzicht nur noch im Einverständnis** mit den übrigen Verfahrensbeteiligten in Betracht (§ 245 Abs. 1 Satz 2 StPO).[505] Die **Rücknahme** eines Beweisantrags **gilt nur für denjenigen,** der sie erklärt. Bei gemeinschaftlichen Beweisanträgen hat die Rücknahme bzw. der Verzicht eines Antragstellers keine Auswirkungen für die übrigen Verfahrensbeteiligten, die sich dem Antrag angeschlossen haben.[506] Auch ein zurückgenommener Beweisantrag kann allerdings Wirkungen für die Revision entfalten. Die Rücknahme eines Beweisantrags entbindet das Gericht nicht, im Rahmen seiner Aufklärungspflicht zu prüfen, ob die zunächst beantragte Beweiserhebung nicht doch zur Sachverhaltsaufklärung notwendig ist.[507] In derartigen Fällen kann deshalb eine Verletzung der Aufklärungspflicht nach § 244 Abs. 2 StPO vorliegen, die trotz des zurückgenommenen Beweisantrags in der Revision mit der Aufklärungsrüge gerügt werden kann.

I. Die gerichtliche Ablehnung des Beweisantrags

Will das Gericht einen vom Verteidiger **beantragten Beweis nicht erheben,** so muss es den Beweisantrag nach den Vorschriften der §§ 244 Abs. 3 bis Abs. 6 oder 245 Abs. 2 StPO ablehnen. Ein schlichtes Übergehen eines Beweisantrags ist unzulässig.[508] Der Verteidiger muss deshalb bei der Stellung von Beweisanträgen darauf achten, dass er sich innerhalb der Grenzen bewegt, die durch die Ablehnungsgründe gesetzt sind. Der Katalog

158

---

501 BGH StV 1987, 189 m.w.N.
502 *Meyer-Goßner/Schmitt,* StPO, § 244 Rn 37; *Alsberg/Güntge,* Der Beweisantrag im Strafprozess, Rn 754; **a.A.** *Arndt,* DRiZ 1956, 31.
503 BGH NStZ 2003, 562; StV 2003, 318; KK-StPO/*Krehl,* § 244 Rn 123; SSW-StPO/*Sättele,* § 244 Rn 113; **a.A.** BGH NStZ 2005, 463, 464, wonach ein ausdrücklicher Widerspruch gegen den Schluss der Beweisaufnahme notwendig sei.
504 BGH StV 2014, 259, 260.
505 *Alsberg/Güntge,* Der Beweisantrag im Strafprozess, Rn 753.
506 KK-StPO/*Krehl,* § 244 Rn 99; SSW-StPO/*Sättele,* § 244 Rn 114.
507 Vgl. *Alsberg/Güntge,* Der Beweisantrag im Strafprozess, Rn 763; *Hamm/Hassemer/Pauly,* Beweisantragsrecht, Rn 437 a.E.
508 SSW-StPO/*Sättele,* § 244 Rn 115.

der Ablehnungsgründe in § 244 Abs. 3 bis Abs. 5 StPO ist abschließend.[509] Sieht das Gericht keinen der im Gesetz vorgesehenen Ablehnungsgründe als einschlägig an, muss es den beantragten Beweis erheben.[510]

159 Das System der Ablehnungsgründe ist geprägt vom grundsätzlichen Verbot der **Beweisantizipation.**[511] Das bedeutet zunächst, dass das Beweisergebnis eines beantragten Beweises grds. nicht zum Nachteil des Antragstellers vorweggenommen werden darf.[512] Mit dem Verbot, ein Beweisergebnis vorwegzunehmen, hatte bereits das Reichsgericht seine Ausdifferenzierung des Beweisantragsrechts begonnen.[513] Das Verbot der Beweisantizipation bedeutet aber gleichzeitig auch, dass einem bereits erhobenen Beweis kein Vorrang vor einem angebotenen, noch nicht erhobenen Beweis eingeräumt werden darf.[514] Die Bewertung und Würdigung von Beweisen kann erst nach deren vollständiger Erhebung erfolgen. Es entspricht gesicherter Lebenserfahrung, dass eine bereits als gesichert erscheinende Überzeugung durch die Beweisaufnahme wider Erwarten umgestoßen werden kann.[515]

Diesem Grundsatz folgend darf ein Beweisantrag deshalb grds. z.B. **nicht mit der Begründung abgelehnt** werden,

■ das Beweismittel sei wertlos,[516]

■ das Gegenteil der Beweistatsache stehe schon fest,[517]

■ die Beweisbehauptung sei durch die bisherige Beweisaufnahme widerlegt,[518]

■ die Beweiserhebung sei aussichtslos[519] oder

■ das Ergebnis der bisherigen Beweisaufnahme lasse die Bestätigung der Beweistatsache nicht erwarten.[520]

---

509 BGHSt 29, 149, 151.
510 SSW-StPO/*Sättele*, § 244 Rn 147.
511 Grdl. hierzu RGSt 1, 189, 190; vgl. auch BGHSt 23, 176, 188; BGH StV 2002, 350, 352; ausführlich *Hamm/Hassemer/Pauly*, Beweisantragsrecht, Rn 149.
512 BGH NStZ 1997, 503, 504; StV 1993, 187; 1986, 418; *Alsberg/Güntge*, Der Beweisantrag im Strafprozess, Rn 768 ff.; *Deckers*, Der strafprozessuale Beweisantrag, Rn 111 ff.; *Herdegen*, NStZ 1997, 505 ff.
513 RGSt 1, 189, 190.
514 *Alsberg/Güntge*, Der Beweisantrag im Strafprozess, Rn 768; grundlegend auch BGH NJW 1998, 2762 = NStZ 1997, 503 m. Anm. *Herdegen* = StV 1997, 567 m. Anm. *Wohlers*; siehe auch *Grünwald*, Beweisrecht, S. 92 und *Schulenburg*, Das Verbot der vorweggenommenen Beweiswürdigung im Strafprozess, S. 122, 123.
515 So ausdrücklich BGH StV 2002, 350, 352.
516 BGH NStZ 1984, 42; vgl. auch zur Vorabbeurteilung des Beweiswertes i.R.d. Aufklärungspflicht BGHSt 23, 176, 188 und BGH NJW 1966, 1524.
517 BGH NJW 1998, 2762 = NStZ 1997, 503 m. Anm. *Herdegen* = StV 1997, 567 m. Anm. *Wohlers*; BGH StV 1994, 62 = NStZ 1994, 169; BGH StV 1986, 418.
518 BGH StV 2001, 95; 1993, 621; 1993, 3; BGHR StPO § 244 Abs. 6, Beweisantrag 9; BGH MDR 1974, 16 (D); vgl. auch *Frister*, ZStW 105 (1993), 347 ff.
519 BGH NStZ-RR 2012, 82.
520 BGH NStZ-RR 2010, 211, 212; *Meyer-Goßner/Schmitt*, StPO, § 244 Rn 56.

Allerdings gilt das **Verbot der Beweisantizipation nicht ausnahmslos.**[521] Eine ausdrückliche Ausnahme vom Verbot der Beweisantizipation enthält § 244 Abs. 4 Satz 2 StPO für den Antrag auf Einholung eines weiteren Sachverständigengutachtens. Hier kann die Anhörung eines weiteren Sachverständigen im Einzelfall abgelehnt werden, wenn das Gegenteil der behaupteten Tatsache bereits durch ein früheres Gutachten feststeht.[522] Des Weiteren kann z.b. die Möglichkeit, über einen Antrag auf Augenschein oder die Vernehmung eines Auslandszeugen nach Ermessen zu entscheiden (§ 244 Abs. 5 StPO), im Einzelfall dazu führen, dass das Gericht das Beweisergebnis antizipiert. Ferner ergeben sich auch aus einigen Ablehnungsgründen **Durchbrechungen des Verbots der Beweisantizipation.** Um z.b. die **Offenkundigkeit** einer Beweistatsache beurteilen zu können, muss das Gericht das Ergebnis der beantragten Beweiserhebung vorwegnehmen.[523] Will das Gericht einen Antrag ablehnen, weil er lediglich zum Zwecke der **Prozessverschleppung** gestellt worden sei, setzt dies gleichzeitig die Prognose voraus, dass die beantragte Beweiserhebung nichts zugunsten des Angeklagten ergeben kann.[524] Die Ablehnung eines Beweisantrags wegen tatsächlicher Bedeutungslosigkeit ist schließlich immer schon dann möglich, wenn das Gericht die unter Beweis gestellte Tatsache in vollem Umfang als erwiesen ansieht, aber darlegt, dass diese seine Überzeugungsbildung nicht zu beeinflussen vermag.[525]

Zusätzlich zu dem durchaus komplexen System der Ablehnungsgründe der §§ 244 Abs. 3 bis Abs. 5 und 245 Abs. 2 StPO hat das Gericht **strenge formale Anforderungen** zu beachten, wenn es einen Beweisantrag ablehnen will. Nachfolgend werden deshalb Form, Inhalt und Zeitpunkt der Ablehnungsentscheidung sowie die zulässigen Ablehnungsgründe im Einzelnen dargestellt. Die genaue Kenntnis der Voraussetzungen der Ablehnung von Beweisanträgen ist für den Verteidiger unerlässlich, wenn er das Instrument des Beweisantrags zielsicher i.R.d. Hauptverhandlung einsetzen bzw. eine fehlerhafte Ablehnungsentscheidung in der Revision rügen will. **160**

I. Form und Inhalt der Ablehnungsentscheidung

1. Entscheidung durch Gerichtsbeschluss

Die **Ablehnung** eines Beweisantrags bedarf gem. § 244 Abs. 6 S. 1 StPO grds. eines **Gerichtsbeschlusses**, der zu protokollieren ist und gem. § 34 StPO die Gründe der Ableh- **161**

---

521 Ausführlich zu den Ausnahmen vom Verbot der Beweisantizipation *Hamm/Hassemer/Pauly*, Beweisantragsrecht, Rn 157 ff.
522 Vgl. hierzu ausführlich Rdn 189.
523 SSW-StPO/*Sättele*, § 244 Rn 156.
524 Vgl. BGHSt 21, 118, 212.
525 Vgl. BGH NStZ 2000, 436; NStZ-RR 2000, 210.

nung enthalten muss.[526] Die Ablehnung eines Beweisantrags durch den Vorsitzenden reicht nicht aus; das gilt auch dann, wenn diese Entscheidung durch das Gericht gemäß § 238 Abs. 2 StPO bestätigt wird.[527] Nach § 35 Abs. 1 Satz 2 StPO hat der Verteidiger einen Anspruch darauf, dass ihm eine Abschrift des Gerichtsbeschlusses erteilt wird. Nicht abschließend geklärt ist, ob diese Abschrift sofort bei Verkündung der Entscheidung auszuhändigen ist.[528] Der Verteidiger sollte hierauf jedoch unter Hinweis auf den fair trial-Grundsatz bestehen.[529]

162 Die **Ablehnungsgründe** des Beschlusses nach § 244 Abs. 6 StPO müssen so konkret abgefasst sein, dass der Angeklagte sein weiteres Verhalten im Verfahren darauf einstellen kann[530] und dem Revisionsgericht eine Überprüfung der Entscheidung möglich ist.[531] Art und Umfang der Begründung variieren mit dem herangezogenen Ablehnungsgrund.[532] In Einzelfällen kann bei einfacher Sachlage die bloße Wiedergabe des Gesetzestextes genügen,[533] i.d.R. wird das jedoch nicht ausreichen.[534] **Ohne** vorherigen **Hinweis in der Hauptverhandlung** darf das Gericht seine **Einschätzung** hinsichtlich der Würdigung einer Beweistatsache und seine einmal im Ablehnungsbeschluss gegebene Begründung im Urteil **nicht ändern oder ergänzen**, soweit sich für den Angeklagten und seinen Verteidiger aus der geänderten Auffassung oder den Ergänzungsgründen zusätzliche Verteidigungsmöglichkeiten hätten ergeben können.[535]

163 Der Ablehnungsbeschluss muss den **Beweisantrag unter jedem in Betracht kommenden Gesichtspunkt würdigen.**[536] Der Ablehnungsbeschluss muss deshalb den Antrag nach seinem wirklichen **Inhalt und Sinn**[537] und **ohne Umdeutung oder Verkürzung** in seiner vollen Tragweite erledigen.[538]

---

526 Vgl. BGH StV 1994, 635.

527 SSW-StPO/*Sättele*, § 244 Rn 118.

528 Für die generelle sofortige Erteilung einer Abschrift vgl. *Burhoff*, HV, Rn 788; Löwe/Rosenberg/*Graalmann-Scheerer*, StPO, § 35 Rn 12; für die Erteilung einer Abschrift nur bei besonderem Interesse (z.B. bei mehrtägiger Hauptverhandlung) vgl. *Meyer-Goßner/Schmitt*, StPO, § 35 Rn 6.

529 Vgl. hierzu auch *Burhoff*, HV, Rn 788.

530 St. Rspr., vgl. z.B. BGHSt 19, 24, 26; 40, 60; vgl. auch BGH NStZ 2004, 51.

531 Vgl. BGHSt 2, 284, 286; BGH NJW 1994, 1484; *Burhoff*, HV, Rn 781.

532 Siehe hierzu ausführlich unten Rdn 168 ff. sowie *Hamm/Hassemer/Pauly*, Beweisantragsrecht, Rn 182 ff.

533 Löwe/Rosenberg/*Becker*, StPO, § 244 Rn 134; *Meyer-Goßner/Schmitt*, StPO, § 244 Rn 41a m.w.N.

534 *Meyer-Goßner/Schmitt*, StPO, § 244 Rn 41a.

535 Vgl. BGH NStZ 2012, 525 (auch zu dem Gesichtspunkt, dass im Einzelfall das Beruhen des Urteils auf dem unterbliebenen Hinweis ausgeschlossen sein kann); BGHSt 29, 149, 152; BGH, Beschl. v. 24.1.2017 – 2 StR 509/16; BGH StraFo 2012, 230 = StV 2012, 580 = StRR 2012, 242 und 302; BGH StV 2010, 556; NStZ 2007, 349, 351; 2003, 380, 381.

536 *Meyer-Goßner/Schmitt*, StPO, § 244 Rn m.w.N.

537 BGH NStZ 1981, 96 (Pf).

538 BGH, Beschl. v. 13.2.2008 – 3 StR 540/07; BGH NStZ 2008, 299; 1983, 210 (Pf/M); StV 1991, 500; 1989, 140, 141; 1983, 90.

Daraus folgt, dass

■ bei **mehreren Anträgen** die Ablehnungsgründe für jeden Antrag dargelegt werden müssen[539] und

■ bei **mehreren in einem Antrag benannten Beweismitteln** zu jedem Beweismittel Stellung genommen werden muss.[540]

> *Hinweis:*
>
> Ein und derselbe Antrag darf grds. auch aus mehreren Gründen abgelehnt werden.[541] Die Ablehnungsgründe dürfen sich aber nicht widersprechen.[542]

Zwar ist der Ablehnungsbeschluss **auslegungsfähig**,[543] aber ein unvollständig oder mangelhaft begründeter Beschluss kann nicht in den Urteilsgründen ergänzt oder geändert werden.[544] I.R.d. Revision kann die fehlerhafte Ablehnungsentscheidung deshalb gerügt und überprüft werden.

> *Hinweis:*
>
> Für den Verteidiger gilt es in diesem Zusammenhang allerdings Folgendes zu beachten: Hat er aufgrund der Ablehnungsbegründung den Eindruck, dass das Gericht seinen **Beweisantrag missverstanden** hat, muss er dies sofort und nicht erst in der Revision rügen.[545] Der Verteidiger muss also stets prüfen, ob die aus seiner Sicht unzureichende Ablehnungsentscheidung auf einem Missverständnis oder auf einer tatsächlich irrigen Rechtsauffassung des Gerichts beruht. Nur im letzteren Fall kann der fehlerhafte Ablehnungsbeschluss in der Revision gerügt werden.

Will das Gericht einem **Beweisantrag stattgeben** und die Beweiserhebung anordnen, bedarf es keines Gerichtsbeschlusses. Auf diesen Fall findet § 244 Abs. 6 StPO, der ausdrücklich nur für die Ablehnung eines Beweisantrags gilt, keine Anwendung. Die Anordnung einer beantragten Beweiserhebung liegt innerhalb der Sachleitungsbefugnis des Vorsitzenden nach § 238 Abs. 1 StPO, sodass dieser hierüber allein entscheidet.

---

539 BGHSt 21, 118, 124; 22, 124, 126.
540 BGH StV 1987, 236.
541 BGH NJW 1953, 1314.
542 BGH NJW 2011, 1299, 1300; NStZ 2004, 51.
543 BGHSt 1, 29, 32; BGH NJW 2003, 2761, 2762 m. krit. Anm. *Fürstenau*, StV 2004, 468; KG, Beschl. v. 23.4.2018 – (3) 161 Ss 18/18 (3/18)-3 Ws 70/18; *Meyer-Goßner/Schmitt*, StPO, § 244 Rn 42; einschränkend KK-StPO/*Krehl*, § 244 Rn 120.
544 BGHSt 19, 24, 26; 29, 149, 152; BGH NJW 1985, 76; BGH NStZ 1982, 213.
545 BGH StV 2001, 436 und 504; 1989, 465 m. krit. Anm. *Schlothauer*; BGH NStZ 2002, 656; 2003, 381.

2. Entscheidung im Urteil

164 Durch das Gesetz zur effektiveren und praxistauglicheren Ausgestaltung des Strafverfahrens vom 17.8.2017[546] wurde gemäß **§ 244 Abs. 6 S. 2 StPO** die Möglichkeit geschaffen, dass der Vorsitzende nach Abschluss der von Amts wegen vorgesehenen Beweisaufnahme den Verfahrensbeteiligten eine **angemessene Frist** zum Stellen von Beweisanträgen setzen kann. Macht er hiervon **in zulässiger Weise Gebrauch,**[547] können Beweisanträge, die erst **nach Fristablauf gestellt** werden, gemäß § 244 Abs. 6 S. 3 StPO **im Urteil beschieden** werden. Ein Gerichtsbeschluss gemäß § 244 Abs. 6 S. 1 StPO während laufender Hauptverhandlung ist bei einem erst nach Ablauf der Frist gestellten Beweisantrag dann nicht mehr notwendig. Dies **gilt allerdings nicht,** wenn die **Stellung** des Beweisantrags **vor Fristablauf nicht möglich** war und der Antragsteller die **Tatsachen,** welche die Einhaltung der Frist unmöglich gemacht haben, zusammen mit dem erst nach Fristablauf gestellten Beweisantrag **glaubhaft** macht (§ 244 Abs. 6 S. 3 und S. 4 StPO). Dann hat das Gericht auch über einen erst nach Fristablauf gestellten Beweisantrag noch in der laufenden Hauptverhandlung durch Gerichtsbeschluss gemäß § 244 Abs. 6 S. 1 StPO zu entscheiden.

> *Hinweis:*
> § 244 Abs. 6 S. 2 und S. 3 StPO enthalten **keinen neuen Ablehnungsgrund.** Mit der Regelung wurde vielmehr nur die Möglichkeit geschaffen, über die nach dem Ablauf einer vom Vorsitzenden gesetzten angemessenen Frist gestellten Beweisanträge **erst im Urteil** und nicht mehr in der laufenden Hauptverhandlung **zu entscheiden.** Für die Ablehnung eines Beweisantrags im Urteil gemäß § 244 Abs. 6 S. 3 StPO können nur die Ablehnungsgründe des § 244 Abs. 3 bis Abs. 5 StPO herangezogen werden.

3. Austausch des Beweismittels

165 Eines Ablehnungsbeschlusses soll es nach der Rechtsprechung in den Fällen nicht bedürfen, in denen das Gericht statt des im Beweisantrag benannten Beweismittels ein **gleichwertiges Beweismittel** verwendet,[548] denn dann würde dem Beweisantrag letztlich entsprochen. Dies gilt allerdings nicht, wenn ein **schlechteres Beweismittel** Verwendung finden soll.[549] Der Austausch des Beweismittels scheidet deshalb von vorn-

---

546 BGBl I 2017 S. 3202 ff.
547 Zu den Einzelheiten siehe Rdn 144.
548 Vgl. BGHSt 22, 347, 349; 34, 355, 357; BGH NJW 2011, 1299, 1300; NStZ 1992, 225 (K); 2008, 529; StV 2008, 506; 1983, 6 m. abl. Anm. *Schlothauer;* siehe auch *Meyer-Goßner/Schmitt,* StPO, § 244 Rn 41a.
549 BGH StV 1996, 411; *Meyer-Goßner/Schmitt,* StPO, § 244 Rn 41a; a.A. BGH StV 1983, 6 mit abl. Anm. *Schlothauer.*

herein dort aus, wo es z.b. auf persönliche Eigenschaften, Fähigkeiten oder Beobachtungen von Zeugen ankommt.[550]

Einen generellen Grundsatz, in welchen Fällen das Gericht befugt sein soll, das vom Antragsteller beantragte Beweismittel durch ein gleichwertiges oder sogar besseres zu ersetzen, ist der höchstrichterlichen Rechtsprechung nicht zu entnehmen. Zum besseren Verständnis können jedoch die nachfolgend angeführten **Fallbeispiele** dienen, in denen eine **Ersetzungsbefugnis des Gerichts bejaht** worden ist.

Demnach kommt nach der Rechtsprechung ein **Austausch des Beweismittels** z.b. in Betracht,

- wenn statt des benannten Zeugen ein anderer Zeuge vernommen wird, sofern nur über Tatsachen Auskunft gegeben werden soll, die nicht auf eigenem Erleben beruhen und somit unabhängig von subjektiven Vorstellungen und Beobachtungen sind;[551]
- wenn statt eines unmittelbaren Augenscheins lediglich ein mittelbarer Augenschein vorgenommen wird (z.b. Landkarte statt Ortsbesichtigung);[552]
- wenn statt der Anhörung eines Zeugen zum Ursprung einer Urkunde ein Schriftsachverständiger angehört wird;[553]
- wenn anstelle des vom Antragsteller benannten Sachverständigen ein anderer Sachverständiger mit der Erstattung des Gutachtens betraut wird.[554]

Hinweis:

Der Verteidiger kann einem **ungewollten Austausch** des Beweismittels nur dadurch wirksam begegnen, dass er in seinem Beweisantrag genau darlegt, warum die behauptete Beweistatsache ausschließlich durch das beantragte Beweismittel unter Beweis gestellt werden kann.

II. Zeitpunkt der Ablehnungsentscheidung

Über einen **unbedingten Beweisantrag** muss das Gericht grds. spätestens bis zum Schluss der Beweisaufnahme entscheiden.[555] Bis dahin kann die Entscheidung über einen Beweisantrag zurückgestellt werden.[556] Der Verteidiger und der Angeklagte haben also

166

---

550 Vgl. BGH NJW 1983, 126, 127.
551 Vgl. BGHSt 22, 347 = JR 1970, 104 m. Anm. *Peters*; Löwe/Rosenberg/*Becker*, StPO, § 244 Rn 145.
552 Vgl. BGHSt 27, 135, 136 (Niederschriften über Telefonüberwachung) = NJW 1977, 1545.
553 Vgl. BGH StV 1992, 454 = BGHR StPO § 244 Abs. 6, Entscheidung 2.
554 Vgl. BGH 1 StR 557/01 = NStZ 2003, 418 (B).
555 BGHSt 19, 24, 26.
556 *Meyer-Goßner/Schmitt*, StPO, § 244 Rn 44; *Schulz*, StV 1983, 342.

keinen Anspruch auf eine **sofortige bzw. alsbaldige Entscheidung.**[557] Der Ablehnungsbeschluss muss jedoch so rechtzeitig ergehen, dass die Verfahrensbeteiligten ihr weiteres Prozessverhalten auf die Ablehnung der beantragten Beweiserhebung einrichten, d.h. z.B. weitere Beweisanträge stellen können.[558] Daraus folgt, dass der Ablehnungsbeschluss und die Urteilsverkündung bei einem unbedingten Beweisantrag nicht zusammenfallen dürfen.[559] Zudem ist generell jegliche Verzögerung der gerichtlichen Ablehnungsentscheidung unzulässig, wenn hierdurch die Verteidigung des Angeklagten vereitelt oder erheblich erschwert wird.[560]

Hinweis:

Hat das Gericht nach den oben genannten Maßstäben **nicht rechtzeitig**, z.B. erst im Zusammenhang mit der Urteilsverkündung, über einen Beweisantrag entschieden, sollte der Verteidiger sofort nach der Verkündung des Ablehnungsbeschlusses einen **Antrag auf Unterbrechung der Hauptverhandlung** stellen,[561] um sich mit dem Mandanten über die weitere Vorgehensweise beraten zu können. Wird die Unterbrechung abgelehnt, ist ein Gerichtsbeschluss nach § 238 Abs. 2 StPO herbeizuführen. Sofern die Urteilsverkündung noch nicht abgeschlossen war, sollte der Verteidiger beim Gericht eine Abschrift des Ablehnungsbeschlusses und ausreichend Zeit zur Reaktion auf diesen beantragen. Er kann dann überlegen, ob der Beweisantrag nachgebessert oder ein neues Beweisbegehren formuliert werden soll. War das Urteil als solches bereits verkündet und geht der Vorsitzende lediglich im Rahmen der mündlichen Urteilsbegründung auf die Ablehnung des Beweisantrags ein, liegt eine Nichtbescheidung des Antrags vor, die im Rahmen der Revision gerügt werden kann.[562]

Hatte der Vorsitzende allerdings gemäß **§ 244 Abs. 6 S. 2 StPO** nach Abschluss der von Amts wegen vorgesehenen Beweisaufnahme den Verfahrensbeteiligten in zulässiger Weise eine **angemessene Frist** zum Stellen von Beweisanträgen gesetzt,[563] können sämtliche Beweisanträge, die erst **nach Fristablauf gestellt** werden, gemäß § 244 Abs. 6 S. 3

---

557 *Meyer-Goßner/Schmitt*, StPO, § 244 Rn 44; *Burhoff*, HV, Rn 787; krit. *Hamm/Hassemer/Pauly*, Beweisantragsrecht, Rn 198 ff.
558 Vgl. *Löwe/Rosenberg/Becker*, StPO, § 244 Rn 133; KK-StPO/*Krehl*, § 244 Rn 118 f.; *Alsberg/Güntge*, Der Beweisantrag im Strafprozess, Rn 1427 m.w.N.
559 KK-StPO/*Krehl*, § 244 Rn 121; *Hamm/Hassemer/Pauly*, Beweisantragsrecht, Rn 199; BGHSt 19, 24, 26; BGH NStZ 2003, 562.
560 Vgl. *Hanack*, JZ 1970, 561; *Sarstedt/Hamm*, Die Revision in Strafsachen, Rn 597; vgl. auch BGH NStZ 2011, 168.
561 So auch *Burhoff*, HV, Rn 855.
562 SSW-StPO/*Sättele*, § 244 Rn 121; *Graf/Bachler*, StPO, § 244 Rn 36.
563 Zu den Einzelheiten siehe Rdn 144.

StPO **im Urteil beschieden** werden. Ein Gerichtsbeschluss gemäß § 244 Abs. 6 S. 1 StPO während laufender Hauptverhandlung ist bei einem erst nach Ablauf der Frist gestellten Beweisantrag dann nicht notwendig. Diese Ausnahmeregelung **gilt allerdings nicht**, wenn die **Stellung** des Beweisantrags **vor Fristablauf nicht möglich** war und der Antragsteller die **Tatsachen**, welche die Einhaltung der Frist unmöglich gemacht haben, zusammen mit dem erst nach Fristablauf gestellten Beweisantrag **glaubhaft** macht (§ 244 Abs. 6 S. 3 und S. 4 StPO). Dann hat das Gericht auch über einen erst nach Fristablauf gestellten Beweisantrag noch in der laufenden Hauptverhandlung vor der Urteilsverkündung durch Gerichtsbeschluss gemäß § 244 Abs. 6 S. 1 StPO zu entscheiden.

Ein **Hilfsbeweisantrag** ist demgegenüber immer erst in den Urteilsgründen abzulehnen.[564] Das Gleiche gilt, wenn ein **sonstiger bedingter Beweisantrag in die Urteilsfindung hineinwirkt**, also über den Eintritt der Bedingung denknotwendig erst in der Urteilsberatung entschieden werden kann. Ein **bedingter Beweisantrag, der an den Sachstand der Beweisaufnahme anknüpft** oder von dem **Eintritt einer bestimmten Verfahrenshandlung** abhängig ist, ist hingegen noch während der laufenden Hauptverhandlung zu bescheiden.[565]

167

III. Ablehnungsgründe nach § 244 Abs. 3 StPO

Als Ablehnungsgründe gem. § 244 Abs. 3 StPO kommen in Betracht:[566]

168

1. Unzulässigkeit der Beweiserhebung

Ist der Beweisantrag auf eine unzulässige Beweiserhebung gerichtet, führt der Ablehnungsgrund der **Unzulässigkeit der Beweiserhebung** gem. § 244 Abs. 3 Satz 1 StPO zwingend zur Ablehnung des Beweisantrags. Das Gesetz bringt dies dadurch zum Ausdruck, dass es anordnet, dass ein auf eine unzulässige Beweiserhebung gerichteter Beweisantrag abzulehnen „ist" wohingegen das Gericht mit den übrigen Ablehnungsgründen des § 244 Abs. 3 StPO einen Beweisantrag ablehnen „darf". Die Unzulässigkeit einer Beweiserhebung kann sich aus einer Unzulässigkeit des Beweisthemas oder des Beweismittels ergeben.[567]

169

---

564 Vgl. auch *Meyer-Goßner/Schmitt*, StPO, § 244 Rn 44a.

565 Vgl. ausführlich hierzu Rdn 114.

566 Zu den Einzelheiten siehe auch ausführlich *Meyer-Goßner/Schmitt*, StPO, § 244 Rn 48 ff.; KK-StPO/*Krehl*, § 244 Rn 125 ff.; *Hamm/Hassemer/Pauly*, Beweisantragsrecht, Rn 213 ff.

567 SSW-StPO/*Sättele*, § 244 Rn 157.

Hinweis:

Die **Unzulässigkeit der Beweiserhebung** darf nicht mit der **Unzulässgkeit des Beweisantrags** verwechselt werden. Unzulässig ist ein Beweisantrag z.b. dann, wenn er von einem nicht Antragsberechtigten gestellt[568] wurde oder lediglich auf eine Wiederholung der Beweisaufnahme abzielt.[569]

Unzulässig i.S.d. § 244 Abs. 3 Satz 1 StPO sind insbes.:

■ Beweiserhebungen mit in der StPO **nicht zugelassenen Beweismitteln,**[570] wie z.b. Mitangeklagte, Privatkläger, erfolgreich abgelehnte Sachverständige;

■ Beweiserhebungen über **Themen, die nicht Gegenstand einer Beweisaufnahme sein können,**[571] wie z.b. die Wahrnehmungen der erkennenden Richter in der laufenden Hauptverhandlung,[572] die Höhe der schuldangemessenen Strafe[573] oder die Aussagen von Zeugen, Sachverständigen oder sonstigen Verfahrensbeteiligten in der laufenden Hauptverhandlung;[574]

■ Beweiserhebungen, die auf **prozessfremde Ziele** gerichtet sind;[575]

■ Beweiserhebungen zu **Inhalt und Auslegung des geltenden Rechts** und der Rechtsanwendung auf den konkreten Fall;[576]

■ Beweiserhebungen, bei denen das Beweisthema oder das Beweismittel einem **Beweisverbot** unterliegt, wie z.b. wenn die Beweistatsache geheimhaltungsbedürftig ist,[577] die Beweise mit unzulässigen Methoden[578] (§§ 136a, 69 Abs. 3 StPO) oder unter Verstoß gegen gesetzliche

Belehrungspflichten gewonnen wurden oder Beweismittelverbote (§§ 52, 53, 53a, 54, 81c, 96, 250, 252 StPO) bestehen.[579]

---

568 KK-StPO/*Krehl*, § 244 Rn 107.

569 BGH NStZ 2006, 406 m. Anm. *Gössel.*

570 Vgl. *Meyer-Goßner/Schmitt*, StPO, § 244 Rn 49; *Burhoff*, HV, Rn 792 ff.; *Alsberg/Güntge*, Der Beweisantrag im Strafprozess, Rn 791 ff.

571 Vgl. *Meyer-Goßner/Schmitt*, StPO, § 244 Rn 49; *Burhoff*, HV, Rn 792 ff.; *Alsberg/Güntge*, Der Beweisantrag im Strafprozess, Rn 791 ff.

572 BGHSt 39, 239, 240 f.; BGH StV 2004, 355; 1991, 99.

573 BGHSt 25, 207 m. krit. Anm. *Schroeder*, JR 1974, 340.

574 BGHSt 44, 4, 10; 43, 212, 215.

575 Vgl. BGH StV 2004, 355; 91, 99; 1995, 339; Löwe/Rosenberg/*Becker*, StPO, § 244 Rn 199; a.A. *Meyer-Goßner/Schmitt*, StPO, § 244 Rn 49, der die Ablehnung eines auf prozessfremde Ziele gerichteten Beweisantrags nicht § 244 Abs. 3 Satz 1 sondern § 244 Abs. 3 Satz 2 StPO zuordnet.

576 BGH NJW, 1968, 1293; vgl. auch KK-StPO/*Krehl*, § 244 Rn 111.

577 Vgl. z.B. § 43 DRiG.

578 Vgl. hierzu BGHSt 44, 138.

579 Vgl. BGHSt 46, 1, 3; BGH NStZ 2003, 610; 2001, 48.

2. Offenkundigkeit der Beweistatsache

Die **Offenkundigkeit einer Beweistatsache** oder ihres Gegenteils[580] macht eine Beweis-   **170**
erhebung überflüssig.[581] **Offenkundig sind nur allgemein- oder gerichtskundige Tatsachen.**[582] Über sie braucht das Gericht keinen Beweis zu erheben.[583]
Hierbei ist zu unterscheiden:

- **Allgemeinkundig** sind solche Tatsachen und Erfahrungssätze, von denen verständige und erfahrene Menschen regelmäßig ohne Weiteres Kenntnis haben oder über die sie sich aus allgemein zugänglichen und zuverlässigen Quellen unschwer unterrichten können,[584] ohne dass besondere Fachkenntnisse notwendig wären.[585] Allgemeinkundig können demnach insbes. Naturvorgänge, Daten, geographische Verhältnisse oder geschichtlich erwiesene Tatsachen sein.[586] Als Quellen der Allgemeinkundigkeit darf das Gericht insbes. Zeitungen, Hörfunk, Fernsehen, Internet, Landkarten, Nachschlagewerke oder Geschichtsbücher verwenden.[587] Die Allgemeinkundigkeit kann örtlich, zeitlich und persönlich beschränkt sein.[588] Es ist ausreichend, wenn der erkennende Richter zu dem Kreis gehört, in dem die behauptete Tatsache allgemeinkundig ist.[589]

- **Gerichtskundig** sind solche Tatsachen und Erfahrungssätze, die der Richter im Rahmen seiner amtlichen Tätigkeit zuverlässig in Erfahrung gebracht hat.[590] Dabei ist unerheblich, ob der Richter seine Kenntnisse in dem anhängigen oder einem anderen Verfahren gewonnen hat.[591] Auf das anhängige Verfahren bezogene Tatsachen, die sich unmittelbar auf das Vorliegen oder Nichtvorliegen des objektiven oder subjektiven Straftatbestandes bzw. die Rechtsfolgenentscheidung beziehen, dürfen jedoch nicht als gerichtskundig behandelt werden, wenn die Kenntnisse hierzu außerhalb der Hauptverhandlung erworben wurden.[592] Das ergibt sich daraus, dass alle Tatsa-

---

580 BGHSt 6, 292, 296; *Meyer-Goßner/Schmitt*, StPO, § 244 Rn 50 m.w.N.
581 *Meyer-Goßner/Schmitt*, StPO, § 244 Rn 50; KK-StPO/*Krehl*, § 244 Rn 131; SSW-StPO/*Sättele*, § 244 Rn 166.
582 *Alsberg/Güntge*, Der Beweisantrag im Strafprozess, Rn 1053.
583 BGH StV 2006, 118 m.w.N.
584 BVerfGE 10, 177, 183 = NJW 1960, 31; BGHSt 6, 292, 293; BGH NJW 1992, 2088; *Meyer-Goßner/Schmitt*, StPO, § 244 Rn 51 m.w.N.
585 BGHSt 6, 292, 293; 26, 56, 59; *Meyer-Goßner/Schmitt*, StPO, § 244 Rn 51 m.w.N.
586 *Meyer-Goßner/Schmitt*, StPO, § 244 Rn 51 m.w.N.
587 *Meyer-Goßner/Schmitt*, StPO, § 244 Rn 51 m.w.N.
588 BGHSt 6, 292, 293.
589 SSW-StPO/*Sättele*, § 244 Rn 167.
590 BVerfGE 10, 177, 183 = NJW 1960, 31; BGHSt 45, 354, 358; 6, 292, 293; *Meyer-Goßner/Schmitt*, StPO, § 244 Rn 52 m.w.N.
591 BGHSt 6, 292, 293; OLG Köln VRS 65, 450.
592 Vgl. hierzu BGHSt 45, 354, 359; 47, 270, 274; BGH 4 StR 198/05.

chen, die für die Schuldfrage oder die Bemessung der Rechtsfolgen unmittelbar von Bedeutung sind, in der Hauptverhandlung im Wege des Strengbeweises aufgeklärt werden müssen. Infolgedessen dürfen weder die **Haupt- noch die Indiztatsachen**[593] als gerichtskundig behandelt werden.[594] Lediglich **Hilfstatsachen**, die nur einen Schluss auf die Qualität eines Beweismittels zulassen,[595] dürfen als gerichtskundig behandelt werden.

171   Offenkundige, also **allgemein- oder gerichtskundige Tatsachen müssen** i.R.d. Hauptverhandlung **zur Sprache gebracht werden.**[596] Wenn dies auf Veranlassung des Gerichts allerdings nicht geschieht, sollte der Verteidiger, um Klarheit zu erlangen, einen Beweisantrag stellen, um so zu erfahren, ob das Gericht eine bestimmte Tatsache als offenkundig ansieht.

172   Umstritten ist die Frage, ob bei **Kollegialgerichten** das Vorliegen einer **Gerichtskundigkeit** erst dann angenommen werden darf, wenn alle Gerichtsmitglieder, also auch die Schöffen, aufgrund amtlicher Tätigkeit von einer bestimmten Tatsache Kenntnis erlangt haben.[597] Im Interesse des Verteidigers wird es regelmäßig sein, dass alle Gerichtsmitglieder unabhängig voneinander – und nicht etwa erst durch Information untereinander – von einer bestimmten Tatsache in amtlicher Funktion Kenntnis erlangt haben. Wenn der Verteidiger eine Ablehnung seines Antrags wegen angeblicher Gerichtskundigkeit der Beweistatsache verhindern will, sollte er also diese Frage i.R.d. Hauptverhandlung problematisieren. Möglicherweise kann hierdurch eine Ablehnung verhindert werden, weil es einfacher sein kann, den beantragten Beweis zu erheben, als die Gründe für die angebliche Gerichtskundigkeit der Tatsache im Einzelnen zu prüfen und den Weg der Wissensvermittlung zu diskutieren.

Wesentlich unproblematischer ist die Frage, ob **alle Gerichtsmitglieder von der Allgemeinkundigkeit einer Beweistatsache überzeugt** sein müssen. Hier wird es nach h.M. als ausreichend erachtet, wenn die Mehrheit der Gerichtsmitglieder eine Tatsache als allgemeinkundig ansieht.[598]

---

593 Zu den Einzelheiten siehe Rdn 3.
594 BGHSt 45, 354, 357 f.; BGH NStZ 2016, 123; NJW 2002, 2401, 2403.
595 Siehe hierzu Rdn 3.
596 BVerfG 48, 206, 209; BGHSt 6, 292, 296; BGH NStZ-RR 2010, 20, 21; NStZ 1995, 246; KK-StPO/*Krehl*, § 244 Rn 139.
597 Die Tatsachenkenntnis einzelner Gerichtsmitglieder als ausreichend ansehend: BGHSt 34, 209 f.; *Meyer-Goßner/Schmitt*, StPO, § 244 Rn 53; SK-StPO/*Frister*, § 244 Rn 124; *Alsberg/Güntge*, Der Beweisantrag im Strafprozess, Rn 1108. Auf die Tatsachenkenntnis aller Gerichtsmitglieder abstellend: BGHSt 6, 292; *Burhoff*, HV, Rn 798; KK-StPO/*Krehl*, § 244 Rn 140; SSW-StPO/*Sättele*, § 244 Rn 171.
598 *Meyer-Goßner/Schmitt*, StPO, § 244 Rn 53; KK-StPO/*Krehl*, § 244 Rn 140; SSW-StPO/*Sättele*, § 244 Rn 170; ausführlich *Keller*, ZStW 101, 414.

3. Bedeutungslosigkeit der Beweistatsache

Für den Verteidiger von besonderer Relevanz ist der Ablehnungsgrund der **Bedeutungs-** **173** **losigkeit der Beweistatsache.** Wird ein Beweisantrag als bedeutungslos abgelehnt, erhält der Verteidiger hierdurch wichtige Informationen darüber, wie das Gericht den der Anklage zugrunde liegenden Sachverhalt bewertet.

Bedeutungslos sind[599]

- zum einen Tatsachen, bei denen **kein Zusammenhang** mit der abzuurteilenden Tat besteht (Irrelevanz),[600]
- zum anderen Tatsachen, die trotz eines Zusammenhangs mit der Tat nicht geeignet sind, die Entscheidung des Gerichts in irgendeiner Weise zu beeinflussen (**Folgenlosigkeit**).[601]

Bedeutungslosigkeit in diesem Sinne ist nur gegeben, wenn die Beweistatsache **weder den Schuld- noch den Rechtsfolgenausspruch** zu **beeinflussen** vermag.[602] Die Zurückweisung eines Beweisantrags wegen Bedeutungslosigkeit der Beweistatsache kommt somit nur im Hinblick auf **Indiz- oder Hilfstatsachen**[603] in Betracht.[604] **Haupttatsachen**[605] können nicht bedeutungslos sein, weil es sich hierbei um unmittelbar entscheidungsrelevante Tatsachen handelt, deren Relevanz sich aus den Tatbestandsmerkmalen der zur Anwendung kommenden Rechtssätze ergibt.[606]

Die Bedeutungslosigkeit kann entweder auf **rechtlichen** oder auf **tatsächlichen Grün-** **174** **den** beruhen. Im Einzelnen gilt Folgendes:

- Aus **rechtlichen Gründen** bedeutungslos ist eine Tatsache, wenn es schon aufgrund anderer, bereits erwiesener Gründe nicht möglich ist, zu einer Verurteilung zu gelangen. Dies ist insbes. der Fall beim Vorliegen von Prozesshindernissen oder Strafausschließungs- bzw. Strafaufhebungsgründen.[607] Allerdings macht das schon bewiesene Fehlen des subjektiven Tatbestandes Feststellungen zum objektiven Tatbestand nur ausnahmsweise überflüssig.[608]

---

599 Vgl. hierzu BGH NJW 1997, 2762; 2000, 370, 371; BGH NStZ 1999, 578, 579; 2000, 436; 2003, 380; BGH NStZ-RR 2000, 210 = StV 2001, 96; *Meyer-Goßner/Schmitt*, StPO, § 244 Rn 54 m.w.N.
600 BGH NStZ 2015, 296; 2014, 168; StV 2003, 429, 430.
601 BGHSt 2, 286; BGH NStZ-RR 2010, 211, 212; 2008, 205, 206; StraFo 2008, 29, 30; NJW 2004, 3051, 3056.
602 BGH NJW 2011, 1299.
603 Zur Definition siehe Rdn 3.
604 Vgl. BGH NStZ-RR 2007, 52.
605 Zur Definition siehe Rdn 3.
606 Löwe/Rosenberg/*Becker*, StPO, § 244 Rn 216; KK-StPO/*Krehl*, § 244 Rn 143; SSW-StPO/*Sättele*, § 244 Rn 175.
607 Vgl. *Meyer-Goßner/Schmitt*, StPO, § 244 Rn 55 m.w.N.
608 BGHSt 16, 374, 379; *Meyer-Goßner/Schmitt*, StPO, § 244 Rn 55 m.w.N.

■ Aus **tatsächlichen Gründen** bedeutungslos sind Indiztatsachen, wenn zwischen ihnen und der abzuurteilenden Tat keinerlei Zusammenhang besteht oder wenn sie trotz eines Zusammenhangs mit der Tat die Entscheidung des Gerichts nicht zu beeinflussen vermögen, weil sie nur mögliche und nicht zwingende Schlüsse zulassen und das Gericht die möglichen Schlüsse nicht ziehen will.[609] Die Beurteilung trifft das Gericht auf der Grundlage des bisherigen Beweisergebnisses.[610] Hierbei darf jedoch nicht gegen das Verbot der Beweisantizipation verstoßen werden.[611] Unzulässig wäre deshalb z.B. die Ablehnung eines Beweisantrags als bedeutungslos mit der Begründung, dass die Aussage eines angebotenen Zeugen nicht richtig sein müsse.[612]

Der **Beschluss**, mit dem das Gericht die Erhebung eines Beweises wegen Bedeutungslosigkeit der Beweistatsache ablehnt, ist **detailliert zu begründen**.[613] Er muss konkrete Erwägungen dazu enthalten, warum das Gericht aus der Beweistatsache keine entscheidungserheblichen Schlussfolgerungen ziehen will und ob dies auf tatsächlichen oder rechtlichen Gründen beruht.[614] Die Ablehnung eines Beweisantrags wegen Bedeutungslosigkeit bedingt zudem, dass das erkennende Gericht die beantragte Beweistatsache **in das bisherige Beweisergebnis einfügt und umfassend würdigt**.[615] Werden **mehrere Beweisanträge** als bedeutungslos abgelehnt, dürfen die einzelnen Anträge zudem nicht nur für sich betrachtet werden, sondern das Gericht hat darzulegen, warum es selbst bei einer **Gesamtwürdigung** aller Beweistatsachen diesen keine Bedeutung beimessen will.[616] Der Ablehnungsbeschluss muss also letztlich eine Beweiswürdigung in urteilsreifer Form enthalten. Schließt das Gericht – was in der Praxis häufig geschieht – nur **pauschal** eine Beeinflussung des bisherigen Beweisergebnisses aus, liegt darin eine unzulässige Beweisantizipation, die Erfolg versprechend zum Gegenstand einer Beweisantragsrüge gemäß § 244 Abs. 3 Satz 2 StPO gemacht werden kann.[617]

609 BGH NJW 1988, 501; NStZ 2014, 110, 111; 2007, 112, 114; 2005, 296; 1982, 126; NJW 2005, 2242, 2243; 2004, 3051, 3056; StV 2010, 557; 1981, 271; 1992, 259; *Meyer-Goßner/Schmitt*, StPO, § 244 Rn 56 m.w.N.
610 *Meyer-Goßner/Schmitt*, StPO, § 244 Rn 56 m.w.N.
611 Siehe oben Rdn 159.
612 BGH StV 1981, 167; 2001, 95; BGH NStZ 1984, 564; 1997, 503 m. Anm. *Herdegen*.
613 Vgl. BGH NStZ-RR 2007, 84; 149; NStZ 2011, 713 = StraFo 2011, 227 = StRR 2011, 305; BGH, Beschl. v. 27.3.2012 – 3 StR 47/12; ergänzend hierzu auch *Witting/Junker*, StRR 2009, 244, 248.
614 BGH NStZ 2011, 713 = StraFo 2011, 227 = StRR 2011, 305; vgl. auch BGH NJW 2005, 1132, 1133; StraFo 2007, 378, 379.
615 BGH, Beschl. v. 27.11.2012 – 5 StR 426/12; BGH NStZ 2013, 611.
616 BGH NStZ 2012, 151.
617 Vgl. hierzu ausführlich BGH StV 2008, 121 = StRR 2008, 146.

Daraus ergibt sich im Einzelnen Folgendes:

■ Bei der Prüfung, ob eine unter Beweis gestellte Tatsache erheblich oder bedeutungslos ist, ist die **Beweistatsache** so zu behandeln, als sei sie **voll erwiesen**.[618] Die Beweistatsache muss hierbei in ihrer vollen Bedeutung, d.h. ohne Einengung oder Verkürzung in das bisher gewonnene Ergebnis der Beweisaufnahme eingestellt und gewürdigt werden.[619]

■ Das Gericht darf die unter Beweis gestellte Tatsache **nicht isoliert** betrachten, sondern hat sie in einer Gesamtschau unter Einbeziehung sämtlicher entscheidungsrelevanter Umstände zu würdigen.[620]

■ Als Verstoß gegen das Verbot der Beweisantizipation stellt es sich dar, wenn das Gericht die unter Beweis gestellte Tatsache im Rahmen der vorzunehmenden Gesamtwürdigung nicht mit ihrem vollen Beweiswert berücksichtigt. Demnach ist ein Ablehnungsbeschluss rechtsfehlerhaft, wenn das Gericht angibt, angesichts des bisherigen Beweisergebnisses bereits vom **Gegenteil der Beweisbehauptung** überzeugt zu sein, oder davon ausgeht, die Beweisbehauptung werde sich voraussichtlich **nicht zur vollen Überzeugung** des Gerichts bestätigen.[621]

■ Unzulässig ist es darüber hinaus, wenn das Gericht nur den Umstand berücksichtigt, dass ein im Beweisantrag benannter Zeuge eine bestimmte Tatsache bekunden wird, nicht aber den **Inhalt der Aussage** als solches in die Beweiswürdigung einstellt.[622] Bei der Frage, ob eine unter Beweis gestellte Tatsache entscheidungserheblich oder bedeutungslos ist, kommt es nicht darauf an, es als erwiesen anzusehen, dass ein benannter Zeuge in einer bestimmten Art und Weise aussagen werden, man als Gericht den Angaben des Zeugen aber nicht folgen wolle.[623] Vielmehr ist allein die mit dem Zeugenbeweis unter Beweis gestellte Tatsache, d.h. der Inhalt der Zeugenaussage in eine Gesamtwürdigung des bisherigen Beweisergebnisses einzustellen.[624]

■ Die in der Praxis häufig anzutreffende **inhaltsleere Aussage**, die unter Beweis gestellte Indiz- oder Hilfstatsache lasse **keinen zwingenden, sondern ledglich einen möglichen Schluss** zu, den das Gericht nicht ziehen wolle, erweist sich ebenfalls in aller Regel als rechtsfehlerhaft.[625] Wird die Ablehnung des Beweisantrags allein auf diese Floskel gestützt und werden keine konkreten Erwägungen mitgeteilt, wa-

---

618 BGH NStZ 2015, 296; NStZ-RR 2012, 82; 2008, 205; StV 2010, 557, 558; StraFo 2007, 78; NJW 2005, 224, 226.
619 BGH NStZ 2015, 355, 356; KK-StPO/*Krehl*, § 244 Rn 144; SSW-StPO/*Sättele*, § 244 Rn 178.
620 BGH NStZ 2016, 365; BGH, Beschl. v. 21.7.2011 – 3 StR 44/11.
621 BGH NStZ 2015, 599, 600; 2014, 282; NStZ-RR 2014, 316; 2012, 82, 83; 2008, 205, 206; StV 2014, 257, 259; 2010, 558; wistra 2014, 321.
622 BGH NStZ 2015, 599; 1997, 503, 505.
623 Dieser Fehler passiert in der Praxis häufig. Der Verteidiger sollte hierauf sein besonderes Augenmerk legen.
624 Instruktiv BGH NStZ 2015, 599.
625 BGH NStZ-RR 2017, 119; 2016, 117.

rum das Gericht aus der Beweistatsache keine entscheidungserheblichen Schlussfolgerungen ziehen kann, fehlt es an der notwendigen Beweiswürdigung aller in der Beweisaufnahme zu Tage getretenen Umstände unter Berücksichtung der vom Antragsteller behaupteten Beweistatsache.[626]

Ein ablehnender Beschluss, der den genannten Anforderungen nicht genügt, kann nicht dadurch geheilt werden, dass das Gericht im Urteil andere oder weitere Argumente nachschiebt, oder eine versäumte Gesamtwürdigung nachholt.[627] Ändert das Gericht seine Einschätzung zu einer bereits als bedeutungslos abgelehnten Beweistatsache im Verlauf der Hauptverhandlung, muss es auf die Verfahrensbeteiligten auf seine geänderte Beurteilung hinweisen und ihnen Gelegenheit zur erneuten Antragstellung geben.[628]

Hinweis:

Hat das Gericht einen Beweisantrag als bedeutungslos abgelehnt, darf es sich hierzu **im Urteil nicht in Widerspruch** setzen[629] und nicht von der antizipierten Beweiswürdigung des Ablehnungsbeschlusses abweichen.[630] Die unter Beweis gestellte Tatsache muss vielmehr – da laut Gerichtsbeschluss bedeutungslos – im Urteil vollständig außen vor bleiben. Insbes. wäre es rechtsfehlerhaft und mit der Revision anfechtbar, wenn sich die Urteilsgründe auf das Gegenteil der unter Beweis gestellten und als bedeutungslos behandelten Tatsache stützten.[631]

4. Erwiesensein der Beweistatsache

175 Das Gericht kann einen Beweisantrag mit der Begründung ablehnen, die **Beweistatsache** sei aufgrund des bisherigen Ergebnisses der Beweisaufnahme **bereits erwiesen**. In diesem Fall muss das Gericht von der **Richtigkeit der Beweistatsache** bereits so überzeugt sein, dass es einer weiteren Beweisaufnahme nicht bedarf.[632] D.h. also, die unter Beweis gestellte Tatsache muss feststehen. Hierbei ist es – anders als bei der Wahrunterstellung – gleichgültig, ob es sich um eine zugunsten des Angeklagten oder um eine zu seinen Lasten wirkende Tatsache handelt.[633]

---

626 BGH NStZ-RR 2016, 117; vgl. zu den Begrüdnungsanforderungen auch BGH NStZ 2011, 713, 714; 2014, 110; 2000, 267, 268.

627 Vgl. BGHSt 29, 152; BGH StV 2010, 557, 558; 2007, 176; 88.

628 BGH NStZ 2012, 525, 526; StV 1996, 649; 1992, 147 m. Anm. *Deckers.*

629 BGH NStZ 2013, 118; 179; 1988, 38; 1994, 195; 2013, 611; StV 1983, 90; 1992, 147 m. Anm. *Deckers*; 1993, 622; 1997, 338; NStZ-RR 2013, 117; StraFo 2010, 466; BGH, Beschl. v. 27.11.2012 – 5 StR 426/12.

630 BGH NStZ 2012, 525, 526.

631 BGH StV 1996, 648; 1997, 237; BGH NStZ 2014, 282, 283 f.; 2000, 267; BGH NStZ-RR 2000, 210; 2002, 68 (B); StraFo 2008, 29; 2010, 466; BGH, Beschl. v. 27.11.2012 – 5 StR 426/12.

632 *Meyer-Goßner/Schmitt*, StPO, § 244 Rn 57.

633 BGH NStZ 2007, 717; StV 1983, 319 (Ls.); KK-StPO/*Krehl*, § 244 Rn 148; *Meyer-Goßner/Schmitt*, StPO, § 244 Rn 57 m.w.N.

Hinweis:

Will das Gericht eine Tatsache als bereits erwiesen, also feststehend, behandeln, kann es die **Ablehnung eines Beweisantrags** nur darauf stützen, dass die unter Beweis gestellte Tatsache bereits feststehe, nicht darauf, dass ihr Gegenteil erwiesen sei.[634] Der Verteidiger kann also mit gezielten Beweisanträgen ermitteln, von welcher Tatsachengrundlage das Gericht ausgeht.

Der Beschluss, mit dem der Beweisantrag wegen Erwiesenseins der Beweistatsache abgelehnt wird, muss nicht näher begründet werden.[635] Als erwiesen angesehene Tatsachen sind für das **Urteil gleichzeitig bindend** festgestellt.[636] Die Urteilsfeststellungen dürfen sich nicht mit den als erwiesen erachteten Tatsachen in **Widerspruch** setzen.[637] Zudem dürfen die im Ablehnungsbeschluss als erwiesen angesehenen Beweistatsachen im Urteil **nicht unerörtert** bleiben, wenn sie den sonstigen Feststellungen indiziell widersprechen[638] oder die Beweiswürdigung sonst lückenhaft bleibt.[639] Da als erwiesen zu gelten hat, was der Verteidiger in seinem Beweisantrag als Beweisbehauptung formuliert hat,[640] kann er also durchaus auch aus taktischen Gründen einen Beweisantrag stellen, um so den Sachverhalt festschreiben.[641] Das Gericht darf die als erwiesen erachtete Tatsache nachträglich nicht in unzulässiger Weise einengen.[642]

176

Der gezielte Einsatz von Beweisanträgen, deren Ablehnung wegen Erwiesenseins der Beweistatsache der Verteidiger anstrebt, ist besonders bei **unklarer Beweislage** zu empfehlen.

Hierzu ein

Beispiel:

Der Angeklagte wird von einem Zeugen schwer belastet. Allerdings hat sich dieser Zeuge in einigen Punkten in Widersprüche verstrickt. Die Lebensgefährtin des Angeklagten hat ihn hingegen entlastet, allerdings werden die Aussagen aus dem direkten Umfeld des Täters von vielen Gerichten vielfach als weniger glaubhaft eingestuft. Da der Verteidiger während der laufenden Beweisaufnahme nicht wissen kann, welcher

---

634 RGSt 47, 100, 105; KK-StPO/*Krehl*, § 244 Rn 148 m.w.N.
635 Löwe/Rosenberg/*Becker*, StPO, § 244 Rn 229; SSW-StPO/*Sättele*, § 244 Rn 188.
636 BGH NJW 1989, 845 = BGH NStZ 1989, 83.
637 BGH NStZ 2011, 472, 473; NJW 1989, 845 = BGH NStZ 1989, 83.
638 BGH NStZ 2011, 472.
639 BGH StV 2012, 581, 582 = NStZ 2011, 472, 473.
640 Vgl. BGH NJW 1989, 845 = BGH NStZ 1989, 83; BGHR StPO § 244 Abs. 3 Satz 2, erwiesene Tatsache 2; KK-StPO/*Krehl*, § 244 Rn 148.
641 Siehe hierzu auch die Ausführungen zu den gestaffelten Beweisanträgen unter Rdn 145, sowie zum affirmativen Beweisantrag unter Rdn 197.
642 BGHR StPO § 244 Abs. 3 Satz 2, erwiesene Tatsache 2.

Zeugenaussage das Gericht letztlich Glauben schenkt, empfiehlt es sich, die entscheidenden entlastenden Beweistatsachen mit zusätzlichen Beweisanträgen nochmals unter Beweis zu stellen. So kann er z.b. versuchen, die Aussage der Lebensgefährtin durch Urkunden, einen Augenschein oder weitere Zeugen an den entscheidenden Stellen weiter zu untermauern. Wenn das Gericht ohnehin der Aussage der Lebensgefährtin folgen will, wird es diese Beweisanträge ablehnen, weil es die unter Beweis gestellten Tatsachen bereits als erwiesen erachtet. Der Verteidiger hat dann zwei Fliegen mit einer Klappe geschlagen: Er hat sich zum einen Kenntnis darüber verschafft, wie das Gericht die Glaubwürdigkeit der Zeugen einschätzt und zum anderen den Sachverhalt festgeschrieben, weil sich das Gericht zu seinen als erwiesen erachteten Beweisanträgen nicht in Widerspruch setzen darf.

5. Völlige Ungeeignetheit des Beweismittels

177 **Völlig ungeeignet** ist ein Beweismittel, wenn sich mit ihm unabhängig vom bisher in der Hauptverhandlung gewonnen Beweisergebnis das im Beweisantrag in Aussicht gestellte Ergebnis nach sicherer Lebenserfahrung nicht erzielen lässt,[643] sodass sich die Erhebung des Beweises in einer reinen Förmlichkeit erschöpfen müsste.[644] Die völlige Ungeeignetheit eines Beweismittels muss sich allein aus seiner Beziehung zu der im Beweisantrag formulierten Beweisbehauptung ergeben. Das Ergebnis der bisherigen Beweisaufnahme darf insoweit nicht zur Bewertung herangezogen werden.[645] Bei der Prüfung ist ein **strenger Maßstab** anzulegen.[646] Das gilt insbes. in den Fällen, in denen es darum geht, ob sich ein Zeuge infolge Zeitablaufs überhaupt noch an eine Beweistatsache erinnern kann.[647] Ein möglicherweise **geringer Beweiswert** darf nicht mit völliger Ungeeignetheit gleichgesetzt werden.[648] Ein (Auslands-)Zeuge ist z.b. nicht schon deshalb als ungeeignetes Beweismittel anzusehen, weil er in der Hauptverhandlung nicht persönlich vernommen werden kann, sondern nur eine kommissarische oder audiovisuelle Zeugeneinvernahme möglich ist. Der fehlende persönliche Eindruck in der Hauptverhandlung mag den Beweiswert schmälern; er ist aber nicht gleich Null, sodass eine völlige Ungeeignetheit nicht angenommen werden kann.[649]

---

643 BVerfG NJW 2004, 1443; BGHSt 14, 339; BGH NStZ-RR 2013, 185; StV 2016, 342; 2002, 352; 1990, 98 m.w.N.; NStZ 1995, 45; 2000, 156.
644 BGH NStZ-RR 2013, 185; 2012, 51; 2010, 211; NStZ 2007, 476; 2004, 508.
645 BGH StV 2016, 342; NStZ-RR 2002, 242; NStZ 2008, 351; StraFo 2004, 137.
646 BGH NStZ 2010, 52 = StV 2010, 117.
647 BGH NStZ 2004, 508; 2010, 52 = StV 2010, 117.
648 BGHSt 55, 11 = NJW 2010, 2365 = NStZ-RR 2011, 91 = StV 2010, 560; BGH NStZ 2008, 116; NStZ-RR 2002, 242; StV 2002, 352;.
649 BGHSt 55, 11 = NJW 2010, 2365 = NStZ-RR 2011, 91 = StV 2010, 560.

Völlige Ungeeignetheit des Beweismittels wird deshalb **nur in Ausnahmefällen** vorlie- **178** gen. Sie wird von der Rechtsprechung insbes. dann angenommen,[650]

■ wenn es der **sicheren Lebenserfahrung widerspricht,** dass ein Zeuge die unter Beweis gestellte Tatsache wahrgenommen hat,[651]

■ wenn ein Zeuge wegen **dauernder körperlicher oder geistiger Gebrechen** oder wegen einer **vorübergehenden geistigen Störung** (z.B. Trunkenheit) die in sein Wissen gestellte Wahrnehmung nicht machen konnte,[652]

■ wenn ein Zeuge zu **inneren Vorgängen** eines anderen Menschen aussagen soll, obwohl er keine nach außen erkennbaren Umstände bekunden kann, die einen Schluss auf die inneren Tatsachen zulassen,[653]

■ wenn ein Zeuge zu solchen **Umständen** aussagen soll, **die nur ein Sachverständiger bekunden kann,**[654]

■ wenn ein Zeuge das **Zeugnis beständig verweigert,**[655]

■ wenn ein Zeuge unmissverständlich und endgültig erklärt, dass er im Falle einer Ladung in der Hauptverhandlung von einem ihm tatsächlich zustehenden Zeugnisverweigerungsrecht Gebrauch machen werde,[656]

■ u.U., wenn der Zeuge für **länger bzw. lange zurückliegende Vorgänge** benannt ist und es unmöglich erscheint, dass er sich an die Beweistatsachen erinnern kann,[657]

■ wenn einem Sachverständigen die **erforderliche Sachkunde fehlt** oder die für das Gutachten erforderlichen Anknüpfungspunkte nicht bekannt sind,[658]

■ wenn einem Sachverständigen **keine Methoden** und **wissenschaftlichen Erkenntnisse zur Verfügung stehen,** um die Beweisfrage zu beantworten, wobei allerdings zu beachten ist, dass es ausreicht, wenn der Sachverständige mögliche Schlüsse ziehen und Wahrscheinlichkeitsaussagen treffen kann,[659]

■ wenn ein Sachverständiger zu Vorgängen gehört werden soll, die auch **ohne besondere Sachkunde wahrgenommen** werden können,[660]

---

650 Vgl. hierzu ausführlich mit zahlreichen Beispielen *Burhoff,* HV, Rn 808 ff.
651 BGH NStZ-RR 1997, 331; BGH NStZ 2000, 156.
652 BGH NStZ 2003, 562; OLG Köln StV 1996, 368; *Meyer-Goßner/Schmitt,* StPO, § 244 Rn 59.
653 BGH StV 1984, 61; 1987, 236; vgl. auch BGH NStZ 2008, 707; StV 2008, 449.
654 BGH VRS 21, 429, 431.
655 BGH NStZ 1999, 46, krit. hierzu *Hecker,* JR 1999, 428 und *Hiebl,* StraFo 1999, 86.
656 BGHSt 21, 12; BGH NStZ 1999, 46; KK-StPO/*Krehl,* § 244 Rn 152; SSW-StPO/*Sättele,* § 244 Rn 195; krit. *Meyer-Goßner/Schmitt,* StPO, § 244 Rn 59; **a.A.** Löwe/Rosenberg/*Becker,* StPO, § 244 Rn 236, der eine Unzulässigkeit der Beweiserhebung annimmt.
657 Vgl. BVerfG NJW 2004, 1443; BGH StV 2005, 115 m.w.N.; das gilt allerdings nicht, wenn der Beweisantrag detailliert mögliche Erinnerungshilfen aufzeigt, BGH NStZ 2004, 508; siehe auch BGH StV 2013, 70 = NStZ-RR 2012, 51 f.; NStZ 2010, 52; 2000, 156.
658 BGHSt 14, 339; BGH NStZ 2007, 476; StV 1982, 102; *Meyer-Goßner/Schmitt,* StPO, § 244 Rn 59a m.w.N.
659 BGH StV 2000, 598.
660 KG VRS 48, 432; OLG Düsseldorf VRS 60, 122; OLG Koblenz VRS 48, 35.

■ wenn durch einen Sachverständigen **nicht mehr rekonstruierbare Vorgänge** durch Experimente und Versuche aufgeklärt werden sollen,[661]

■ wenn ein Augenschein **nicht rekonstruierbare örtliche Verhältnisse** zur Tatzeit beweisen soll,[662]

■ wenn Niederschriften über Telefongespräche im Rahmen einer Überwachung nach § 100a StPO zur Verlesung kommen sollen, obwohl die Originalbänder nicht mehr vorliegen und deshalb eine **Übereinstimmung von Urkundeninhalt und Tonband** nicht festgestellt werden kann,[663]

■ wenn sich aus einer Urkunde die behauptete Beweistatsache nicht ergibt oder feststeht, dass die Urkunde gefälscht worden ist.[664]

179 **Keine völlige Ungeeignetheit** des Beweismittels liegt hingegen nach der Rechtsprechung vor,

■ wenn lediglich ein **Zeuge vom Hörensagen** vernommen werden soll,[665]

■ wenn ein Sachverständigengutachten **keine sicheren Schlüsse** auf die Richtigkeit einer Beweistatsache zulässt,[666]

■ wenn zwar genügende Anknüpfungstatsachen noch fehlen, die Stellungnahme des Sachverständigen aber für die **Feststellung von Anknüpfungstatsachen** bedeutsam sein kann,[667]

■ wenn zwar nur wenige Anknüpfungstatsachen für eine Begutachtung vorhanden sind, diese aber ggf. zusammen mit den Beobachtungen in der Hauptverhandlung dem Sachverständigen zumindest eine **Wahrscheinlichkeitsaussage** ermöglichen,[668]

■ wenn zwar die **notwendige Einwilligung** der betroffenen Person (Zeuge oder Angeklagter) in eine Untersuchung fehlt, der Sachverständige aber auf andere Beweismittel (z.B. Vernehmungsprotokolle) zurückgreifen kann, die ihn in die Lage versetzen, die Beweisbehauptung zu klären.

■ wenn der Zeuge zwar nicht persönlich in der Hauptverhandlung zur Verfügung steht, aber kommissarisch oder audiovisuell vernommen werden kann.[669]

---

661 BayObLG 66, 4 = JR 1966, 227 (Zuverlässigkeit eines Radargeräts zur Tatzeit); BGH VRS 50, 155 (Individueller Abbauwert der BAK zur Tatzeit); BGH VRS 35, 264, 266; 36, 189 (Fahrversuche zur Prüfung der Reaktionsfähigkeit).

662 *Meyer-Goßner/Schmitt*, StPO, § 244 Rn 59c m.w.N.

663 LG Frankfurt am Main StV 1987, 144.

664 Graf/*Bachler*, StPO, § 244 Rn 68; SSW-StPO/*Sättele*, § 244 Rn 200.

665 BGH NStZ 1999, 578.

666 BGH NJW 1983, 404; BGH NStZ 2012, 345; 2009, 48, 49; 2008, 116; 2007, 476; 1984, 564; 1985, 14 (Pf/M).

667 BGH StV 1990, 98; 246; BayObLG, NJW 2003, 3000.

668 BGH NStZ 2012, 345; 2009, 346, 347; 2006, 686; NStZ-RR 2006, 140.

669 BGHSt 55, 11 = NJW 2010, 2365 = NStZ-RR 2011, 91 = StV 2010, 560.

Hinweis:

Der Ablehnung eines Beweisantrags wegen Ungeeignetheit des Beweismittels kann wirksam nur durch eine sorgfältige Begründung vorgebeugt werden. Der Verteidiger sollte also insbes. in den o.g. Fällen ausführlich darlegen, warum das von ihm benannte Beweismittel trotz möglicher Zweifel eben doch geeignet ist, den beantragten Beweis zu erbringen.

6. Unerreichbarkeit des Beweismittels

Hat sich das Gericht erfolglos um die Heranziehung eines Beweismittels bemüht und besteht keine begründete Aussicht, dass es in absehbarer Zeit beigebracht werden kann, kann ein entsprechender Beweisantrag wegen **Unerreichbarkeit des Beweismittels** abgelehnt werden.[670] Nur in Ausnahmefällen darf das Gericht solche Bemühungen als von vornherein aussichtslos unterlassen.[671] Das Gericht muss das Beschleunigungsgebot und die Bedeutung des Beweismittels gegeneinander abwägen.[672] Es muss in diesem Zusammenhang immer auch prüfen, ob ein benannter Zeuge mittels Videokonferenz in der Hauptverhandlung gehört werden kann.[673]   **180**

Keine Probleme bereitet der Ablehnungsgrund der Unerreichbarkeit des Beweismittels, wenn dieses **absolut unerreichbar** ist,[674] z.B. weil ein Zeuge nicht mehr lebt oder ein Augenscheinsobjekt bzw. eine Urkunde untergegangen ist. Problematisch sind allein die Fälle der **relativen Unerreichbarkeit**: Hier wäre das Beweismittel zwar grds. erreichbar, seine Beschaffung wäre aber mit so viel Mühen, Zeit und Kosten verbunden, dass der Aufwand zur Bedeutung der Sache außer Verhältnis stehen würde.[675] Das Beweismittel ist in diesen Fällen also gerade nicht unerreichbar im wörtlichen Sinne. Gleichwohl versteht die Rechtsprechung unter Unerreichbarkeit auch die relative Unerreichbarkeit und lässt den Richter über deren Vorliegen nach pflichtgemäßem Ermessen entscheiden.[676] Das Maß der erforderlichen Bemühungen zur Herbeischaffung des Beweismittels richtet sich hierbei stets nach dessen Bedeutung für die Wahrheitserforschung.[677] Das Gericht hat deshalb   **181**

---

670 Vgl. z.B. BGHSt 22, 110, 120; 29, 390; 32, 68, 73; BGH NJW 2000, 443, 447; 1990, 398 m.w.N.; BGH NStZ 1985, 375; BGH StV 2017, 790; 1986, 418, 419; OLG München, NStZ-RR 2007, 50, 51; *Alsberg/ Güntge*, Der Beweisantrag im Strafprozess, Rn 1212; *Meyer-Goßner/Schmitt*, StPO, § 244 Rn 62a m.w.N.

671 BGH, GA 1964, 374; 1968, 19; BGH NStZ 1987, 218 (Pf/M).

672 BGHSt 22, 110, 120; BGH MDR 1975, 368 (D).

673 BGHSt 45, 188.

674 Vgl. hierzu Löwe/Rosenberg/*Becker*, StPO, § 244 Rn 246; *Alsberg/Güntge*, Der Beweisantrag im Strafprozess, Rn 1210.

675 Siehe hierzu auch *Hamm/Hassemer/Pauly*, Beweisantragsrecht, Rn 282.

676 Vgl. z.B. BGHSt 22, 118, 120; BGH MDR 1975, 368 = GA 1975, 237; BGH NStZ 1993, 50; 1991, 143; BGH NJW 2000, 443, 447.

677 BGH, Beschl. v. 2.2.2017 – 4 StR 593/16; *Meyer-Goßner/Schmitt*, StPO, § 244 Rn 63 m.w.N.

die Bedeutung der Sache und die Relevanz der Zeugenaussage einerseits gegen das Interesse an der zügigen Durchführung des Verfahrens und die konkreten Erfolgsaussichten zur Herbeischaffung des Beweismittels andererseits abzuwägen.[678]

182 Der **Ablehnungsgrund der Unerreichbarkeit** des Beweismittels betrifft hauptsächlich den Zeugenbeweis. Allerdings können auch Augenscheinsobjekte und Urkunden unerreichbar sein, wenn sie nicht mehr existieren oder ihr Verbleib nicht bekannt ist. Beim Sachverständigenbeweis kann Unerreichbarkeit nur vorliegen, wenn aus einem relevanten Spezialgebiet auf absehbare Zeit überhaupt kein Sachverständiger verfügbar ist.[679]

Im Einzelnen gilt inbesondere Folgendes:

■ Ein **Zeuge ist unerreichbar**, wenn er unbekannten Aufenthalts ist und angemessene gerichtliche Bemühungen zur Aufenthaltsermittlung erfolglos bleiben.[680] Hierbei ist zu beachten, dass fruchtlose Bemühungen, den Aufenthaltsort zu ermitteln, solange fortzusetzen sind, bis ein Erfolg nicht mehr wahrscheinlich ist.[681]

> *Hinweis:*
>
> Das Fehlen einer Anschrift reicht noch nicht aus, um Unerreichbarkeit anzunehmen, wenn es Anhaltspunkte gibt, durch die diese ermittelt werden kann. Unerreichbarkeit liegt auch dann nicht vor, wenn die Ladung mit dem Vermerk „unbekannt verzogen" zurückkommt oder ein Zeuge auf eine Ladung nicht erschienen ist.[682]

■ Wird ein **Zeuge** benannt, der **im Ausland** geladen werden müsste, ist zunächst zu prüfen, ob die Aufklärungspflicht seine Vernehmung gebietet oder ein entsprechender Antrag bereits nach § 244 Abs. 5 Satz 2 StPO abgelehnt werden kann. Ist die Vernehmung des Auslandszeugen zur Sachverhaltsaufklärung erforderlich, ist das Gericht verpflichtet, den Auslandszeugen unmittelbar[683] oder im Wege der internationalen Rechtshilfe bzw. auf diplomatischem Geschäftsweg zu laden.[684] Ggf. muss die Ladung auch die Zusage des freien Geleits[685] oder der Erstattung von Reisekosten[686] enthalten.[687]

---

678 BGHSt 22, 118, 120; BGH NJW 1990, 1124.

679 Vgl. *Eisenberg*, Beweisrecht der StPO, Rn 226.

680 Vgl. KG StV 2005, 14.

681 Löwe/Rosenberg/*Becker*, StPO, § 244 Rn 248; vgl. auch BGH NStZ 2005, 495 (B).

682 Vgl. BGH NStZ 1982, 78; 83, 181; StV 2017, 790; 1999, 359; StraFo 2017, 109, 110; OLG München NStZ-RR 2007, 50; KG StV 2005, 13; OLG Köln StV 2002, 355.

683 Vgl. Art. 52 Abs. 1 SDÜ.

684 Vgl. hierzu *Eisenberg*, Beweisrecht der StPO, Rn 229a und 1059.

685 Vgl. Art. 12 EuRHÜbk.

686 Vgl. Art. 10 Abs. 2 EuRHÜbk.

687 BGHSt 32, 74; BGH NJW 83, 528; BGH StV 1981, 5 m. Anm. *Schlothauer*.

■ Bevor ein Auslandszeuge als unerreichbar angesehen werden darf, sind die Möglichkeiten einer **kommissarischen Vernehmung** des Zeugen im Ausland gem. § 223 StPO[688] bzw. einer **audiovisuellen Zeugenvernehmung** gem. § 247a StPO[689] zu prüfen.[690]

> *Hinweis:*
>
> Ein Antrag auf eine kommissarische Vernehmung darf nur abgelehnt werden, wenn von vornherein abzusehen ist, dass nur die Vernehmung vor dem erkennenden Gericht Beweiswert hätte und zur Aufklärung beitragen könnte.[691]

■ Ein Zeuge ist auch dann unerreichbar, wenn er wegen **Krankheit** oder sonstiger Umstände auf unabsehbare Zeit nicht vernehmungsfähig ist[692] oder bei einer Vernehmung eine wesentliche Verschlechterung des Gesundheitszustandes zu erwarten wäre.[693]

■ **Rechtliche Hinderungsgründe**, wie z.B. die Zeugnisverweigerungsrechte nach den §§ 52 ff. machen die Beweiserhebung unzulässig oder lassen das Beweismittel als ungeeignet erscheinen,[694] machen es aber nicht unerreichbar.[695]

■ Unerreichbar sind **V-Leute der Polizei** und der Nachrichtendienste, wenn die Behörde Namen und Anschrift nicht preisgibt[696] und das Gericht die zuständige Behörde zu einer substantiierten Äußerung über die Sicherheitsbedenken veranlasst und wenigstens versucht hat, das Einverständnis mit einer auf diese Sicherheitsbedenken Rücksicht nehmenden Vernehmung – z.B. unter Ausschluss der Öffentlichkeit – zu erlangen.[697] Gegen unzureichend begründete Sperrerklärungen hat das Gericht Gegenvorstellung zu erheben.[698]

---

688 BGH NJW 1991, 186; 2000, 1204; 2001, 695, 696.
689 BGHSt 45, 188 ff.; BGH StraFo 2004, 355; StV 2001, 664, 665.
690 Siehe auch BVerfG NJW 2016, 626.
691 St. Rspr., vgl. BGHSt 13, 302; 22, 122; BGH NStZ 1992, 141.
692 KMR-StPO/*Paulus*, § 244 Rn 457; Löwe/Rosenberg/*Becker*, StPO, § 244 Rn 251; vgl. z.B. BGH NStZ 2003, 562.
693 BGHSt 51, 325, 328; 9, 297, 300.
694 Siehe Rdn 178.
695 Löwe/Rosenberg/*Becker*, StPO, § 244 Rn 256; *Meyer-Goßner/Schmitt*, StPO, § 244 Rn 66; a.A. BGH MDR 1980, 987 (H).
696 Vgl. BGHSt 32 115, 126 (GSSt); einschr. BGHSt 31, 148, 154 (nur bei gerechtfertigter Entscheidung der Behörde).
697 BVerfGE 57, 250, 287 = NJW 1981, 1719, 1724; BGHSt 29, 109, 113; 390, 391; 30, 34; 35, 82, 84; 36, 159; *Meyer-Goßner/Schmitt*, StPO, § 244 Rn 66 m.w.N.
698 BGHSt 42, 175, 177.

7. Verschleppungsabsicht

183   Der Ablehnungsgrund der Prozessverschleppung ist der einzige, der nicht an die Beweistatsache oder das Beweismittel, sondern an die Absicht des Antragstellers anknüpft.[699]

Prozessverschleppung in diesem Sinne liegt nur vor, wenn der Beweisantrag eindeutig und ausschließlich in der Absicht gestellt worden ist, das Verfahren zu verzögern.[700] Auch Beweisanträge, die nicht ansatzweise der Sachverhaltsaufklärung dienen, können wegen Prozessverschleppung abgelehnt werden.[701] Zum Nachweis der Verschleppungsabsicht bedarf es einer **Gesamtwürdigung** aller zu Tage getretenen Beweisanzeichen, d.h. das Gericht muss alle äußeren Umstände heranziehen und würdigen, die für und gegen das Vorliegen einer entsprechenden Absicht beim Antragsteller sprechen.[702] Berücksichtigungsfähig sind in diesem Zusammenhang alle Äußerungen sowie das gesamte Verhalten des Antragstellers innerhalb und außerhalb der Hauptverhandlung.[703] Eine späte Antragstellung, z.B. erst kurz vor oder sogar nach dem Schluss der Beweisaufnahme oder die Möglichkeit einer früheren Antragsstellung sind aber nicht ausreichend, um Verschleppungsabsicht anzunehmen.[704] Maßgeblich ist zudem stets die **Absicht des jeweiligen Antragstellers**.[705] Wenn der Verteidiger den Beweisantrag gestellt hat, muss die Verschleppungsabsicht deshalb in seiner Person festgestellt werden,[706] die Absicht des Angeklagten ist insoweit unbeachtlich.

Die Ablehnung eines mit Verschleppungsabsicht gestellten Beweisantrags ist nach noch überwiegender Meinung nur dann zulässig, wenn eine **nicht nur unerhebliche Verzögerung** des Verfahrens eintreten würde.[707] Dies ist dann der Fall, wenn das Verfahren wegen der durchzuführenden Beweisaufnahme nicht in angemessener Zeit zu Ende gebracht werden könnte.[708] Eine kürzere Unterbrechung vermag demnach die Ablehnung des Beweisantrags regelmäßig nicht zu rechtfertigen, so z.B. bei der Benennung von ortsansäs-

---

699 Alsberg/*Güntge*, Der Beweisantrag im Strafprozess, Rn 1237.
700 BGHSt 21, 118; 51, 333, 336; BGH NStZ-RR 2009, 21 = StV 2009, 5; zu den Einzelheiten vgl. auch *Meyer-Goßner/Schmitt*, StPO, § 244 Rn 67.
701 BGH NStZ 2005, 45.
702 Löwe/Rosenberg/*Becker*, StPO, § 244 Rn 270; KK-StPO/*Krehl*, § 244 Rn 180; SSW-StPO/*Sättele*, § 244 Rn 221.
703 BGH NStZ 2007, 659; NJW 2001, 1956.
704 BGH NJW 2001, 1956; NStZ 1998, 207 m.w.N.; NStZ-RR 2009, 21 = StV 2009, 5.
705 BGH NStZ-RR 2009, 21 = StV 2009, 5.
706 BGH NJW 2001, 1956.
707 BGHSt 21, 118, 121; BGH NJW 2001, 1956 f.; 1958, 1789; 1982, 2201; BGH NStZ 1984, 230; BGH StV 1986, 418; *Meyer-Goßner/Schmitt*, StPO, § 244 Rn 67; KK-StPO/*Krehl*, § 244 Rn 178; *Michalke*, StV 2008, 228; *Beulke/Ruhmannseder*, NStZ 2008, 300.
708 Siehe z.B. BGHSt 21, 121 (Verzögerung auf unbestimmte Zeit).

sigen Zeugen, da durch deren Ladung i.d.R. keine nennenswerte Verzögerung eintreten wird.[709] Allerdings wird teilweise sowohl in der Rechtsprechung als auch in der Literatur dafür plädiert, das Kriterium der Wesentlichkeit der Verfahrensverzögerung einzuschränken bzw. ganz aufzugeben[710] und jede – auch nur geringfügige – Verzögerung als Voraussetzung für die Ablehnung eines Beweisantrags wegen Prozessverschleppung ausreichen zu lassen.[711] Als Argument wird angeführt, dass § 245 Abs. 2 S. 3 StPO ebenfalls den Ablehnunggrund der Prozessverschleppung vorsehe, eine wesentliche Verfahrensverzögerung aber bei präsenten Beweismitteln nicht denkbar sei.[712] Dieses Argument greift insofern zu kurz, als auch bei präsenten Beweismitteln eine nicht nur unerhebliche Verfahrensverzögerung eintreten kann, wenn der Antragsteller z.B. ein Massenaufgebot von Zeugen lädt oder ein Übermaß von Urkunden zum Beweis vorlegt.[713] Eine Prozessverschleppungsabsicht wird man dem Antragsteller zumeist auch nur dann unterstellen können, wenn sich das Verfahren durch die beantragte(n) Beweiserhebung(en) nicht nur unwesentlich verzögern würde. Bei einer nur geringen Verzögerung kann schon begrifflich nicht von einer „Verschleppung" die Rede sein.

Die Rechtsprechung, die vorsah, dass ein Beweisantrag, der nach dem Ablauf einer **vom Gericht gesetzten Frist** gestellt wurde, unter bestimmten Voraussetzungen schon allein aufgrund der unentschuldigten Fristüberschreitung eine Prozessverschleppungsabsicht indiziere und deswegen entsprechend abgelehnt werden konnte, ist durch die gesetzliche Regelung des § 244 Abs. 6 S. 2 bis S. 4 StPO überholt[714] Nach dieser Vorschrift kann ein nach Fristablauf gestellter Beweisantrag im Urteil unter Anwendung sämtlicher Ablehnungsgründe des § 244 Abs. 3 bis Abs. 5 StPO abgelehnt werden. Das kann im Einzelfall zwar auch der Ablehnungsgrund der Prozessverschleppungsabsicht sein und hierbei kann die Überschreitung der vom Vorsitzenden gesetzten Frist zur Stellung von Beweisanträgen auch weiterhin als Indiz für eine Prozessverschleppungsabsicht gewertet werden. Das Gericht ist aber nach der nunmehr geltenden Gesetzeslage in den Fällen eines unter unentschuldigter Fristüberschreitung gestellten Beweisantrags nicht mehr auf den Ablehnungsgrund der Prozessverschleppung beschränkt und muss den Antrag auch nicht mehr während der laufenden Hauptverhandlung bescheiden.

---

709 Vgl. BGH NStZ 1985, 494 (Pf/M).
710 BGHSt 51, 333, 342; BGH StV 2008, 9; Löwe/Rosenberg/*Becker*, StPO, § 244 Rn 275; SSW-StPO/*Sättele*, § 244 Rn 218; Alsberg/*Güntge*, Der Beweisantrag im Strafprozess, Rn 1247 ff.
711 Vgl. sehr weitgehend *Niemöller*, NStZ 2008, 181 und 2009, 129.
712 Alsberg/*Güntge*, Der Beweisantrag im Strafprozess, Rn 1249; SSW-StPO/*Sättele*, § 244 Rn 218.
713 *Meyer-Goßner/Schmitt*, StPO, § 245 Rn 27.
714 Siehe hierzu ausführlich Rdn 144.

In seiner **Ablehnungsentscheidung** muss das Gericht die tatsächlichen Umstände darlegen, aus denen es auf das Vorliegen einer Verschleppungsabsicht geschlossen hat.[715] Die einzelnen Umstände, sind wie bei einem Indizienbeweis zu würdigen und es ist darzustellen, warum die beantragte Beweiserhebung keinen Beitrag zur Sachaufklärung leisten kann.[716] Der revisionsgerichtlichen Überprüfung unterliegt, ob die zum Beleg der Verschleppungsabsicht herangezogenen Umstände und deren Würdigung schlüssig und rechtsfehlerfrei sind.[717]

8. Wahrunterstellung

184 **Beweiserhebliche entlastende Tatsachen** können als **wahr unterstellt** werden, um den Beweisantrag zurückzuweisen. Da nur entlastende Tatsachen für eine Wahrunterstellung in Betracht kommen, muss der Beweisantrag zugunsten des Angeklagten gestellt sein. Tatsachen, die zuungunsten des Angeklagten wirken können, dürfen nicht als wahr unterstellt werden. Dieses Prinzip bedingt, dass aus einem einmal als wahr unterstellten Sachverhalt keine für den Angeklagten negativen Schlüsse gezogen werden dürfen.[718] Die Wahrunterstellung ist jedoch nur zulässig, wenn durch sie nicht die gerichtliche Aufklärungspflicht verletzt wird.[719]

185 Als wahr unterstellt werden können sowohl **unmittelbar beweiserhebliche Tatsachen** als auch **Indiztatsachen**, nicht aber Rechtsfragen.[720] Das Gesetz sieht die Möglichkeit der Wahrunterstellung **nur für erhebliche Tatsachen** vor. Bedeutungslose Tatsachen können nicht als wahr unterstellt werden. Die Ablehnungsgründe der Wahrunterstellung und der Bedeutungslosigkeit der Beweistatsache schließen sich deshalb gegenseitig aus.[721] In diesem Zusammenhang ist jedoch zu beachten, dass das Gericht, das eine Beweistatsache im Rahmen der Hauptverhandlung zunächst als wahr unterstellt hat, diese in seinem späteren Urteil auch **ohne vorherigen Hinweis als bedeutungslos** soll behandeln dürfen, wenn die Beweiserheblichkeit des als wahr unterstellten Sachverhalts durch die Beweisergebnisse am Schluss der Beweisaufnahme als nicht mehr gegeben anzusehen ist.[722]

---

715 KK-StPO/*Krehl*, § 244 Rn 182; SSW-StPO/*Sättele*, § 244 Rn 226.
716 Vgl. BGH NStZ 2007, 659; StV 2011, 397, 398.
717 BGHSt 21, 118, 123.
718 BGHSt 1, 137; Löwe/Rosenberg/*Becker*, StPO, § 244 Rn 306; *Meyer-Goßner/Schmitt*, StPO, § 244 Rn 70.
719 BGH StV 1996, 647.
720 Vgl. BGHSt 23, 311; *Meyer-Goßner/Schmitt*, StPO, § 244 Rn 70 m.w.N.; *Eisenberg*, Beweisrecht der StPO, Rn 243; **a.A.** Löwe/Rosenberg/*Becker*, StPO, § 244 Rn 290, 296.
721 BGHSt 1, 51, 53; 30, 383, 385; BGH NStZ-RR 2013, 50; 2003, 268; NStZ 2004, 614, 615; StV 2007, 18, 19; *Schneider*, NStZ 2013, 216.
722 BGH, Beschl. v. 23.7.2008 – 5 StR 285/08; BGH NStZ-RR 2009, 179; BGH, Beschl. v. 27.3.2012 – 3 StR 31/12.

Hinweis:

Die Wahrunterstellung ist somit **kein „Ruhekissen"** für den Verteidiger. Will er nicht in den Urteilsgründen davon überrascht werden, dass das Gericht den ursprünglich als wahr unterstellten Sachverhalt aufgrund vorangeschrittener Beweisaufnahme nicht mehr als entscheidungserheblich ansieht, sollte er seinen Beweisantrag zur Absicherung nochmals – ggf. in der Form eines bedingten Beweisantrags[723] – unter Benennung eines neuen Beweismittels wiederholen.

Sind aus der Sicht des Gerichts als wahr unterstellte Beweistatsachen später bedeutungslos geworden, darf das Gericht allerdings auf einen entsprechenden **Hinweis nicht verzichten**, wenn es naheliegend erscheint, dass die Verteidigung wegen der Wahrunterstellung davon absieht, Beweisanträge zu einem Thema zu stellen, das mit der (zunächst) als wahr unterstellten Beweistatsache im Zusammenhang steht und für die Entscheidung möglicherweise von Bedeutung ist.[724]

Hinweis:

In diesem Zusammenhang ist außerdem zu beachten, dass der Beschluss, mit dem die Beweistatsache als wahr unterstellt wird, keiner Begründung bedarf, wohingegen die Zurückweisung eines Beweisantrags als bedeutungslos eine umfassende und detailliert zu begründende Würdigung der Beweistatsache im Kontext der bisherigen Beweisaufnahme erfordert. Ein Gericht, dass die Beweistatsache zunächst als wahr unterstellt und später im Urteil zum Ablehnungsgrund der Bedeutungslosigkeit übergeht, könnte in der Hauptverhandlung die hohen Begründungsanforderungen umgehen und die Begründung in den Urteilsgründen nachschieben.[725] Sofern der Verteidiger plausibel darlegen kann, dass ihm hierdurch weitere Verteidigungsmöglichkeiten abgeschnitten wurden, verspricht die Revision Erfolg.

Die **Wahrunterstellung bezieht sich nur auf die Beweistatsache selbst**, nicht etwa auf die Schlüsse, die aus ihr gezogen werden können.[726] Das Gericht muss also nicht zwangsläufig die Schlüsse ziehen, auf die es dem Antragsteller ankommt. Allerdings müssen die behaupteten Tatsachen in ihrem wirklichen Sinn ohne jede Einengung, Verschiebung oder sonstige Änderung als wahr behandelt werden.[727] **Nicht ausreichend**

186

---

723 Ausführlich hierzu Rdn 105 ff.
724 BGH StV 2012, 580, 581 = StraFo 2012, 230.
725 S. hierzu BGH StV 2012, 580, 581 = StraFo 2012, 230; vgl. auch *Schweckendieck*, NStZ 1997, 259.
726 KK-StPO/*Krehl*, § 244 Rn 190 und 192; vgl. auch *Meyer-Goßner/Schmitt*, StPO, § 244 Rn 71 m.w.N.
727 BGH NStZ 1982, 213; 1983, 211 (Pf/M); 1984, 211 (Pf/M); 1986, 207 (Pf/M); 1989, 129 m. Anm. *Volk*; 2003, 101; 2008, 299 = StV 2008, 227; BGH wistra 1990, 196; *Alsberg/Güntge*, Der Beweisantrag im Strafprozess, Rn 1310 m.w.N.

konkretisierte, unklare oder widersprüchliche Beweistatsachen dürfen grundsätzlich nicht als wahr unterstellt werden.[728] Das Gericht hat vor einer Wahrunterstellung darauf hinzuwirken, dass der Antragsteller seine Beweisbehauptung präzisiert und klarstellt. Unterlässt es dies und und unterstellt das unklare oder nicht ausreichend konkretisierte Vorbringen gleichwohl als wahr, so ist es an diese Zusage aber in derselben Weise gebunden, als wenn es sich um eine ausreichend konkretisierte Beweisbehauptung gehandelt hätte.[729]

187   Die behauptete Tatsache muss auch **im Urteil als wahr behandelt** werden. Die Urteilsfeststellungen und die Beweiswürdigung dürfen somit der Wahrunterstellung nicht widersprechen.[730] Das gilt auch dann, wenn es sich bei dem als wahr unterstellten Beweisbegehren nicht um einen echten förmlichen Beweisantrag gehandelt haben sollte.[731] Allerdings unterstehen auch die als wahr unterstellten Tatsachen, wie alle anderen Tatsachen, der freien Beweiswürdigung des Gerichts.[732] Eine ausdrückliche Auseinandersetzung mit den als wahr unterstellten Tatsachen in den Urteilsgründen ist jedenfalls dann erforderlich, wenn die übrigen Feststellungen dazu drängen[733] und die Beweiswürdigung ansonsten lückenhaft bliebe.[734] Keinesfalls ausreichend ist es, wenn das Gericht in seinem Ablehnungsbeschluss oder seinem Urteil lediglich die Bestätigung der Tatsache durch das benannte Beweismittel unterstellt, nicht aber die Wahrheit selbst.[735]

Zu diesem wichtigen und im Einzelfall weitreichenden Aspekten folgendes

> *Beispiel:*
>
> In einem Beweisantrag[736] wird zur Erschütterung der Aussage eines Belastungszeugen behauptet, der Belastungszeuge habe sich gegenüber dem im Beweisantrag benannten Zeugen abweichend geäußert. In einem solchen Fall genügt es nicht, lediglich als wahr zu unterstellen, der Belastungszeuge habe sich zwar gegenüber dem Zeugen geäußert, er habe seine angeblich abweichenden Äußerungen aber wohl anders gemeint bzw. sich missverständlich ausgedrückt[737] oder die Aussage sei nicht glaubhaft.[738]

---

728 BGH NStZ 2018, 48 = StV 2017, 790.
729 BGH NStZ 2018, 48 = StV 2017, 790.
730 BGHSt 32, 44, 47; BGH StV 1988, 91; BGH NStZ 2003, 101.
731 BGH, Beschl. v. 14.7.2011 – 3 StR 106/11.
732 BGH NJW 1976, 1950; BGH NStZ 1982, 213; 1983, 211 (Pf/M); BGH StV 1986, 467.
733 BGHSt 28, 310; BGH NStZ 2011, 231; 1983, 211 (Pf/M); 1985, 206 (Pf/M); StV 1981, 601; 1988, 91; BGH wistra 2001, 150; BGH NStZ-RR 2003, 268; weiter gehend KK-StPO/*Krehl*, § 244 Rn 193.
734 BGH NStZ 2011, 472; 231.
735 RGSt 49, 46; BGH StV 1995, 6 und 173.
736 Siehe Fallbeispiel bei *Eisenberg*, Beweisrecht der StPO, Rn 249.
737 Vgl. BGH StV 1994, 356.
738 OLG Hamburg StV 2001, 332 mit zust. Anm. *J. Meyer.*

Zum **Nachteil des Angeklagten** darf eine einmal als wahr unterstellte Tatsache im Urteil **188** ebenfalls unter keinen Umständen verwertet werden.[739] Da die Wahrunterstellung nur bei entlastenden Tatsachen in Betracht kommt, ist sie somit besonders geeignet, ein für den Angeklagten günstiges Beweisergebnis zu sichern. Sollte sich vor oder während der Urteilsberatung ergeben, dass eine Wahrunterstellung nicht eingehalten werden kann, ist – nötigenfalls unter Wiedereintritt in die Hauptverhandlung – entweder die beantragte Beweiserhebung doch noch vorzunehmen oder der Beweisantrag neu zu bescheiden. Setzt sich das Gericht mit einer Wahrunterstellung in seinen Urteilsgründen in Widerspruch, kann dies mit der Revision angefochten werden. Will das Gericht eine zunächst im Rahmen der Beweisaufnahme als wahr unterstellte Beweistatsache in seinem späteren Urteil (nur noch) als erwiesen behandeln, muss es den Angeklagten hierauf in der Hauptverhandlung vorab hinweisen.[740] Diese **Hinweispflicht** folgt daraus, dass aus einer als erwiesen erachteten Tatsache – im Gegensatz zu einer als wahr unterstellten – auch negative Schlüsse gezogen werden dürfen.

IV. Ablehnungsgründe beim Sachverständigenbeweis nach § 244 Abs. 4 StPO

Beweisanträge auf **Vernehmung eines Sachverständigen** kann das Gericht neben den **189** Gründen aus § 244 Abs. 3 StPO auch gem. § 244 Abs. 4 StPO ablehnen.

Als **Ablehnungsgründe gem. § 244 Abs. 4 StPO** kommen in Betracht:

■ Die Ablehnung der Vernehmung eines Sachverständigen wegen **eigener Sachkunde** gem. § 244 Abs. 4 Satz 1 StPO, wenn das Gericht selbst die erforderliche Sachkunde besitzt, um die Beweisfrage beantworten zu können. Insoweit ist es unerheblich, woher der Richter seine eigene Sachkunde bezieht, er kann sein Wissen dienstlich oder außerdienstlich erworben haben.[741] Er kann sich das erforderliche Wissen auch erst während des Prozesses angeeignet haben,[742] z.B. aufgrund von Aussagen eines sachverständigen Zeugen oder aufgrund eines anderen Gutachtens,[743] selbst wenn er diesem im Ergebnis nicht folgen will.[744]

Hinweis:

Nicht möglich ist es allerdings, sich die Sachkunde **unter Umgehung prozessualer Vorschriften** anzueignen, z.B. dergestalt, dass das Gericht außerhalb der Hauptver-

739 Vgl. *Eisenberg*, Beweisrecht der StPO, Rn 250 unter Hinweis auf BGH NStZ 2007, 717.
740 BGH NJW 2007, 2566 = StV 2007, 512.
741 *Eisenberg*, Beweisrecht der StPO, Rn 253; *Meyer-Goßner/Schmitt*, StPO, § 244 Rn 73.
742 BGH NStZ 1983, 325.
743 BGH NStZ-RR 1998, 50; BGH NStZ 1982, 189 (Pf); *Eisenberg*, Beweisrecht der StPO, Rn 254 m.w.N.
744 BGHSt 21, 62; BGH VRS 67, 264; BGH NStZ 1985, 84 m. Anm. *Eisenberg*.

handlung bzw. freibeweislich einen Sachverständigen befragt, um anschließend einen Beweisantrag aufgrund eigener Sachkunde ablehnen zu können.[745]

Wird ein Beweisantrag wegen eigener Sachkunde abgelehnt, muss, soweit es sich nicht um Fachwissen handelt, über das Richter in aller Regel verfügen, am besten bereits **im Ablehnungsbeschluss,** jedenfalls aber **im Urteil** dargelegt werden, aus welchen Gründen das Gericht eigene Sachkunde annimmt.[746]
Hierzu folgendes

Beispiel:
Der Angeklagte berief sich vor dem Tatgericht auf seine Schuldunfähigkeit aufgrund kombinierten Alkohol- und Tablettenkonsums. Das Tatgericht ging jedoch aufgrund der eigenen Einlassung des Angeklagten im Ermittlungsverfahren davon aus, dass die Einnahme von Alkohol und Tabletten erst nach der Tat erfolgte. Die Verteidigung hatte deshalb zur Frage der Schuldunfähigkeit ein Sachverständigengutachten beantragt, mit der Maßgabe, dass die Einlassung des Angeklagten zum zeitlichen Ablauf der Tat und des Alkohol- und Tablettenkonsums wertlos sei, weil die Kombinationswirkung von Alkohol und Tabletten zwar noch Inseln der Erinnerung zugelassen, eine genaue Einordnung der zeitlichen Abläufe aber unmöglich gemacht habe. Das Tatgericht lehnte diesen Beweisantrag ohne Angabe von Gründen wegen eigener Sachkunde ab. Der BGH[747] hat dieses Vorgehen als rechtsfehlerhaft angesehen, weil durch den Beweisantrag die Reihenfolge des Geschehensablaufs infrage gestellt werden sollte und das Tatgericht nicht mitgeteilt habe, worauf es seine eigene Sachkunde gestützt haben will. Da die Auswirkungen von Alkohol und Medikamenten auf die Erinnerungsfähigkeit spezifisches Fachwissen darstellen, das nicht zum Allgemeinwissen von Richtern zählt, hätte die vom Tatgericht behauptete eigene Sachkunde näherer Darlegung bedurft.

■ Die **Ablehnung der Einholung eines weiteren Sachverständigengutachtens** gem. § 244 Abs. 4 Satz 2 StPO steht dem Gericht – verfassungsrechtlich unbedenklich[748] – schon dann zur Verfügung, wenn durch ein früheres Gutachten das Gegenteil der behaupteten Beweistatsache bereits erwiesen ist. Darin liegt eine vom Gesetz zugelassene Durchbrechung des Verbots der Beweisantizipation.[749] Das Gegenteil der be-

---

745 BGH StV 1995, 339; *Meyer-Goßner/Schmitt*, StPO, § 244 Rn 73; *Eisenberg*, Beweisrecht der StPO, Rn 253; a.A. OLG Hamm NJW 1978, 1210.
746 BGHSt 2, 163, 165; 12, 18, 20; BGH NStZ 2017, 300, 301; 1995, 201; 1983, 325; BGH StV 1998, 248, 249; 1984, 235; Vgl. auch BGH – 3 StR 152/00 = NStZ-RR 2001, 132 (K).
747 BGH NStZ-RR 2000, 332.
748 BVerfG NJW 2004, 209.
749 Vgl. auch *Hamm/Hassemer/Pauly*, Beweisantragsrecht, Rn 402.

haupteten Tatsache muss allerdings **allein** durch das im selben Verfahren erstattete frühere Gutachten bewiesen sein.[750] Der Gegenbeweis darf nicht auf darüber hinausgehenden Beweisstoff gestützt werden.[751]

Nicht abgelehnt werden darf der Beweisantrag auf Einholung eines **weiteren Gutachtens** gem. § 244 Abs. 4 Satz 2, 2. Halbs. StPO, wenn die Sachkunde des früheren Gutachters zweifelhaft ist, sein Gutachten von unzutreffenden Voraussetzungen ausgeht, Widersprüche enthält, oder wenn der neue Sachverständige über überlegene Forschungsmittel verfügt.[752]

> *Hinweis:*
>
> In dem Beweisantrag auf Einholung eines weiteren Gutachtens muss der Verteidiger deshalb konkret darlegen, welche der in § 244 Abs. 4 S. 2 Hs. 2 StPO genannten Voraussetzungen tatsächlich gegeben sind. Zu beachten ist insoweit, dass das Gericht sich nach der Rechtsprechung des BGH auch in den Fällen, in denen die Sachkundes des früheren Gutachters zweifelhaft ist bzw. das Erstgutachten von unzutreffenden tatsächlichen Voraussetzungen ausgeht oder Widersprüche enthält, nach wie vor auf den Ablehnungsgrund der eigenen Sachkunde gemäß § 244 Abs. 4 S. 1 StPO berufen kann, wenn es das Gutachten nicht selbst in Auftrag gegeben hat, sondern dieses z.b. seitens der Staatsanwaltschaft eingeholt worden war. Das Gericht darf sich in diesem Fall dann allerdings in seinem Urteil auf das Gutachten des Erstgutachters auch in keiner Weise mehr berufen.[753]

Im Einzelnen gilt Folgendes:

■ Die **Sachkunde des früheren Gutachters kann zweifelhaft** sein, wenn formale Mängel des Gutachtens oder Mängel in der Qualifikation des Gutachters bestehen. So kann z.B. für die Frage, welche Auswirkungen bestimmte Erkrankungen auf die Aussagetüchtigkeit eines Zeugen haben, die Anhörung eines Psychologen nicht ausreichen, mit der Folge, dass zusätzlich ein Psychiater zu Rate zu ziehen ist.[754] Auch, wenn ein vom Gericht bestellter Sachverständiger in einem wissenschaftlich umstrittenen Bereich eine Außenseitermeinung vertritt, kann die Sachkunde dieses Gutachters zweifelhaft sein. Zeigt der Verteidiger unter Vorlage einer Stellungnahme eines weiteren Fachvertreters konkrete Mängel des Erstgutachtens auf, reicht es nicht aus,

---

750 BGH NStZ 2005, 159.
751 BGHSt 39, 49, 52; BGH StV 2014, 265 f. = StraFo 2014, 75; NStZ 2005, 159; *Trück*, NStZ 2007, 377, 383; *Meyer-Goßner/Schmitt*, StPO, § 244 Rn 75 m.w.N.
752 Vgl. hierzu ausführlich oben Rdn 83 ff.
753 BGHSt 55, 5 = NJW 2010, 1214.
754 Vgl. z.B. BGH StV 1997, 60 = NStZ-RR 1997, 106; StV 1997, 61 = NStZ 1997, 199.

wenn das Gericht seinen Beschluss zur Ablehnung eines weiteren Gutachtens lediglich damit begründet, dass die Sachkunde des sorgfältigen und forensisch erfahrenen Sachverständigen für das Gericht außer Zweifel stehe.[755]

■ Geht das Gutachten des Erstgutachters von **unzutreffenden tatsächlichen Voraussetzungen** aus, ist ein weiteres Gutachten unumgänglich. Der Verteidiger muss in diesem Zusammenhang darlegen, dass die vom Gutachter ermittelten Befundtatsachen fehlerhaft ermittelt wurden. Nicht ausreichend ist es, wenn das Gericht dem Gutachter die Anknüpfungstatsachen unzutreffend oder unzureichend mitgeteilt hat. In diesem Fall kann das Gericht den Erstgutachter unter berichtigter Darlegung der Anknüpfungstatsachen mit der Erstellung eines neuen Gutachtens bzw. eines Nachtragsgutachtens beauftragen. Eines weiteren Sachverständigen bedarf es in diesem Fall nicht.[756]

■ Für die Frage, ob ein Gutachten **Widersprüche** enthält, ist allein das in der Hauptverhandlung mündlich erstattete Gutachten entscheidend.[757] Sofern der Gutachter also Widersprüchlichkeiten seines zunächst vorgelegten schriftlichen Gutachtens in der Hauptverhandlung aufzuklären vermag, ist ein Antrag auf Einholung eines weiteren Gutachtens nicht Erfolg versprechend. Ist oder bleibt hingegen das in der Hauptverhandlung erstattete Gutachten widersprüchlich, wird das Gericht einen weiteren Gutachter hinzuziehen müssen.

■ Der Antrag auf Einholung eines weiteren Gutachtens kann schließlich auch dann nicht abgelehnt werden, wenn der neue Sachverständige über **überlegene Forschungsmittel** verfügt. Die Rechtsprechung versteht den Begriff der Forschungsmittel rein instrumentell. Überlegene Forschungsmittel sind somit nur die Hilfsmittel, deren sich der Sachverständige für wissenschaftliche Untersuchungen zu bedienen pflegt.[758] Sie sind dann überlegen, wenn ihre Anwendung zu einem anderen und besser begründeten Ergebnis führen kann.[759] Persönliche Kenntnisse und Fähigkeiten, größere Berufserfahrung oder ein besonderes Renommee sind keine überlegenen Forschungsmittel in diesem Sinne.[760]

Lehnt das Gericht einen Antrag auf Einholung eines weiteren Sachverständigengutachtens **ab**, muss es sich mit den vom Antragsteller für die Notwendigkeit einer weiteren Begutachtung vorgebrachten Argumenten im Einzelnen auseinandersetzen.[761] Die bloße

---

755 BGH NJW 1999, 2746 = StV 1999, 473 = NStZ 2000, 100.
756 BGH NStZ 1985, 421.
757 Vgl. BGHSt 23, 176, 185.
758 BGHSt 23, 176, 186.
759 Vgl. SSW-StPO/*Sättele*, § 244 Rn 238.
760 BGHSt 23, 176, 186; 34, 355, 358; 44, 26, 29.
761 BGHSt 10, 116, 118; BGH NStZ 2005, 205, 207; StV 1989, 355 m. Anm. *Schlothauer*.

Wiedergabe des Gesetzeswortlautes reicht nicht aus. In seinem Urteil darf sich das Gericht mit den Ablehnungsgründen nicht in Widerspruch setzen.[762]

V. Ablehnungsgründe beim Augenscheinsbeweis, bei Auslandszeugen und bei Ausgangsdokumenten nach § 244 Abs. 5 StPO

1. Ablehnung der Einnahme des Augenscheins

Beim Beweisantrag auf Einnahme eines Augenscheins sind neben dem Erfordernis der **190** konkreten Formulierung[763] auch die **Ablehnungsmöglichkeiten des Gerichts** besonders zu beachten. Der **Augenscheinsbeweis** fällt gem. § 244 Abs. 5 Satz 1 StPO nicht unter den allgemeinen Katalog der Ablehnungsgründe nach § 244 Abs. 3 StPO, d.h. das Gericht entscheidet über den Antrag auf Einnahme eines Augenscheins nicht nach den strengen Vorgaben des § 244 Abs. 3 Satz 2 StPO, sondern gem. **§ 244 Abs. 5 Satz 1 StPO** lediglich nach **pflichtgemäßem Ermessen** i.R.d. richterlichen Aufklärungspflicht.[764] Auch gilt das Verbot der Beweisantizipation für einen Antrag auf Augenscheinseinnahme nicht.[765] Daraus folgt, dass das Gericht eine Augenscheinseinnahme mit der Begründung ablehnen kann, es verspreche sich von der Einnahme eines Augenscheins keine weitere Sachaufklärung.[766] Es kann darüber hinaus den Antrag aber auch mit der Begründung ablehnen, das unter Beweis gestellte Ergebnis einer Inaugenscheinnahme stehe bereits aufgrund einer anderen Beweiserhebung, z.B. einer Zeugenaussage, fest.[767]

Hinweis:

Letzteres gilt allerdings nicht, wenn die beantragte Augenscheinseinnahme gerade dem Zweck dient, die andere Beweiserhebung, wie z.B. die Zeugenaussage, zu widerlegen.[768]

---

762 Vgl. hierzu BGH NJW 2010, 1214 f. m. Anm. *Hoffmann/Wendler* = StV 2011, 713 = NStZ 2010, 405 m. Anm. *Trück*, NStZ 2010, 586.
763 Siehe Rdn 71 f.
764 KK-StPO/*Krehl*, § 244 Rn 209; vgl. auch Löwe/Rosenberg/*Becker*, StPO, § 244 Rn 342; beispielhaft etwa BGH, Beschl. v. 10.5.2001 – 3 StR 128/01, n.v.
765 Löwe/Rosenberg/*Becker*, StPO, § 244 Rn 343; *Alsberg/Güntge*, Der Beweisantrag im Strafprozess, Rn 1396; vgl. auch *Grünwald*, Beweisrecht, S. 103 f. und *Perron*, Beweisantragsrecht, S. 268 f.
766 BGH NStZ 1988, 88; 1984, 565; BGH StV 1987, 4.
767 BGHSt 8, 177, 180.
768 BGHR StPO § 244 Abs. 5, Augenschein 3 = StV 1994, 411 = NStZ 1994, 483; BGH NStZ 1984, 565; BGHSt 8, 177; *Alsberg/Güntge*, Der Beweisantrag im Strafprozess, Rn 1399 m.w.N. Etwas anderes kann jedoch wiederum gelten, wenn mehrere Zeugen unabhängig voneinander über Gegebenheiten berichten, die dem Ergebnis der beantragten Augenscheinseinnahme entgegenstehen, siehe Löwe/Rosenberg/*Becker*, StPO, § 244 Rn 348, KK-StPO/*Krehl*, § 244 Rn 210 m.w.N., hiergegen: *Grünwald*, Beweisrecht, S. 102.

Die **Ablehnung** eines Beweisantrags auf Einnahme eines Augenscheins ist somit **erheblich erleichtert**. Deshalb ist es besonders wichtig, den Antrag auf Einnahme eines Augenscheins sorgfältig zu begründen und konkret darzulegen, welche zusätzlichen und wichtigen Erkenntnisse sich gerade aus dem Augenschein gewinnen lassen. Zu beachten ist, dass das Gericht einen Augenschein außerhalb der Gerichtsstelle auch dann ablehnen kann, wenn sich die dadurch zu erwartenden Feststellungen **auch auf andere Weise**, z.b. durch die Inaugenscheinnahme von Lichtbildern, Filmen, Modellen, Plänen oder Skizzen treffen lassen.[769] Das Gericht kann den Augenschein auch von einem beauftragten oder ersuchten Richter oder einem Augenscheinsgehilfen einnehmen lassen.[770] Schließlich kann es anstelle eines Augenscheins ausreichend sein, wenn ein Zeuge oder Sachverständiger über seine Wahrnehmungen berichtet.[771]

Wenn der Verteidiger **Augenscheinsobjekte** dem Gericht in der Hauptverhandlung **unmittelbar präsentieren** kann, sollte er dies tun, da es sich in diesem Fall um **präsente Beweismittel** handelt, auf die die Beweisaufnahme erstreckt werden muss, wenn kein Ablehnungsgrund nach § 245 Abs. 2 StPO vorliegt. Die erleichterte Ablehnungsmöglichkeit des § 244 Abs. 5 Satz 1 StPO greift in diesem Fall nicht. Dasselbe gilt auch für Augenscheinsobjekte, die sich im **Gewahrsam der Justiz** befinden: Sobald der Verteidiger einen Beweisantrag auf Inaugenscheinnahme eines im Gewahrsam der Justiz befindlichen Objektes stellt, wird dieses zum präsenten Beweismittel.[772] Ein solcher Beweisantrag kann dann ebenfalls nur noch unter den engen Voraussetzungen des § 245 Abs. 2 StPO abgelehnt werden.

Hinweis:

Der Verteidiger muss darauf achten, dass **Objekte**, die sich **im Justizgewahrsam** befinden, **nicht von vornherein** präsente Beweismittel darstellen, obwohl sie für das Gericht jederzeit greifbar sind. Zu präsenten Beweismitteln i.S.d. § 245 Abs. 2 StPO werden sie erst durch den Beweisantrag des Verteidigers, mit dem dieser die Inaugenscheinnahme des Objektes beantragt und genau beschreibt, was die Inaugenscheinnahme erbringen wird.[773]

2. Ablehnung der Vernehmung des Auslandszeugen

191   Die **Vernehmung eines Auslandszeugen** kann das Gericht gem. § 244 Abs. 5 Satz 2 StPO unter den gleichen Voraussetzungen **ablehnen**, wie die Einnahme eines Augenscheins.

---

769 BGHSt 3, 187, 189; 22, 347, 349.
770 Siehe hierzu Rdn 68 f.
771 BGHSt 27, 135, 136; BGH NStZ 1984, 565.
772 Vgl. BGHSt 37, 168, 171 = NJW 1991, 1622; Widmaier/*Widmaier/Norouzi*, MAH Strafverteidigung, § 9 Rn 49.
773 Vgl. hierzu Rdn 71 f.

Auch die Vernehmung des Auslandszeugen steht also im **pflichtgemäßen Ermessen** des Gerichts und ist nicht erforderlich, wenn die Beweiserhebung aus der Sicht des Gerichts zur Erforschung der Wahrheit nicht erforderlich ist.[774] Der Maßstab für die Entscheidung über den Beweisantrag ist somit die **Amtsaufklärungspflicht.**[775]

Im Rahmen seiner Entscheidung hat das Gericht unter Beachtung des Grundsatzes der Verhältnismäßigkeit gegeneinander abzuwägen:[776]

- das **Gewicht der Strafsache,**
- die Bedeutung und den **Beweiswert des Auslandszeugen** vor dem Hintergrund des bisherigen Beweisergebnisses,[777]
- den **zeitlichen und organisatorischen Aufwand** einer entsprechenden Beweisaufnahme,
- die **Nachteile durch Verfahrensverzögerungen.**

Damit ist dem Gericht eine **vorweggenommene Beweiswürdigung** erlaubt.[778] Auch das Verbot der Beweisantizipation gilt nicht.[779] Demzufolge ist das Gericht zur Ablehnung des Beweisantrags berechtigt, wenn es unter Berücksichtigung sowohl des Vorbringens des Beweisantragstellers als auch der Ergebnisse der bisherigen Hauptverhandlung zur der Auffassung gelangt, dass selbst die Bestätigung der Beweisbehauptung auf seine Überzeugungsbildung ohne Einfluss bleiben wird.[780] Das kann z.B. bedeuten, dass der auf die Vernehmung eines Auslandszeugen gerichtete Beweisantrag auch dann abgelehnt werden darf, wenn mit der Vernehmung die Aussage des einzigen – aus der Sicht des Gerichts glaubwürdigen – Belastungszeugen widerlegt werden soll.[781] Wurde die dem Angeklagten vorgeworfene Tat im Ausland begangen und stammen die belastenden Beweismittel überwiegend auch von dort, wird die Ablehnung der Vernehmung eines von der Verteidigung benannten Auslandszeugen aber regelmäßig nicht in Betracht kommen.[782]

Zur Prüfung der Voraussetzungen des § 244 Abs. 5 Satz 2 StPO steht dem Gericht das Freibeweisverfahren offen. Es kann sich deshalb z.B. telefonisch mit dem benannten Auslandszeugen in Verbindung setzen, um zu klären, ob er sachdienliche Aufklärungshilfe

---

774 Vgl. *Meyer-Goßner/Schmitt*, StPO, § 244 Rn 43 f.; *Herdegen*, NStZ 1998, 445 ff.

775 Vgl. BGHSt 40, 60, 62; BGH NJW 2004, 3051, 3054; NStZ 2004, 99; KK-StPO/*Krehl*, § 244 Rn 212; Löwe/ Rosenberg/*Becker*, StPO, § 244 Rn 352; *Meyer-Goßner/Schmitt*, StPO, § 244 Rn 43 f.; *Herdegen*, NStZ 1998, 445 ff.

776 Vgl. BGH NJW 2005, 2322; BGH NJW 2002, 2403 = StV 2002, 407 = NStZ 2002, 653 m. Anm. *Julius*.

777 BGH NStZ 2017, 96, 97 m. Anm. *Ventzke* = Strafo 2017, 20, 21.

778 BGHSt 40, 60 m. Anm. *Kintzi*, NStZ 1994, 448; BGH NStZ 1994, 554.

779 Vgl. BGH NJW 2005, 2322, 2323; StV 2014, 266..

780 BGH NStZ-RR 2015, 278; NStZ 2014, 531, 532.

781 So *Meyer-Goßner/Schmitt*, StPO, § 244 Rn 43f.

782 BGH NJW 2010, 2365, 2368; KK-StPO/*Krehl*, § 244 Rn 213; SSW-StPO/*Sättele*, § 244 Rn 246; vgl. zu den erhöhten Begründungsanforderungen eines Ablehnungsbeschlusses bei Auslandstaten BGH NStZ 2014, 51 f. mit Anm. *Heine*, StV 2010, 560, 561.

leisten kann.[783] Im Einzelfall (z.B. bei Aussage-gegen-Aussage) kann das Gericht zu einer freibeweislichen Klärung der Existenz und Aussagebereitschaft des Zeugen im Hinblick auf seine Amtsaufklärungspflicht sogar gezwungen sein.[784] Der Ablehnungsgrund nach § 244 Abs. 5 Satz 2 StPO gilt auch dann, wenn die **kommissarische Vernehmung** (§ 223 StPO) oder **die audiovisuelle Vernehmung** (§ 247a StPO) beantragt worden ist. Das Gericht ist also auch nicht verpflichtet, den Zeugen im Ausland vernehmen zu lassen oder die Möglichkeiten einer audiovisuellen Zeugenvernehmung zu prüfen.[785] Allerdings kann es gegen die gerichtliche Aufklärungspflicht aus § 244 Abs. 2 StPO verstoßen, wenn ein auf die Erhebung eines ausschlaggebenden Beweises gerichteter Beweisantrag zurückgewiesen und hierbei die Möglichkeit einer audiovisuellen Zeugeneinvernahme außer Acht gelassen wird.[786]

Die Ablehnungsentscheidung hat gemäß § 244 Abs. 6 S. 1 StPO grds. durch **Beschluss** zu erfolgen, der zu begründen ist. In der Beschlussbegründung muss sich das Gericht im Rahmen einer vorweggenommenen, gestrafften Beweiswürdigung mit dem Ergebnis der bisherigen Beweiswürdigung auseinandersetzen.[787] Die bloße Wiederholung des Gesetzeswortlauts genügt nicht. Die für die Ablehnung des Beweisantrags maßgeblichen Gesichtspunkte sind in ihrem wesentlichen Kern nachvollziehbar darzulegen.[788] Eine unzureichende Beschlussbegründung kann im Urteil nicht mehr geheilt werden.[789]

3. Ablehnung der Verlesung von Ausgangsdokumenten

192 Der Ablehnungsgrund des § 244 Abs. 5 S. 3 StPO erklärt sich vor dem Hintergrund der Einführung der **elektronischen Akte**. Abgelehnt werden können Beweisanträge, die auf die Verlesung von **Ausgangsdokumenten** gerichtet sind. Das sind gem. § 32e Abs. 1 StPO alle Dokumente, die nicht der Form entsprechen, in der die Akte (elektronisch) geführt wird, also alle in Papierform vorhandenen Schriftstücke, insbesondere Urkunden.[790] Die Ausgangsdokumente sind, damit sie Bestandteil einer elektronischen Akte werden, einzuscannen oder abzulichten. Gem. § 32e Abs. 2 StPO ist nach dem Stand der Technik sicherzustellen, dass das (analoge) Ausgangsdokument bildlich und inhaltlich mit dem in die elektronische Akte überführten (digitalen) Dokument übereinstimmt. Wird diese Übereinstimmung seitens eines Verfahrensbeteiligten angezweifelt und stellt

---

783 Vgl. BGH StV 1997, 511; 2003, 317; BGH NStZ 1995, 244; BGH StraFo 2007, 118.
784 BGH StraFo 2007, 118.
785 Vgl. BGH NJW 1998, 3363 und BGH NJW 2001, 695. Ebenso *Meyer-Goßner/Schmitt*, StPO, § 244 Rn 43f.
786 BGH NStZ 2008, 232 = StV 2009, 455 = StRR 2008, 66.
787 BGH StraFo 2016, 289; BGH, Urt. v. 10.2.2016 – 2 StR 533/14.
788 BGH NStZ 2014, 469, 470; NStZ-RR 2016, 116.
789 BGH NStZ 2007, 349, 351.
790 BeckOK-StPO/*Bachler*, § 244 Rn 118.

er deshalb einen Beweisantrag auf Verlesung – nicht lediglich Inaugenscheinnahme – des Ausgangsdokuments, kann das Gericht nach pflichtgemäßem Ermessen entscheiden, ob es dem Antrag nachgeht oder ihn ablehnt.

Hinweis:

Für den Antrag auf Verlesung eines Ausgangsdokumentes reicht es nicht aus, nur allgemein zu behaupten, das in der elektronischen Akte befindliche (digitale) Dokument stimme nicht mit dem ursprünglichen Schriftstück überein. Der Antragsteller muss konkrete Umstände behaupten, also z.b. bestimmte Übetragungs- oder Archivierungsfehler geltend machen.[791]

VI. Ablehnungsgründe bei präsenten Beweismitteln nach § 245 Abs. 2 StPO

Bei **präsenten Beweismitteln** gelten nach § 245 Abs. 2 StPO Sonderregeln. Die Möglichkeit, einen Beweisantrag abzulehnen, ist bei erschienenen Zeugen und Sachverständigen, die die Verteidigung selbst vorgeladen hat, sowie den sonstigen herbeigeschafften Beweismitteln stark eingeschränkt.   **193**

Der Beweisantrag kann nur wegen

- Unzulässigkeit,
- Offenkundigkeit,
- Erwiesenseins der Beweistatsache,
- Zusammenhanglosigkeit von Beweisthema und Urteilsfindung,
- völliger Ungeeignetheit oder
- Verschleppungsabsicht

zurückgewiesen werden. Bis auf den Ablehnungsgrund der **Zusammenhanglosigkeit von Beweisthema und Urteilsfindung** entsprechen die in § 245 Abs. 2 StPO noch aufgeführten Ablehnungsgründe inhaltlich denen des § 244 Abs. 3 StPO.[792] Der Begriff des fehlenden Zusammenhangs in § 245 Abs. 2 StPO ist wesentlich enger zu verstehen, als derjenige der Bedeutungslosigkeit in § 244 Abs. 3 S. 2 StPO.[793] Der Ablehnungsgrund der Zusammenhanglosigkeit greift nur dann ein, wenn zwischen der Beweistatsache und der Urteilsfindung **jegliche objektive Sachbezogenheit fehlt**.[794] Insoweit ist also keine Beweisantizipation zulässig,[795] denn der Sachzusammenhang darf nicht verengt

---

791 Vgl. BeckOK-StPO/*Bachler*, § 244 Rn 118.
792 Zu den Einzelheiten siehe ausführlich Rdn 168 ff.
793 KK-StPO/*Krehl*, § 245 Rn 31; SSW-StPO/*Sättele*, § 245 Rn 28; *Pauka/Daners*, StraFo 2015, 397, 408.
794 *Meyer-Goßner/Schmitt*, StPO, § 245 Rn 25; *Eisenberg*, Beweisrecht der StPO, Rn 295.
795 Alsberg/*Tsambikakis*, Der Beweisantrag im Strafprozess, Rn 1550.

aus der Sicht eines sich bereits aufgrund der bisherigen Beweisaufnahme abzeichnenden Verfahrensergebnisses beurteilt werden.[796]

Keine Ablehnungsgründe sind bei präsenten Beweismitteln die **Wahrunterstellung,** die **Unerreichbarkeit des Beweismittels,** die **eigene Sachkunde** des Gerichts, sowie der Umstand, dass das **Gegenteil der behaupteten Beweistatsache** bereits durch ein früheres Gutachten erwiesen sein soll. Diese werden in dem abschließenden Katalog des § 245 Abs. 2 StPO („nur") nicht als mögliche Ablehnungsgründe genannt.

Da § 245 Abs. 2 StPO nur auf **präsente Beweismittel**[797] Anwendung findet, ist Folgendes zu beachten:

- ■ Die **Staatsanwaltschaft** und das **Gericht** können Beweispersonen **formlos,** also auch mündlich oder telefonisch während der laufenden Hauptverhandlung laden. Die Zeugen sind dann bei ihrem Erscheinen präsent i.S.d. § 245 Abs. 2 StPO. Die **Ladung** von Zeugen **durch den Angeklagten bzw. seinen Verteidiger** bedarf demgegenüber der **Form der §§ 220, 38 StPO,** d.h. der Zustellung einer förmlichen Ladung durch den Gerichtsvollzieher.[798] Nur solche vom Verteidiger förmlich geladenen und erschienenen Zeugen sind präsent. Daraus folgt, dass Zeugen, die der Verteidiger nicht förmlich lädt, sondern nur zur Verhandlung mitbringt, nicht präsent i.S.d. § 245 Abs. 2 StPO sind und ihre Einvernahme nach den Regelungen des § 244 Abs. 3 StPO zurückgewiesen werden kann.

- ■ **Sachliche Beweismittel,** wie z.B. Augenscheinsobjekte oder Urkunden können von allen Verfahrensbeteiligten **formlos** herbeigeschafft werden und sind dann präsent i.S.d. § 245 Abs. 2 StPO. Allerdings stellt das Vorlegen von Fotokopien nicht die Präsenz des Originals her.[799]

Soll über ein präsentes Beweismittel Beweis erhoben werden, muss der Verteidiger einen entsprechenden förmlichen Beweisantrag stellen, d.h. die Beweistatsachen und die Beweismittel jeweils konkret benennen.

Hinweis:

Ist ein Beweisantrag bereits nach § 244 Abs. 3 StPO abgelehnt worden, kann er bei Präsenz des Beweismittels noch einmal mit dem gleichen Inhalt gestellt werden.[800]

---

796 Vgl. Löwe/Rosenberg/*Becker*, StPO, § 245 Rn 63.
797 Vgl. hierzu ausführlich Rdn 150 ff.
798 Vgl. KK-StPO/*Krehl*, § 245 Rn 24; *Alsberg/Tsambikakis*, Der Beweisantrag im Strafprozess, Rn 1526 m.w.N.; a.A. *J. Meyer*, MDR 1962, 540; vgl. zu den Einzelheiten auch Rdn 154 ff.
799 BGH NStZ 1994, 593.
800 KK-StPO/*Krehl*, § 245 Rn 26; SSW-StPO/*Sättele*, § 245 Rn 23; *Eisenberg*, Beweisrecht der StPO, Rn 290.

VII. Reaktionsmöglichkeiten des Verteidigers auf die Ablehnung eines Beweisantrags

Ist ein Beweisantrag abgelehnt worden, ist es unerlässlich, die **Ablehnungsgründe** sorg- **194** fältig zu **analysieren**. In der Folge ist dann zu entscheiden, ob der Beweisantrag nochmals in **veränderter oder nachgebesserter Form** gestellt werden kann und soll, oder ob eine als fehlerhaft empfundene Ablehnung später mit der Revision zu rügen wäre.

Hat das Gericht einen Beweisantrag ersichtlich missverstanden, muss der Verteidiger allerdings auf eine Klärung des inhaltlich vom Gericht **missverstandenen Beweisantrags** hinwirken.[801]

Dies kann z.b. geschehen gemäß folgendem

> *Beispiel für eine Klarstellung zu einem Beweisantrag:*
> Der Antrag vom (…) ist missverständlich dahingehend formuliert, dass der Zeuge X, Blumenweg 10, A-Burg bestätigen könne, dass der Angeklagte am Tattag nicht am Tatort in der Wohnung des O gewesen sei. Damit wurde nur ein Beweisziel und keine Beweistatsache formuliert. Der Zeuge X hat mit dem Angeklagten am Tattag in seiner Wohnung im Blumenweg 10, A-Burg Skat gespielt. Der Zeuge X ist ein Alibizeuge. Seiner Wahrnehmung unterliegt das gemeinsame Skatspiel mit dem Angeklagten, das zur fraglichen Zeit in einer Wohnung stattfand, die nicht dem Tatort entspricht. Der Angeklagte scheidet deshalb als Täter aus.

Das Gleiche gilt bei Beweisanträgen, die das Gericht inhaltlich **nicht voll ausgeschöpft hat**. Auch in diesen Fällen sollte der Verteidiger das Gericht darauf hinweisen, dass über den Beweisantrag noch nicht voll entschieden worden ist. Es empfiehlt sich in jedem Fall ein schriftlicher Hinweis.

Zur Verdeutlichung ein

> *Beispiel für einen Hinweis bei einem nicht voll ausgeschöpften Beweisantrag:*
> Das Gericht hat aufgrund des Beweisantrags vom (…) als wahr unterstellt, dass (…) Damit ist es der Beweisbehauptung nicht gerecht geworden, weil es den Inhalt verkürzt dargestellt hat. Es war auch unter Beweis gestellt, dass (…) Im Hinblick auf diese Aspekte ist über den Beweisantrag deshalb erneut bzw. ergänzend zu entscheiden.

Beharrt der Verteidiger nicht auf der vollständigen Ausschöpfung seines Beweisantrags, läuft er Gefahr, dass das Revisionsgericht einer späteren Revisionsrüge entgegenhält, der Verteidiger habe seine **Verpflichtung zur Klarstellung** nicht erfüllt.[802]

---

801 BGH NStZ 1994, 483; 1995, 356.
802 Vgl. Widmaier/*Widmaier/Norouzi*, MAH Strafverteidigung, § 9 Rn 73.

195 Ist allerdings ein vom Gericht voll ausgeschöpfter und richtig verstandener Beweisantrag mit einer aus der Sicht des Verteidigers **rechtsfehlerhaften Begründung** abgelehnt worden, wird er dies sinnvollerweise zum Gegenstand einer entsprechenden Revisionsrüge machen. Die Wiederholung eines ähnlich strukturierten Beweisantrags kann insofern meist mehr schaden als nutzen, weil dem Tatgericht hierdurch die Möglichkeit gegeben wird, eine fehlerhafte Ablehnung des ersten Beweisantrags bei der Ablehnung des ähnlich strukturierten neuerlichen Beweisantrags zu heilen.[803]

Hierzu folgendes

Beispiel:

Wird ein Beweisantrag[804] **ohne nähere Begründung** als **bedeutungslos** abgelehnt, stellt dies nach ständiger Rechtsprechung einen Verfahrensverstoß dar,[805] der zur Aufhebung des Urteils führen kann, wenn es auf dem Verstoß beruht. Wiederholt nun der Verteidiger z.B. im Plädoyer den mit einer unzureichenden Begründung abgelehnten Beweisantrag, gibt dies dem Gericht die Möglichkeit, die Ablehnung des Antrags im Urteil revisionsrechtlich unangreifbar zu begründen und damit den bereits erfolgten Verfahrensverstoß wieder wettzumachen.[806] Der Verteidiger sollte deshalb diesen Beweisantrag i.R.d. Hauptverhandlung nicht mehr aufgreifen und ihn ausschließlich zum Gegenstand der Revision machen.

Schließlich ist zu bedenken, dass sich das Gericht in den **Urteilsgründen** mit dem **Inhalt des Ablehnungsbeschlusses** nicht in **Widerspruch** setzen darf.[807] Ist also auf der Grundlage der den Beweisantrag ablehnenden Entscheidung ein dem Verteidiger günstig erscheinendes Ergebnis erreicht, wird er insoweit keine weiteren Aktivitäten mehr entfalten. Insbesondere die Zurückweisung eines Beweisantrags wegen Erwiesenheit oder Bedeutungslosigkeit sowie die Wahrunterstellung der im Antrag bezeichneten Beweistatsache beinhalten eine Festlegung des Gerichts, die in den Urteilgründen eingelöst werden muss und eine gegenteilige Entscheidung nicht mehr zulässt.

---

803 Vgl. auch Widmaier/*Widmaier/Norouzi*, MAH Strafverteidigung, § 9 Rn 76 ff.
804 Vgl. zu diesem Beispiel Widmaier/*Widmaier/Norouzi*, MAH Strafverteidigung, § 9 Rn 78.
805 BGHSt 2, 284, 286; BGH NStZ 2000, 267, 268; 2003, 380; StV 2005, 113, 115 m.w.N.; 2007, 176; 2010, 557, 558; StraFo 2007, 378; 2008, 162; KK-StPO/*Krehl*, § 244 Rn 145 m.w.N.
806 Vgl. hierzu auch BGH NStZ-RR 2012, 178.
807 BGH NStZ 2013, 118; StV 2009, 411; 1997, 338; BGHR StPO § 244 Abs. 3 Satz 2 Bedeutungslosigkeit 22.

§ 3   Die Festschreibung von Beweisergebnissen

A. Vorbemerkung

Um nach einer Hauptverhandlung nicht durch ein aus der Sicht des Verteidigers inhaltlich **196** unzutreffendes Urteil überrascht zu werden, bedarf es i.R.d. prozessual zulässigen Möglichkeiten der **Sachverhaltsfestschreibung.** Nur so kann gewährleistet werden, dass das Gericht später in seinem Urteil von denselben Voraussetzungen ausgeht wie der Verteidiger und dieser nicht bei der Lektüre des Urteils den Eindruck haben muss, „in einer ganz anderen Hauptverhandlung gesessen zu haben". Zudem ist die Sachverhaltsfestschreibung notwendig, um in einer eventuellen Revision erfolgreich gegen die Tatsachenfeststellungen und die Beweiswürdigung vorgehen zu können.

Die Notwendigkeit der Festschreibung von Beweisergebnissen ergibt sich insbes. bei Verfahren vor dem LG auch daraus, dass im Protokoll gem. § 273 Abs. 1 StPO lediglich die wesentlichen Förmlichkeiten, also das prozessuale Geschehen erfasst werden. Der eigentliche Inhalt der Hauptverhandlung, also z.B. die Aussagen des Angeklagten sowie der Zeugen und Sachverständigen werden nirgends festgehalten.

Die vom Tatgericht getroffenen Feststellungen sind deshalb mit der Revision nur schwer angreifbar. Eine Aufklärungsrüge, die darauf gestützt werden soll, dass das Tatgericht ein benutztes **Beweismittel nicht voll ausgeschöpft habe,** ist regelmäßig unzulässig, wenn sich mögliche Widersprüche oder Lücken der Urteilsfeststellungen im Hinblick auf den Beweisgehalt eines Beweismittels nicht bereits aus dem Urteil selbst ergeben.[1] Auch die sogenannte „**Rüge der Aktenwidrigkeit**" ist unzulässig,[2] wenn sich die Widersprüche zwischen Akteninhalt und Urteilsfeststellungen nicht aus dem Urteil selbst ergeben.[3] Das bedeutet, dass z.B. auch eklatante Widersprüche zwischen der in der Ermittlungsakte befindlichen Aussage eines Zeugen und den Feststellungen des Urteils mit der Revision nicht angegriffen werden können, weil die Revision ohne Rekonstruktion der Beweisaufnahme nicht darlegen und beweisen kann, dass sich ein solcher Widerspruch nicht zwanglos in der Beweisaufnahme aufgelöst hat.

Will der Verteidiger vor diesem Hintergrund eine gewisse **schriftliche Absicherung** der Verfahrensergebnisse erreichen, muss er darauf achten, Maßnahmen zu wählen, die für den Fall eines dem Verhandlungsinhalt widersprechenden Urteils in der Revision nutzbar gemacht werden können. Keinen Wert hat es, wenn die Verteidigung bei wesentlichen Teilen der Beweisaufnahme deren Inhalt durch eine Niederschrift dokumentiert, dem Tat-

---

1 *Meyer-Goßner/Schmitt,* StPO, § 244 Rn 82; vgl. auch BGHSt 4, 125; 17, 351; BGH NStZ 2009, 468; 2000, 156; 1997, 296; 450.
2 Vgl. z.B. BGH NStZ 2000, 156.
3 BGH NStZ 1992, 506; 1995, 27, 29.

gericht vorlegt und um einen richterlichen Hinweis bittet, falls das Tatgericht eine andere Auffassung zum Ergebnis der Beweisaufnahme haben sollte. Diesbezüglich hat der BGH entschieden, dass auch unter dem Gesichtspunkt fairer Verfahrensgestaltung in der Hauptverhandlung ein Zwischenverfahren, in dem sich das Gericht zu Inhalt und Ergebnis einzelner Beweiserhebungen erklären müsste, nicht vorgesehen ist.[4] Neben einzelnen anderen Maßnahmen, wie z.b. der wörtlichen Protokollierung nach § 273 Abs. 3 StPO, kann die Festschreibung von Beweisergebnissen deshalb besonders wirksam nur durch **gezielte Beweisanträge** erfolgen. Allerdings ist zu beachten, dass insoweit nicht alle denkbaren Beweisantragsformen auch revisionsrechtlich erheblich sind.

B. Affirmative Beweisanträge

197   Eine wirkungsvolle Methode der Sachverhaltsfestschreibung liegt in der Stellung eines sogenannten „**affirmativen**" Beweisantrags.[5] Die Bezeichnung „affirmativ" bezieht sich auf absicherndes Beweisvorbringen. Der Zweck eines solchen Beweisantrags besteht darin, das **Ergebnis einer bereits durchgeführten** Beweiserhebung festzuhalten, indem das eigentlich bereits erledigte Thema mit einem **neuen Beweismittel** nochmals unter Beweis gestellt wird. Der Beweisantrag hat sein Ziel erreicht, wenn er wegen Erwiesenheit der Beweistatsache oder mittels Wahrunterstellung abgelehnt wird.

> *Hinweis*
>
> Der **Vorteil** des „affirmativen" Beweisantrags liegt darin, dass das Beweisergebnis in der Form festgeschrieben wird, wie es der Verteidiger in seinem Beweisantrag wiedergegeben hat. Wichtige entlastende Aussagen können auf diese Weise festgehalten werden. Wird die Beweistatsache als wahr unterstellt oder der Beweisantrag abgelehnt, weil die Tatsache schon erwiesen sei, ist das Gericht später im Urteil daran gebunden.

Hierzu ein Beispiel:

Der Angeklagte hat in der Tatnacht zum Tatzeitpunkt mit zwei Freunden Skat gespielt. Er kommt deshalb als Täter nicht in Betracht.

Der Verteidiger sollte nunmehr zunächst einen der „Skatbrüder" mit einem ersten Beweisantrag als Zeugen anbieten, gemäß folgendem

---

4 BGHSt 43, 212 = NJW 1997, 3182 = NStZ 1998, 51 = StV 1997, 561.
5 *Kempf*, Möglichkeiten der Festschreibung des Sachverhalts, S. 68.

Formulierungsbeispiel für den ersten Beweisantrag:

Zum Beweis der Tatsache, dass der Angeklagte zur Tatzeit mit Herrn Z in dessen Wohnung in der Turmstraße 1 Skat gespielt hat, beantrage ich die Vernehmung des **Herrn Z**, Turmstraße 1, A-Burg als Zeuge.

Begründung:

Dem Angeklagten wird vorgeworfen, Herrn O im Stadtpark überfallen und ausgeraubt zu haben. Der Angeklagte spielte jedoch zur Tatzeit um 22.00 Uhr mit dem Zeugen Z in dessen Wohnung in der Turmstraße 1 Skat. Der Angeklagte kann also nicht zur gleichen Zeit im Stadtpark gewesen sein. Er scheidet deshalb als Täter aus.

Das Gericht wird diesem Antrag nachgehen und den (Alibi-)Zeugen vernehmen. Wenn sich dann die unter Beweis gestellte Tatsache des gemeinsamen Skatspiels zum Tatzeitpunkt bestätigt hat, wird der Verteidiger zur Absicherung dieses Beweisergebnisses einen **affirmativen Beweisantrag** unter Verwendung eines weiteren Beweismittels stellen, gemäß folgendem

Formulierungsbeispiel für den affirmativen Beweisantrag:

Zum Beweis der Tatsache, dass der Angeklagte zur Tatzeit mit Herrn Z in der Wohnung des Herrn Z in der Turmstraße 1 in A-Burg Skat gespielt hat, beantrage ich die Vernehmung des Herrn X, Brunnenstraße 3, A-Burg als Zeuge.

Begründung:

Dem Angeklagten wird vorgeworfen, Herrn O im Stadtpark überfallen und ausgeraubt zu haben. Der Angeklagte spielte jedoch zur Tatzeit um 22.00 Uhr mit den Zeugen X und Z in der Wohnung des Zeugen Z in der Turmstraße 1 Skat. Herr X kann dieses gemeinsame Skatspiel des Angeklagten mit ihm und Z als Zeuge bestätigen. Der Angeklagte kann also nicht zur gleichen Zeit im Stadtpark gewesen sein. Er scheidet deshalb als Täter aus.

Diesen Beweisantrag wird das Gericht wegen Erwiesenheit oder Wahrunterstellung ablehnen, nachdem es sich bereits durch den ersten Zeugen von der Richtigkeit der Beweisbehauptung überzeugen konnte. Der Verteidiger hat dann das Beweisergebnis schriftlich abgesichert und es steht unverrückbar fest, dass der Angeklagte zur Tatzeit an einem vom Tatort abweichenden Ort Skat gespielt hat. Er kann deshalb im Urteil nicht mehr als möglicher Täter angesehen werden.

Bei der Formulierung affirmativer Beweisanträge ist jedoch Folgendes zu beachten: Die **198** **Ablehnung eines affirmativen Beweisantrags** wegen Erwiesenheit der Beweistatsache kommt grds. nur in Betracht, wenn das Beweisthema des affirmativen Beweisantrags – im Beispiel oben: das gemeinsame Skatspiel – **identisch** ist mit dem **Beweisthema** des früheren Beweisantrags. Weichen die Beweisthemen voneinander ab, z.B. weil die Zeugen den Angeklagten zeitlich aufeinanderfolgend jeweils an einem unterschiedlichen Ort gesehen haben, kann der Verteidiger „nur noch" auf eine Wahrunterstellung seines zweiten Antrags hoffen, der letztlich aufgrund des abweichenden Beweisthemas kein affirmativer Beweisantrag ist. Auf die Auswahl und Formulierung der Beweisthemen ist deshalb besonderes Augenmerk zu legen.

199 Der Verteidiger kann jedoch in einen affirmativen Beweisantrag auch ganz **gezielt zusätzliche, über den ersten Beweisantrag hinausgehende Beweisthemen** mit aufnehmen, wenn diese z.b. im Verlauf der Vernehmung des ersten Zeugen hervorgetreten sind und auch durch das weitere Beweismittel bestätigt werden können. Auch dann kann der Verteidiger neben der Wahrunterstellung auf eine Ablehnung wegen Erwiesenheit der Beweistatsachen hoffen, wodurch letztlich der komplette, über den ursprünglichen Beweisantrag hinausgehende Aussageinhalt der ersten Zeugenaussage festgeschrieben wird.

Auch hierzu ein

Beispiel:

Anknüpfend an das oben dargelegte Fallbeispiel hat der Angeklagte in der Tatnacht zum Tatzeitpunkt mit zwei Freunden Skat gespielt und kommt deshalb als Täter nicht in Betracht. Der Verteidiger stellt nun seinen Antrag gemäß folgendem ...

Formulierungsbeispiel für den ersten Beweisantrag:

Zum Beweis der Tatsache, dass der Angeklagte zur Tatzeit mit Herrn Z in dessen Wohnung in der Turmstraße 1 Skat gespielt hat, beantrage ich die Vernehmung des **Herrn Z**, Turmstraße 1, A-Burg als Zeuge.

Begründung:

Dem Angeklagten wird vorgeworfen, Herrn O im Stadtpark überfallen und ausgeraubt zu haben. Der Angeklagte spielte jedoch zur Tatzeit um 22.00 Uhr mit dem Zeugen Z in dessen Wohnung in der Turmstraße 1 Skat. Der Angeklagte kann also nicht zur gleichen Zeit im Stadtpark gewesen sein. Er scheidet deshalb als Täter aus.

Beispiel: (Fortsetzung)

I.R.d. Vernehmung des Zeugen Z in der Hauptverhandlung tritt nun zusätzlich zutage, dass sich die Skatbrüder beim Pizza-Service eine Pizza bestellt haben und der Angeklagte zwischen 21.45 Uhr und 22.00 Uhr, also ca. zur Tatzeit von dem Pizza-Fahrer P die Pizza übernommen hat.

Der Verteidiger kann nun über das Beweisthema des ersten Beweisantrags (gemeinsames Skatspiel) hinaus zusätzlich auch die Pizza-Lieferung in seinem weiteren Antrag aufgreifen, gemäß folgendem

Formulierungsbeispiel für den affirmativen Beweisantrag:

Zum Beweis der Tatsache, dass der Angeklagte zur Tatzeit mit Herrn Z in der Wohnung des Herrn Z in der Turmstraße 1 in A-Burg Skat gespielt hat, beantrage ich die Vernehmung des **Herrn X**, Brunnenstraße 3, A-Burg als Zeuge.

Des Weiteren beantrage ich zum Beweis der Tatsache, dass der Angeklagte zwischen 21.45 und 22.00 Uhr eine Pizza-Lieferung von dem Pizza-Fahrer P an der Haustür der Wohnung des Herrn Z in der Turmstraße 1 in A-Burg entgegengenommen hat, die Vernehmung des **Herrn P**, ladungsfähige Anschrift: ... als Zeuge.

Begründung:

Dem Angeklagten wird vorgeworfen, Herrn O im Stadtpark überfallen und ausgeraubt zu haben. Der Angeklagte spielte jedoch zur Tatzeit um 22.00 Uhr mit den Zeugen X und Z in der Wohnung Turmstraße 1 in A-Burg Skat. Herr X kann dies als Zeuge bestätigen.

Des Weiteren nahm der Angeklagte von dem Pizza-Fahrer Herrn P ungefähr zur Tatzeit an der Wohnungstüre der Wohnung des Herrn Z in der Turmstraße 1 in A-Burg eine Pizza entgegen. Dies kann Herr P als Zeuge bestätigen, der vor seinem Dienstschluss um 22:00 Uhr dort die letzte Pizza abgeliefert hat und dann direkt nach Hause gefahren ist.

Der Angeklagte kann aufgrund der vorliegend unter Beweis gestellten Tatsachen nicht zur Tatzeit im Stadtpark gewesen sein. Er scheidet deshalb als Täter aus.

Diesen Beweisantrag wird das Gericht wegen Erwiesenheit oder Wahrunterstellung ablehnen, nachdem es sich bereits durch die Vernehmung des ersten Zeugen von der Richtigkeit sowohl der ursprünglichen (Skatspiel) als auch der neuen Beweisbehauptung (Pizzalieferung) überzeugen konnte. Der Verteidiger hat dann sowohl das ursprüngliche als auch das über das Beweisthema seines ersten Beweisantrags hinausgehende zusätzliche Beweisergebnis schriftlich abgesichert.

Für einen Erfolg versprechenden affirmativen Beweisantrag benötigt der Verteidiger stets **200** **mehrere Beweismittel zu demselben Beweisthema**. Dabei ist es unerheblich, ob es sich um unterschiedliche Arten von Beweismitteln handelt. Das durch die Einvernahme eines Zeugen erzielte Beweisergebnis kann also z.B. jederzeit auch durch einen auf die Verlesung einer Urkunde, die Einnahme eines Augenscheins oder die Einholung eines Sachverständigengutachtens gerichteten affirmativen Beweisantrag abgesichert werden.

Auch hierzu einige Beispiele: **201**

Wenn unter Beweis gestellt werden soll, dass in einem Kaufvertrag bestimmte Regelungen getroffen worden sind und hierfür z.B. der Verkäufer als Zeuge und der schriftliche Kaufvertrag als Urkunde zur Verfügung stehen, können die Anträge wie folgt ausgestaltet werden:

Zunächst der erste

Beweisantrag auf Einvernahme des Zeugen:
Zum Beweis der Tatsache, dass das streitgegenständliche Fahrzeug der Marke (…), Typ (…), Fahrgestellnummer (…) am (…) mit einem Kilometerstand von (…) an den Angeklagten verkauft wurde, wird beantragt, den Verkäufer V des Autohauses (…), ladungsfähige Anschrift (…) als Zeugen zu vernehmen.

Und nach der Erhebung des ersten Beweises dann ein

affirmativer Beweisantrag unter Zuhilfenahme einer Urkunde:
Zum Beweis der Tatsache, dass das streitgegenständliche Fahrzeug der Marke (…), Typ (…), Fahrgestellnummer (…) am (…) mit einem Kilometerstand von (…) an den Angeklagten verkauft wurde, wird beantragt, den sich auf Blatt (…) der Akten des Zivilverfahrens vor dem LG (…), Az.: (…) befindlichen Kaufvertrag vom (…) zu verlesen.

202   Bei der Zuhilfenahme von Urkunden zur Bestätigung bereits erhobener Zeugenaussagen ist darauf zu achten, dass diese häufig einen von der Zeugenaussage **abweichenden Beweisgehalt** haben und bisweilen nur Indizien für eine bestimmte Beweisbehauptung liefern können. So kann z.B. eine Stempelkarte nicht den Beweis dafür erbringen, dass ein Arbeitnehmer auch tatsächlich am Arbeitsplatz war. Sie liefert aber ein wichtiges Indiz für ein solches Beweisvorbringen. In Fällen, in denen die Beweisbehauptung z.B. durch eine Zeugenaussage unmittelbar, durch eine Urkunde hingegen nur indiziell gestützt werden kann, empfiehlt es sich, die Urkunde als das schwächere Beweismittel wie folgt nur zur Bestätigung eines bereits gewonnenen Beweisergebnisses einzusetzen:

Zunächst der erste

Beweisantrag auf Einvernahme eines Zeugen:
Zum Beweis der Tatsache, dass die Zeugin G zur Tatzeit am (…) um (…) – entgegen ihrer anders lautenden Aussage – im Büro der Firma Z in der Bayerstraße 3, A-Burg gearbeitet hat und deshalb nicht als Augenzeugin am Tatort gewesen sein kann, beantrage ich die Vernehmung der im selben Büro arbeitenden **Arbeitskollegin Frau K**, Blumenstraße 2, A-Burg als Zeugin.

Sodann ein

affirmativer Beweisantrag unter Zuhilfenahme einer Urkunde:
Zum Beweis der Tatsache, dass die Zeugin G am (…) um (…) ausweislich ihrer Stempelkarte im Büro der Firma Z in der Bayerstraße 3, A-Burg gearbeitet hat, beantrage ich die **Verlesung** der in der Firma Z für die Zeugin G geführten **Stempelkarte** des Monats (…).

Besonders wirkungsvoll sind affirmative Beweisanträge unter **Zuhilfenahme eines Antrags auf Augenschein,** wenn die Einnahme des Augenscheins z.b. aufgrund räumlicher Entfernung oder besonderer äußerer Umstände erheblich erschwert ist. Die Bereitschaft des Gerichts, von einem Augenschein abzusehen, wenn bereits eine glaubhafte Zeugenaussage vorliegt, wird in diesen Fällen regelmäßig sehr hoch sein. Folgende exemplarische Ausgestaltung der Anträge empfiehlt sich deshalb zur Absicherung des Beweisergebnisses: Zunächst der erste

Beweisantrag auf Einvernahme eines Zeugen:
Zum Beweis der Tatsache, dass das Appartement des Angeklagten in Monaco unter der Adresse (…) lediglich zwei Räume aufweist, beantrage ich, die Ehefrau des Angeklagten, Frau F, ladungsfähige Anschrift (…), die sich bereits häufig in dem Appartement aufgehalten hat, als Zeugin zu vernehmen.

Sodann ein

affirmativer Beweisantrag unter Zuhilfenahme eines Augenscheins:
Zum Beweis der Tatsache, dass das Appartement des Angeklagten in Monaco unter der Adresse (…) lediglich zwei Räume aufweist, beantrage ich, das Appartement unter der genannten Adresse in Augenschein zu nehmen.

Schließlich kann sich die Bestätigung einer Zeugenaussage auch durch einen auf die **Einholung eines Sachverständigengutachtens** gerichteten affirmativen Beweisantrag anbieten, weil das Gericht ein solches Gutachten aus Zeit- und Kostengründen nur dann einholen wird, wenn es einer bereits erhobenen Zeugenaussage keinen Glauben schenkt. Die Anträge können z.B. wie folgt gestellt werden: **203**
Zunächst der erste

Beweisantrag auf Einvernahme eines Zeugen:
Zum Beweis der Tatsache, dass das Fahrzeug des Angeklagten Marke (…), Typ (…), amtl. Kennzeichen (…) am (…) um (…) nicht in einen Verkehrsunfall mit Fahrzeug des Zeugen Z, Marke (…), Typ (…), amtl. Kennzeichen (…) verwickelt war, wird beantragt, den Zeugen X, ladungsfähige Anschrift (…) zu vernehmen, der zur fraglichen Zeit als Beifahrer im Fahrzeug des Angeklagten unterwegs war.

Sodann ein

affirmativer Beweisantrag unter Zuhilfenahme eines Sachverständigengutachtens
Zum Beweis der Tatsache, dass das Fahrzeug des Angeklagten Marke (…), Typ (…), amtl. Kennzeichen (…) am (…) um (…) nicht in einen Verkehrsunfall mit Fahrzeug

> des Zeugen Z, Marke (…), Typ (…), amtl. Kennzeichen (…) verwickelt war, wird beantragt, ein Sachverständigengutachten einzuholen, das die völlige Schadensfreiheit des genannten Fahrzeugs des Angeklagten belegen wird.

204 In Probleme kann der Verteidiger allerdings kommen, wenn er **kein neues Beweismittel** für die festzuschreibende Beweistatsache hat, z.B. bei „Aussage gegen Aussage". Will er unter diesen Umständen dennoch versuchen, eine Absicherung der Beweisergebnisse zu erreichen, kann er in einem „affirmativen" Beweisantrag vor dem Ende der Beweisaufnahme zur Sachverhaltsfestschreibung nur nochmals dasselbe Beweismittel benennen. **Dies geschieht nach folgendem Formulierungsmuster:**[6]

> *Affirmativer Beweisantrag mit demselben Beweismittel:*
> Zum Beweis der Tatsache, dass der Angeklagte dem Zeugen X keinen Schlag in die Rippen und keinen Tritt in den Bauch versetzt hat (= Aussageinhalt der früheren Hauptverhandlungsaussage des Zeugen X), wird die Vernehmung des Zeugen X, Blumenstraße 1, W-Burg (= dasselbe Beweismittel) beantragt.

Zwar braucht das Gericht – vorbehaltlich seiner Aufklärungspflicht – einem solchen Beweisantrag nicht zu entsprechen und ist bei der **Zurückweisung** auch nicht an die Gründe des § 244 Abs. 3 StPO gebunden, weil kein Verfahrensbeteiligter Anspruch auf eine Wiederholung der Beweisaufnahme hat.[7] Aber der Verteidiger kann auch hier sein Ziel erreichen, wenn die nochmalige Vernehmung desselben Zeugen wegen Erwiesenheit der Beweistatsache oder mittels Wahrunterstellung abgelehnt werden sollte, da dies dann unmittelbar zur Festschreibung des Beweisergebnisses im beantragten Sinne führt. Weist das Gericht den Antrag – wozu es berechtigt ist – mittels Beschluss als unzulässig zurück, weil er nur eine Wiederholung einer bereits erfolgten Beweiserhebung darstelle, kann dies in einer späteren Revision immerhin noch unter dem Gesichtspunkt eines **Verstoßes gegen § 261 StPO** erhebliche Vorteile bringen: Da der Tatrichter gehalten ist, in seinem Urteil die Beweise erschöpfend zu würdigen,[8] muss er erkennen lassen, dass er solche Umstände, die geeignet sind, die Entscheidung zugunsten des Angeklagten zu beeinflussen, erkannt und in seine Überlegungen mit einbezogen hat.[9]

Hat der Tatrichter einen affirmativen Beweisantrag unter Hinweis darauf zurückgewiesen, dass die beantragte nochmalige Vernehmung eines bereits gehörten Zeugen lediglich eine Wiederholung der bereits erfolgten Beweisaufnahme darstellen würde und hat der

---

6 Vgl. ergänzend hierzu auch Rdn 208.
7 RGSt 31, 62; 54, 303, 304; BGH NStZ 1983, 375, 376; 1999, 312 = StV 2001, 98; StV 1991, 2; 1995, 566, 567.
8 BGHSt 29, 18, 20; BGHR StPO § 261, Inbegriff der Verhandlung 7; BGH NStZ-RR 2018, 21.
9 BGH StV 1989, 423 = BGHR StPO § 261, Inbegriff der Verhandlung 15; BGH NStZ-RR 2018, 21; 2015, 148 m.w.N.

Verteidiger in diesem affirmativen Beweisantrag z.B. dem Angeklagten günstige Erklärungen oder Widersprüche in der Aussage des einzigen Belastungszeugen aufgearbeitet, muss sich das Urteil mit diesen Punkten auseinandersetzen. Fehlt es daran, kann in der Revision ein Verstoß gegen § 261 StPO gerügt werden. Der Tatrichter kann somit im Urteil keine Tatsachen mehr verschweigen, die Gegenstand eines solchen Antrags auf wiederholte Erhebung eines schon in der Hauptverhandlung thematisierten Beweises sind.

Hinweis

Diese Vorgehensweise empfiehlt sich insbesondere in **Indizienprozessen**, um sicherzustellen, dass im Urteil auch sämtliche den Angeklagten entlastenden Indizien im Urteil diskutiert und in die Gesamtabwägung einbezogen werden müssen. Andernfalls bestünde die Gefahr, dass die vom Verteidiger als wichtig angesehenen Indizien im späteren Urteil gar nicht mehr angesprochen werden, weil das Gericht nur die aus seiner Sicht wesentlichen Tatsachen zur Grundlage der Urteilsfeststellungen machen muss.

Der **affirmative Beweisantrag** kann schließlich auch als **bedingter** Beweisantrag im   **205**
Laufe der Hauptverhandlung oder als **Hilfsbeweisantrag** im Plädoyer gestellt werden. Der affirmative Hilfsbeweisantrag kann v.a. in den Fällen von Nutzen sein, in denen es darum geht, einen beantragten Freispruch abzusichern. Der Verteidiger kann in seinem Plädoyer zunächst die Tatsachen darlegen, aus denen er folgert, dass eine Verurteilung des Angeklagten nicht in Betracht kommt, z.B. weil ein Alibizeuge den Angeklagten entlastet hat. Anschließend kann er durch einen affirmativen Hilfsbeweisantrag für den Fall, dass das Gericht den Angeklagten nicht ohnehin freispricht, z.B. den weiteren Alibizeugen benennen. Es wird dem Gericht dann nicht mehr möglich sein, ohne Verletzung der Aufklärungspflicht im Urteil den **affirmativen Hilfsbeweisantrag** abzulehnen und den Angeklagten trotzdem zu verurteilen.[10]

C. Anträge zur Festschreibung von Aussageinhalten

In Verfahren, in denen als Beweismittel lediglich Zeugen zur Verfügung stehen oder in   **206**
denen „Aussage gegen Aussage" steht, kann es für den Verteidiger darauf ankommen, die **Konstanz** oder **Widersprüchlichkeit von Aussagen** oder das Aussageverhalten von Zeugen „festzuschreiben". In diesem Fall empfiehlt es sich, im Hinblick auf die Glaubwürdigkeit der Zeugen, die **Verlesung** der Niederschriften polizeilicher, staatsanwaltlicher oder richterlicher Vernehmungen oder sonstiger schriftlicher Äußerungen

---

10 Vgl. ausführlich zu affirmativen Hilfsbeweisanträgen Widmaier/*Widmaier/Norouzi*, MAH Strafverteidigung, § 9 Rn 167 ff.

der Zeugen zu beantragen.[11] Die Verlesung derartiger Schriftstücke und Niederschriften ist zulässig, da sie nicht zum Beweis des in ihnen geschilderten Sachverhalts, sondern **nur zum Beweis des Aussageverhaltens** eines Zeugen verlesen werden sollen.[12]

> *Hinweis*
>
> Dadurch, dass nicht der Inhalt der Aussage zum Gegenstand der Verlesung gemacht wird, liegt auch keine Verletzung des Mündlichkeitsgrundsatzes des § 250 StPO vor. Die Vorschrift des § 250 StPO verbietet nur die **Ersetzung**, nicht aber die **Ergänzung einer Vernehmung** durch den Urkundenbeweis.[13]

Ergänzend sollte der Verteidiger die **Vernehmung der früheren Verhörspersonen** zum Beweis dafür beantragen, dass sich der Zeuge tatsächlich so geäußert hat, wie dies schriftlich niedergelegt wurde. Sind auf diese Weise die Aussageentstehung und die Konstanz oder Widersprüchlichkeit einer Aussage über entsprechende Beweisanträge festgeschrieben worden, kann in der Revision die Rüge des § 261 StPO begründet sein, wenn die Urteilsfeststellungen eine erschöpfende Würdigung vermissen lassen oder in sich widersprüchlich sind.

Zur Verdeutlichung ein

> *Beispiel für einen Beweisantrag auf zusätzliche Verlesung einer Vernehmungsniederschrift:*
>
> Zum Beweis der Tatsache, dass sich der Zeuge Z mit seiner Aussage in der Hauptverhandlung vom (…) in Bezug auf (…) in Widerspruch zu seiner früheren polizeilichen Aussage vom (…) gesetzt hat, beantrage ich die Verlesung der polizeilichen Niederschrift vom (…), Bl. (…) der Akten, sowie die Vernehmung des Polizeibeamten P, zu laden über die PI (…).

Bei einem solchen Antrag hat der Verteidiger das Ziel der Festschreibung des Sachverhalts erreicht, wenn der Antrag wegen Erwiesenheit der Beweistatsache abgelehnt oder das Beweisthema als wahr unterstellt wird. Eine Festschreibung gelingt aber auch dann, wenn der Beweis durch die ergänzende Verlesung der von der Einlassung des Zeugen in der Hauptverhandlung abweichenden polizeilichen Aussage erhoben wird. Das Gericht muss in diesem Fall im Urteil im Einzelnen darlegen, welche Auswirkungen die Inkonstanz der Aussagen des Zeugen für deren Glaubhaftigkeit haben.

---

11 *Deckers*, Der strafprozessuale Beweisantrag, Rn 359.
12 BGHSt 20, 160, 162; Löwe/Rosenberg/Sander/*Cirener*, StPO, § 250 Rn 18.
13 KK-StPO/*Diemer*, § 250 Rn 2; BGHSt 1, 4, 5; 20, 160.

D. Beweisanträge zum Inhalt der laufenden Beweisaufnahme

Beweisanträge, die sich auf den Inhalt der laufenden Hauptverhandlung beziehen, sind nach der Rechtsprechung des BGH unzulässig, weil eine **Beweiserhebung** in der Hauptverhandlung sich **nicht auf sich selbst beziehen kann**.[14] Es ist deshalb z.b. sinnlos, wenn der Verteidiger seine eigene Vernehmung zum Beweis dessen beantragt, dass ein Zeuge in der Hauptverhandlung eine bestimmte Aussage gemacht habe.

207

Geschehnisse **außerhalb** der laufenden Hauptverhandlung können allerdings Gegenstand eines Beweisantrags sein. Deshalb kann z.b. die Aussage eines Zeugen in einer **früheren** oder **anderen Hauptverhandlung** ohne weiteres unter Beweis gestellt werden. Das gilt selbst dann, wenn es sich um die abgebrochene frühere Hauptverhandlung in derselben Sache vor demselben Gericht handelt.[15]

E. Bestätigende Vernehmung bereits vernommener Zeugen

Der Antrag, einen bereits in der Hauptverhandlung **vernommenen Zeugen erneut** zum Beweis dessen **zu hören**, dass seine Aussage einen bestimmten Inhalt hatte, führt grds. nicht weiter. Zum einen findet eine Beweiserhebung über die Beweiserhebung in der Hauptverhandlung nicht statt.[16] Zum anderen wäre ein solcher Antrag auf die wiederholte Verwendung desselben Beweismittels zu derselben Beweistatsache nichts anderes als eine **Wiederholung einer bereits durchgeführten Beweisaufnahme.** Darauf hat jedoch kein Verfahrensbeteiligter einen Anspruch.[17] Ein hierauf gerichteter Antrag ist **kein Beweisantrag**, sondern lediglich ein Beweisermittlungsantrag oder eine Beweisanregung. Das Gericht wäre bei der Ablehnung eines solchen Antrags deshalb nicht an die Voraussetzungen des § 244 Abs. 3 StPO gebunden, sondern müsste allein nach den Maßstäben der richterlichen Aufklärungspflicht aus § 244 Abs. 2 StPO entscheiden, die eine Wiederholung einer bereits erfolgten Beweiserhebung sicher nicht erforderlich macht.

208

Gleichwohl kann ein solcher Antrag auf nochmalige Vernehmung eines bereits vernommenen Zeugen für den Verteidiger das einzige Mittel sein, um eine gewisse Sachverhaltsfestschreibung zu erreichen und eine Rüge nach § 261 StPO vorzubereiten.[18] Zudem kann diese Vorgehensweise das Gericht zu Fehlern verleiten, indem der Antrag auf wiederholte Zeugeneinvernahme – obwohl eigentlich nicht erforderlich – als bereits erwiesen abgelehnt oder als wahr unterstellt wird. In diesem Fall hat der Verteidiger dann doch die erstrebte Sachverhaltsfestschreibung erreicht, weil sich das Gericht zu den Gründen seines

---

14 BGHR StPO § 244 Abs. 3, Satz 1, Unzulässigkeit 7 und 12.
15 Widmaier/*Widmaier/Norouzi*, MAH Strafverteidigung, § 9 Rn 115 Fn 158.
16 Siehe oben Rdn 204.
17 RGSt 31, 62; 54, 303, 304; BGH NStZ 1983, 375, 376; 1999, 312 = StV 2001, 98; StV 1991, 2; 1995, 566, 567.
18 Siehe hierzu ausführlich Rdn 204.

(unnötigen) Ablehnungsbeschlusses im Urteil nicht mehr in Widerspruch setzen darf. Auch kommt es häufig vor, dass der Antrag unter Hinweis darauf, dass er lediglich eine Wiederholung der Beweisaufnahme darstellen würde, abgelehnt wird. Dann aber ist klar, dass der Zeuge zu den im Beweisantrag genannten Beweisthemen bereits ausgesagt hat. Handelt es sich dabei um entscheidungserhebliche Tatsachen, dürfen diese im Urteil nicht einfach ausgeblendet und verschwiegen werden. Andernfalls kann in der Revision die Rüge der Verletzung des § 261 StPO erhoben werden.[19]

Zu beachten ist jedoch, dass der Antrag auf wiederholte Zeugeneinvernahme nicht formuliert werden darf, wie in folgendem

Beispiel für einen offensichtlich unzulässigen Antrag:

Zum Beweis der Tatsache, dass der Zeuge X in der Hauptverhandlung am (...) ausgesagt hat, dass der Angeklagte ihm keinen 500,– EUR-Schein übergeben hat, wird die nochmalige Vernehmung des Zeugen X, Blumenstraße 1, W-Burg beantragt.

Vielmehr ist der Antrag so zu formulieren, dass die in der Hauptverhandlung vom Zeugen geäußerten Aussageinhalte die Beweistatsache bilden, die durch ihn als Beweismittel unter Beweis gestellt werden.

Zur Verdeutlichung folgendes nicht offensichtlich unzulässige

Formulierungsmuster für einen Antrag auf wiederholte Vernehmung:

Zum Beweis der Tatsache, dass der Angeklagte dem Zeugen X keinen 500,– EUR-Schein übergeben hat (= Aussage*inhalt* der früheren Hauptverhandlungsaussage), wird die Vernehmung des Zeugen X, Blumenstraße 1, W-Burg beantragt.

Hinweis

Diese Vorgehensweise empfiehlt sich aus zwei Gründen: Hat der Tatrichter diese frühere Aussage des Zeugen gar nicht zur Kenntnis genommen, beinhaltet der Beweisantrag eine für ihn neue Beweistatsache und er muss diesem nachgehen. Erinnert er hingegen diese frühere Aussage, wird er den Beweisantrag entweder als bereits erwiesen oder als unzulässige Wiederholung der Beweisaufnahme ablehnen.

---

19 Vgl. für diesen Sonderfall der fehlerhaften Behandlung eines an sich unzulässigen Beweisantrags auch Rdn 197 ff. zu den affirmativen Beweisanträgen.

§ 4 Die Anknüpfung an den Beweisantrag in der Revision

A. Vorbemerkung

Die **Wirkung des Beweisantrags** entfaltet sich **auch in der Revisionsinstanz**. Deshalb **209** muss bereits während der laufenden Hauptverhandlung mit Blick auf die Revision verteidigt werden. Dem Beweisantrag kommt insoweit besondere Bedeutung zu.[1] Nach statistischen Auswertungen ist die **Rüge der Verletzung des Beweisantragsrechts** eine der Verfahrensrügen, die am häufigsten zum Erfolg führen.[2] Des Weiteren spielt die **Aufklärungsrüge** nach § 244 Abs. 2 StPO eine wichtige Rolle, insbes. dann, wenn Beweisanregungen oder Beweisermittlungsanträgen vom Gericht nicht in der gebotenen Weise nachgegangen worden ist. Sowohl bei der Rüge der fehlerhaften Behandlung eines Beweisantrags gem. §§ 244 Abs. 3 bis Abs. 6 und 245 StPO als auch bei der Aufklärungsrüge gem. § 244 Abs. 2 StPO handelt es sich um Verfahrensrügen, für die strenge formale Voraussetzungen gelten.

B. Allgemeine Voraussetzungen einer Verfahrensrüge

Für die Verfahrensrüge sieht das Gesetz in § 344 Abs. 2 Satz 2 StPO **strenge Formvor-** **210** **schriften** vor, die in der Praxis oft zum Scheitern der Revision führen.[3] Mit der Verfahrensrüge werden Rechtsfehler gerügt, die den **Verfahrensablauf** und seine **Gestaltung** betreffen.[4] Entscheidend für die Abgrenzung des Verfahrensrechts vom sachlichen Recht ist nicht, ob die verletzte Vorschrift in der StPO oder in einem anderen Gesetz steht, sondern ob sie den Weg bestimmt, auf dem der Richter zur Urteilsfindung berufen und gelangt ist.[5] **Verletzt ist das Verfahrensrecht** somit immer dann, wenn eine gesetzlich vorgeschriebene **Handlung unterblieben** oder **fehlerhaft** vorgenommen worden ist oder wenn sie überhaupt **unzulässig** war.[6] Abzustellen ist hierbei auf die Sachlage, wie sie dem Revisionsgericht bekannt ist, nicht auf die Sachlage, die der Tatrichter gekannt und beurteilt hat.[7] Ob

---

1 Vgl. auch *Hamm/Hassemer/Pauly*, Beweisantragsrecht, Rn 493.
2 Siehe Auswertungen von *Nack*, NStZ 1997, 153 und *Barton*, StraFo 1998, 325.
3 Vgl. *Cirener/Herb*, NStZ-RR 2018, 97 und *Cirener*, NStZ-RR 2017, 65; 101; *Gribbohm*, NStZ 1983, 97; vgl. zu überspannten Anforderungen auch BVerfG NJW 2005, 1999.
4 Vgl. *Burhoff*, ZAP Fach 21, S. 159, 166.
5 *Meyer-Goßner/Schmitt*, StPO, § 337 Rn 8; *Löwe/Rosenberg/Franke*, StPO, § 337 Rn 41; *Barton*, JuS 2007, 977; vgl. auch BGHSt 19, 273, 275 und 25, 100.
6 BGH MDR 1981, 157; *Meyer-Goßner/Schmitt*, StPO, § 337 Rn 9 m.w.N.
7 BGHSt 10, 303; 16, 178, 180.

also dem Revisionsführer oder dem Tatrichter die den Mangel begründenden Tatsachen bereits im erstinstanzlichen Verfahren bekannt waren, ist gleichgültig.[8]

211   Nach § 344 Abs. 2 Satz 2 StPO hat der Beschwerdeführer bei der Erhebung einer Verfahrensrüge die **den Mangel begründenden Tatsachen** so **genau** und **vollständig** anzugeben, dass das Revisionsgericht allein anhand der Revisionsbegründungsschrift – also ohne Rückgriff auf die Akten – das Vorliegen des Verfahrensfehlers nachvollziehen kann.[9]

Allgemein gilt:

■ Der Beschwerdeführer muss den aus seiner Sicht fehlerhaften **Verfahrensvorgang** im Einzelnen **beschreiben** und dessen **Fehlerhaftigkeit rügen**. Der Tatsachenvortrag muss genau und vollständig sein und sich gegen andere Verfahrensvorgänge abgrenzen.[10] Der Beschwerdeführer muss die **Tatsachen** zudem **bestimmt behaupten**.[11] Er darf sie also nicht nur als möglich bezeichnen oder eine Vermutung über ihr Vorliegen äußern.[12] Auch genügt es nicht, sich nur darauf zu berufen, dass etwas „dem HV-Protokoll zufolge" geschehen oder nicht geschehen sei, da mit dieser Formulierung offenbleibt, ob ein tatsächlicher Rechtsfehler vorliegt oder ein bestimmter Vorgang nur unzutreffend im Sitzungsprotokoll wiedergegeben wird.[13]

■ Die den Mangel begründenden Tatsachen muss der Beschwerdeführer angeben, soweit sie ihm **zugänglich** sind.[14] Ggf. muss er sich die benötigten Informationen mittels Akteneinsicht verschaffen.

■ Es ist ein geordneter und für jede einzelne Rüge zusammenhängender Vortrag erforderlich, um den Revisionsvortrag aus sich heraus verständlich zu machen.[15] **Bezugnahmen** und **Verweisungen** auf den Akteninhalt, Schriftstücke oder das Protokoll sind **zur Begründung** der Verfahrensrüge **unzulässig**.[16] Das gilt entsprechend auch für andere Unterlagen,[17] wie z.B. die Revisionsbegründungen anderer Verfahrensbeteiligter.[18] Sämtliche Fundstellen müssen in ihrem Wortlaut oder – wenn es

---

8 BGHSt 20, 98; 22, 266.

9 BGHSt 3, 213 = NJW 1952, 1386; BGHSt 37, 266, 268; BGH NJW 1994, 1115; BGH NStZ 1994, 47 und 1996, 145; BGH StV 1998, 360, 361; *Meyer-Goßner/Schmitt*, StPO, § 344 Rn 20 ff.

10 BGH NStZ 2017, 722; BGH, Beschl. v. 4.10.2017 – 3 StR 145/17.

11 Vgl. BGHSt 25, 272; BGH NJW 1962, 500; BGH, Urt. v. 4.9.2014 – 1 StR 75/14; OLG München NJW 2006, 1985.

12 BGHSt 19, 273, 276; BGH, Urt. v. 4.9.2014 – 1 StR 75/14.

13 BGH NJW 2014, 1254 m.w.N.; OLG Hamm StRR 2009, 144 = VRR 2009, 70, jew. m. Anm. *Burhoff*.

14 Vgl. hierzu BGHSt 28, 290, 292 (präsidiumsinterne Vorgänge) und BGHSt 29, 162, 164 (kammerinterne Vorgänge).

15 BGH NStZ 2017, 300; NJW 2006, 457; wistra 2006, 271.

16 Vgl. BGH NStZ-RR 2016, 245; NJW 2006, 457; wistra 2006, 271.

17 BGH NJW 2006, 457.

18 BGH NJW 2007, 1541 [Ls.]; BGH NStZ-RR 2010, 104 [Ci/Zi].

auf den Wortlaut nicht ankommt – wenigstens ihrem wesentlichen **Inhalt** nach wiedergegeben werden.[19] Grds. zulässig ist es, Anträge des Verteidigers und Entscheidungen des Gerichts in den Revisionsbegründungsschriftsatz **hinein zu kopieren**. Hierbei ist aber zu beachten, dass zusammenhanglos in die Revisionsbegründung eingefügte Ablichtungen (eines Teils) des Protokolls oder anderer Schriftstücke nicht ausreichend sind.[20]

■ Neben den Tatsachen muss auch der **Verfahrensverstoß bestimmt behauptet** werden. Es genügt nicht, zur Prüfung zu stellen, **ob** ein Verfahrensverstoß vorliegt oder vorliegen könnte.[21] Der behauptete Verstoß gegen formelles Recht muss zudem so konkret und bestimmt vorgetragen werden, dass **keine Zweifel** verbleiben, welche Verfahrensvorschrift verletzt sein und anhand welcher Norm der gerügte Verstoß geprüft werden soll.[22] Die **Angriffsrichtung der Rüge** muss also eindeutig erkennbar sein.[23] Lässt sich dem Revisionsvortrag die Angriffsrichtung der Rüge eindeutig entnehmen, ist es unbeachtlich, wenn der Revisionsführer das prozessuale Geschehen unter einem rechtlich unzutreffenden Gesichtspunkt rügt. Auf die genaue Bezeichnung der verletzten Rechtsvorschrift kommt es nicht, sondern allein auf die Darlegung der rechtlichen Bedeutung des Revisionsangriffs.[24]

■ Für einen vollständigen Revisionsvortrag kann u.U. auch die Mitteilung erforderlich sein, dass bestimmte **Tatsachen nicht vorliegen** bzw. bestimmte **Vorgänge nicht geschehen** sind (Negativtatsachen), wie z.B. die Mitteilung, dass eine Heilung des behaupteten Mangels nicht erfolgt ist.[25] Der Vortrag solcher Negativtatsachen ist allerdings nur notwendig, wenn eine der Verfahrensrüge entgegenstehende negative Verfahrenslage ernsthaft infrage kommt.[26]

■ Ist die Rügbarkeit eines Verfahrensverstoßes von bestimmten Voraussetzungen abhängig, z.B. von der Erhebung eines **Widerspruchs** in der Hauptverhandlung (sog.

---

19 BGH, Beschl. v. 14.11.2017 – 5 StR 497/17; Beschl. v. 27.4.2017 – 4 StR 614/16; Beschl. v. 7.3.2017 – 4 StR 590/16; Beschl. v. 21.12.2016 – 3 StR 183/16; Beschl. v. 14.10.2014 – 3 StR 167/14.

20 BGH NStZ 1987, 36 und 221; vgl. auch BGH, Beschl. v. 24.6.2008 – 3 StR 515/07.

21 BGHR StPO § 344 Abs. 2 Satz 2, Aufklärungsrüge 1; BGH – 4 StR 393/97; *Miebach/Sander*, NStZ-RR 1999, 1.

22 Vgl. BGH NStZ 2012, 346; *Meyer-Goßner/Schmitt*, § 344 Rn 24.

23 BGH NStZ-RR 2017, 119; NStZ 2013, 671; 1999, 94 m.w.N.; NJW 2003, 3676 = NStZ-RR 2003, 268; BGH, Urt. v. 2.2.2016 – 1 StR 437/16; BGH, Beschl. v. 11.1.2017 – 1 StR 186/16; BGH, Beschl. v. 10.5.2017 – 4 StR 567/16.

24 Vgl. BGH NJW 2017, 3797; BGH, Beschl. v. 14.11.2017 – 3 StR 328/17; BGH, Beschl. v. 2.3.2016 – 5 StR 4/16.

25 Vgl. dazu *Dahs*, Die Revision im Strafprozess, Rn 503; *Dahs*, StraFo 1995, 41, 44; einschränkend dazu BVerfG NJW 2005, 1999.

26 BGHSt 37, 245, 248 f.; NStZ 2000, 49, 50; vgl. zu den Anforderungen an den Rügevortrag insbesondere auch BVerfG NJW 2005, 1999 = StV 2005, 369; vgl. auch *Widmaier*, StraFo 2006, 437; *Dahs*, StraFo 1995, 41, 44; *Herdegen*, NStZ 1990, 510; *Ventzke*, StV 1992, 338, 340; eingehend zu den Negativtatsachen auch *Burhoff*, HV, Rn 2342 ff.

213

Widerspruchslösung des BGH) oder der Herbeiführung eines Gerichtsbeschlusses nach § 238 Abs. 2 StPO, sind auch diese in der Revisionsbegründung im Einzelnen mitzuteilen.[27] Hierbei ist zu beachten, dass die Rechtsprechung des BGH im Zusammenhang mit der Geltendmachung von Beweisverboten nicht lediglich einen einfachen, sondern vielmehr einen sog. **spezifizierten Widerspruch** verlangt, der die konkrete Angriffsrichtung des Widerspruchs erkennen lässt.[28] In der Revisionsbegründung ist also detailliert darzulegen, **dass** und unter **welchem rechtlichen Gesichtspunkt** gegen eine für unzulässig erachtete Beweiserhebung Widerspruch erhoben worden ist.[29]

■ Zur **Beruhensfrage** (§ 337 StPO) müssen grds. keine Ausführungen gemacht werden. Ausreichend und erforderlich ist die Darlegung der Tatsachen, aufgrund derer die Beruhensfrage vom Rechtsbeschwerdegericht geprüft werden kann.[30] Häufig entscheidet jedoch gerade die Beruhensfrage über den Erfolg der Revision, da eine Aufhebung des angefochtenen Urteils nur dann in Betracht kommt, wenn es auf einem Verfahrensfehler beruht. Deshalb empfiehlt es sich, hierzu entsprechende Ausführungen zu machen.

■ **Pauschale Rügen**, wie z.B. die Beweisaufnahme (Vernehmung von Zeugen o.Ä.) sei nicht dem Gesetz entsprechend durchgeführt worden, sind **unzulässig**. Das Gleiche gilt für mehrdeutige Verfahrensrügen, die nicht genau erkennen lassen, welcher Vorgang im Einzelnen als Verfahrensverstoß bemängelt wird.

■ Ist der Tatsachenvortrag **lückenhaft**, kann dies nur dann unschädlich sein, wenn sich die fehlenden Tatsachen aus dem Urteilsinhalt ergänzen lassen und das Rechtsbeschwerdegericht von diesem von Amts wegen[31] oder jedenfalls aufgrund einer parallel zur Verfahrensrüge erhobenen allgemeinen Sachrüge Kenntnis nehmen muss.[32]

Hinweis:

Der Verteidiger sollte sich bei der Erhebung von Verfahrensrügen klarmachen, dass das Rechtsbeschwerdegericht **nur** von seinem **Schriftsatz** und dem **Urteil** auszugehen hat. Er hat also alle Vorgänge, die er rügen will, so detailliert zu beschreiben, dass sie für einen mit der Sache noch nie befassten Dritten nachvollziehbar sind.

---

27 BGH NStZ 2017, 602; NJW 2017, 1332.

28 BGHSt 52, 38.

29 Vgl. z.B. OLG Hamm NJW 2011, 468 = StRR 2010, 442 (zur Verletzung von § 81a Abs. 2); zur Widerspruchslösung eingehend auch *Burhoff*, HV, Rn 3433 ff.

30 BGHSt 30, 131, 135; BGH, wistra 2014, 322; NStZ 1999, 145, 146; StV 2006, 516 = wistra 2006, 70; vgl. auch *Niemöller*, JR 2015, 149 f.

31 BGH NJW 1990, 1859.

32 Vgl. BGHSt 38, 302; 38, 372; BGH NJW 1995, 2047; NStZ-RR 2000, 294 [K]; BGH, Beschl. v. 8.8.2017 – 1 StR 519/16.

Auch die protokollierten Verfahrensvorgänge hat der Verteidiger in seinem Rechts-beschwerdeschriftsatz genau zu schildern. Das Protokoll dient nur als Beweismittel für die Richtigkeit des Tatsachenvortrags des Verteidigers, kann diesen aber nicht er-setzen. Im Zweifel sollte der Verteidiger deshalb lieber zu viel Sachverhalt mitteilen als zu wenig.[33] Um dem Revisionsgericht den Zugang zum Urteilsinhalt unproblema-tisch zu ermöglichen, sollte er **neben einer Verfahrensrüge** immer auch die **allgemeine Sachrüge** erheben.

Das im **Einzelfall** notwendige Rügevorbringen richtet sich stets nach der konkret erhobe-nen Verfahrensrüge.[34] Für die Rüge der fehlerhaften Behandlung des Beweisantrags bzw. die Aufklärungsrüge wird dies nachfolgend im Einzelnen dargestellt.

Die **Behandlung eines Beweisantrags** durch das Gericht kann unter verschiedenen Ge-sichtspunkten fehlerhaft sein. Eine Verfahrensrüge kommt insbes. dann in Betracht,

212

- wenn ein Beweisantrag nicht oder nicht rechtzeitig beschieden worden ist;
- wenn der Ablehnungsbeschluss **keine Begründung** enthält oder die im Ablehnungs-beschluss enthaltene Begründung den gesetzlichen Anforderungen nicht genügt;
- wenn der Ablehnungsbeschluss im **Widerspruch mit dem Urteilsinhalt** steht;
- wenn einem **Beweisantrag stattgegeben** wurde, ohne dass der Beweis tatsächlich er-hoben worden ist;
- wenn das Gericht seine **Hinweispflichten** verletzt hat.

In allen Fällen der fehlerhaften Behandlung eines Beweisantrags wird die Verfahrensrüge auf eine **Verletzung der §§ 244 Abs. 3 bis Abs. 6 bzw. 245 StPO** gestützt. Liegt ein **förmlicher Beweisantrag** vor, der fehlerhaft behandelt wurde, bedarf es grds. keiner (zu-sätzlichen) Aufklärungsrüge nach § 244 Abs. 2 StPO.[35] Eine Aufklärungsrüge ist nur dann notwendig, wenn ein Beweisantrag nicht gestellt oder als unzulässig abgelehnt[36] bzw. nach Beweisantragsgrundsätzen verbeschieden worden ist[37] und dennoch ein Aufklä-rungsdefizit vorliegt. Da **Beweisanregungen** und **Beweisermittlungsanträge** keine förmlichen Beweisanträge i.S.d. §§ 244 Abs. 3 bis Abs. 6, 245 StPO sind, kann der fehler-hafte Umgang mit ihnen nicht mit einer Verfahrensrüge nach den §§ 244 Abs. 3 bis Abs. 6, 245 StPO, sondern nur mit einer Aufklärungsrüge gerügt werden.[38]

---

33 Vgl. allgemein zur Begründung der Verfahrensrüge auch *Burhoff*, StV 1997, 432, 437 sowie *Burhoff*, HV, Rn 2333 ff.
34 Siehe hierzu im Detail die Kommentierungen von *Meyer-Goßner/Schmitt*, StPO bei der jeweiligen Vorschrift.
35 Vgl. *Meyer-Goßner/Schmitt*, StPO, § 244 Rn 80.
36 BGH NStZ 1984, 210 (Pf/M).
37 BGH NStZ 2004, 370.
38 Vgl. hierzu ausführlich unten Rdn 246 ff.

Hinweis

Besonders problematisch sind die Fälle, in denen der Verteidiger meint, einen förmlichen Beweisantrag gestellt zu haben, das Tatgericht diesen aber nur als Beweisermittlungsantrag angesehen hat oder das Revisionsgericht den Antrag **zum bloßen Beweisermittlungsantrag „herabstuft"**.[39] Hier reicht es nicht aus, lediglich eine Verletzung der §§ 244 Abs. 3 bis Abs. 6 bzw. 245 StPO zu rügen, da diese Rügen leer laufen, wenn sich das Revisionsgericht der Einschätzung des Tatgerichts anschließen und die vom Verteidiger gestellten Anträge ebenfalls lediglich als Beweisermittlungsanträge ansehen sollte. Es muss deshalb in diesen Fällen **zusätzlich** zur Rüge der fehlerhaften Behandlung des Beweisantrags nach §§ 244 Abs. 3 bis Abs. 6 bzw. 245 StPO noch eine Aufklärungsrüge nach § 244 Abs. 2 StPO erhoben werden.[40] Nur dann ist es irrelevant, ob das Revisionsgericht die vom Verteidiger gestellten Anträge als Beweisanträge oder lediglich als Beweisermittlungsanträge ansieht. Geht das Revisionsgericht von förmlichen Beweisanträgen aus, greift die Rüge der Verletzung der §§ 244 Abs. 3 bis Abs. 6, 245 StPO. Geht das Revisionsgericht hingegen von bloßen Beweisermittlungsanträgen aus, greift die Aufklärungsrüge nach § 244 Abs. 2 StPO.

I. Allgemeine Rügevoraussetzungen

1. Beweisantrag in der Hauptverhandlung

213   Um eine Rüge nach den §§ 244 Abs. 3 bis Abs. 6 bzw. 245 StPO erheben zu können, bedarf es zwingend eines **förmlichen Beweisantrags in der Hauptverhandlung.** Da die fehlerhafte Behandlung eines förmlichen Beweisantrags Gegenstand der Rüge ist, kann sie von vornherein keinen Erfolg haben, wenn lediglich an eine Beweisanregung, einen Beweisermittlungsantrag oder einen tatsächlich (nicht nur angeblich) unzulässigen Beweisantrag angeknüpft wird. Der Verteidiger muss also, wenn er mit einer Rüge nach den §§ 244 Abs. 3 bis Abs. 6 bzw. 245 StPO in der Revision erfolgreich an einen Beweisantrag anknüpfen will, die formalen Voraussetzungen des Beweisantrags sorgfältig einhalten. Ein Beweisantrag liegt nur vor, wenn der Antragsteller eine **bestimmte Beweistatsache** behauptet,[41] hierfür ein **bestimmtes Beweismittel** bezeichnet[42] und die zwischen Beweistatsache und Beweismittel bestehende **Konnexität**[43] darlegt. Zudem muss

---

39 Siehe zu dieser Problematik ausführlich *Fezer*, in: FS für Meyer-Goßner, S. 629 ff.
40 Siehe hierzu die Entscheidung BGHSt 39, 251 = NStZ 1993, 550 m. Anm. *Widmaier* = StV 1993, 454 m. Anm. *Hamm.*
41 BGHSt 37, 162; 39, 251.
42 Vgl. BGH NStZ 2009, 649; 2011, 231; NStZ-RR 2014, 251.
43 Vgl. BGHSt 43, 321, 329 f.; BGH NJW 2001, 3739 f.; NStZ 2006, 585 f.; 2009, 171, 172.

der Beweisantrag in der Hauptverhandlung **mündlich gestellt** worden sein. Beweisanträge des Verteidigers und Entscheidungen des Gerichts im Ermittlungs- und Zwischenverfahren sind in aller Regel der Revision entzogen.[44] Etwas anderes kann nur dann gelten, wenn eine fehlerhafte Entscheidung des Gerichts im Ermittlungs- oder Zwischenverfahren noch bis zum Urteil fortwirkt.[45] Bei Rügen nach § 245 muss außerdem dargelegt werden, dass es sich um ein präsentes Beweismittel gehandelt hat, auf das sich der Beweisantrag bezieht. Da die Vorladung von Beweispersonen im Sinne des § 245 gem. §§ 220, 38 nur mithilfe eines Gerichtsvollziehers bewirkt werden kann[46] ist auch die förmliche Ladung nachzuweisen, wenn sie nicht aktenkundig ist, und sollte im Revisionsschriftsatz wörtlich wiedergegeben werden.[47]

2. Rügeberechtigung

Rügeberechtigt ist stets derjenige, der einen Beweisantrag gestellt hat, wobei der **Angeklagte und sein Verteidiger** insoweit als Einheit angesehen werden.[48] Haben sich der Angeklagte bzw. sein Verteidiger **Beweisanträgen** anderer Verfahrensbeteiligter (z.B. StA oder Mitangeklagte) **angeschlossen**, besteht auch insoweit das Recht, eine fehlerhafte Behandlung dieser Beweisanträge zu rügen.[49] Allerdings erkennt die Rechtsprechung unabhängig von einer Anschlusserklärung auch dann eine Rügeberechtigung an, wenn Beweisanträge von anderen Verfahrensbeteiligten gestellt wurden, die zugunsten des Revisionsführers wirken.[50]

Die **StA** kann grds. unabhängig von einer Beschwer die Verletzung der §§ 244 Abs. 3 bis Abs. 6, 245 StPO rügen. Dies gilt allerdings nicht, wenn seitens der StA nur Revision zugunsten des Angeklagten eingelegt wurde.[51] Auch die fehlerhafte Anwendung von Rechtsnormen, die den Angeklagten schützen soll, wie z.B. die Wahrunterstellung eines Beweisantrags gem. § 244 Abs. 3 Satz 2 StPO kann vonseiten der StA nicht mit dem Ziel der Urteilsaufhebung zuungunsten des Angeklagten gerügt werden.[52]

Die **Rügeberechtigung setzt** grds. **nicht voraus**, dass der Revisionsführer i.R.d. Hauptverhandlung bereits die **fehlerhafte Behandlung** seines Beweisantrags **beanstandet** hat.[53] Die

214

---

44 Vgl. *Hamm/Hassemer/Pauly*, Beweisantragsrecht, Rn 539.
45 *Alsberg/Güntge*, Der Beweisantrag im Strafprozess, Rn 1595.
46 Vgl. BGH NStZ 1981, 401.
47 Vgl. BGH StraFo 2012, 145.
48 *Alsberg/Güntge*, Der Beweisantrag im Strafprozess, Rn 1615.
49 *Hamm/Hassemer/Pauly*, Beweisantragsrecht, Rn 533.
50 BGHSt 32, 10, 12; BGH NStZ 1981, 96 (Pf); BGH StV 1987, 189; *Meyer-Goßner/Schmitt*, StPO, § 244 Rn 84; Löwe/Rosenberg/*Becker*, StPO, § 244 Rn 374; *Alsberg/Güntge*, Der Beweisantrag im Strafprozess, Rn 1620.
51 *Eisenberg*, Beweisrecht der StPO, Rn 299.
52 BGH NStZ 1984, 564; Löwe/Rosenberg/*Becker*, StPO, § 244 Rn 374.
53 BGH – 5 StR 23/04 = NStZ 2004, 436 (B);.

Rechtsprechung hat jedoch in einigen Fällen die Rügeberechtigung des Revisionsführers gleichsam als verwirkt angesehen, wenn er einem **Missverstehen**[54] seines Antrags bzw. der unvollständigen,[55] veränderten[56] oder einengenden[57] Befolgung des Beweisantrags oder seiner fehlerhaften Wahrunterstellung[58] nicht bereits in der Hauptverhandlung entgegengetreten ist. Beim **Austausch des Beweismittels** hat die Rechtsprechung im Einzelfall die Herbeiführung eines Gerichtsbeschlusses gem. § 238 Abs. 2 StPO in der Hauptverhandlung als Voraussetzung für eine spätere Revisionsrüge gefordert.[59]

3. Vollständiges Rügevorbringen

215   Neben den oben[60] dargestellten allgemeinen Voraussetzungen einer Verfahrensrüge sind je nach Art der Rüge **besondere Rügevoraussetzungen** zu beachten, denen die Revisionsbegründungsschrift in Anwendung des § 344 Abs. 2 Satz 2 StPO genügen muss. Allgemein gilt als **Mindeststandard** Folgendes:

Die **rechtsfehlerhafte Behandlung** eines Beweisantrags kann in dem **Unterlassen der Bescheidung**, in der **Nichtausführung** einer auf den Antrag beschlossenen Beweiserhebung oder in der **mangelhaften Ablehnung** des Antrags bestehen.[61] Für die Rüge der fehlerhaften Behandlung eines Beweisantrags muss im Revisionsschriftsatz Folgendes dargestellt werden:

■ Wird die **Nichtbescheidung** des Beweisantrags gerügt, muss der gestellte Beweisantrag samt Begründung zumindest inhaltlich, besser wörtlich, mitgeteilt werden.[62] Zusätzlich muss angegeben werden, dass über den Beweisantrag nicht entschieden und diesem auch nicht nachgegangen wurde. Ferner ist bestimmt zu behaupten, welches dem Betroffenen günstige mutmaßliche Beweisergebnis die unterlassene Beweiserhebung ergeben hätte. Schließlich sollte das Beweisziel, also die Schlussfolgerung, die das Gericht aus der Beweiserhebung ziehen sollte, näher ausgeführt werden, wenn sich dieses nicht bereits aus dem Beweisantrag oder seiner Begründung unmittelbar ergibt.

---

54 BGHR StPO § 244 Abs. 6, Beweisantrag 3 = StV 1989, 465 m. abl. Anm. *Schlothauer*; BGH NStZ-RR 2004, 370.
55 OLG Düsseldorf VRS 85, 358.
56 BGHR StPO § 244 Abs. 6, Entscheidung 2.
57 BGH StV 2001, 436 und 505.
58 BGHR StPO § 244 Abs. 2, Wahrunterstellung 4.
59 BGH StV 1983, 6 m. abl. Anm. *Schlothauer*; abl. auch *Eisenberg*, Beweisrecht in Strafprozess, Rn 300a.
60 Vgl. Rdn 213.
61 *Meyer-Goßner/Schmitt*, StPO, § 244 Rn 83.
62 *Sarstedt/Hamm*, Die Revision in Strafsachen, Rn 616 m.w.N.

■ Wird die **fehlerhafte Ablehnung** des Beweisantrags gerügt, muss der Inhalt des Antrags (Beweistatsache und Beweismittel) nebst Begründung sowie der Inhalt des gerichtlichen Ablehnungsbeschlusses mitgeteilt werden.[63] Beides am besten wörtlich, zumindest aber inhaltlich vollständig.[64] Fehlt es daran, kann nicht geprüft werden, ob es sich überhaupt um einen förmlichen Beweisantrag oder lediglich um einen Beweisermittlungsantrag bzw. eine Beweisanregung gehandelt hat.[65] Zusätzlich müssen die die Fehlerhaftigkeit des Ablehnungsbeschlusses ergebenden Tatsachen mitgeteilt[66] und ggf. müssen Schriftstücke, aus denen sich dies ergibt, zumindest inhaltlich, besser wörtlich, wiedergegeben werden. Ferner ist bestimmt zu behaupten, welches dem Betroffenen günstige mutmaßliche Beweisergebnis die unterlassene Beweiserhebung ergeben hätte. Auch hier sollte das Beweisziel dargelegt werden, wenn dieses nicht bereits aus dem Beweisantrag oder seiner Begründung unmittelbar ersichtlich ist.

Hinweis

Auch wenn die Rechtsprechung nur die inhaltliche Wiedergabe des Beweisantrages und des Ablehnungsbeschlusses bzw. weiterer für die Verfahrensrüge wichtiger Schriftstücke fordert,[67] sollte der Verteidiger auf „Nummer sicher" gehen und den Antrag bzw. Beschluss **stets im Wortlaut** wiedergeben, wenn er die fehlerhafte Behandlung eines Beweisantrags rügen will. Er läuft sonst Gefahr, etwas zu vergessen, mit der Folge, dass die Rüge als unzulässig verworfen wird.

Eine Verfahrensrüge, mit der die fehlerhafte **Ablehnung eines Hilfsbeweisantrags** gerügt wird, ist schon dann zulässig erhoben, wenn sich der Inhalt des Beweisantrags und seiner Bedingung[68] sowie die hierzu ergangene Entscheidung des Gerichts aus den schriftlichen Urteilsgründen ergeben und diese dem Revisionsgericht durch eine zulässig erhobene (allgemeine) Sachrüge zugänglich gemacht wurden.[69] Sofern – was in der Praxis häufig vorkommt – zwar die Ablehnungsentscheidung, nicht aber der Wortlaut oder wesentliche Inhalt des Hilfsbeweisantrags im Urteil abgedr. ist, muss dieser vom Beschwerdeführer vollständig mitgeteilt werden.

Soll die **Nichtbenutzung** eines **präsenten Beweismittels** als Verstoß gegen § 245 Abs. 1 StPO gerügt werden, müssen die Ladung durch das Gericht und das Erschienensein der Beweisperson dargelegt werden.[70]

---

63 Vgl. BGH NStZ-RR 2012, 178.
64 Vgl. BGH – 4 StR 549/91; BGH NStZ 1986, 519; 1987, 36; 1999, 399; 2013, 536.
65 BGH StraFo 2004, 354, 355.
66 BGHSt 3, 213; BGH NStZ 2013, 536; NStZ-RR 2012, 178; *Meyer-Goßner/Schmitt*, StPO, § 244 Rn 85.
67 Vgl. z.B. BGH NStZ-RR 2005, 1.
68 BGH NStZ-RR 2013, 349.
69 BGH StraFo 2004, 245.
70 OLG Düsseldorf StV 2001, 106.

Abhängig von der beantragten Beweiserhebung und dem vom Gericht zur Ablehnung des Beweisantrags herangezogenen Ablehnungsgrund gelten beim Rügevorbringen Besonderheiten, die nachfolgend bei den Besonderheiten der Nichtbescheidung eines Antrags bzw. bei den Besonderheiten der einzelnen Ablehnungsgründe dargestellt sind.[71]

II.   Besonderheiten bei der Nichtbescheidung eines Beweisantrags

216   Die **Rüge der Nichtbescheidung** eines Antrags ist auf § 244 Abs. 6 StPO zu stützen. Sie kommt immer dann in Betracht, wenn ein förmlicher **Beweisantrag vollständig übergangen** worden ist.[72] Hierbei ist zu beachten, dass ein Verstoß gegen § 244 Abs. 6 StPO nicht vorliegen kann, wenn der Antrag des Beschwerdeführers nicht sämtliche Voraussetzungen eines förmlichen Beweisantrags erfüllt, z.B. weil es an der konkreten Benennung eines bestimmten Beweismittels oder Beweisthemas fehlt.[73] Des Weiteren kann die Nichtbescheidung eines Beweisantrags nur dann als Verstoß gegen § 244 Abs. 6 StPO gerügt werden, wenn sich im Hauptverhandlungsprotokoll kein Eintrag findet, aus dem sich eine Verbescheidung des Antrags bzw. die Erhebung der in dem Beweisantrag angebotenen Beweise ergibt. Diese Tatsache hat der Revisionsführer ausdrücklich zu behaupten.

Zur Verdeutlichung ein

Beispiel:

Hat die Verteidigung mittels eines förmlichen Beweisantrags ein Sachverständigengutachten zu einer bestimmten tatrelevanten Frage beantragt, muss ausdrücklich dargelegt werden, dass dieser Beweisantrag nicht abgelehnt worden ist und über die unter Beweis gestellte Tatsache auch kein Beweis erhoben wurde. Hat ausweislich des Protokolls in der Hauptverhandlung ein Sachverständiger ein Gutachten erstattet, muss auch ausdrücklich dargelegt werden, dass sich dieser zu der konkreten Beweisfrage, die Gegenstand des nicht verbeschiedenen Beweisantrags war, nicht geäußert hat.[74]

Besonders problematisch ist bei der Rüge der Nichtbescheidung eines Beweisantrags die Frage, ob das **Urteil auf diesem Rechtsfehler beruht** (§ 337 StPO).[75] Das Beruhen des Urteils auf dem Rechtsfehler wird insbes. dann fraglich sein, wenn der Beweisantrag unter Heranziehung der Ablehnungsgründe des §§ 244 Abs. 3 bis Abs. 5 und 245 StPO

---

71 Siehe unten Rdn 216 und 217 ff.
72 Vgl. hierzu BGH StV 2003, 318 = NStZ 2003, 562; BGH StV 1999, 359; BGH, Beschluss v. 24.10.2000 – 4 StR 405/00.
73 Vgl. Löwe/Rosenberg/*Becker*, StPO, § 244 Rn 377.
74 BGH NStZ 2005, 222 = BGHR StPO § 344 Abs. 2 Satz 2, Beweisantragsrecht 7.
75 Vgl. hierzu BGH NStZ 1983, 422; BGH – 1 StR 393/99 = BGHR StPO § 244 Abs. 6, Entscheidung 8; BGH – 1 StR 317/00; BGH – 5 StR 482/05.

rechtsfehlerfrei hätte abgelehnt werden dürfen.[76] Dieser Ansatz kommt allerdings nur in den Fällen in Betracht, in denen der Antragsteller durch die unterbliebene Bescheidung seines Beweisantrags unter keinen Umständen behindert worden sein kann.[77]

Um die Nichtbescheidung eines Beweisantrags rügen zu können, bedarf es **keiner vorherigen Beanstandung** gemäß § 238 Abs. 2 StPO in der Hauptverhandlung.[78] Dass der Angeklagte oder sein Verteidiger die Pflicht haben, eine **Entscheidung** über ihre Beweisanträge **anzumahnen**, wenn diese beim Gericht in Vergessenheit geraten sind, wird überwiegend verneint.[79] Allerdings sind gewisse Tendenzen in der Rechtsprechung sichtbar, bei unterlassener Verteidigerreaktion auf Entscheidungen des Gerichts eine Revisibilität zu verneinen.[80] Übertragen auf die Nichtbescheidung eines Beweisantrags würde sich aus diesen Tendenzen auch eine Obliegenheit des Verteidigers folgern lassen, die Bescheidung seines Antrags bereits in der Hauptverhandlung anzumahnen. Will der Verteidiger das Gericht allerdings nicht unmittelbar auf seinen Fehler hinweisen, kann er diesem Dilemma z.b. dadurch zu entgehen versuchen, dass er seinen Beweisantrag entweder von vornherein mit einer geeigneten Bedingung versieht oder einen möglicherweise bereits in Vergessenheit geratenen unbedingten Beweisantrag nochmals als bedingten Beweisantrag stellt.[81] Aus der Nichtbescheidung eines solchen bedingten Antrags darf der Verteidiger schließen, dass lediglich die Bedingung nicht eingetreten ist. Er muss nicht annehmen, dass das Gericht einen seiner Anträge tatsächlich vergessen hat.

III. Besonderheiten bei einzelnen Ablehnungsgründen

Die Rügevoraussetzungen, das notwendige Revisionsvorbringen und die Ansatzpunkte **217**
für Erfolg versprechende Revisionsrügen variieren bei den unterschiedlichen Ablehnungsgründen. Im Einzelnen gilt Folgendes:

1. Unzulässigkeit der Beweiserhebung

Die **Rüge der Unzulässigkeit der Beweiserhebung**[82] kann in der Revision in zwei Rich- **218**
tungen ausgestaltet sein:

---

76 Vgl. auch *Hamm/Hassemer/Pauly*, Beweisantragsrecht, Rn 529.
77 BGH MDR 1971, 18 (D); OLG Frankfurt am Main StV 1981, 172; Löwe/Rosenberg/*Becker*, StPO, § 244 Rn 377.
78 BGH NJW 2011, 2821.
79 Löwe/Rosenberg/*Becker*, StPO, § 244 Rn 371 und 128; *Schlothauer*, StV 1989, 466; *Hamm/Hassemer/Pauly*, Beweisantragsrecht, Rn 528; KK-StPO/*Krehl*, § 244 Rn 123.
80 Vgl. hierzu z.B. BGH StraFo 2004, 204; BGH NStZ 2003, 381.
81 Zum bedingten Beweisantrag vgl. ausführlich oben Rdn 105.
82 Zum Ablehnungsgrund der Unzulässigkeit der Beweiserhebung vgl. oben Rdn 169.

■ Zum einen kann gerügt werden, dass eine Beweiserhebung durchgeführt wurde, obwohl diese tatsächlich, z.b. wegen des Vorliegens eines Beweisverbotes unzulässig gewesen wäre.

■ Zum anderen kann gerügt werden, dass ein Beweisantrag zu Unrecht als unzulässig abgelehnt worden ist, die Beweiserhebung also entgegen der Ansicht des Gerichts tatsächlich zulässig gewesen wäre.

In diesen Fällen muss in der Revision der **Sachverhalt vollständig vorgetragen** werden, der die Unzulässigkeit bzw. Zulässigkeit der Beweiserhebung belegt. Vorliegend ist v.a. die zweite Variante, in der ein tatsächlich zulässiger Beweisantrag rechtsfehlerhaft als unzulässig abgelehnt worden ist, von Interesse, da der Verteidiger die Erhebung unzulässiger, also z.b. durch ein Beweisverbot gesperrter Beweise regelmäßig nicht mittels eines Beweisantrags verlangen wird. Nimmt allerdings das Gericht zu Unrecht ein Beweisverbot bei einer vom Verteidiger beantragten Beweiserhebung über eine entlastende Zeugenaussage an, wird die Rüge der fehlerhaften Behandlung des Beweisantrags in Betracht gezogen werden müssen. Hierzu ein

> *Beispiel:*
>
> Angenommen, das Tatgericht hat seinen Ablehnungsbeschluss damit begründet, dass eine den Angeklagten entlastende Zeugenaussage unter Verstoß gegen § 136a StPO zustande gekommen sei, dann müssen in der Revision alle Umstände der Aussageentstehung im Einzelnen dargelegt werden. Nur so wird das Revisionsgericht in die Lage versetzt, zu beurteilen, ob die konkreten Umstände der Aussageentstehung tatsächlich das vom Tatgericht zur Ablehnung des Beweisantrags herangezogene Beweisverbot rechtfertigen.

2. Offenkundigkeit der Beweistatsache

219   Ein Ablehnungsantrag, der die **Offenkundigkeit** einer unter Beweis gestellten Tatsache annimmt, wird regelmäßig nicht Gegenstand einer Revisionsrüge sein, da dieses Ergebnis dem Angeklagten und seinem Verteidiger nützt. Allerdings kann ein Beweisantrag auch dann abgelehnt werden, wenn das **Gegenteil der Beweistatsache offenkundig** ist. Dieser Ablehnungsgrund kann den Interessen des Angeklagten zuwider laufen, sodass die Revision sich dagegen richten müsste, die vom Tatgericht angenommene Offenkundigkeit des Gegenteils einer Beweistatsache zu widerlegen. Die Revision muss in diesem Fall alle Tatsachen darlegen, aus denen sich ergibt, dass das Gegenteil der im Beweisantrag behaupteten Beweistatsache weder allgemein- noch gerichtskundig ist.[83]

---

83 Vgl. zu den Voraussetzungen der Ablehnung eines Beweisantrags wegen Offenkundigkeit ausführlich oben Rdn 170.

3. Bedeutungslosigkeit der Beweistatsache

Lehnt das Tatgericht einen Beweisantrag mit der Begründung ab, die unter Beweis gestellte **Tatsache** sei für die Entscheidung **ohne Bedeutung**, muss der Ablehnungsbeschluss begründet werden und erkennbar machen, ob die Beweistatsache aus rechtlichen oder aus tatsächlichen Gründen als bedeutungslos angesehen wird.[84] Für die Revision ergeben sich daraus folgende Anknüpfungspunkte:

220

- Enthält der Ablehnungsbeschluss bereits **keine ausreichende Begründung**, warum die unter Beweis gestellte Tatsache bedeutungslos sein soll, begründet dies bereits für sich genommen die Revision.

- Hat das Tatgericht in der Begründung seines Ablehnungsbeschlusses angenommen, die Beweistatsache sei **aus rechtlichen Gründen bedeutungslos**, muss in der Revision dahin gehend argumentiert werden, dass es für den Schuld- bzw. den Rechtsfolgenausspruch entgegen der Ansicht des Tatgerichts eben gerade doch auf die Beweistatsache ankommt.

- Stützt sich der Ablehnungsbeschluss darauf, dass die Beweistatsache **aus tatsächlichen Gründen bedeutungslos** sein soll, sind die Begründungsanforderungen für den Tatrichter besonders hoch.[85] Er muss darlegen, dass die behauptete Beweistatsache die Entscheidung des Gerichts unter keinen Umständen zu beeinflussen vermag.[86] Die Revision kann somit sowohl bei der Frage anknüpfen, ob eine ausreichend **aussagekräftige Begründung** des Ablehnungsbeschlusses vorliegt, als auch die Begründung des Ablehnungsbeschlusses mit dem Inhalt der Urteilsgründe vergleichen. Die Beweiswürdigung im Urteil darf die in einem Ablehnungsbeschluss als bedeutungslos bezeichneten Tatsachen nicht aufgreifen und auch nicht vom Gegenteil einer solchen Tatsache ausgehen.[87]

Hinweis

In der Rechtsprechung wird eine **unzulängliche Begründung** des Beschlusses, mit dem ein Beweisantrag als bedeutungslos abgelehnt wurde, allerdings dann als **unschädlich** angesehen, wenn den Urteilsgründen **im Ergebnis die Beweisbehauptungen** zugrunde gelegt werden.[88] Zwar ist der Ablehnungsbeschluss in diesem Fall rechtsfehlerhaft, weil sich die Beweistatsache – die nunmehr im Urteil auftaucht –

84 Vgl. BGH NStZ 1997, 27 (K); BGHR StPO § 244 Abs. 3 Satz 2, Bedeutungslosigkeit 9; BGH StV 2002, 181; Löwe/Rosenberg/*Becker*, StPO, § 244 Rn 225 m.w.N.
85 Vgl. hierzu z.B. BGH StV 1991, 408; Löwe/Rosenberg/*Becker*, StPO, § 244 Rn 225.
86 Vgl. BGH NJW 1988, 501; NStZ 1982, 126; StV 1981, 271; 1992, 259; *Meyer-Goßner/Schmitt*, StPO, § 244 Rn 56 m.w.N.
87 Vgl. *Hamm/Hassemer/Pauly*, Rn 510; aus der Rspr. vgl. z.B. BGH NStZ 2000, 267, 268; 1999, 578, 579; BGH NJW 2000, 370, 371; BGH StV 2002, 181; 2001, 96 = NStZ-RR 2000, 210; 1996, 648, 649; 1993, 173.
88 BGH, Beschl. v. 13.6.2013 – 1 StR 226/13 unter Hinweis auf BGH wistra 2010, 410, 412.

eben doch nicht als „bedeutungslos" erwiesen hat. Das Urteil beruht aber regelmäßig nicht auf dem Rechtsfehler, wenn die Beweistatsache letztlich so wie beantragt Eingang in das Urteil gefunden hat. Problematisch dürfte dieses Vorgehen allerdings immer dann sein, wenn das Beweisthema, das in der Hauptverhandlung rechtsfehlerhaft als bedeutungslos behandelt wurde, dem späteren Urteil zugrunde gelegt und der Antragsteller hierdurch überrascht und in seinen Verteidigungsmöglichkeiten beschränkt wird.

4. Erwiesensein der Beweistatsache

221 Der Ablehnungsbeschluss bedarf keiner eingehenden Begründung, wenn das Gericht eine unter Beweis gestellte **Tatsache bereits als erwiesen** ansieht. In diesem Fall kann sich die Begründung des Ablehnungsbeschlusses auf die **Wiedergabe des Gesetzeswortlauts** beschränken. Es muss nicht dargelegt werden, warum das Gericht eine Tatsache als erwiesen ansieht.

In der Revision kann deshalb nur gerügt werden, dass eine als erwiesen erachtete Tatsache dem Urteil nicht entsprechend zugrunde gelegt worden ist. Das Gericht muss in seinem Urteil von einer als erwiesen erachteten Tatsache uneingeschränkt, d.h. ohne Veränderung oder Einengung, ausgehen. Verstößt es hiergegen, liegt ein Verfahrensfehler vor.[89]

5. Ungeeignetheit des Beweismittels

222 Da die völlige **Ungeeignetheit eines Beweismittels** nur in Ausnahmefällen vorliegen wird, muss das Gericht einen diesbezüglichen Ablehnungsbeschluss eingehend begründen und darlegen, woraus sich die tatsächliche Wertlosigkeit des angebotenen Beweismittels ergeben soll.[90] Die **Darlegungsanforderungen** an die Revisionsbegründung hängen von der Art des angebotenen Beweismittels ab. Der Verteidiger muss alle Tatsachen mitteilen, aus denen sich ergibt, dass das angebotene Beweismittel entgegen der Ansicht des Gerichts gerade nicht völlig ungeeignet ist, den angebotenen Beweis zu erbringen. Hierzu ein

Beispiel:
Die Ungeeignetheit eines angebotenen Sachverständigenbeweises kann z.B. darin begründet sein, dass der Sachverständige zu Vorgängen gehört werden soll, die auch

---

89 BGHR § 244 Abs. 3 Satz 2, erwiesene Tatsache 2; KK-StPO/*Krehl*, § 244 Rn 232; *Hamm/Hassemer/Pauly*, Beweisantragsrecht, Rn 512.
90 Löwe/Rosenberg/*Becker*, StPO, § 244 Rn 243 m.w.N.

ohne besondere Sachkunde wahrgenommen werden können.[91] Hat der Verteidiger in einem solchen Fall die Einholung eines Sachverständigengutachtens beantragt und das Gericht diesen Beweisantrag wegen Ungeeignetheit des Beweismittels abgelehnt, muss der Verteidiger in der Revision eingehend darlegen, wieso die unter Beweis gestellten Vorgänge entgegen der Ansicht des Gerichts eben doch nur aufgrund besonderer Sachkunde hätten wahrgenommen werden können.

6. Unerreichbarkeit des Beweismittels

Lehnt das Gericht einen Beweisantrag wegen **Unerreichbarkeit des Beweismittels** ab, muss es im Ablehnungsbeschluss begründen, ob das Beweismittel aus rechtlichen oder tatsächlichen Gründen nicht zur Verfügung stand.[92] Der Ablehnungsbeschluss kann somit schon deshalb rechtsfehlerhaft sein, weil er eine solche Begründung nicht im notwendigen Umfang enthält. Der Verteidiger muss dann in der Revision darlegen, warum das Beweismittel tatsächlich nicht unerreichbar war bzw. welche konkreten Aktivitäten das Gericht zur Herbeischaffung des Beweismittels (noch) hätte vornehmen können und müssen.[93]   **223**

Zur Verdeutlichung ein

Beispiel zum Zeugenbeweis:

Angenommen, der Verteidiger hat einen Zeugen benannt, der im Ausland geladen werden müsste. Auf die direkte Ladung des Gerichts ist der Zeuge nicht erschienen. Danach hat das Gericht den Zeugen als unerreichbar behandelt, weil es das Erscheinen eines Auslandszeugen nicht erzwingen könne. In einem solchen Fall muss der Verteidiger in der Revision darlegen, welche konkreten Möglichkeiten das Gericht gehabt hätte, den Zeugen doch noch zum Erscheinen vor Gericht zu bewegen. Hier kann z.B. die Ladung im Wege des Rechtshilfeverkehrs oder unter der Zusage des freien Geleits oder Erstattung von Reisekosten in Betracht kommen.[94] Bevor ein Auslandszeuge als unerreichbar angesehen werden darf, müssen zudem die Möglichkeiten einer kommissarischen Vernehmung im Ausland gem. § 223 StPO oder einer audiovisuellen Zeugenvernehmung gem. § 247a StPO geprüft und ausgeschöpft werden.[95] Auch auf diese Möglichkeiten muss der Verteidiger in Revision ausdrücklich eingehen und rü-

---

91 Vgl. KG VRS 48, 432; OLG Düsseldorf VRS 60, 122; OLG Koblenz VRS 48, 35.

92 Löwe/Rosenberg/*Becker*, § 244 Rn 264.

93 Vgl. hierzu BGH – 3 StR 203/02; BGH StV 1999, 195; BGH NStZ 1997, 73 (K); *Sarstedt/Hamm*, Die Revision in Strafsachen, Rn 659.

94 Vgl. hierzu *Eisenberg*, Beweisrecht der StPO, Rn 229a und 1059.

95 BGH NJW 1991, 186 und 2000, 1204 zur kommissarischen Vernehmung; BGHSt 45, 188 ff. und BGH StraFo 2004, 355 zur audiovisuellen Zeugenvernehmung.

gen, dass derartige Maßnahmen, den Zeugen zu vernehmen, vom Gericht in rechtsfehlerhafter Weise unterlassen worden sind.[96]

7. Verschleppungsabsicht

224   Ein Ablehnungsbeschluss, mit dem ein Beweisantrag wegen **Verschleppungsabsicht** abgelehnt werden soll, muss besonderen Anforderungen genügen.[97] Das Gericht muss in der Begründung seines Ablehnungsbeschlusses alle Umstände aufzeigen, die aus seiner Sicht die Verschleppungsabsicht belegen und darf sich **nicht** auf **formelhafte Wendungen** beschränken.[98] D.h., dass im Ablehnungsbeschluss dargelegt werden muss, dass die Durchführung der Beweisaufnahme das Verfahren mehr als nur unwesentlich verzögern würde, dass das Ergebnis der Beweisaufnahme die Entscheidung nicht beeinflussen könnte und dass sich auch der Antragsteller keine Förderung des Verfahrens von der Beweiserhebung versprochen hätte.[99]

Nimmt der Ablehnungsbeschluss nicht zu allen diesen Umständen Stellung, liegt bereits hierin ein Mangel, der mit der Revision geltend gemacht werden kann.[100] Liegt jedoch eine Stellungnahme zu allen für die Frage der Verschleppungsabsicht relevanten Punkten vor, muss die Revision darlegen, dass der **prozessuale Sachverhalt im Ablehnungsbeschluss unrichtig wiedergegeben** worden ist. D.h., der Verteidiger muss in der Revisionsbegründung erschöpfende Ausführungen zur Frage des Verzögerungseffektes der Beweiserhebung, zur Bedeutsamkeit des zu erwartenden Beweisergebnisses und zur Intention des Antragstellers machen.[101]

> *Hinweis*
>
> Zu **beachten** ist, dass die bisherige Rechtsprechung des BGH, nach der das Gericht nach Abschluss der aus seiner Sicht für erforderlich gehaltenen Beweiserhebungen die übrigen Verfahrensbeteiligten unter **Fristsetzung** auffordern konnte, ihre Beweisanträge zu stellen,[102] und ohne substantiierten Grund nach Fristablauf gestellte Beweisanträge grundsätzlich wegen Verschleppungsabsicht ablehnen konnte, mit der

---

96 Vgl. auch *Hamm/Hassemer/Pauly*, Beweisantragsrecht, Rn 516.
97 Vgl. zum Vorliegen von Verschleppungsabsicht oben Rdn 183.
98 Löwe/Rosenberg/*Becker*, StPO, § 244 Rn 286.
99 Löwe/Rosenberg/*Becker*, StPO, § 244 Rn 286.
100 Vgl. auch *Hamm/Hassemer/Pauly*, Beweisantragsrecht, Rn 507.
101 Vgl. zu den Darlegungsanforderungen BGH NStZ 1994, 47 = BGHR StPO § 344 Abs. 2 Satz 2, Prozessverschleppung 1.
102 Vgl. hierzu ausführlich BGHSt 51, 333 = NJW 2007, 2501 = NStZ 2007, 659 = StraFo 2007, 418; BGH NJW 2005, 2466 = StV 2005, 113 = NStZ 2005, 648; NStZ 2007, 716; StV 2008, 9 = StraFo 2007, 509; sehr konkret BGHSt 52, 355 = NStZ 2009, 169 = StV 2009, 64, sowie BGHSt 54, 39 = NJW 2009, 3248; *Witting/Junker*, StRR 2011, 288 f.

gesetzlichen Regelung in § 244 Abs. 6 S. 2 StPO insoweit überholt ist, als dass nun solche verspäteten Beweisanträge nicht mehr per se die Verschleppungsabsicht indizieren, sondern im Urteil unter Verwendung des gesamten Katalogs der Ablehnungsgründe des § 244 Abs. 3 bis 5 bzw. § 245 Abs. 2 StPO abgelehnt werden können.[103]

8. Wahrunterstellung

Wird in einem Ablehnungsbeschluss die unter Beweis gestellte **Tatsache als wahr unterstellt** ist ebenso wie bei der Ablehnung wegen Erwiesenheit der Beweistatsache eine über den Wortlaut des Gesetzes hinausgehende **Begründung nicht erforderlich.**[104] Ansatzpunkte für die Revision können sich deshalb nur ergeben, wenn das Gericht im Verlauf der Hauptverhandlung von der Wahrunterstellung abgewichen ist und den Antragsteller hierauf nicht hingewiesen hat[105] oder wenn das Gericht die als wahr unterstellte Tatsache seinem Urteil nicht uneingeschränkt zugrunde legt.[106]

225

Ein **Verstoß gegen die Wahrunterstellung** liegt z.B. dann vor, wenn die Urteilsgründe im Widerspruch zu den als wahr unterstellten Tatsachen stehen,[107] oder wenn die als wahr unterstellten Tatsachen dadurch relativiert werden, dass sie lediglich als möglich bezeichnet werden.[108] Ein weiterer Ansatzpunkt für die Revision kann auch darin liegen, dass sich das Gericht in den Urteilsgründen überhaupt nicht mit einer als wahr unterstellten Tatsachenbehauptung auseinandergesetzt hat.[109]

Hinweis

Nach der Rechtsprechung des BGH ist das Gericht allerdings nicht unwiderruflich an eine einmal vorgenommene Wahrunterstellung gebunden. Vielmehr soll es zu einer nachträglichen Änderung von Ablehnungsgründen befugt sein.[110] Das kann zur Folge haben, dass z.B. eine zunächst als wahr unterstellte Tatsache, die im Urteil als erwiesen oder als bedeutungslos angesehen wird, keine Wirkungen für die Revision mehr entfalten kann. Die Angriffsrichtung der Rüge kann dann nicht mehr dahin gehen, dass eine ursprüngliche Wahrunterstellung nicht eingelöst wurde, sondern sich nur

---

103 Vgl. hierzu ausführlich Rdn 144.
104 *Alsberg/Tsambikakis*, Der Beweisantrag im Strafprozess, Rn 1441 m.w.N.; Löwe/Rosenberg/*Becker*, StPO, § 244 Rn 305.
105 Vgl. Löwe/Rosenberg/*Becker*, StPO, § 244 Rn 310 und 373.
106 Vgl. BGH StV 1991, 503 = NStZ 1991, 546; BGHR StPO § 244 Abs. 3 Satz 2, Wahrunterstellung 21; BGH, wistra 1990, 196; BGH NStZ 1989, 129 m. Anm. *Volk.*
107 Vgl. BGH NStZ-RR 1998, 13; BGH StV 1995, 172.
108 Vgl. BGHSt 1, 137, 139.
109 Vgl. BGHR StPO § 244 Abs. 3 Satz 2, Wahrunterstellung 5, 12 und 13.
110 BGH, Beschl. v. 23.7.2008 – 5 StR 285/08; BGH NStZ-RR 2009, 179; BGH, Beschl. v. 27.3.2012 – 3 StR 31/12; BGH NJW 2007, 2566.

noch mit der Frage beschäftigen, ob die Verfahrensbeteiligten auf die Änderung des Ablehnungsgrundes vor Urteilserlass hätten hingewiesen werden müssen.[111]

IV. Besonderheiten beim Sachverständigenbeweis

226   Sind aus der Sicht des Verteidigers Beweisanträge auf Einholung eines Sachverständigengutachtens zu Unrecht abgelehnt worden, ergeben sich ebenfalls weitreichende Anknüpfungspunkte in der Revision. Hierbei ist zu unterscheiden zwischen der Ablehnung eines Sachverständigenbeweises aufgrund **eigener Sachkunde** des Gerichts und der Ablehnung eines Beweisantrags auf einen **weiteren Sachverständigen**.

1. Eigene Sachkunde des Gerichts

227   Ist der Beweisantrag auf Einholung eines Sachverständigengutachtens unter **Berufung auf die eigene Sachkunde** abgelehnt worden, sind in der Revision der Ablehnungsbeschluss und der Urteilsinhalt daran zu messen, ob das Gericht sich die behauptete eigene Sachkunde, also die Entscheidung der Beweisfrage ohne Rückgriff auf Fachleute, zutrauen durfte. Hierbei müssen der Ablehnungsbeschluss und das Urteil immer im Zusammenhang gesehen werden, da die Rechtsprechung es zulässt, dass der Ablehnungsbeschluss sich auf die Angabe des Ablehnungsgrundes beschränkt und die erforderlichen inhaltlichen Ausführungen später im Urteil „nachgeschoben" werden.[112]

Bei der **Annahme eigener Sachkunde** wird den Gerichten ein **weiter Spielraum** zugestanden.[113] Die Revision muss deshalb eingehend darlegen, warum die Beweisfrage nur von Angehörigen einer wissenschaftlichen Fachdisziplin hätte beurteilt werden können. Dieser Nachweis wird regelmäßig schwierig zu führen sein, weil der Verteidiger mit seiner Revisionsbegründung die Komplexität einer Beweisfrage aufzeigen muss. Ideal ist es, wenn sich der Verteidiger hierfür eines **Privatgutachtens** bedienen kann, in dem die Komplexität der Beweisfrage aufgearbeitet wird. Dieses Privatgutachten kann er dann zum Gegenstand seiner Revisionsrüge machen.[114]

---

111 Eine Hinweispflicht bejahend für den Fall einer Umdeutung der Wahrunterstellung in eine Erwiesenheit der Beweistatsache: BGH NJW 2007, 2566. Eine Hinweispflicht verneinend für den Fall einer Umdeutung der Wahrunterstellung ein eine Bedeutungslosigkeit der Beweistatsache: BGH, Beschl. v. 23.7.2008 – 5 StR 285/08; BGH NStZ-RR 2009, 179; BGH, Beschl. v. 27.3.2012 – 3 StR 31/12.

112 BGHSt 12, 18, 20; Löwe/Rosenberg/*Becker*, StPO, § 244 Rn 339.

113 Vgl. BGHSt 23, 12; vgl. auch Löwe/Rosenberg/*Becker*, StPO, § 244 Rn 322 ff.

114 Vgl. hierzu *Hamm/Hassemer/Pauly*, Beweisantragsrecht, Rn 520.

2. Weiterer Sachverständiger

Hat das Gericht es abgelehnt, einen **weiteren Sachverständigen** zu einer Beweisfrage zu   **228**
bestellen, ergeben sich in der Revision nur eingeschränkt Anknüpfungspunkte. Die Problematik liegt darin, dass das Gericht ja bereits einen Sachverständigen angehört und somit die erforderliche Sachkunde zur Beantwortung einer Beweisfrage erworben hat, wenn
auch mit einem aus der Sicht des Angeklagten nicht zufriedenstellenden Ergebnis. In der
Revision kann deshalb nur die fehlerhafte Anwendung des Ablehnungsgrundes des § 244
Abs. 4 Satz 2 StPO gerügt werden.

Bestehen aus der Sicht der Verteidigung **Zweifel an der Sachkunde des (ersten) Gutachters,** kann dementsprechend nur gerügt werden, dass das Gericht diese Zweifel zu Unrecht nicht geteilt hat. Die Zweifelhaftigkeit der Sachkunde muss der Verteidiger allein
mit schriftlichen Quellen belegen, da in der Revision eine Rekonstruktion der Hauptverhandlung nicht stattfindet. Er kann sich also allein auf den Ablehnungsbeschluss, das Urteil und das schriftliche Gutachten o.Ä. stützen. Sieht das Gericht mögliche Zweifel an der
Sachkunde des Gutachters im Ablehnungsbeschluss durch das mündlich erstattete Gutachten als ausgeräumt an, wird die Revisionsrüge ins Leere laufen.[115]

Hat sich das Gericht in seinem Ablehnungsbeschluss darauf gestützt, dass das **Gegenteil
der unter Beweis gestellten Tatsache** bereits durch das frühere Gutachten belegt sei,
darf es sich zu diesem Ablehnungsbeschluss im Urteil nicht in Widerspruch setzen. Liegt
jedoch ein solcher Widerspruch vor, kann dies die Verfahrensrüge begründen.[116]

Soweit ein Beweisantrag auf Einholung eines weiteren Sachverständigengutachtens damit begründet worden ist, dass der weitere Sachverständige über **überlegene Forschungsmittel** verfüge, kann mit der Revision gerügt werden, dass in einem Ablehnungsbeschluss die Bedeutung des Rechtsbegriffs „überlegene Forschungsmittel" verkannt
worden ist.[117]

3. Besonderes Rügevorbringen

Bei Beweisanträgen auf Einholung eines (ersten oder weiteren) Sachverständigengutach-   **229**
tens gelten **Besonderheiten beim Rügevorbringen.** Über die Wiedergabe des Beweisantrags und des Ablehnungsbeschlusses hinaus ist regelmäßig die eingehende Darlegung
weiterer Tatsachen erforderlich.

---

115 Vgl. *Hamm/Hassemer/Pauly*, Beweisantragsrecht, Rn 523.
116 Vgl. *Hamm/Hassemer/Pauly*, Beweisantragsrecht, Rn 524.
117 Vgl. *Hamm/Hassemer/Pauly*, Beweisantragsrecht, Rn 524.

Beispiele:

■ Setzt ein Sachverständigengutachten die Bereitschaft zur **Mitwirkung anderer Prozessbeteiligter** (z.B. des Geschädigten) oder Dritter voraus, muss mit der Revisionsbegründung dargelegt werden, dass diese Personen zur Mitwirkung an dem Gutachten bereit gewesen wären. Fehlt dieses Rügevorbringen, ist eine entsprechende Verfahrensrüge unzulässig.[118]

■ Nimmt ein Beweisantrag auf Einholung eines weiteren Sachverständigengutachtens auf ein **früheres Gutachten** Bezug, um z.B. die Widersprüchlichkeiten dieses Gutachtens aufzuzeigen, muss dieses frühere Gutachten in der Revisionsbegründung vollständig wiedergegeben werden.[119]

■ Wird gerügt, ein Sachverständiger habe **wesentliche Anknüpfungstatsachen** in seinem Gutachten unberücksichtigt gelassen, sind die als wesentlich erachteten Anknüpfungstatsachen in der Revisionsbegründung im Einzelnen darzulegen.[120]

Zu beachten ist allerdings, dass das **schriftliche Gutachten nicht die Grundlage des Urteils** bildet, sondern hierfür allein das in der Hauptverhandlung erstattete mündliche Gutachten maßgeblich ist. So können z.B. Zweifel an der Sachkunde des Gutachters oder Widersprüchlichkeiten des schriftlichen Gutachtens durch die mündliche Erstattung des Gutachtens ausgeräumt worden sein. Eine sich nur auf das schriftliche Gutachten stützende Revision liefe somit ins Leere.[121] Der Verteidiger darf sich deshalb nicht mit der bloßen Wiedergabe des schriftlichen Urteils in der Revisionsbegründung begnügen, sondern muss auch darlegen, dass der Gutachter i.R.d. mündlichen Erstattung des Gutachtens nicht von dem schriftlichen Gutachten abgewichen ist.

V.   Entscheidungsgrundlage des Revisionsgerichts

230   Das Revisionsgericht hat über die Rüge der fehlerhaften Behandlung eines Beweisantrags allein **auf der Grundlage der nachgewiesenen Verfahrenstatsachen** zu entscheiden. Es prüft deshalb z.B. nicht die tatsächlichen Umstände, die zur Ablehnung eines Beweisantragsantrags geführt haben.[122] Der Inhalt eines Beweisantrags und eines Ablehnungsbeschlusses sind für das Revisionsgericht in der Form verbindlich, wie sie Eingang in die Hauptverhandlung gefunden haben. Daraus folgt, dass das Tatgericht **keine neuen**

---

118 BGH, Beschl. v. 5.10.2004 – 1 StR 284/04.
119 BGH, Urt. v. 27.10.2004 – 5 StR 130/04; BGH NStZ-RR 2003, 371; BGH NStZ 2002, 659; BGH StV 2006, 62; 1999, 195; 1996, 529.
120 BGH StV 2003, 430.
121 Vgl. hierzu BGH wistra 2004, 339 sowie *Becker*, NStZ 2004, 436.
122 Vgl. *Sarstedt/Hamm*, Die Revision in Strafsachen, Rn 617.

Ablehnungsgründe im Urteil **nachschieben** kann.[123] Dennoch vom Tatgericht im Urteil nachgeschobene Gründe sind im Revisionsverfahren unbeachtlich. Auch ist dem Revisionsgericht verwehrt, einen Ablehnungsgrund, den das Tatgericht angenommen hat, nachträglich gegen einen anderen **Ablehnungsgrund auszutauschen.**[124] Hiervon ist der BGH im Fall der Verschleppungsabsicht allerdings schon abgewichen und hat angenommen, dass die Ablehnung eines Beweisantrags wegen Verschleppungsabsicht auch die Ablehnung nach § 244 Abs. 5 Satz 2 StPO beim Auslandszeugen mit umfasse.[125]

Zu beachten ist jedoch, dass das Revisionsgericht bei **Beweisermittlungsanträgen** eine weitreichende Überprüfung der Ablehnungsmöglichkeiten für sich in Anspruch nimmt. Liegt aus der Sicht des Revisionsgerichts nur ein Beweisermittlungsantrag vor, wird ein Beruhen des Urteils auf einer fehlerhaften Ablehnung des Antrags immer dann ausgeschlossen, wenn der Antrag mit anderer Begründung rechtsfehlerfrei hätte abgelehnt werden können.[126] Dies gilt allerdings nur, soweit sich die alternativen Ablehnungsgründe aus dem Urteilsinhalt ergeben.[127]

Das Vorliegen eines Verfahrensfehlers kann grds. nur durch das **Hauptverhandlungsprotokoll** und dessen absolute Beweiskraft nach § 274 StPO bewiesen werden. Dies gilt sowohl in positiver als auch in negativer Hinsicht für das Vorliegen bzw. Nichtvorliegen einer bestimmten Verfahrenshandlung. Will der Verteidiger also z.B. die Nichtbescheidung eines Beweisantrags als Verstoß gegen § 244 Abs. 6 StPO rügen, darf sich im Protokoll kein Eintrag finden, aus dem sich eine Verbescheidung des Antrags bzw. die Erhebung der in dem Beweisantrag angebotenen Beweise, z.B. die Vernehmung eines Zeugen, ergibt.

Problematisch ist die Frage der Beweiskraft bei einer **Unrichtigkeit des Protokolls.** 231 Wurde es früher noch als zulässig angesehen, dass der Beschwerdeführer eine „**unwahre Verfahrensrüge**" erhebt,[128] also z.B. die Nichtbescheidung eines Antrags rügt, obwohl er weiß, dass lediglich vergessen wurde, die Verkündung des Ablehnungsbeschlusses in das Hauptverhandlungsprotokoll aufzunehmen, wird eine solche **Vorgehensweise mittlerweile** nach der höchstrichterlichen Rechtsprechung als **rechtsmissbräuchlich** und eine entsprechende **Rüge** als **unzulässig** angesehen.[129]

---

123 BGH NStZ 1982, 41; Löwe/Rosenberg/*Becker*, StPO, § 244 Rn 375.
124 BGH NStZ 2003, 101, 102; BGH StV 2000, 652 = NStZ 2000, 437; *Meyer-Goßner/Schmitt*, StPO, § 244 Rn 86; Löwe/Rosenberg/*Becker*, StPO, § 244 Rn 375.
125 BGH StV 1994, 635 m. abl. Anm. *Müller*; zum Verhältnis von Verschleppungsabsicht und Wahrunterstellung vgl. BGH NStZ 1997, 28 (K).
126 BGH StV 1998, 248 = NStZ 1998, 98; BGH NStZ 1993, 229 (K); OLG Hamm NZV 1993, 122.
127 *Hamm/Hassemer/Pauly*, Beweisantragsrecht, Rn 538.
128 Vgl. nur *Sarstedt/Hamm*, Die Revision in Strafsachen, Rn 292 m.w.N.
129 BGHSt 51, 88 = BGH NJW 2006, 3579; *Meyer-Goßner/Schmitt*, StPO, § 274 Rn 21 m.w.N.; *Dahs*, Die Revision im Strafprozess, Rn 524; *Park*, StraFo 2004, 335; **a.A.** *Gaede*, StraFo 2007, 29; *Hamm*, Die Revision in Strafsachen, Rn 292.

Darüber hinaus hatte der 1. Strafsenat dem **Großen Senat für Strafsachen** die Frage vorgelegt, ob die **Beweiskraft eines als unrichtig erkannten und sodann berichtigten Protokolls** nach § 274 StPO auch dann beachtlich sei, wenn die Protokollberichtigung einer zulässig erhobenen Verfahrensrüge den Boden entziehe.[130] Dahinter steht die Überlegung, dass durch Auskunft der Gerichtspersonen das **Protokoll im laufenden Revisionsverfahren berichtigt** und damit die absolute Beweiskraft des ursprünglichen Protokolls aufgehoben werden kann. Eine Revision, die den ursprünglich protokollierten Verfahrensverstoß rügt, geht dann aufgrund der Berichtigung ins Leere. Der 2. und 3. Strafsenat hatten unter Aufgabe ihrer bisher entgegenstehenden Rechtsprechung einer solchen Verfahrensweise zugestimmt.[131] Der 4. und 5. Strafsenat hatten hingegen in ihren Anfragebeschlüssen ausgeführt, dass eine Protokollberichtigung, die einer zulässigen Verfahrensrüge zum Nachteil des Beschwerdeführers den Boden entziehe, nicht berücksichtigt werden dürfe.[132]

232   Der **Große Senat für Strafsachen** hat diese **Streitfrage** dahin gehend **entschieden**, dass durch eine zulässige Berichtigung des Protokolls auch zum Nachteil des Beschwerdeführers einer bereits ordnungsgemäß erhobenen Verfahrensrüge die **Tatsachengrundlage entzogen** werden kann.[133] In seiner für die Rechtspraxis äußerst bedeutsamen Entscheidung hat der Große Senat den Argumenten des 1., 2. und 3. Strafsenats für eine **Änderung der Rechtsprechung zum Verbot der Rügeverkümmerung** den Vorzug gegeben. Im Ergebnis darf also nun durch eine nachträgliche Protokollberichtigung einer zulässig erhobenen Verfahrensrüge die Tatsachengrundlage entzogen werden.

Der Große Senat begründet seine Entscheidung zunächst damit, dass eine umfassende Berücksichtigung der **nachträglichen Protokollberichtigung dem Gesetz nicht widerspreche**. Zwar lasse § 274 Satz 2 StPO als Gegenbeweis gegen Beurkundungen des Protokolls nur den Nachweis der Fälschung zu. Eine Berichtigung durch Erklärungen der Urkundspersonen enthalte jedoch einen Widerruf der früheren Beurkundung und entziehe dieser, soweit die Berichtigung reiche, die absolute Beweiskraft, sodass es eines Gegenbeweises nicht mehr bedürfe.[134] Aus diesem Grund habe die Rechtsprechung auch schon bisher nachträgliche Protokollberichtigungen die einer Verfahrensrüge erst zum Erfolg verhalfen, für beachtlich gehalten.[135]

Des Weiteren führt der Große Senat aus, dass das Gesetz keinen Hinweis darauf enthalte, dass durch den Eingang der Revisionsbegründung ein besonderes prozessuales Recht auf

---

130 BGH NJW 2006, 3582 m. Anm. *Widmaier*.
131 BGH NStZ-RR 2006, 275 und BGH, Beschl. v. 22.2.2006 – 3 ARs 1/06.
132 BGH NStZ-RR 2006, 273 und BeckRS 2006, 06 377.
133 BGHSt 51, 298 = NJW 2007, 2419 = NStZ 2007, 661 = StV 2007, 403.
134 Unter Bezugnahme auf RGSt 19, 367, 370.
135 RGSt 19, 367; BGHSt 4, 364, 365; BGH NJW 2001, 3794, 3796; NStZ 1988, 85; RGSt 57, 394, 396 f.;
       OLG Köln NJW 1952, 758.

Beibehaltung der Tatsachengrundlage für eine Rüge begründet werde. Der Angeklagte habe keinen Anspruch darauf, aus tatsächlich nicht gegebenen Umständen Verfahrensvorteile abzuleiten.[136] Ein Vertrauen des Beschwerdeführers darauf, dass ein inhaltlich unrichtiges Protokoll in der Revisionsinstanz erhalten bleibe, sei nicht schützenswert und könne auch nicht auf das verfassungsrechtlich verbürgte Recht auf effektiven Rechtsschutz (Art. 19 Abs. 4 GG) gestützt werden.[137] Verfahrensrechte könnten nur durch den tatsächlichen Verfahrensverlauf und nicht durch das unrichtige Protokoll verletzt werden. Auch die **Revisionsgerichte seien der Wahrheit verpflichtet.**[138] Dies spreche entscheidend dafür, § 274 StPO in einer Weise auszulegen, welche die inhaltliche Richtigkeit der Sitzungsniederschrift gewährleiste. Der Große Senat betont, dass § 274 StPO nur eine **Beweisregel** sei, die keinen von der objektiven Wahrheit abweichenden „formellen" Wahrheitsbegriff schaffe. Die Beweiskraft des Protokolls mache nicht aus Wahrheit Unwahrheit. Zudem gebieten nach Ansicht des Großen Senats auch das Beschleunigungsgebot und der Opferschutz die Verpflichtung des Revisionsgerichts zur Entscheidung auf der Grundlage eines zutreffenden Sachverhalts. Es sei deshalb nicht angezeigt, ein Urteil allein wegen eines fiktiven – unwahren – Sachverhalts aufzuheben.

Der Große Senat führt allerdings an, dass eine Protokollberichtigung **sichere Erinnerung** bei sämtlichen Urkundspersonen voraussetze. Soweit es hieran fehle, könne das Protokoll nicht mehr berichtigt werden, sodass die Effektivität der Revision nicht gefährdet sei. Die Gefahr, dass die Urkundspersonen unbewusst Erinnerungsdefizite mit „Erfahrungswissen" ausfüllten, besteht aus der Sicht des Großen Senats regelmäßig nicht, weil die Urkundspersonen häufig auf eigene Unterlagen als Erinnerungsstütze zurückgreifen könnten.

Für das im Rahmen einer Protokollberichtigung einzuhaltende Verfahren hat der Große Senat für Strafsachen **bestimmte Regeln** aufgestellt, die die Richtigkeit einer nachträglichen Änderung des Protokolls gewährleisten und Effektivität der Revision sichern sollen. **233**

Folgendes **Verfahren** ist demnach aufgrund der Entscheidung des Großen Senats einzuhalten:

■ Die **Absicht der Protokollberichtigung** ist dem Beschwerdeführer – im Fall der Angeklagtenrevision zumindest dem Revisionsverteidiger – zusammen mit dienstlichen Erklärungen der Urkundspersonen **vor** einer etwaigen **Protokollberichtigung mitzuteilen.** Die dienstlichen Erklärungen haben die für die Berichtigung tragenden Erwägungen zu enthalten, also etwa auf markante Besonderheiten des Falles einzuge-

---

136 Vgl. BGH NJW 2006, 3579, 3580; *Lampe*, NStZ 2006, 366, 367; AnwKomm-StPO/*Lohse*, § 344 Rn 18.
137 Insoweit **a.A.** *Jahn/Widmaier*, JR 2006, 166, 169; *Krawczyk*, HRRS 2006, 344, 353.
138 Vgl. BGHSt 36, 354, 358 f.

hen. Während der Hauptverhandlung getätigte Aufzeichnungen, welche den Protokollfehler belegen, sollten in Abschrift übermittelt werden.[139]

■ Dem Beschwerdeführer ist **vor der Protokollberichtigung** innerhalb angemessener Frist **rechtliches Gehör** zu gewähren.[140]

Hinweis
Gegen diese Vorgabe wird in der Praxis häufig verstoßen, indem der Verteidiger einfach einen Protokollberichtigungsbeschluss zur Kenntnisnahme erhält. Die Verletzung vorherigen rechtlichen Gehörs macht die Protokollberichtigung unwirksam. Es gilt dann weiterhin das Protokoll in seiner ursprünglichen Fassung. Ist der Revisionsführer also vor der durchgeführten Protokollberichtigung nicht angehört worden, kann er der Streitfrage, ob die Erinnerung der Gerichtspersonen zutreffend ist oder nicht, von vorneherein aus dem Weg gehen und sich im Revisionsverfahren auch weiterhin auf das ursprüngliche Protokoll berufen.[141]

■ **Widerspricht der Beschwerdeführer** der beabsichtigten Protokollberichtigung **substantiiert**, indem er im Einzelnen darlegt, aus welchen Gründen er im Gegensatz zu den Urkundspersonen sicher ist, dass das ursprünglich gefertigte Hauptverhandlungsprotokoll richtig ist, sind erforderlichenfalls weitere dienstliche Erklärungen bzw. Stellungnahmen der übrigen Verfahrensbeteiligten einzuholen. Auch hierzu ist dem Beschwerdeführer rechtliches Gehör, das heißt eine angemessene Frist zur Stellungnahme zu gewähren.

■ Halten die Urkundspersonen das Hauptverhandlungsprotokoll weiterhin für unrichtig, so haben sie es gleichwohl zu berichtigen. In diesem Fall ist die **Entscheidung zur Protokollberichtigung**, dem Rechtsgedanken des § 34 StPO folgend, **mit Gründen zu versehen.** Es sind die Tatsachen anzugeben, welche die Erinnerung der Urkundspersonen belegen. Auf das Vorbringen des Beschwerdeführers und eventuelle abweichende Erklärungen der übrigen Verfahrensbeteiligten ist in der Entscheidungsbegründung einzugehen.

Eine **erneute Zustellung des Urteils** nach Berichtigung der Sitzungsniederschrift ist nicht erforderlich, da eine wirksame Zustellung nur voraussetzt, dass das Protokoll fertig gestellt ist (§ 273 Abs. 4 StPO). Die Fertigstellung erfolgt mit der letzten der beiden er-

---

139 Vgl. zur „Beweiskraft einer ‚hundertprozentigen' Erinnerung", wenn andere Verfahrensbeteiligte sich nicht mehr an den Ablauf des entsprechenden Verfahrensabschnitts erinnern können, OLG Dresden StraFo 2007, 420.
140 Vgl. hierzu OLG Hamm StV 2011, 272.
141 Vgl. auch OLG Hamm StV 2009, 349.

forderlichen Unterschriften (§ 271 Abs. 1 StPO). Spätere Berichtigungen berühren den Zeitpunkt der Fertigstellung nicht mehr.[142] Die Gründe der Berichtigungsentscheidung unterliegen im Rahmen der erhobenen Verfahrensrüge der **Überprüfung durch das Revisionsgericht.** Sofern sie die Berichtigung tragen, ist das berichtigte Protokoll dem weiteren Revisionsverfahren zugrunde zu legen. Allerdings kommt dem berichtigten Teil des Protokolls nicht die Beweiskraft des § 274 StPO zu, da das Revisionsgericht nur so in die Lage versetzt wird, zum Schutz des Beschwerdeführers die rügevernichtende Protokollberichtigung zu überprüfen. Verbleiben dem Revisionsgericht **Zweifel**, ob die Berichtigung zu Recht erfolgt ist, kann es den Sachverhalt im **Freibeweisverfahren** weiter aufklären. Verbleiben auch nach dieser Überprüfung Zweifel an der Richtigkeit des berichtigten Protokolls, hat das Revisionsgericht seiner Entscheidung das Protokoll in der ursprünglichen Fassung zugrunde zu legen.

Hinweis:

Ist das Protokollberichtigungsverfahren nicht ordnungsgemäß durchgeführt worden,[143] soll nach einer Ansicht die Wiederholung des Protokollberichtigungsverfahrens wegen Verletzung des Rechts auf ein faires Verfahren ausscheiden.[144] Nach anderer Ansicht soll allerdings eine (auch mehrfache) Wiederholung eines zunächst unwirksamen Protokollberichtigungsverfahrens zulässig sein.[145]

Die **Entscheidung** des Großen Senats ist von **großer Bedeutung für das Revisionsverfahren** und die in § 274 StPO normierte absolute Beweiskraft des Protokolls. Sie stellt ferner die Abkehr von dem in der Rechtsprechung bislang etablierten Grundsatz dar, dass eine Protokollberichtigung einer ordnungsgemäß erhobenen Verfahrensrüge nicht die Tatsachengrundlage entziehen darf. Dieses Prinzip des sogenannten Verbots der Rügeverkümmerung wurde schon zu Beginn der Reichsgerichtsrechtsprechung[146] – aufbauend auf der Rechtsprechung der preußischen Obergerichte – etabliert. Der BGH hatte es bis zum Beschluss des Großen Senats ebenfalls zur Grundlage seiner Rechtsprechung gemacht. Der Große Senat für Strafsachen hat **jedoch nun bindend** entschieden, dass eine **nachträgliche Protokollberichtigung** einer ordnungsgemäß erhobenen **Verfahrensrüge den Boden entziehen** darf. Damit wird der Verteidiger umzugehen haben.

---

142 Vgl. BGH, Urt. v. 4.9.2014 – 1 StR 75/14 [insoweit nicht abgedr. in StraFo 2015, 70; Löwe/Rosenberg/*Stuckenberg*, StPO, § 271 Rn 31, § 273 Rn 56.
143 Vgl. zur Notwendigkeit der Einhaltung der Vorgaben zum Protokollberichtigungsverfahren BGH NJW 2012, 1015; StV 2012, 523 = StraFO 2011, 356; StV 2011, 267.
144 BGH StV 2010, 675.
145 BGH StV 2012, 523 = StraFo 2011, 356.
146 RGSt 2, 76, 77 f.

Da die Entscheidung des Großen Senats hervorhebt, dass das Revisionsgericht der Wahrheit verpflichtet sei und deshalb künftig den wahren Verfahrensablauf zur Grundlage der Beurteilung einer Verfahrensrüge zu machen habe, wird er sich immer wieder vor die Frage gestellt sehen, **was** in diesem Zusammenhang **die Wahrheit ist**: Das was das Protokoll bekundet oder das, an was sich die Urkundspersonen erinnern, nachdem sie durch eine Verfahrensrüge mit einem sich aus dem Protokoll ergebenden Verfahrensfehler konfrontiert werden? Es mag unzweifelhaft Fälle geben, in denen sämtliche Verfahrensbeteiligte – einschließlich des Verteidigers – um die Unrichtigkeit des Protokolls wissen. Der **Regelfall** wird aber der sein, dass die **Erinnerung der Verfahrensbeteiligten differiert**. Was dann gelten soll, muss sich in jedem Einzelfall gesondert erweisen.

Die Entscheidung des Großen Senats wird man vor diesem Hintergrund letztlich als Kompromiss zwischen den Befürwortern und den Gegnern einer Änderung der Rechtsprechung zum Verbot der Rügeverkümmerung sehen müssen. Der Große Senat hat die Voraussetzungen und den **Ablauf einer Protokollberichtigung**, mit der einer Verfahrensrüge die Tatsachengrundlage entzogen werden soll, deshalb in seiner Entscheidung genau beschrieben. Der **Beschwerdeführer** ist demnach **vor der beabsichtigten Protokollberichtigung anzuhören** und die Entscheidung der Urkundspersonen ist bei einem substantiierten Widerspruch mit Gründen zu versehen. Ggf. sind auch die weiteren Verfahrensbeteiligten zu dienstlichen Erklärungen bzw. Stellungnahmen aufzufordern. **Unterbleibt die vorherige Anhörung** des Beschwerdeführers **oder bestehen** nach der Erledigung der einzelnen Verfahrensschritte noch **Zweifel** an der Richtigkeit des berichtigten Protokolls, ist weiterhin das **Protokoll in der ursprünglichen Fassung** für das Revisionsverfahren **maßgeblich**. Kritisch sind die Fälle, in denen die sichere Erinnerung der Urkundspersonen gegen die sichere Erinnerung des Verteidigers steht. Hier muss das Revisionsgericht gezwungenermaßen eine **Entscheidung über die Glaubhaftigkeit** sich widersprechender Aussagen zu treffen, was sogar in ein Strafverfahren wegen versuchter Strafvereitelung gegen den Verteidiger münden kann, wenn das Revisionsgericht seine Aussage im Protokollberichtigungsverfahren als unwahr erachtet.

VI.   Beispiele Erfolg versprechender Rügen

234   Das gesamte Spektrum möglicher Ansatzpunkte für eine Verfahrensrüge wegen fehlerhafter Behandlung eines Beweisantrags lässt sich nicht darstellen. Jeder Einzelfall liegt anders. Allerdings kann anhand von **Beispielen** Erfolg versprechender Rügen zu den einzelnen Ablehnungsgründen des § 244 Abs. 3 bis Abs. 6 StPO bzw. des § 245 StPO verdeutlicht werden, an welchen Punkten der Verteidiger mit der Revision ansetzen kann.

1. Rügen nach § 244 Abs. 3 StPO

Soweit ein Beweisantrag wegen **Unzulässigkeit der Beweiserhebung** abgelehnt worden   **235**
ist, ist z.b. Folgendes zu beachten:

■ Verweigert ein Zeuge eine Untersuchung seiner Person, schließt dies ein psychiatrisches Gutachten über ihn nicht in jedem Fall aus. Ein hierauf gerichteter Beweisantrag ist also nicht von vornherein unzulässig.[147]

■ Ist dem Gericht aus den Akten oder sonstigen Erkenntnisquellen die Identität eines Zeugen bekannt, steht eine behördliche Sperrerklärung einer Ladung und Vernehmung dieses Zeugen nicht entgegen. Ein entsprechender Beweisantrag des Verteidigers kann somit nicht als unzulässig abgelehnt werden.[148]

Im Zusammenhang mit dem Ablehnungsgrund der **Bedeutungslosigkeit der Beweistat-**   **236**
sache ist z.b. auf folgende Gesichtspunkte hinzuweisen:

■ Erwartet der Tatrichter, dass durch die Aussage eines benannten Zeugen die bisherige Beweislage unverändert bleiben würde, rechtfertigt dies nicht die Ablehnung des Beweisantrags wegen Bedeutungslosigkeit der Beweistatsache.[149]

■ Ist eine Beweistatsache als bedeutungslos abgelehnt worden, darf das Urteil nicht vom Gegenteil der behaupteten Beweistatsache ausgehen.[150] Auch darf der Beweistatsache im Urteil nicht in anderer Weise Bedeutung beigemessen worden sein.[151]

■ Die Beurteilung der Qualität eines Zeugen bzw. seiner Aussage muss der Befragung des Zeugen in der Hauptverhandlung vorbehalten bleiben und darf nicht in einem auf die Bedeutungslosigkeit der Beweistatsache gestützten Ablehnungsbeschluss vorweggenommen werden.[152]

■ Lehnt das Gericht den Beweisantrags wegen Bedeutungslosigkeit ab, muss es den Grund hierfür so konkret benennen, dass dieser vom Revisionsgericht überprüft werden kann.[153]

■ Durch die Ablehnung eines Beweisantrags wegen Bedeutungslosigkeit darf die Aufklärung von Tatsachen, die zugunsten des Angeklagten sprechen, nicht verhindert werden.[154]

---

147 Vgl. BGH NStZ 1991, 47; anders allerdings BGH StV 1991, 405 (Beweisantrag auf Einholung eines Glaubwürdigkeitsgutachtens ist bei Weigerung des Zeugen, sich untersuchen zu lassen, i.d.R. unzulässig).
148 Vgl. BGHSt 39, 141 = NJW 1993, 1214 = StV 1993, 170 = NStZ 1993, 293.
149 Vgl. BGH StV 2001, 95.
150 Vgl. BGH StV 2001, 96; 1993, 173 und 622; BGH NStZ 1994, 195.
151 Vgl. BGH StV 1997, 338.
152 Vgl. BGH StV 2001, 95 f. = NStZ-RR 2001, 260 f. (B) und BGH NJW 1997, 2762 = StV 1997, 567 = NStZ 1997, 503.
153 Vgl. BGH StV 1991, 408; 1990, 340.
154 Vgl. BGH StV 1990, 291 und 292 f.

237 Stützt sich das Gericht in seinem Ablehnungsbeschluss darauf, dass die in dem Beweisantrag unter Beweis gestellte **Tatsache bereits erwiesen** sei, gilt z.b. Folgendes:

■ Zu der als erwiesen erachteten Beweistatsache darf sich das Urteil nicht in Widerspruch setzen.[155]

■ Ist ein Beweisantrag darauf gerichtet, durch Vernehmung eines benannten Zeugen eine Tatsache zu widerlegen, die ein anderer Zeuge bekundet hat, darf er nicht mit der Begründung abgelehnt werden, die Tatsache sei bereits erwiesen.[156]

238 Im Zusammenhang mit dem Ablehnungsgrund der **völligen Ungeeignetheit** des Beweismittels ist z.B. Folgendes zu beachten:

■ Die Ungeeignetheit eines Beweismittels kann grds. nicht durch die antizipatorische Einschätzung des Gerichts begründet werden, ein benanntes Beweismittel werde die behauptete Beweistatsache nicht bestätigen.[157]

■ Auch ein Beweismittel, das eine Beweisbehauptung nur als wahrscheinlich und nicht als sicher erweislich erscheinen lässt, ist kein völlig ungeeignetes Beweismittel.[158]

239 Ist die **Unerreichbarkeit eines Beweismittels** in einem Ablehnungsbeschluss angesprochen, ist z.b. auf folgende Ansatzpunkte für die Revision hinzuweisen:

■ Ein im Ausland lebender Zeuge, dessen Aufenthaltsort bekannt ist, ist nicht schon deshalb unerreichbar, weil seine Ladung im Rechtshilfeweg oder seine kommissarische Vernehmung das Verfahren verzögern würden.[159]

■ Ist ein im Ausland lebender Zeuge im Rechtshilfeweg zu laden, ist er mit der Ladung zugleich auf das ihm nach Rechtshilferecht zustehende freie Geleit hinzuweisen. Die Unerreichbarkeit des Zeugen kann nicht angenommen werden, bevor ein solcher Hinweis nicht erfolgt ist.[160]

■ Scheitert der Versuch, einen Zeugen durch einen Polizeibeamten „über das Wochenende zu allen möglichen Tages- und Nachtzeiten" zu erreichen und zu laden, liegt darin noch keine Unerreichbarkeit des Zeugen.[161]

■ Ein Zeuge ist nicht unerreichbar, nur weil Nachforschungen nach seinem Aufenthalt eine Unterbrechung oder Aussetzung der Hauptverhandlung erforderlich machen.[162]

240 Ist ein Beweisantrag vom Gericht wegen **Prozessverschleppung** abgelehnt worden, können sich Ansatzpunkte für eine Verfahrensrüge z.b. in folgender Hinsicht ergeben:

---

155 Vgl. BGHR StPO § 244 Abs. 3 Satz 2, erwiesene Tatsache 1.
156 Vgl. RG JW 1913, 163.
157 Vgl. BGH NStZ-RR 1997, 302 f.
158 Vgl. BGH StV 1997, 338 = NStZ-RR 1997, 304; BGH StV 1990, 7; BGH NStZ 1984, 564.
159 Vgl. BGH StV 1986, 418.
160 Vgl. BGH NJW 1982, 2738 = NStZ 1982, 171 = StV 1982, 208.
161 Vgl. BGH StV 1984, 5 = NStZ 1984, 213.
162 Vgl. BGH StV 1982, 55.

■ Zur Annahme einer Verschleppungsabsicht reicht es nicht aus, den Ablehnungsbeschluss mit der formelhaften Begründung zu versehen, ein Beweisantrag habe „früher gestellt werden können und müssen".[163]

■ Soll ein Hilfsbeweisantrag wegen Prozessverschleppung abgelehnt werden, muss dies noch in der Hauptverhandlung erfolgen.[164] Eine Ablehnung des Hilfsbeweisantrags unter dem Gesichtspunkt der Prozessverschleppung erst im Urteil ist unzulässig.[165]

Lehnt das Gericht einen Beweisantrag mittels **Wahrunterstellung** ab, sind z.b. folgende   **241**
Gesichtspunkte für die Revision im Auge zu behalten:

■ Im Einzelfall kann die Beweiswürdigung lückenhaft sein, wenn eine als wahr unterstellte Tatsache im Urteil i.r.d. Beweiswürdigung nicht ausdrücklich mit erwägt wird.[166]

■ Die als wahr unterstellte Beweistatsache darf nicht im Widerspruch zu den Urteilsgründen stehen.[167]

■ Die Ablehnung eines Beweisantrags mithilfe einer Wahrunterstellung ist nur zulässig, wenn darin keine Verletzung der Aufklärungspflicht liegt.[168]

■ Eine Wahrunterstellung darf den Sinn einer Beweisbehauptung nicht einengen oder umdeuten.[169]

2. Rügen nach § 244 Abs. 4 StPO

Wird ein Beweisantrag auf **Hinzuziehung eines Sachverständigen** bzw. eines **weiteren**   **242**
Sachverständigen abgelehnt, können sich für eine Verfahrensrüge z.B. folgende Ansatzpunkte ergeben:

■ Das Tatgericht muss in seinem Ablehnungsbeschluss die Umstände, aus denen es seine eigene Sachkunde ableitet, für das Revisionsgericht nachprüfbar darlegen.[170]

■ Bei der Beurteilung schwerer psychischer Erkrankungen (z.b. Schizophrenie) darf sich das Gericht keine eigene Sachkunde zumessen.[171]

■ Die Zeugnisverweigerung eines Zeugen schließt ein Glaubwürdigkeitsgutachten nicht aus.[172]

---

163 Vgl. BGH NStZ 1998, 207; vgl. auch BGH NStZ 1982, 41.
164 Vgl. BGH StV 1990, 394.
165 Vgl. BGHSt 22, 124 = NJW 1968, 1339.
166 Vgl. BGH wistra 2001, 150 ff. = NStZ-RR 2001, 261 (B).
167 Vgl. BGH NStZ-RR 1998, 13.
168 Vgl. BGH NStZ-RR 1997, 8.
169 Vgl. BGH StV 1990, 293; 149; 7; 1982, 356; BGH NStZ 1984, 564.
170 Vgl. BGH, StraFo 2001, 15.
171 Vgl. BGH NStZ 2000, 437.
172 Vgl. BGHSt 14, 21 = NJW 1960, 586.

■ Zur Beantwortung der Frage, ob eine Erkrankung Auswirkungen auf die Aussagetüchtigkeit eines Zeugen hat, bedarf es i.d.R. medizinischer und nicht lediglich aussagepsychologischer Fachkenntnisse.[173]

■ Die richterliche Aufklärungspflicht kann die Einholung eines weiteren Sachverständigengutachtens auch unabhängig von einem Beweisantrag erforderlich machen.[174]

3. Rügen nach § 244 Abs. 5 StPO

243   Im Zusammenhang mit der Ablehnung eines Beweisantrags auf **Einnahme eines Augenscheins** ist z.B. auf Folgendes hinzuweisen:

■ In Bezug auf die Beweisfrage nach beweiserheblichen räumlichen Gegebenheiten ist der Augenschein gegenüber der Zeugenbefragung als überlegenes Beweismittel anzusehen.[175]

■ Ein Antrag auf Einnahme eines Augenscheins kann nicht unter Berufung auf die Glaubwürdigkeit eines Zeugen abgelehnt werden.[176]

4. Rügen nach § 244 Abs. 6 StPO

244   Soweit die Pflicht zur Bescheidung des Beweisantrags durch **Gerichtsbeschluss** angesprochen ist, ergeben sich für die Revision z.B. folgende Ansatzpunkte:

■ Ist ein Beweisantrag zu einem Vorgang gestellt worden, der eine nach § 154 StPO eingestellte Tat betrifft, ist eine Bescheidung des Antrags gleichwohl erforderlich, wenn er auch für nicht eingestellte Taten noch von Bedeutung sein kann.[177]

■ Ein Beweisantrag kann nur vom Gericht, nicht allein vom Vorsitzenden, abgelehnt werden.[178]

■ Werden für eine bestimmte Beweistatsache mehrere Beweismittel angeboten, muss über die Verwendung aller Beweismittel jeweils begründet entschieden werden.[179]

■ Das Gericht darf seinem Ablehnungsbeschluss kein anderes als das wirkliche Beweisthema zugrunde legen.[180]

---

173 Vgl. BGH StV 1997, 60.
174 Vgl. BGHSt 10, 116 = NJW 1957, 598.
175 Vgl. BGH StV 1994, 411.
176 Vgl. BGHSt 8, 177 = NJW 1955, 1890.
177 Vgl. BGH StV 1999, 636.
178 Vgl. BGH StV 1994, 172.
179 Vgl. BGH StV 1987, 236.
180 Vgl. BGH StV 1989, 140.

5. Rügen nach § 245 StPO

Soweit die **Erhebung eines präsenten Beweises abgelehnt** wird, ist in der Revision z.b.   **245**
auf Folgendes zu achten:

■ Den Beweisantrag auf Vernehmung eines präsenten Sachverständigen kann das Gericht nicht mit dem Hinweis auf eigene Sachkunde ablehnen.[181]

■ Der Beweisantrag auf Verwertung eines präsenten Beweismittels kann nicht wegen Bedeutungslosigkeit abgelehnt werden.[182]

C. Die Aufklärungsrüge

Unabhängig davon, ob in der Hauptverhandlung ein Beweisantrag gestellt wurde, kann   **246**
mit der Revision die sogenannte **Aufklärungsrüge nach § 244 Abs. 2 StPO** erhoben werden. Die Aufklärungsrüge ist darauf gerichtet, dass das Gericht ein **bestimmtes Beweismittel nicht benutzt** hat, obwohl sich ihm die Notwendigkeit hierzu hätte aufdrängen müssen, und dass die Benutzung dieses Beweismittels zu einem anderen konkreten Beweisergebnis geführt hätte.[183] Eine Gesamtdarstellung der Voraussetzungen und Anwendungsbereiche der Aufklärungsrüge ist an dieser Stelle nicht möglich. Insoweit muss auf die entsprechende Spezialliteratur verwiesen werden.[184] Die denkbaren Fallgestaltungen sind vielfältig, denn das Tatgericht hat die Beweisaufnahme von Amts wegen auf alle zur **Wahrheitserforschung** bedeutsamen Tatsachen und Beweismittel zu erstrecken, soweit nicht **Schätzklauseln** eingreifen.[185] Grundsätzlich steigt die Aufklärungspflicht im Sinne einer möglichst vollständigen Ausschöpfung sämtlicher zur Verfügung stehender Beweismittel, je weniger das Beweisergebnis gesichert erscheint und je gewichtiger die **Unsicherheitsfaktoren** bzw. **Widersprüchlichkeiten** sind, die in der Beweisaufnahme zutage getreten sind.[186] Dies gilt in besonderem Maße in Fällen von **Aussage-gegen-Aussage** in denen objektive Beweisanzeichen fehlen.[187] Nachfolgend werden die **Grundlagen der Aufklärungsrüge** und die Berührungspunkte mit der Rüge der fehlerhaften Behandlung eines Beweisantrags dargestellt.

---

181 Vgl. BGH StV 1994, 358.

182 Vgl. BGH StV 1993, 287.

183 Vgl. hierzu BGHSt 23, 176, 187; BGH StV 2002, 350; LR/*Becker*, § 244 Rn 46; *Meyer-Goßner/Schmitt*, StPO, § 244 Rn 80.

184 *Hamm*, Die Revision in Strafsachen; *Dahs*, Die Revision im Strafprozess; *Schlothauer/Weider*, Verteidigung im Revisionsverfahren.

185 Vgl. BGHSt 1, 94, 96; 23, 176, 187; 32, 115, 122; *Fezer*, Grenzen der Beweisaufnahme, S. 95; KK-StPO/*Krehl*, § 244 Rn 28 ff. und 60 ff.; *Meyer-Goßner/Schmitt*, § 244 Rn 12 m.w.N und Rn 14 ff.

186 Vgl. *Dahs*, Die Revision im Strafprozess, Rn 326.

187 BGH NStZ-RR 2003, 314.

I. Rügevoraussetzungen

247   Die Aufklärungsrüge braucht grds. nicht erhoben zu werden, wenn ein Beweisantrag gestellt und abgelehnt worden ist. Dann ist die **Rüge der fehlerhaften Behandlung des Beweisantrags** nach den §§ 244 Abs. 3 bis Abs. 6, 245 StPO **vorrangig.**[188] Liegt allerdings nur ein Beweisermittlungsantrag oder eine Beweisanregung und kein förmlicher Beweisantrag vor, muss der Verteidiger die fehlerhafte Behandlung seines Beweisermittlungsantrags bzw. seiner Beweisanregung zum Gegenstand einer Aufklärungsrüge nach § 244 Abs. 2 StPO machen. Das Gleiche gilt, wenn ein Beweisantrag als unzulässig abgelehnt worden ist.[189]

Hinweis:

Die **zusätzliche Erhebung** der **Aufklärungsrüge** neben der Rüge der fehlerhaften Ablehnung des Beweisantrags **empfiehlt** sich in den Fällen, in denen der Verteidiger zwar davon ausgeht, einen (echten) förmlichen Beweisantrag gestellt zu haben, das Tatgericht diesen aber nur als **Beweisermittlungsantrag** angesehen hat oder die **Gefahr** besteht, dass das Revisionsgericht den Antrag nachträglich zum bloßen Beweisermittlungsantrag herabstuft.[190] Da ein Beweisermittlungsantrag nicht förmlich durch einen Beschluss zurückgewiesen werden muss, bestünde ohne die zusätzliche Erhebung einer Aufklärungsrüge die Gefahr, dass die Rüge der fehlerhaften Ablehnung des Beweisantrags ins Leere läuft.[191] Werden jedoch **sowohl** die **Aufklärungs- als auch** die **Beweisantragsrüge** erhoben, ist es für das Revisionsverfahren irrelevant, ob das Revisionsgericht die vom Verteidiger gestellten Anträge als Beweisanträge oder lediglich als Beweisermittlungsanträge ansieht. Geht das Revisionsgericht von förmlichen Beweisanträgen aus, greift die Rüge der Verletzung der §§ 244 Abs. 3 bis 6, 245 durch. Geht das Revisionsgericht hingegen von bloßen Beweisermittlungsanträgen aus, greift die Aufklärungsrüge nach § 244 Abs. 2 durch.

II. Vollständiges Rügevorbringen

248   Die **Begründungserfordernisse** sind bei der Aufklärungsrüge **besonders hoch** und werden vielfach vom Beschwerdeführer nicht erfüllt.[192] Es genügt nicht, ganz allgemein zu

---

188 *Meyer-Goßner/Schmitt,* StPO, § 244 Rn 80.
189 *Meyer-Goßner/Schmitt,* StPO, § 244 Rn 80 m.w.N.
190 Siehe hierzu die Entscheidung BGHSt 39, 251 = NStZ 1993, 550 mit Anm. *Widmaier* = StV 1993, 454 mit Anm. *Hamm.*
191 Siehe hierzu auch Rdn 212.
192 Vgl. zur Begründung der Aufklärungsrüge auch *Burhoff,* StV 1997, 432, 437.

rügen, die Sache sei nicht genügend aufgeklärt worden oder lediglich zu beanstanden, dass z.B. eine Ortsbesichtigung nicht stattgefunden habe. Der Zweckbestimmung der Aufklärungsrüge entsprechend muss gem. § 344 Abs. 2 S. 2 StPO im **Revisionsbegründungsschriftsatz** vielmehr Folgendes eingehend dargestellt werden:[193]

- Zunächst die konkrete Schilderung der **Beweisfrage**, um die es geht[194] und damit zusammenhängend die Angabe, auf welche **Beweismittel** sich das Gericht in seinem Urteil diesbezüglich **gestützt** hat;

- anschließend die konkrete Bezeichnung des **Beweismittels**, das aus der Sicht des Beschwerdeführers **hätte benutzt** werden müssen und nicht benutzt worden ist,[195] sowie damit zusammenhängend die konkrete Angabe, **welche Tatsachen** die **Benutzung** dieses Beweismittels **erbracht hätte** (so konkret und bestimmt wie bei der Fassung des Beweisthemas in einem Beweisantrag, ggf. mit Darlegung der Konnexität zwischen Beweistatsache und Beweismittel);[196]

- schließlich die **bestimmte Behauptung** des (mutmaßlichen) **Beweisergebnisses**[197] und die daraus resultierenden günstigen Auswirkungen für den Betroffenen, sowie

- die Umstände, aufgrund derer sich das **Gericht** hätte **gedrängt** sehen müssen, von dem infrage stehenden Beweismittel **Gebrauch zu machen.**[198] Sind zu der aufklärungsbedürftigen Tatsache Beweisanträge oder Beweisermittlungsanträge gestellt oder Beweisanregungen gegeben worden, sind diese und die darauf ergangenen Entscheidungen des Gerichts im Wortlaut mitzuteilen.[199] Beim Fehlen jeglicher Antragstellung ist zu begründen, warum in der Hauptverhandlung keine entsprechenden Beweisanträge bzw. Beweisermittlungsanträge gestellt oder Beweisanregungen gegeben worden sind.

Werden die o.g. Umstände im Rügevorbringen nicht **konkret** und **bestimmt** mitgeteilt, ist die Aufklärungsrüge unzulässig und die Revision wird dementsprechend verworfen. Das Aufzeigen bloßer Möglichkeiten oder Erwartungen eines bestimmten Beweisergebnisses reicht nicht aus.[200]

249

---

193 Vgl. hierzu auch BGHSt 27, 250, 252; BGH NJW 2005, 1381, 1382; *Dahs*, Die Revision im Strafprozess, Rn 507 ff. m.w.N.

194 BGHSt 37, 162; BGH NStZ 2009, 635; NStZ-RR 2010, 181.

195 BGH NJW 2005, 1381.

196 BGH NStZ 2008, 232.

197 BGHSt 2, 168; BGHR StGB § 27 I Vorsatz 9; BGH NStZ-RR 2003, 71; 2010, 316, 317; BGH, Beschl. v. 5.9.2013 – 3 StR 199/13.

198 Vgl. BGH NJW 2012, 244; 1993, 3337 f.; 2000, 370 f.; NStZ 2015, 36; 2013, 672; NStZ-RR 2014, 251; 1996, 299; BGH, Beschl. v. 25.3.2015 – 1 StR 179/14.

199 BGH NStZ 2013, 672; 2010, 403; 2006, 713.

200 BGH NJW 2003, 150, 152; NStZ 2001, 425; 2004, 112.

Die Beanstandung, das Gericht habe ein **benutztes Beweismittel nicht vollständig ausgeschöpft**, also z.b. einem Zeugen bestimmte Fragen nicht gestellt, kann nicht zum Gegenstand der Aufklärungsrüge gemacht werden.[201] Der Revisionsführer muss die Aufklärungsrüge u.U. auch dann gemäß den o.g. Begründungsanforderungen vollständig ausarbeiten, wenn sich die Aufklärungsrüge nach § 244 Abs. 2 StPO und die Rüge der fehlerhaften Behandlung eines Beweisantrags nach § 244 Abs. 3 bis Abs. 6 StPO teilweise überlagern. Zu einer Überlagerung der beiden Rügemöglichkeiten kann es häufig kommen, weil Beweisanträge, Beweisermittlungsanträge und Beweisanregungen die **Aufklärungspflicht** des Gerichts in den Fällen **aktualisieren**, in denen das Aufklärungsgebot des § 244 Abs. 2 StPO die Beweiserhebung verlangt.[202] Dies beruht darauf, dass das Beweisantragsrecht systematisch und historisch aus der Aufklärungspflicht entwickelt wurde. Die **Aufklärungspflicht** ist deshalb der **übergeordnete Gesichtspunkt**. Zu beachten ist aber insoweit, dass das originäre Gebiet der Aufklärungsrüge erst dort beginnt, wo das förmliche Beweisantragsrecht endet.[203] Die **Rüge der fehlerhaften Behandlung eines Beweisantrags** ist deshalb grds. **vorrangig** zu erheben und macht eine Aufklärungsrüge regelmäßig entbehrlich. Nur dort, wo die Aufklärungsrüge nach § 244 Abs. 2 StPO über die Beweisantragsrüge nach § 244 Abs. 3 bis Abs. 6 StPO thematisch hinausgeht, ist die Aufklärungsrüge zusätzlich zu erheben. Parallel und nahezu inhaltsgleich zu einer Rüge der fehlerhaften Behandlung eines Beweisantrags wird der Verteidiger die Aufklärungsrüge dann erheben müssen, wenn er nicht sicher sein kann, ob sein Beweisantrag auch vom Revisionsgericht als förmlicher Beweisantrag angesehen wird. **Verweisungen** zwischen den unterschiedlichen Rügen **sollten nicht vorgenommen werden**. Jede Rüge sollte mit den für sie notwendigen Tatsachen, auch wenn es insoweit an der einen oder anderen Stelle zu Wiederholungen kommt, vorgetragen werden.

---

201 BGHSt 4, 125, 126; 17, 351, 352 = NJW 1962, 1832; BGH NStZ 2000, 156 f.; BGH, Beschl. v. 13.11.2008 – 3 StR 403/08 [insoweit nicht abgedr. in NStZ 2009, 497].
202 KK-StPO/*Krehl*, § 244 Rn 35; *Sarstedt/Hamm*, Die Revision in Strafsachen, Rn 535.
203 Siehe *Sarstedt/Hamm*, Die Revision in Strafsachen, Rn 536.

Stichwortverzeichnis

fette Zahlen = Paragrafen, magere Zahlen = Randnummern